Die Gewalt einer Sprache ist nicht,
daß sie das Fremde abweist,
sondern daß sie es verschlingt.

Johann Wolfgang von Goethe,
Maximen und Reflexionen

Friedrich Wolff · Otto Wittstock

Latein und Griechisch im deutschen Wortschatz

Lehn- und Fremdwörter

Volk und Wissen Verlag GmbH, Berlin 1990

Sechste, neubearbeitete Auflage von „Latein und Griechisch im deutschen Wortschatz", nach Friedrich Wolffs „Lebendiges Latein" (1958, bearbeitet von Alois Pögl 1968) entwickelt von Otto Wittstock (1978), redaktionell betreut von Johannes Kauczor.

Bearbeiter der 6. Auflage: Otto Wittstock
Redaktionelle Bearbeitung sowie Gestaltung des Einführungsteils: Peter Witzmann
Reproduktionen: Erik Krambeck

Wolff, Friedrich:
Latein und Griechisch im deutschen Wortschatz:
Lehn- u. Fremdwörter/Friedrich Wolff; Otto Wittstock. – 6., bearb. Aufl. – Berlin:
Volk u. Wissen, 1990 – 208 S.: Ill.
NE: 2. Verf.:

ISBN 3-06-562502-4

6., bearbeitete Auflage

Lizenz-Nr. 203 · 1000/90 (BN 562502-6)
Printed in the German Democratic Republic
Schrift: 9/10 p Timeless
Satz: Dresdner Druck- und Verlagshaus GmbH
Druck und Binden: „Gottfried W. Leibniz", 4450 Gräfenhainichen
Einband und Schutzumschlag: Wolfgang Zieger
Typografische Gestaltung: Atelier vwv, Dagny Scheidt
Redaktionsschluß: 14. September 1988
LSV 0887
Bestell-Nr. 709 587 9

Inhaltsverzeichnis

Einführung

Vorwort

Was dieses Buch sein will und sein kann, ist nicht so leicht erklärt als, was es nicht sein kann und sein will.
Dieses Buch ist kein Fremdwörterbuch. Es enthält bei weitem nicht alle die Fremdwörter, die aus dem Griechischen oder Lateinischen stammen. Es ist kein etymologisches Wörterbuch. Es stellt die erfaßten Wörter nicht bis in alle Einzelheiten nach Ursprung und Wandlungen, Bildung und Bedeutung dar. Es ist keine Einführung in fachwissenschaftliche Terminologien. Es ist kein Lexikon „Geflügelter Worte", berühmter antiker Sentenzen, berühmter Namen und Begriffe aus antiker Sage und Geschichte. Man findet in ihm weder das Schlafmittel BENEDORM noch das Kosmetikum KALODERM, weder die Wäscheschleuder SICCO noch die technische Neuheit ALBA, so lateinisch oder griechisch diese Namen auch aussehen mögen.
Jedoch: Alle die genannten Gesichtspunkte prägen als Komponenten den Charakter des vorliegenden Buches.
Es ist zunächst und vor allem ein Nachschlagewerk, das darüber Auskunft gibt, von welchem lateinischen oder griechischen Wort ein fremdsprachlicher Ausdruck, ein Fachterminus abgeleitet ist, was er „eigentlich" bedeutet. Die Autoren haben sich deshalb bemüht, ein breites Spektrum von Wissensgebieten, viele Quellen unterschiedlicher Art aus älterer und neuerer Zeit zu nutzen. Sie haben sich am Gebräuchlichen und oft Vorkommenden orientiert, auch an dem Wortgut, das sich immer wieder als produktiv erweist. Sie haben auf manches verzichten müssen, was zu abgelegen, zu singulär, zu fachspezifisch ist, was auch einfach durch einen Blick in ein lateinisches oder griechisches Wörterbuch erfaßbar ist. Sie hoffen, daß der Nutzer recht oft das Gesuchte findet: das Grundwort, verwandte Wörter, abgeleitete Bildungen, Auskünfte zur Bedeutung, die Verdeutlichung der Wortbildungselemente.
Solche Angaben können den Nutzer weiterführen, sie sollen ihn auch weiterlocken. Dieses Buch ist also auch ein Lese-Buch, nicht eines freilich, „das man liest, als vielmehr eines, in dem man liest" (Stephan Hermlin), in dem man auch neugierig gemacht wird auf Wörter, auf Ausdrücke, auf Sprache.
Der Nutzer findet vielleicht nicht alles, nicht alles sofort und so, wie er es zunächst sucht. Aber vielleicht findet er, was er sucht, was er wissen will, wenn er vergleicht, analysiert und kombiniert, wenn er nicht nur ein fertiges Resultat zur Kenntnis nimmt, sondern aktiv der Lösung, der Antwort auf seine Frage zustrebt. Die Autoren haben versucht, einem solchen Vorgehen durch die Anlage des Buches, durch das Angebot vielfältiger Informationswege Rechnung zu tragen.
Die Autoren haben sich nicht auf solche Wörter beschränken können, die ihre griechische oder lateinische Herkunft sogleich und deutlich verraten. Sie haben sehr viel Sprachgut aufgenommen, das auf oft verschlungenen Wegen und Umwegen in unserer Sprache heimisch geworden ist. Dem aufmerksamen Leser stellt sich unser deutscher Wortschatz von heute, sogar in der hier getroffenen Auswahl, als ein Werk vieler Generationen mehrerer Völker dar, das uns als ein kostbares Erbe anvertraut ist.

Lehnwort oder Fremdwort?

Kommen Völker miteinander in Berührung, so entstehen vielfältige Kontakte, entwickeln sich gegenseitiges Kennenlernen, Austausch von Produkten ihrer Tätigkeit, ihres Denkens. Mit den Sachen werden die Wörter, mit den Gegenständen Bezeichnungen und Vorstellungen verbreitet, weitergegeben und aufgenommen, auch gewandelt. Fremde Wörter dringen beständig in jede Sprache ein. Anzahl und Art der fremden Wörter, die von einer Sprachgemeinschaft aufgenommen werden, das Tempo der Verbreitung, die Dauerhaftigkeit der Aufnahme, die lautlichen, orthographischen, grammatischen und semantischen Umgestaltungen, auch die erneuten Abstoßungen solcher fremden Wörter werden von sehr verschiedenartigen, durchaus nicht immer einheitlich und gleichzeitig wirkenden Faktoren beeinflußt, die hier nicht näher dargestellt werden können. Manche der fremden Wörter werden der aufnehmenden Sprache ganz anverwandelt. Sie werden dem, der sie gebraucht, so geläufig und vertraut, daß sie ohne linguistischen Hinweis auf die Herkunft gar nicht als fremd empfunden werden. Andere bleiben Fremdlinge und werden wegen gewisser Besonderheiten (des Aussehens, der Aussprache, des Bedeutungsinhalts) auch weiterhin als Fremdlinge, als Fremdwörter empfunden. So etwa lassen sich in grober Näherung Lehnwort und Fremdwort unterscheiden.

Beispiele für Fremd- und Lehnwörter im Deutschen:

griech (meist über lat)
Fw *Schisma* Lw *Zettel, verzetteln:* schịdē (σχίδη) über lat schedula
lat
Fw *Prinzipat* Lw *Keller, einkellern, unterkellern:* cellārium
frz
Fw *Charité* FLw *Abenteuer, abenteuerlich:* aventure
engl
Fw *Cup* Lw *Film, verfilmen:* film
slawisch
Fw *Sputnik* Lw *Grenze, begrenzen:* polnisch granica

Lehnwörter waren zunächst in lebendiger Rede aufgenommene Fremdwörter. Die Weitergabe folgte keineswegs immer den Normen der Hochsprache, die Aufnahme erfolgte keineswegs immer korrekt. Es gab Mißverständnisse, beim Klang, bei der Form, beim Sinn. Umdeutungen waren die Folge. Die fremden Wörter wurden nicht selten ver- und zersprochen. Unverstandenes wurde volksetymologisch – die Wissenschaft spricht von Fehl- oder Pseudoetymologien – der Begriffs- und Vorstellungswelt des Sprechers angeglichen und erschlossen.
Der andere Weg war und ist der literarische. Auf ihm wandern die echten Fremdwörter ein, die lange Zeit oder überhaupt als Fremdwörter gelten. Hier findet man Wortgut besonderer Fachsprachen, besonderer Sprechergruppen.

Über diesen Weg dringt auch anderes, ursprünglich fremdes Wortgut ein, das aber weder Lehnwort wird noch Fremdwort bleibt: Es wird gewandelt durch Lehnübersetzung und Lehnprägung. Fleißiger und einfühlsamer Übersetzungstätigkeit gelehrter Mönche des frühen Mittelalters verdankt unsere Sprache seit althochdeutscher Zeit *an-fangen* <lat in-cipere, *Frei-heit* <lat libẹr-tās, *Ge-wissen* <lat cōn-sciẹntia, *gleich-namig* <lat aequị-vocus, *Barm-herzig-keit* <lat miseri-cọrd-ia und viele andere mehr, ja sogar: *deutsch* <ahd theod-isce <lat vulg-aris.

Lateinische und griechische Lehn- und Fremdwörter in der Geschichte der deutschen Sprache – ein Überblick

Mit der Ausweitung der Macht des römischen Staates über die Grenzen Italiens hinaus gerieten viele Völker Mittel- und Westeuropas unter den Einfluß der römischen Kultur. Nicht nur die unterworfenen, sondern auch die an das Imperium Romanum angrenzenden Volksstämme lernten Errungenschaften der Römer kennen, übernahmen manche und damit zugleich die hierfür üblichen Bezeichnungen. In den Gebieten, in denen die römische Herrschaft mehrere Jahrhunderte dauerte und wirkte – auf der Pyrenäenhalbinsel, in Gallien, den Rhein- und Donaulanden –, vollzog sich ein Romanisierungsprozeß, der u. a. die Grundlagen für die Herausbildung der romanischen Sprachen schuf. In den östlichen Gebieten des Imperiums, in Griechenland, Kleinasien, Syrien, Ägypten, hatte sich die griechische Sprache als weitverbreitete Umgangs- und Literatursprache während der gesamten Zeit der römischen Herrschaft behauptet. Rom seinerseits hatte sich seit langem griechischem Einfluß geöffnet. Bereits in den frühen Epochen seiner Geschichte hatte die Auseinandersetzung mit den Griechen, mit ihrer Kultur und damit auch ihrer Sprache eingesetzt und auf die römische Entwicklung eingewirkt.

Jedoch: auch die Griechen waren nicht voraussetzungslos, die Kulturbringer und -schöpfer schlechthin. Auch sie waren Erben. Die Völker des Vorderen Orients waren ihnen in der gesellschaftlichen Entwicklung vorangegangen, hatten ihnen vieles Wertvolle vermittelt. Das hatte auch sprachlich seinen Niederschlag gefunden. Darauf kann hier jedoch so wenig eingegangen werden wie auf die Rolle der Etrusker für die Römer, die der Kelten für die Germanen.

Als Römer und Germanen seit dem 1. Jh. v. u. Z. einander immer wieder bekriegten und in den Zwischenzeiten miteinander Handel trieben, erfolgte eine erste sprachliche Beeinflussung. Der Hauptweg führte von der römischen Provinz Gallien nach Augusta Treverorum, dem heutigen Trier, zum Rhein, rheinaufwärts zum Donaugebiet, wo ein weiterer, wenn auch schwächerer Einfluß von Italien her wirksam wurde. In dieser Zeit wurden z. B. Wörter des Hausbaus *(Mauer, Keller)*, der Landwirtschaft *(Wein, Most)*, der Staatsverwaltung *(Kaiser, Kerker)* entlehnt.

Die Christianisierung der Germanen brachte einen zweiten Schub. Für die Westgoten, damals an der unteren Donau, hatte ihr Bischof Wulfila bereits im 4. Jh. die Bibel aus dem Griechischen übersetzt. Der frühen Gotenmissionierung verdanken wir *Kirche, Engel, Teufel.* Im 7./8. Jh. kamen, wiederum aus Gallien, aus dem Frankenreich, irische und fränkische Missionare *(Priester, Altar, Zelle).* Bis etwa 800 u. Z. wurden mehrere hundert Wörter (und Sachen!) aus dem Lateinischen, mitunter auch aus dem Griechischen entlehnt.

Die damals als Stützpunkte der Christianisierung gegründeten Klöster wurden bald Stätten der Bildung, Hort und Hüter von Buch und Schrift *(Kloster, Tinte, schreiben).* Die Bildung, die in den Klosterschulen, den Dom- und Stadtschulen, an den Universitäten des Mittelalters gepflegt wurde, bediente sich der lateinischen Sprache, des Mittellateins. Lateinisches Sprachgut floß nicht nur aus dieser Quelle, sondern auch aus einer anderen zu: Im ehemaligen römischen Herrschaftsgebiet hatten sich aus dem provinzialrömischen Vulgärlatein seit dem 6. Jh. die romanischen Sprachen ausgebildet.

Im 12./13. Jh. wurde mit der Übernahme des Lebensstils des französischen Rittertums auch eine Fülle sprachlicher Elemente ins Deutsche getragen *(Prinz, Panzer, Turnier).* Die bürgerliche deutsche Kaufmannssprache des 14./15. Jh. übernahm aus lateinischem Gut *Datum, Kopie, Summe.* Latein als Sprache der Kirche und der Wissenschaft gab *Kalender, Kantor, Pastor.*

Mit der Renaissance begann eine „Wiedergeburt“ der Antike. Latein blieb die Sprache der Gelehrten, daneben aber traten das Deutsche und das Griechische, das eine nicht zuletzt durch eine reiche Übersetzungsliteratur, das andere infolge einer immer bewußteren Wendung „Zu den Quellen!“ (ad fontes). Es war dies auch die Zeit der Entstehung der Naturwissenschaften, der neuen Technologien, der Entdeckungen und Erfindungen. Die antike Wissenschaft, eben wiederentdeckt, wurde recht bald überwunden. Die neuen Erkenntnisse jedoch wurden ausgedrückt in lateinischem und griechischem Sprachmaterial. Die Gelehrten publizierten und korrespondierten lateinisch, sie fanden bei den lateinischen, mehr noch aber bei den griechischen Autoren des Altertums die Terminologie ihrer Wissenschaft in einer bereits entwickelten Gestalt vor. Hier begann man Vorzüge der beiden alten Sprachen zu entdecken, die bis heute stets aufs neue ihre Wirkungsmacht bewiesen haben: die internationale und oft auch interdisziplinäre Verständlichkeit, die Neutralität gegenüber nationalsprachlichen (muttersprachlichen) Einmischungen und Unschärfen, die Fähigkeit zu systemhafter Terminusbildung, die Flexibilität in Ableitung und Komposition, die namentlich das Griechische beweist. Dadurch empfehlen sich auch diese beiden alten Sprachen immer wieder selbst in solchen wissenschaftlichen und technischen Bereichen, von denen die Gelehrten des Altertums keine Ahnung haben konnten.
Nennen wir wenigstens auch für die Zeit der Renaissance drei Beispiele für griechisch-lateinische Entlehnungen: *Bibliothek, Klasse, Nerv.* Der Frühkapitalismus zeigt sich in Übernahmen (aus dem Italienischen) von *Muster, Prozent, Porto.*
Italien, seit dem 16. Jh. Vorbild der Künste, nicht zuletzt der Musik, wirkte auf den musikalischen Wortschatz prägend *(Bratsche, Sonate, Ritardando)*, Frankreich, seit dem 17. Jh. Vorbild höfischen Lebens, beeinflußte weite Bereiche der Kultur *(Kavalier, Kostüm, Dame).* Versuche, solches Eindringen von Fremdwörtern zurückzudrängen, wurden seit dem 16. Jh. immer wieder, doch meist mit wenig Erfolg unternommen. Ihnen verdanken wir freilich auch glückliche Prägungen wie Gottscheds „angemessen“ für *adäquat*, Lessings „auffrischen“ für *renovieren*, Wielands „Selbstgespräch“ für *Monolog.*
Das 19./20. Jh. sind durch eine rasch fortschreitende Internationalisierung von Wissenschaft und Technik, des gesellschaftlichen Lebens überhaupt gekennzeichnet. Technik und Wissenschaften dringen, nicht zuletzt dank der Ausweitung von Bildung und Information, immer stärker in das Alltagsleben ein. Allenthalben bemüht man sich um verbindliche Nomenklaturen und Terminologien. Unaufhaltsam, da objektiv bedingt, schwillt der Zustrom fremden Wortmaterials in allen Sprachen an. Ein bewußtes Verhältnis zum Fremdwort ist daher gefordert, das ihm seine Berechtigung zuteil werden läßt, sich von billiger Fremdwörtersucht ebenso frei hält wie von nationalistischen Ressentiments und puristischen Tendenzen.

Schreibung, Aussprache, grammatisches Geschlecht bei Lehn- und Fremdwörtern

Lehn- und Fremdwörter sind – wie oben dargelegt – auf vielfältigen Wegen und Umwegen über lange Zeiträume hinweg in unsere Sprache gelangt. Da nimmt es nicht wunder, wenn dabei Wörter manchen Wandlungen unterlagen. Solche Wandlungen traten bereits beim Übergang vom Griechischen ins Lateinische, dann immer wieder bei den Übergängen aus dem Lateinischen in andere Sprachen auf. Betrachten wir das an einigen Beispielen!
Unsere Vokale, a, e, i, o bereiten im allgemeinen keine Schwierigkeiten, den Zugang zu den zugrunde liegenden griechischen oder lateinischen Wörtern zu finden (sieht man von der Markierung unterschiedlicher Länge bei ‚e‘ und ‚o‘ ab, kurzes e-psilon und o-mikron gegen langes ēta und ō-mega), ‚u‘ jedoch kann, über lateinisch ‚u‘, auf griechisch ‚y‘ zurückgehen (*Purpur* <pụrpura <porphỵra) oder auf einen Diphthong (*Muse* <Mū̦sa <Μοῦσα). Unsere Diphthonge ‚au‘ und ‚eu‘ lassen sich über Latein ins Griechische zurückverfolgen. Die mit „i“ gebildeten (ai, ei, oi) greifen selten direkt, unter Umgehung der lateinischen Mittlergestalt, auf die griechische Lautung/Schreibung zurück. Meist erleiden sie beim Durchgang durch das Lateinische Verän-

derungen: ạithẹr >ạethēr >*Ạ̈ther*; Sẹirēn >Sịrēn >*Sirẹne*; ọikonomịa >oeconọmia >*Ökonomịe*. (Übrigens: Englisch, Französisch, Russisch u. a. Sprachen gleichen griechisch- oder lateinstämmige Wörter ebenfalls gewọhnlich ihren Orthographieregeln an und wirken vor allem über den fachterminologischen Bereich auch auf das Deutsche: *Oxid, Ethanol, Prevention*)
Bei den Konsonanten finden wir wiederum weitgehende Entsprechungen, sieht man davon ab, daß wir oft ‚ph/th' schreiben und immer ‚f/t' sprechen. Griechisches ‚kỵklos' ist korrekt lateinisch ‚cyclus', wir schreiben für uns lautungsgerecht *Zyklus* (vgl auch Diözẹse <lat dioecẹsis <gr diọikēsis), aber fachsprachlich: *cyclisch*.
Diese Bemerkungen betreffen vornehmlich die Hoch-und Literatursprache. Dialektale, umgangs- und volkssprachliche Lautveränderungen lassen sich auf so knappem Raum gar nicht zusammenfassend darstellen und begründen. Willkürlich und regellos scheinen hier Angleichungen (Assimilationen) und Differenzierungen (Dissimilationen), Vokalumfärbungen und Konsonantenverschiebungen vor sich zu gehen – allzubunt wirken Mißverstehen und Erklärungsstreben, Nachlässigkeit und Überkorrektheit aufeinander.
Das grammatische Geschlecht und die Deklinationszugehörigkeit bleiben vom Griechischen zum Lateinischen allgemein erhalten, es erfolgt allenfalls eine maßvolle Latinisierung: zọnē >zọna, kỵklos >cyclus, thẹatron >thẹatrum, pọiētẹs >poẹta. Daneben aber existieren Ausnahmen, besser: Abweichungen, die oft durch die jeweilige neue Sprachumgebung und deren spontane Analogiewirkung motiviert sind: *‚der Dialekt'* trotz femininen ‚diạlektos / dialẹctus Mundart'. Auskünfte über Betonung, Aussprache, Schreibung, grammatische Besonderheiten im aktuellen Gebrauch von Fremdwörtern geben die dafür in Frage kommenden Nachschlagewerke, der Duden und das Fremdwörterbuch. Darüber informiert dieses Buch nur in besonderen Fällen.
Hinsichtlich der Betonung folgen wir unterschiedlichen Regeln: Wir beachten die Regeln der jeweiligen Ausgangssprache, wir passen griechische Wörter den Betonungsregeln des Lateinischen an, wir betonen gemäß der Sprache, die uns das betreffende Wort geliefert hat, teils folgen wir irgendwelchen Analogieregeln. Veränderungen lokaler oder temporärer Art sind dabei nicht ausgeschlossen. Ein paar Beispiele: gr thẹatron, lat thẹatrum, frz théạtre – *Theạter*; gr pọiētẹs, lat poẹta, frz poẹte – *Poẹt*; lat tranquịllus, mittellat tranquillisạre, engl tranquillịze – *Tranquillịzer; Chemịe* - österreichisch Ch(=K)ẹmie, *Pạnik* im 19. Jh. Panịk nach frz panịque; *Konsulạt* <consulạtus, analog dazu *Referạt*.
Wie aber werden denn griechische und lateinische Wörter betont? Beide Sprachen unterscheiden lange und kurze Vokale, Vokalgruppen (Diphthonge) bzw. lange und kurze Silben. Lateinische Wörter werden nie auf der letzten Silbe betont. Der Ton liegt auf der vorletzten; er kann auf der drittletzten liegen, (sofern eine solche vorhanden und) sofern die vorletzte Silbe kurz ist oder als kurz gilt; eine lange vorletzte Silbe zieht den Ton an sich:

Beispiele:	prọprius	bitụmen	elemẹntum
	3 2 1	3 2 1	4 3 2 1

Im Bedarfsfall wird im Buch die Tonstelle durch einen unter die betonte Silbe gesetzten Punkt angezeigt (bei den in Umschrift gegebenen griechischen Wörtern immer!).
Griechische Wörter können als Tonstelle eine der drei letzten Silben haben. Die in der griechischen Schreibung mitgeteilten, über dem Wort stehenden Akzentzeichen sind für uns nur noch die Bezeichnung der tontragenden Silbe. Diese Akzentzeichen sind eine Jahrhunderte nach dem Beginn griechischer Schriftlichkeit von antiken Gelehrten eingeführte Methode, Textunklarheiten zu meiden. Sie bilden ein kompliziertes Regelwerk, das für unseren Zweck – das Verständnis von Fremdwörtern – überhaupt nichts ergibt und folglich außer Betracht bleiben kann.
Latinisierte griechische Wörter folgen den lateinischen Betonungsregeln.
Schreibung, Betonung, grammatisches Geschlecht sind wichtige Komponenten für den korrekten Gebrauch von Fremdwörtern. Sie verraten auch oft etwas über Herkunft und über die Wege, auf denen sie zu uns gelangt sind. Einseitig normative, vom historischen Umfeld abstrahierte Kategorien wie „richtig/falsch" greifen bei Schreibung, Betonung, grammatischen und semanti-

schen Besonderheiten nur in seltenen Fällen (nebeneinander existieren und gelten *Photo-* und *Foto-*, mit nur wenigen Ausnahmen: *Photon, Photosphäre, Photosynthese;* nur *Phono-*, aber: *Telephon* und *Telefon, Kompagnon,* nicht: *Compagnon,* trotz der noch üblichen Abkürzung „Meier und Co.“; Beispiel zum grammatischen Geschlecht: *Dialekt,* zur Semantik: *rasant*).
Mit dem Einsetzen einer kontinuierlichen literarischen Überlieferung läßt sich das früheste Auftreten eines Fremdwortes erfassen, lassen sich seine weiteren Geschicke verfolgen. Für die Zeit davor kann man nur aufgrund allgemeiner Kriterien das ungefähre Alter einer Übernahme feststellen. Lateinisches ‚c‘ wurde erst seit dem 5. Jh. vor ‚e‘ und ‚i‘ als ‚z‘ gesprochen, vorher galt der Lautwert ‚k‘, also wurde *Keller* <cellārium vor *Zelle* <cella entlehnt. Die Steinbauweise wurde durch die römischen Provinzen an Rhein und Donau bekannt, die Klosterzelle durch die fränkische Mission. Kulturgeschichte spiegelt sich in der Geschichte der Sprache, Sprachgeschichte wird verständlich durch die Geschichte der Gesellschaft, ihrer materiellen und geistigen Kultur.
Eine Lautverschiebung, die seit etwa 500 u. Z. vom Alpengebiet allmählich nordwärts vordringend Ober- und Niederdeutsch schied, bezog auch solche Wörter ein, die aus griechischen oder lateinischen Wörtern zu deutschen Lehnwörtern geworden waren und nicht mehr als Fremdlinge empfunden wurden: panna – *Pfanne,* tęgula – *Ziegel,* coquina (vulglat cocina) – *Küche,* aber niederdt *Pann, Teigel, Koek.* Für die frühesten Zeiten ist also nur eine recht grobe Stratigraphie, aber kaum eine genauere Chronologie oder Datierung möglich.

Hinweise zur Benutzung des Buches

Der Nutzer dieses Buches wird wissen wollen, woher ein Fremdwort kommt, von welchem Grundwort es abgeleitet ist, was es denn „eigentlich“ bedeutet.
Zur Antwort auf solche Fragen führt zunächst das alphabetische Verzeichnis am Schluß des Buches. Kommt das gesuchte Wort im Buch überhaupt vor, so wird dort auf das Grundwort verwiesen.
Die griechischen und lateinischen Grundwörter sind nach der Folge des deutschen Alphabets aufgeführt. Griechische Grundwörter sind in lateinischer Transkription gegeben, die griechische Schriftform steht in Klammer dahinter. Ist das griechische Wort über das Lateinische zu uns gelangt, werden beide Wortformen genannt (mechạnē/mạchina), nicht jedoch bei nur geringfügigen Unterschieden (gymnạsion, aber nicht: gymnasium). Ist die lateinische Form Ausgangspunkt für Lehn- und Fremdwort, so wird die nicht direkt wirksam gewordene griechische Form nicht genannt (mōla, aber nicht: mỵlē). So knapp wie solche etymologischen Angaben sind auch die grammatischen Begleitinformationen gehalten. Sie sind auf das Minimum reduziert, das die Herkunft des Fremdworts erkennen läßt. Auf für das Wortverständnis entbehrliche Einzelheiten mußte weitgehend verzichtet werden. Ableitungsgrundlagen sind normalerweise bei Substantiven die Wortstämme, die sehr oft erst in deklinierten Formen deutlich erkennbar werden. In diesem Fall ist die Genitivform genannt (*Nocturne* <nox, Genitiv: noctis). Bei Verben kommen vor allem der Präsensstamm und das Partizip II in Betracht (*Komponist, Komposition* <pọnere, Partizip: pọsitus). Nicht selten sind Ableitungen aus zweiter Hand (*akzeptabel, akzeptieren* <Präsensinfinitiv acceptạre <Partizip accęptus <cạpere/cạptus). Diese Art Ableitung ist nur ausnahmsweise näher erläutert, um den Umfang des Buches in nutzerfreundlichen Grenzen zu halten. Der Nutzer findet das zum Verständnis unbedingt Notwendige in diesem Einführungsteil.
Auf die Grundwörter folgen im jeweiligen Artikel lateinische oder griechische Ableitungen, danach dann die Fremd- und Lehnwörter. Alle diese Ableitungen lassen dank der Kennzeichnung der Binnengliederung die wesentlichen Bauelemente deutlich werden. Dadurch können auch solche Fremdwortbildungen selbständig erklärt werden, die im Buch nicht behandelt sind, wo das Buch im ersten Zugriff zu versagen scheint.
Normalerweise werden alle aufgenommenen Wörter erläutert. Wortgetreue Übersetzungen schlagen Brücken vom Ausgangswort zur Fremdwortbedeutung. Es wird Sachgebiet, Mittlerspra-

che und Mittlerform angezeigt, auf Synonyme und Antonyme verwiesen, andere Suchpunkte werden empfohlen, nicht zugehörige Ähnlichkeiten abgewiesen (#). Erläuterungen fehlen, wenn sich lediglich eine Wiederholung von bereits Gesagtem ergäbe. Ableitungen werden, bei gleicher Grundbedeutung, nur genannt, um die Form zu sichern. Erläuterungen sind auch beiseite gelassen, wenn der Inhalt des Wortes als allgemein bekannt gelten darf. Auf jeden Fall prüfe man aber die angebotene Erklärung in dem Textzusammenhang, in dem man das Wort gefunden hat.
Nun aber zum zweiten Fall: Das gesuchte Wort ist nicht verzeichnet – was tun? Hier beginnt nun echtes, schöpferisches Suchen, Analysieren und Kombinieren, mit Vorsicht, Aufmerksamkeit, Sorgfalt und Selbstkontrolle.
Nehmen wir als Beispiel das Wort *„Dermalgie"*! Das alphabetische Verzeichnis führt nur „Dermatologie ↗ derma". Unter **‚derma'** findet man dann die Bedeutung ‚Haut'. Da ‚lgie' ein bereits phonetisch unwahrscheinliches Wortteil ist, versucht man es mit dem Wortteil ‚-algie' und findet entweder im alphabetischen Verzeichnis (alg- Schmerz) oder im Hauptteil **‚algos** Schmerz'. Somit ergibt sich für *Dermalgie* die Bedeutung: ‚Hautschmerz'.
Das Beispiel kann als Muster für sehr viele analoge Fälle dienen. Es läßt aber auch die Schwierigkeit der Sache erkennen. Es ist nämlich unmöglich, eindeutige Trennungsregeln anzugeben, die in jedem Falle zu einer Lösung führen.
Regeln wie die, daß Ableitungen von Stämmen vorgenommen werden, die bei Substantiven oft im Genitiv hervortreten, oder wie die, daß bei Kettenwortbildungen die Fuge durch ein ‚o' markiert ist, sind nur Faustregeln, keine bindenden Vorschriften: *Dermato-logie* folgt der Regel, nicht aber (so scheint es) *Derm-algie*, ähnlich: *Zäno-genese*, nicht aber *fungi-zid.*
Hier muß der Nutzer vorsichtig experimentieren. Allmählich wird ihm dabei Erfahrung zuwachsen, die ihn dann auch leitet.
Erfahrungswissen benötigt der Nutzer auch in anderer Hinsicht. Fremdwörter sind nicht in jedem Falle erlernbar, ableitbar, verstehbar, auch dann nicht, wenn ihre Bestandteile bekannt sind, *Kooperation* ergibt sich hinsichtlich seiner Bedeutung nicht einfach additiv aus dem Präfix *ko-* und dem Wort *Operation.* Das Buch bietet für das Fremdwortverständnis sehr weitgehende Hilfe, man hüte sich jedoch vor vorschnellen, unkontrollierten Schlußfolgerungen.
Als Hilfe für das Verständnis zeigen die Autoren mit großer Konsequenz die Art und Weise der Wortbildung, der Komposition. Sie haben im alphabetischen Verzeichnis zusätzlich oft vorkommende Morpheme mit ihrer Bedeutung aufgenommen. Sie machen im folgenden auf besondere Morphemgruppen aufmerksam, die bei der Bedeutungserschließung sehr nützlich sein können – auf Präfixe und Suffixe mit ihren hauptsächlichen Bedeutungen.

Wichtige Präfixe und ihre hauptsächlichen Bedeutungen

Das Griechische und das Lateinische vermögen, wie das Deutsche, durch mannigfaltige Prä- und Suffixe von einem Grundwort zahlreiche neue Wörter zu bilden. Dabei ermöglichen Präfixe eine Bedeutungsdifferenzierung ohne Veränderung der Wortart des Ausgangswortes. Bei Suffixen hingegen ändert sich häufig die Wortart. Sie vermitteln auch oft die Übersicht über ganze Bildungs- und Bedeutungsklassen von Fremdwörtern, von Ableitungen überhaupt.
Bei den Präfixen ist zu beachten:
Durch Anpassung an den Anlaut des Folgewortes verändert sich oft die Gestalt des Präfixes durch Assimilation oder durch Elision. Die nachfolgende Liste bietet dazu jeweils ein Beispiel. Gleichaussehende, aber auf unterschiedlichen Grundlagen beruhende Präfixe sind in der Liste durch hochgestellte Zahlen markiert: ein ‚Ap-^{1}' (zu ad) zeigt an, daß daneben (mindestens) ein ‚Ap-^{2}' (zu apo) vorhanden ist usw. Die griechischen Morpheme sind durch Kursivdruck von den lateinischen unterschieden.
Präfixbedeutungen sind mitunter sehr abgeblaßt, sie wirken teils nur verstärkend, teils sind sie völlig bedeutungsfrei geworden und lassen sich mithin bei der deutschen Wiedergabe nicht immer hinreichend audrücken.

Die Wortgrenzen lassen sich auch bei Präfixen im Schriftbild nicht immer deutlich angeben (Suffixe sind z. T. noch schwieriger zu behandeln): *Trans-port, Tran-skription, Tra-dition* wegen bereits antiker Lautungsschwankungen, die die angeführten Schreibvarianten verursachten, aber als korrekte Neubildung *Trans-sibirische Eisenbahn.*

Grundform *griech* lat	Bedeutung	Beispiele
A-	(verneinend)	*a-*[1]sozial (unsozial); *an-*[1]organisch
Ab-	von (...weg)	*ab-*norm (ungewöhnlich); *A-*[2]version; *Abs-*tinenz
Ad-	an, bei, zu	*Ad-*verb (beim Verb); *Af-*fekt; *Ag-*gression; *Ak-*kumulation; *Al-*luvium; *an-*[2]nullieren; *Ap-*[1]parat; *ar-*rogant; *As-*similation; *at-*traktiv; *A-*[3]spekt
Ana-	1. hinauf, 2. wieder	*Ana-*tomie (Aufschneiden); *Ana-*baptist (Wiedertäufer)
Anti-	gegen	*Anti-*alkoholiker; *Ant-*arktis
Apo-	von (...weg)	*Apo-*gäum (erdfernster Punkt); *Ap-*[2]hel
Cum-	zusammen, mit	*Kon-*greß (Zusammenkunft); *Kol-*laps ; *kom-*ponieren; *Kor-*referent; *Ko-*existenz; *Kum-*pan
De-	von (...herab)	*de-*ponieren
Di-[1]	zweimal, doppelt	*Di-*[1]phthong (vokalischer Doppellaut)
Dia-	hindurch	*Dia-*meter (Durchmesser); *Di-*[2]urese
Dis-	auseinander	*Dis-*krepanz (Auseinanderklaffen); *Dif-*ferenz; *Di-*[3]luvium
Dys-	schlecht	*Dys-*pepsie (Verdauungsstörung)
Ekto-	außerhalb	*Ekto-*plasma (äußeres Zellplasma)
En-	in (...hinein)	*En-*zephalon (das ‚im Schädel befindliche' Gehirn); *Em-*bryo
Endo- = *Ento-*	*innen*	*Ento-*plasma (inneres Zellplasma)
Epi-	(dar)auf	*Epi-*gramm (Aufschrift); *Ep-*enthese
Ex-[1]	aus	*Ex-*[1]port; *Ef-*fekt; *E-*migrant
Ex-[2]	aus	*Ex-*[2]anthem (Hautausschlag); *Ek-*zem
Extra-	außer(halb), außerdem außerordentlich	*extra-*zellulär; *Extra-*profit; *extra-*hart
Hyper-	über(mäßig)	*Hyper-*tonie (Überdruck des Blutes)
Hypo-	unter	*Hypo-*tonie (Unterdruck des Blutes)
In-[1]	in (...hinein)	*In-*[1]vasion (feindlicher Einfall); *il-*[1]lustrieren; *Im-*[1]port; *Ir-*[1]rigator
In-[2]	(verneinend)	*in-*[2]aktiv; *Il-*[2]legalität; *Im-*[2]mobilien; *ir-*[2]regulär
Inter-	zwischen	*inter-*national

Grund-form *griech* *lat*	Bedeutung	Beispiele
Intra-	1. im Innern	*intra*-muskulär
	2. ins Innere	
Kata-	herab	*Kata*-rrh (Nasenfluß bei Schnupfen)
Meta-	1. Veränderung	*Meta*-morphose (Umgestaltung);
	2. später	*Meta*-phase (Schlußphase)
Ob-	gegen	*Ob*-jekt (das Gegenübergestellte); *of*-fensiv; *Ok*-klusion; *op*-ponieren; *os*-tentativ
Para-	1. bei	*par*-allel (beieinander);
	2. gegen	*para*-dox (wider Erwarten)
Per-	durch	*per*-forieren (durchlöchern); *pel*-luzid
Peri-	um…herum	*Peri*-pherie (Umkreis)
Prä-	vor	*Prä*-ludium (Vorspiel)
Pro-	vor, für	*Pro*-peller (Vorwärtstreiber); *Pro*-nomen
Re-	wi(e)der, zurück	*re*-novieren (wieder neu machen)
Sub-	unter	*sub*-kutan (unter die Haut); *Suf*-fix; *Sug*-gestion; *Suk*-kulente; *Sup*-positorium; *Sur*-rogat; *sus*-pendieren
Super- = Supra-	über-, mehr als	*super*-klug; *supra*-naturalistisch = *super*-naturalistisch (übernatürlich)
Syn-	zusammen, mit	*Syn*-these (Zusammensetzung); *Syl*-logismus; *Sym*-pathie; *Sy*-stem
Trans-	hinüber	*Trans*-fer (Übertragung); *Tran*-szendenz; *Tra*-jekt

Wichtige Suffixe und ihre hauptsächlichen Bedeutungen

griech *lat*	dtsch	Bedeutung	Beispiel Substantiv	Genus	Beispiel Adjektiv	Anmerkung
-ālis	-ạl	Zugehörig-	Pedal	n	sozial	
	-ẹll	keit	Naturell	n	originell	
-and-	-ạnd	Geschehensollen	Radikand	m		von-nd-
-end-	-ẹnd		Promovend	m		Formen
-ant-	-ạnt	Handelnder	Simulant	m	tolerant	von
-ent-	-ẹnt		Patient	m	intelligent	Part
	-ạnte		Sekante	f		Präs
	-ẹnte		Tangente	f		Akt
-antia	-ạnz	Eigen-	Toleranz	f	↗ oben	
-entia	-ẹnz	schaft	Intelligenz	f		

griech lat	dtsch	Bedeutung	Beispiel Substantiv	Genus	Beispiel Adjektiv	Anmerkung
-ārium	-ar-(ium)	Raum für Sache	Herbarium Aquarium	n n		
-āris =ārius	-ar -är	Zugehörigkeit	Okular	n	stellar populär	
-at-	-at	abgeschlossene Handlung	Derivat	n		von Part Perf Pass
-culus -cula -culum	-kel	Verkleinerung	Artikel Matrikel Korpuskel	m f n		
-(ē)ma	-ēm -ma	Einzelding Ergebnis	Phonem Dogma Emphysem Schisma	n n n n		
-ia[1]	-ie	Verhalten	Perfidie	f	perfid(e)	frz
-ia[2]	-ie	Wissenschaft	Philosophie Geometrie	f f		frz frz
-ikē	-ik	Wissenschaft	Physik	f		
-ilis	-il	Möglichkeit	Automobil	n	stabil	frz
-ion-	-ion	Tätigkeit Ergebnis	Konstruktion Division	f f		
-ismos	-ismus	Geisteshaltung Sonstiges	Realismus Latinismus Magnetismus Organismus	m m m		
-istes	-ist	Vertreter einer Geisteshaltung Beruf	Realist Drogist	m m		
-ion -ium	-ium	Ort in Raum und Zeit	Gymnasium Äquinoktium	n n		
-īvus	-iv(e)	Fähigkeit	Direktive	f	konstruktiv	
-mentum	-ment	Gerät Mittel	Instrument Monument	n n		
-ōrium	-orium	Raum für Tätigkeit	Observatorium Auditorium	n n		
-ōsus	-ös	reichliches Vorhandensein			muskulös	frz
-sis	-sis -se	Tätigkeit	Praxis Analyse	f f		
-tat-	-tät	Eigenschaft	Qualität Humanität	f f		frz frz
-tor-	-tor -teur	Täter	Autor, Motor Konstrukteur	m m		frz
-ura	-ur	Tätigkeit Ergebnis	Kultur Struktur	f f		
-lus -la -lum	-l(us) -le -el	Verkleinerungsform	Modul(us) Kanüle Kapitel	m f n		 frz

Das griechische Alphabet und seine Zusatzzeichen

große Buchstaben	kleine Buchstaben	Transkription	Name	Aussprache	wie deutsch
Α	α	a, ā	Alpha	ă, ā	Axt, Aas
Β	β	b	Bēta	b	Besen
Γ	γ	g	Gamma	g	gut
Δ	δ	d	Delta	d	dünn
Ε	ε	e	Epsilon	e	echt
Ζ	ζ	z	Zēta	vgl. Anm. 2	–
Η	η	ē	Ēta	ä	äsen
Θ	θ	th	Thēta	t	Tee
Ι	ι	i, ī	Iōta	î, ī	Indien, Igel
Κ	κ	k	Kappa	k	kann
Λ	λ	l	Lambda	l	Lamm
Μ	μ	m	Mȳ	m	Max
Ν	ν	n	Nȳ	n	neu
Ξ	ξ	x	Xī	x	Xanthippe
Ο	ο	o	Omikron	o	offen
Π	π	p	Pī	p	Paul
Ρ	ϱ	r	Rhō	r	rein
Σ	σ, ς	s	Sīgma	s	Skat
Τ	τ	t	Tau	t	Tee
Υ	υ	y, ȳ	Ypsilon	ü, ǖ	üppig, über
Φ	φ	ph	Phī	f	Franz
Χ	χ	ch	Chī	ch	Chirug
Ψ	ψ	ps	Psī	ps	Psyche
Ω	ω	ō	Ōmega	ō	Ofen

Anmerkungen:

1. Wenn Vokale lang oder kurz ausgesprochen werden können, sind in der Rubrik ‚Aussprache' die Längen durch –, die Kürzen durch ◡ gekennzeichnet und auch zwei deutsche Beispiele gegeben.
2. ζ fehlt im Deutschen. Es ist ein konsonantischer Doppellaut, der aus stimmhaftem d und stimmhaftem s (wie in ‚so') besteht. Schulaussprache wie z in Zeh.
3. ς wird am Wortende geschrieben, sonst immer σ.
4. γ wird vor γ, κ und χ immer als n gesprochen: ἄγγελος: ạngelos: Engel.
5. Diphthonge: α̯ι ist ai wie in ‚Ei', α̯υ ist au wie in ‚auch'; ευ und οι sind eu wie in ‚Eule'.
6. ει ist ē wie in ‚Emil' und wird mit e̯i transkribiert, ου ist ū wie in ‚Uhr' und wird mit ū transkribiert.
7. Im klassischen Griechisch gibt es drei Akzentzeichen, die für uns unterschiedslos nur die Betonungsstelle anzeigen.
8. Jedes mit einem Vokal oder Diphthong oder ϱ anlautende Wort hat ein Anlaut- oder Hauchzeichen: entweder einen kleinen, nach links offenen Haken, der nicht gesprochen und nicht transkribiert wird (spiritus lenis): ἐξ-ex, oder einen kleinen, nach rechts offenen Haken, der als ‚h' gesprochen und als ‚h' transkribiert wird (spiritus asper): ἑξ -hex; anlautendes ϱ trägt immer einen spiritus asper, den wir zwar nicht sprechen, aber transkribieren: ῥυθμός-Rhythmos, ῥοδόδενδϱον Rhododẹndron.

Lateinische und griechische Grundwörter in alphabetischer Reihenfolge mit von ihnen abgeleiteten Lehn- und Fremdwörtern

A

A- (auch an- und am-) (ἀ-, ἀν-, ἀμ-) bedeutet Negierung: nicht, ohne (Alpha prīvātīvum). In Z: *A-pathie*: Teilnahmslosigkeit; *A-sphyxie* (sphyxis Puls): (Pulslosigkeit:) Atemstillstand; Vorname: *Am-brosius* (der 'Unsterbliche', Göttliche); Z auch mit lat Wörtern: *a-kausal*: nicht ursächlich bedingt; *a-sozial*, (mit etwas anderem Sinn): *un-sozial* #Asphalt: Erdpech

ạbax (ἄβαξ) **abacus** Tafel, Spieltafel, Rechenbrett. *Abakus*: Deckplatte zwischen Säulenkapitell und Gebälk

abbā (ἀββᾶ) Vater (aram). °*Abt* (über lat ạbbās, Gen abbātis): Vorsteher eines Mönchsklosters; *Äbtissin*: Vorsteherin eines Nonnenklosters; *Abtei*: von Abt bzw. Äbtissin geleitetes Kloster

ạbyssos (ἄβυσσος) Abgrund. *Abyssal*: tiefer als 1000 Meter liegende Bodenregion der Tiefsee

ācer scharf, heftig; **acētum** (Wein-)°*Essig*: **acidus** scharf, sauer; **acūtus** scharf, spitz, schneidend. *Azetat, Azetyl(en)*: mit *Essig-säure* zusammenhängende Chemikalien; *Acidum*: Säure; *Azidität*: Maß für den Säuregrad einer Flüssigkeit; *azido-phil*: saure Böden bevorzugend; *akut*: heftig und plötzlich auftretend (z. B.: Krankheiten; Gegens: chronisch); °*ätzen*: 1. mit einer Säure oder beißenden Flüssigkeit behandeln, 2. # = atzen zu 'essen'

acervus Haufe. *Ko-azervation*: (Zusammenhäufung:) Ansammlung organischer Flüssigkeiten; *Ko-azervat*: (Zusammengehäuftes:) (Chem) Ansammlung kolloider Stoffe

a-dạmas (Gen adạmantos) (ἀδάμας, ἀδάμαντος) Stahl (eigtl: der Unbezähmbare, Unzerbrechliche, ↗ °°domāre). *Diamant*: sehr harter Edelstein (von ada- zu ↗Dia- wohl wegen der Durchsichtigkeit)

adẹ̄n (ἀδήν) Drüse. *Adenom*: (Med) wie eine Drüse aufgebaute gutartige Geschwulst; *adeno-id*: wie ein Adenom aussehend; *adeno-trop*: (sich an die Drüsen wendend:) auf die Drüsen wirkend

aequāre gleichmachen; **aequus** eben, leicht; **aequālis** gleichartig. *Äquator*: 'Gleichmacher' (der von Nord- und Südpol gleich weit entfernte größte Breitenkreis); *Äquator-system*: (Astr) Übertragung des Koordinaten(systems:)netzes der Erde auf das der scheinbaren Himmelskugel; *Ecuador*: Staat am Äquator; *ad-äquat*: angeglichen, entsprechend; *egal* (frz): gleich(mäßig), (umg) gleichgültig; *Äquations-teilung*: Körperzellteilung; °*eichen*: ein Maß mit dem amtlichen Maß (gleichmachen:) in Übereinstimmung bringen

āẹ̄r (ἀήρ) **ạ̄er** Luft. *Aero-nautik*: Luftschiffahrt; *Aero-meter*: (Luftmesser:) Gerät zur Bestimmung von Dichte und Gewicht der Luft; *Aero-sol*: Luft- oder Gasmenge, in der feinste Teilchen einer Flüssigkeit oder eines festen Körpers schweben (z. B.: Nebel; sol = Kurzwort für lat solūtiō Lösung); *Aero-biër*: Bakterien, die nur in Sauerstoff leben können (↗ bios); *An-aero-biose*: Leben in sauerstofffreier Umgebung; *aero-b; an-aero-b; Mal-aria* (it): (schlechte Luft:) Sumpffieber; *Air* (frz): (Mus) gesanghaftes Instrumentalstück; *Arie* (it): (wie ein Lufthauch den Klang tragend, urspr Melodie, dann:) kunstvolles Sologesangstück mit Instrumentalbegleitung

aes (Gen aeris) Kupfer, Bronze, Erz. *Ära*: (aus dem Plural aera Münzen, dann: Soldzahlung an Soldaten, Dienstjahre, jetzt:) Zeitalter; °°*ehern*

agathọs (ἀγαθός) gut. Vorname: *Agathe*

ągein (ἄγειν) (durch)führen; agōgę̄ (ἀγωγή) (Führung), auch: Takt, Tempo (↗ °°agere und °°agō̧n). *Agogik*: (Mus) Lehre vom Tempo im Vortrag; *Syn-agoge*: (Zusammenführung:) Versammlung, gottesdienstlicher Versammlungsraum der jüdischen Gemeinde

ager °°Acker. *Agri-kultur*: Ackerbau; °*Pilger* (per-egrīnus): der durch die Länder Wandernde, Fremde; *Pelerine* (frz): (Pilgermantel:) weiter ärmelloser Überwurf; *Agrar-*: Landwirtschafts-. In Z: *Agrar-reform, Agrarstaat.* Urv mit

agere (Part: āctus) (be)treiben, (ver)handeln, tun: āctiō (Ver-)Handlung; **agmen** Zug, Schar. *Agens*: wirksames Mittel; *Agent*: (Verhandelnder:) Vermittler von Geschäftsabschlüssen, auch: zur Ausführung von Geheimaufträgen Angeworbener; *Agentur*: Geschäftsstelle, Vermittlungsgeschäft, Zentralstelle; *agitieren*: eifrig tätig werden (z. B. für eine politische Überzeugung); *Agitation; Agitator; Aktion*: Handlung, Unternehmung, politische Maßnahme; *in Aktion treten*: zu handeln beginnen; *Akt*: 1. (feierliche) Handlung *(Staats-akt)*, Tat (*Akt* der Menschlichkeit), 2. (bildende Kunst) Darstellung des nackten menschlichen Körpers, 3. (im Bühnenstück) Handlungsabschnitt; *Akten*: Urkunden über (Ver-)Handlungen; *aktiv*: tätig, unternehmend, wirksam (Gegens: *in-aktiv* bzw. passiv), (Chem) leicht reagierend, auch: = *radioaktiv; Aktivität; aktives Wahlrecht*: Recht zu wählen; das *Aktiv*: 1. (Gram) Tatform des Verbs, 2. Arbeitsgruppe mit gemeinsamer Aufgabenstellung; *Aktivist*: Ehrenbezeichnung für Werktätige mit hervorragenden Leistungen; *Aktiva, Passiva* ↗ pati; *aktuell*: gegenwärtig wirksam, gegenwartsbezogen; *Aktualität; Aktie*: Anteil am (tätigen) Grundkapital einer *Aktien-gesellschaft; Aktionär*: Besitzer von Aktien; *re-agieren*: zurückwirken, eine Gegenwirkung ausüben; *Re-agenz-glas*: Glas zur Prüfung der Wirkung chemischer Stoffe, der *Re-agenzien* (Sg *Re-agens*), die an einer Reaktion (2.) beteiligt sind; *Re-aktion*: 1. Gegenwirkung, 2. (Chem) Ablauf einer Stoffumsetzung, 3. (Pol) (das Streben der) Kräfte, die auf Wiederherstellung des Alten hinwirken; *Re-aktionär: re-aktionär; (Kern-) Re-aktor*: Anlage zur Gewinnung von Kernenergie (durch Veränderung von Atomkernen); *re-aktivieren*: wieder in Tätigkeit setzen, (Chem) umsetzungsfähig machen; *red-igieren*: (nach der ersten Abfassung abermals bearbeiten:) Texte druckfertig (für den Funk sendefertig) machen; *Red-akteur* (frz) = *Red-aktor; Red-aktion; Ex-amen* (<ex-agmen das Heraustreiben des Züngleins an der Waage): Prüfung; *Ex-aminand*: der zu Prüfende, Prüfling; *Ex-aminator*: Prüfer; *ex-akt*: (bis zu Ende durchgearbeitet:) vollendet, genau; *Trans-aktion*: (Verhandlung von einem zum andern hinüber:) Vereinbarung (meist über ein größeres Geldgeschäft); *in-trans-igent:* nicht zum Verhandeln bereit, unversöhnlich

ag-glūtināre (glūtinum Leim) anleimen. *agglutinierende Sprachen*: Sprachen, die Wortformen und neue Wörter durch 'Ankleben' von Bildungssilben an die Wortwurzel bilden; *Ag-glutination*: Verklebung, Zusammenballung von Zellen (durch schützende 'Ballungsstoffe', *Ag-glutinine,* im Blutserum)

agō̧n (ἀγών) (Wett-)Kampf, Anstrengung. *Agonie*: Todeskampf; *ant-agonistischer Widerspruch = Ant-agonismus*: unüberbrückbarer Gegensatz; *Ant-agonist*: 1. Gegner, 2. (Chem) Stoff oder (Med) Muskel mit entgegengesetzter Wirkung; *Prot-agonist:* (erster Schauspieler, Hauptdarsteller:) führender Vertreter, Vorkämpfer

agoręuein (ἀγορεύειν) sprechen. *All-egorie*: sinnbildlicher Ausdruck, der anderes (be)sagt, als er meint; *all-egorisch; Kat-egorie*: Aussage, allgemeiner Begriff, Gruppe (in die das einzelne einzuordnen ist); *kat-egorisch*: (deutlich ausgesprochen:) unbedingt geltend, bestimmt (z. B. Kant: kategorischer Imperativ)

agro̧s (ἀγρός) °°Acker (↗ °°ągein und °°ager). *Agro-nom*: (der auf dem Lande Wohnende:) landwirtschaftlicher Sachverständiger (↗ nęmein)

aigis (Gen aigidos) (αἰγίς, αἰγίδος) Schild (auch als Widderfell vorgestellt) des Zeus und der Athene. *Unter der Ägide*: unter (jemandes) Schutz

aiō̧n (αἰών) Zeitraum, Ewigkeit. *Äonen*: unermeßlich lange Zeiträume

airein (αἴρειν) und **aeirein** (ἀείρειν) aufheben. *Aorta*: die sich vom Herzen erhebende Hauptschlagader (an der nach antiker Auffassung das Herz hing). Dazu wohl auch *Arterie*: die sich unter dem Pulsschlag erhebende, anschwellende Schlagader (anders: nach antiker Vorstellung ↗ āę̄r, 'Luft', enthaltende Ader); *Arsis*: (Hebung:) (Mus) Hinaufschlag beim Taktieren (unbetonter Taktteil), auch: Hebung des Fußes beim Tanzschritt, daher: unbetonte Silbe im griechischen, aber (wegen der Hebung der Stimme) betonte Silbe im deutschen Vers, Gegens: Thesis (Senkung)

ai̯sthēsis (αἴσθησις) Wahrnehmung: *Ästhetik*: (Lehre vom Wahrnehmen:) Wissenschaft von den Gesetzen der Kunst und des Schönheitsempfindens; *ästhetisch; Ästhet*: einer, der ein (oft übertriebenes) Schönheitsempfinden besitzt; *An-ästhesie*: (Med) Ausschaltung der Schmerzempfindung durch Betäubung; *Anästhetika*: empfindungslos machende Mittel; *An-ästhesist*: Facharzt für *An-ästhesio-logie*

ai̯thẹ̄r (αἰθήρ) (die reine) Luft (oberhalb des ↗ āẹ̄r. *Äther*: 1. (Phys) nach veralteten Theorien eine das Weltall erfüllende materielle Substanz feinster Qualität, 2. Sammelbezeichnung für sich in 'Luft' verflüchtigende organische Verbindungen

ai̯tịā (αἰτία) Ursache. *Ätio-logie*: Lehre von den Ursachen (der Krankheiten); *ätio-logisch*: die Ursache erklärend

Akadẹ̄mei̯a ('Ακαδήμεια) dem Halbgott Akạdēmos geweihter Bezirk bei Athen, in dem Platon lehrte. *Akademie*: Philosophenschule Platos, heute: Hochschule, wissenschaftliche Gesellschaft; *Akademiker*: Mitglied oder Absolvent einer Akademie oder Hochschule; *akademisch*: zur Hochschule gehörig, gelehrt, auch: rein theoretisch, ohne Praxisbezug (abwertend)

akolūthei̯n (ἀκολουθεῖν) folgen. *An-akoluth*: (dem Satzanfang nicht folgend:) grammatisch unkorrekter Übergang von der begonnenen Konstruktion in eine andere, ein Satzbruch

akrībẹ̄s (ἀκριβής) genau. *Akribie*: (peinliche) Genauigkeit und Sorgfalt

ạkros (ἄκρος) in eine Spitze auslaufend, hoch. *Akro-bat*: (auf den Fußspitzen Gehender:) Seiltänzer, Turnkünstler; *akro-batisch; Akropolis*: urspr: die auf dem Berg gelegene Stadt, später: Burg und Tempelbezirk, bes in Athen; *Akro-megalie*: (Med) ungewöhnliches Größenwachstum der (Körperspitzen:) Nase oder Füße; *akro-petal*: (Bio) zur Spitze gerichtet oder aufsteigend (↗ petere); *Akro-stichon*: Gedicht, in dem die Anfangsbuchstaben der Zeilen ein Wort oder einen Satz ergeben

aktịs (Gen aktịnos) (ἀκτίς, ἀκτῖνος) Strahl. *Aktinium*: radioaktives chemisches Element, *Aktino-meter*: Gerät zum Messen von Strahlungsenergie: *Aktinien*: Strahlen- oder Sonnentierchen

akūei̯n (ἀκούειν) hören. *Akustik*: 1. Lehre von Gehör und Schall, 2. Klangwirkung eines Raumes; *akustisch*

alacer lebhaft. *allegr(ett)o* (it): (Mus) (ein wenig) lebhaft (Gegens: larghetto)

albus weiß. *Album*: (in Rom: weiße Holztafel für amtliche Bekanntmachungen, heute:) Buch mit (nicht immer weißen) Blättern zum Einkleben von Bildern oder Briefmarken, auch für Eintragungen anderer Art (z. B. *Poesie-album*); *Albino*: Tier oder Mensch mit erblich bedingtem Farbstoffmangel *(Albinismus); Albumine*: Eiweißstoffe, *Albe*: weißes Gewand des (katholischen) Priesters

alere ernähren, wachsen lassen; **altus** (ausgewachsen:) hoch, tief (einen Höhenunterschied bezeichnend; urv mit 'alt', eigtl: durch Ernährung groß geworden). *Alumnat*: einer Schule angeschlossenes Heim, in dem Schüler beköstigt und betreut werden; *Alumne*, auch: *Alumnus:* Heimschüler; *Alimente*: Beiträge zum Lebensunterhalt; *Ko-alition*: (zusammengewachsene Vereinigung:) zeitweiliges und zweckbedingtes Bündnis von Staaten oder Parteien; *Altan*: hochgelegener, balkonähnlicher Ausbau eines Hauses; *Alt-ar* (āra Opfertisch): hoher Opfertisch; *ex-altiert*: (hochgetrieben:) überspannt; *Alt* (it): Frauenstimme, tief gegenüber dem Sopran, hoch gegenüber dem Tenor

alga Meergras, Seetang. *Alge*: niedere Wasserpflanze

ạlgos (ἄλγος) Schmerz. *An-alg(es)ie*: Aufhebung der Schmerzempfindung; *An-algetika*: schmerzstillende Mittel; *Nost-algie* (nọstos Rückkehr, Lehnübersetzung, 17. Jh., für dt): Heimweh, auch Gegenwartsflucht

alius ein anderer; **alter** der eine oder andere von zweien; **aliēnus** fremd. *alias*: mit anderem Namen, auch ... genannt; *Alibi*: (Anderswosein:) Abwesenheit vom Tatort zum Zeitpunkt eines Verbrechens, auch: Ausrede, Ausflucht; *Altruismus*: (Denk- und Handlungsweise, die von der Rücksicht auf einen anderen bestimmt wird:) Uneigennützigkeit, Selbstlosigkeit (Gegens: Egoismus); *Altruist; altruistisch; Alternative*: zweite Möglichkeit neben einer anderen, Wahl zwischen zwei

Möglichkeiten; *alternieren; alternierende Reihe*: (Math) Reihe mit wechselnden Vorzeichen der einzelnen Glieder; *sub-altern*: unter anderen stehend, untergeordnet. urv mit

ạllos (ἄλλος) ein anderer. *Allo-pathie*: (Med) Krankheitsbehandlung durch (anderes:) Gegenmittel (Gegens: Homöo-pathie); *allo-pathisch; All-ergie*: (andere Wirkung:) veränderte Reaktion des Körpers nach Krankheiten oder auf körperfremde Eiweißstoffe; *all-ergisch*: überstark reagierend; *Allo-tria*: (fremde, d. h. nebensächliche Dinge:) Unfug, Dummheiten; *Allo-tropismus = Allo-tropie*: Eigenschaft chemischer Elemente, in verschiedenen festen Zustandsformen aufzutreten (Kohlenstoff als Diamant und Graphit); *par-allel* (parạ bei, neben, allē̦lōn einander): (Math) nebeneinander herlaufend, auch: einander entsprechend; *Par-allelo-gramm*: von zwei Paaren paralleler Seiten begrenztes Viereck; *Allele*: (Bio) in homologen Chromosomen 'einander' gegenüberliegende Merkmalsanlagen; *Allelo-pathie*: wechselseitige (hemmende oder fördernde) Beeinflussung mehrerer Pflanzenarten durch ausgeschiedene Stoffe

Alpēs Alpen. *Alpe = °Alm*: Weideplatz im Hochgebirge; *Alb*: (Jura-)Gebirge (Schwäbische Alb); *Alpinist*: Bergsteiger; *Alpinistik; Alpinum*: Steingartenanlage mit Alpenpflanzen. #Alp oder Alb: Gespenst, das des Schlafenden Brust bedrückt (Alpdruck) und Angstträume (Alpträume) hervorruft

ạlpha (ἄλφα) *Alpha*: erster Buchstabe des griechischen Alphabets, dient in vielen Wissenschaften als Bezeichnungs- oder Unterscheidungselement: (Math) Winkel, (Phys) Strahlen, (Astr) Stern in oder bei einem Sternbild; *Alpha-bet* (bē̦ta der zweite Buchstabe): Gesamtheit der Zeichen einer Buchstabenschrift, auch: *Morse-alpha-bet; alpha-betisch*: in der Reihenfolge des Alphabets angeordnet; *alpha-betisieren*: 1. nach dem Alphabet ordnen, 2. Lesen und Schreiben lehren; *An-alpha-bet*: (der Buchstaben:) des Lesens und Schreibens Unkundiger

alūmen *°Alaun* (bitteres Tonerdesalz); *Aluminium*

alveus bauchige Höhlung, Wanne. *Alveolen*: 1. Höhlungen im Kiefer zur Aufnahme der Zahnwurzeln, 2. Endbläschen der Bronchialäste

amāre lieben; **amor** Liebe. *Amor*: Liebesgott; *Amoretten*: kleine Liebesgötter (oft in Gruppen dargestellt); *Amateur*: 'Liebhaber' (der etwas aus Neigung, nicht zum Gelderwerb betreibt, vgl. auch Dilettant); Vornamen: *Amanda* (die 'Liebenswerte'), *Ama-deus* ('Gottlieb')

ambulāre wandern. *ambulant*: hin- und herwandernd (beim Straßenhandel oder bei der Behandlung von Kranken, die von ihrer Wohnung aus zum Arzt 'wandern'); *Ambulanz = Ambulatorium*: Einrichtung zur ambulanten Behandlung; *Prä-ambel*: (vorausgehende Bemerkung:) Vorwort; *Somn-ambule* (somnus Schlaf): Schlafwandler, Mondsüchtiger

amo̦ibo̦s (ἀμοιβός) abwechselnd. *Amöbe*: Einzeller von wechselnder Körperform

amphi- (ἀμφί-) um … herum, von beiden Seiten. In Z: *Amphi-bium* (in beiden Milieus:) im Wasser und auf dem Lande lebendes Tier; *amphi-bisch; Amphi-bien-fahrzeug; Amphi-bolie*: (was man nach beiden Seiten hin 'werfen' kann:) mehrdeutiger Ausdruck ('Er hat einen Vogel', ↗ bạllē̦in); *Ampho-lyt*: (Chem) Stoff, der sich in Säuren und Laugen löst; *amphotē̦r* (ampho̦tero̦i beide): fähig, mit Basen und Laugen Salze zu bilden; *Amphitheater*: Theater, in dem die Zuschauer um die Arena herum sitzen

amplus umfangreich. *Amplitude*: (Phys) größter Ausschlag eines schwingenden Körpers aus seiner Ruhelage, Schwingungsweite einer Welle

ampulla kleines bauchiges Gefäß. *Ampulle*: Glasröhrchen für Arzneien; *Pulle*: (umg) Flasche; *Ampel*: Hängelampe, auch: Signallampe zur Verkehrsregelung

ana- (vor Vokalen: an- [nicht verwechseln mit an- statt a-!]) (ἀνα-, ἀν-) hinauf, zurück, wieder. In Z: *ana-batisch*: aufsteigend (von Winden; Gegens: kata-batisch, ↗ bạsis): *Ana-päst* (pạiē̦in schlagen): 'zurückgeschlagener', d. h. im Vergleich zum Daktylus (lang, kurz, kurz) umgekehrter Vers (kurz, kurz, lang); Vorname: *Ana-stasius* (der 'Auferstandene')

ạnemos (ἄνεμος) Wind (↗ °°animus) *Anemone*: 'Windröschen'

anē̦r (Gen andro̦s) (ἀνήρ, ἀνδρός) Mann. *Andro-gen*: männlicher Keimdrüsenwirkstoff; *Andr-özeum*: (Männerhaus, o̦ikos:) Gesamtheit der Staubblätter einer Blüte; Vornamen: *Andrea, Andreas* (die bzw der 'Mannhafte')

angelos (ἄγγελος) Bote, Verkündiger, °*Engel* ('Gottesbote'); **eu-angelion** (εὐαγγέλιον) (Lohn für) gute Botschaft, *Ev-angelium.* Vornamen: *Angel(ik)a.* # England, # Angelsachsen

angere °°beengen (°°Angst). *Angina*: (Verengung:) 1. (Verengung des Schlundes durch) Mandelentzündung, 2. Beklemmung der Brust, Herzkrämpfe (↗ pectus)

angulus Ecke, Winkel. *Tri-angel*: Dreieck, (Mus) zum Dreieck gebogener Stahlstab; *Triangulation*: Landvermessung mit Hilfe von Dreiecken

animus Geist, Sinn, Mut; **anima** Seele; **animal** Lebewesen. *Animismus*: (Phil) Vorstellung von der Beseeltheit der ganzen Natur (auch der Berge, des Windes, des Regens); *Animalismus*: Verehrung von heiligen Tieren; *animalisch*: belebt, auch: tierisch; *animaler Pol*: (Bio) oberer Teil dotterreicher Eier, aus dem sich das Lebewesen bildet (Gegens: vegetativer Pol); *animieren*: zu etwas anregen, auch: in Stimmung bringen; *Animator*: Puppenführer, der den Puppen oder Gegenständen des *Animations*-Trickfilms (eine Seele und damit) Leben verleiht; *Animosität*: starke, empfindliche Abneigung

ankylos (ἀγκύλος) krumm; **ankyra** (ἄγκυρα) °**ancora** °*Anker* (eigtl das Krumme); *Ankōn*: Ellenbogen; *Ankylose*: (Med) Gelenkversteifung; °°*Angel*

annus Jahr. *Annalen*: Jahrbücher; *Annalist*: Geschichtsschreiber, der die Ereignisse nach Jahren ordnet; *Annuitäten*: jährliche Zahlungen; *per-ennierend*: durch Jahre ausdauernd; *major-enn*: großjährig, volljährig; *minor-enn*: minderjährig; *Bi-ennale*: alle zwei Jahre stattfindendes Fest

antenna Segelstange. *Antenne*: 1. Fühler der Krebse und Insekten, 2. Vorrichtung zur Ausstrahlung oder zum Empfang elektromagnetischer Wellen

anthos (ἄνθος) Blume. *Antho-logie* (= Florilegium): 'Blütenlese'; *Chrys-antheme* (chrȳsos Gold): Blume mit goldgelben Blütenblättern; *Antho-zoen*: Blumen- oder Korallentiere (die blütenähnliche Form haben); *Ex-anthem*: (Hervorblühendes:) (Med) Hautausschlag

anthrax (ἄνθραξ) Kohle. *Anthrazit*: schwarzglänzende Steinkohle mit hohem Heizwert

anthrōpos (ἄνθρωπος) Mensch. *Anthropo-logie*: 1. Wissenschaft, die sich mit den Körperbauformen des Menschen und ihrer Entstehung befaßt, 2. (Phil) Richtung der bürgerlichen Philosophie, die von abstrakten Vorstellungen über das Wesen des Menschen ausgeht; *Anthropo-iden*: Menschenaffen; *Pithek-anthropus* (gr pithēkos Affe): Affenmensch; *anthropo-morph*: menschlich gestaltet, vermenschlicht; *anthropo-gen*: vom Menschen geschaffen oder verändert; *Anthropogenese*: Lehre von der Menschwerdung, Stammesgeschichte des Menschen

anti- (ἀντι-) gegen. In Z: *Anti-alkoholiker*: Alkoholgegner; *Anti-körper*: vom Organismus zur Vernichtung von *Anti-genen* gebildete Abwehrstoffe # Antilope (<mlat antalopus <mgr antholōps „Blumenauge")

antiquus alt. *Antike*: das (griechisch-römische) Altertum; *antik; Antiken-sammlung*: Sammlung von Kunstwerken aus dem Altertum; *Antiquitäten*: Gegenstände aus älterer Zeit; *Antiquariat*: Buchhandlung, die mit (älteren:) schon benutzten, *antiquarischen,* Büchern handelt; *antiquiert*: veraltet; *Antiqua*: die aus dem Altertum überkommene lateinische Schriftart (Gegens: Fraktur)

aperire (Part: apertus) öffnen. *Ouvertüre* (frz): Eröffnungsmusik einer Oper, Einleitungsmusik, Vorspiel; *ouvert* (frz): offen, auch: mit aufgelegten Karten (beim Skat); *Aperitif* (frz): Magen-'Öffner' (alkoholisches Getränk)

apo- (vor Vokalen: ap- oder aph-) ἀπο-, ἀπ-, ἀφ-) von, von ... weg. In Z: *Apo-theke*: (Ablage:) Raum für (Lagerung, Herstellung und) den Verkauf von Heilmitteln; *Apo-stat*: (der sich abseits gestellt hat:) Abtrünniger, ein (vom Glauben) Abgefallener

ap-pellāre anreden, nennen. *Ap-pell*: Ansprache, Aufruf; *ap-pellieren; Ap-pellation*: Anrufen eines höheren Gerichts; *inter-pellieren*: (dazwischenreden:) eine Anfrage stellen, Einspruch erheben; *Inter-pellation*

aptus geeignet, passend. *ad-aptieren*: anpassen (das Auge an Licht, Lebewesen an veränderte Umweltbedingungen); *Ad-apt(ta)tion; Ad-apter (engl): „Angleicher"*

aqua Wasser. *Aquarium*: Wasserbehälter für Zierfische; *Aquarell*: mit Wasserfarben gemaltes Bild; *Aqua-marin*: meerwasserfarbiger Halbedelstein; *Aqua-vit*: (Lebenswasser:) farbloser würziger Branntwein; *aquatisch*: (Bio) im Wasser lebend; Städtename: °*Aachen* (<Aquae, Heil-'Bäder')

arbor Baum. *Arboretum*: Baumschule, Botanischer Garten für Bäume und Gehölze

arcēre *abschließen, fernhalten;* **arca** (einschließender) Kasten, Kiste. °*Arche; ex-erzieren*: (aus der abgeschlossenen Ruhe herausholen, um zu) üben; *Ex-erzitium*: Übung; *Ko-erzitivkraft*: Fähigkeit, etwas zusammen-, fest- oder auch beizuhalten (z. B. elektrisch erregten Magnetismus)

archę̄ (ἀρχή) Anfang, Herrschaft; **archạios** (ἀρχαῖος) alt. *archaisch*: frühgeschichtlich, altertümlich; *Archaik*: griechischer Kunststil (ca. 650–500 v. u. Z.); *Archaismus*: altertümliche Redewendung; *Archaikum*: älteste Epoche der Erdgeschichte, Erdurzeit; *archäisch; Archäo-zoikum*: Erdzeitalter mit ersten Spuren des Lebens; *Archäo-zyt*: ursprüngliche, unspezialisierte Zelle von Schwämmen; *Archäo-logie*: Erforschung der (bes materiellen) Kultur des Altertums; *Arche-typ(os)*: älteste Gestalt eines Schriftwerkes, Urgestalt; *Archiv* (archẹion Regierungsgebäude): Aufbewahrungsort für Urkunden und Akten; *Archivar; An-archie*: (Herrschaftslosigkeit:) Gesetzlosigkeit, Unordnung; *an-archisch; An-archist; An-archismus; Hier-archie* (Priesterherrschaft:) Rangordnung; *Mon-archie*: Alleinherrschaft; *Archi-mandrit* (mandra Kloster): Klostervorsteher in der griechisch-orthodoxen Kirche; *Archi-tekt*: (oberster 'Baumeister'); *Archi-tektur*: Baukunst, Baustil, Bauweise, Aufbau; *Archi-tektonik*: 1. Wissenschaft von der Baukunst, 2. Aufbaugedanke eines Bauwerks oder Gemäldes; *Archi-trav*: (lat trabs Balken): der (erste,) die Säulen des antiken Tempels oben verbindende Querbalken; *Archi-pel* (pẹlagos Meer): (das 'erste' Meer war für die Griechen das Ägäische mit seinen vielen Inseln, daher:) Inselgruppe; °*Arzt* (<archiatrọs oberster Arzt); 'Arch-' wird in Z auch zu °Erz-': *Erz-bischof*: oberster Bischof; *Erz-schelm; Ex-arch*: höherer Vorgesetzter (in der griech-orthodoxen Kirche Vertreter des ↗ Patriarchen)

arcus Bogen. *Arkaden*: Bogenreihen, Bogengang mit Säulen oder Pfeilern; °*Armbrust* (<arcu-balista, ↗ bạllẹin): aus Bogen und Schaft bestehende Schußwaffe; °*Erker* (<arcārium Bogenschützenstand an Wehrbauten); *Arkus*: Bogenmaß eines Winkels (Zeichen: arc)

ārea Fläche. *Ar*: Flächenmaß von 100 m²; *Hekt-ar*: 100 Ar (↗ hektatọn); *Areal*: Fläche

arēna Sand, sandbedeckter Platz. *Arena*: Platz für Kampfspiele, Kampfplatz

argentum (urspr das Helle, Klare) Silber; **arguere** (urspr aufhellen, klarmachen) beschuldigen; **argumentum** (Mittel zur Klärung eines Sachverhalts:) Beweis(mittel). *Argentinien*: 'Silberland'; *argumentieren*: mit Beweismitteln, *Argumenten,* darlegen

ạristos (ἄριστος) bester. *Aristo-kratie*: Herrschaft (der 'Besten':) des Adels, auch: die Gesamtheit der *Aristo-kraten; aristo-kratisch;* °*Osterluzei*: Name einer Heilpflanze (der Volksmedizin, volksetym aus aristos + lochia: Gebären)

arithmọs (ἀριθμός) Zahl. *Arithmetik*: Lehre vom Rechnen mit Zahlen; *arithmetisch; Logarithmus*: (Rechenzahl) (Math) um 1600 auf der Grundlage allgemeiner, objektiver Gesetzmäßigkeiten (logos) entwickelte Verfahren (logos), umständliches und unübersichtliches Operieren mit großen Zahlenwerten z. B. bei astronomischen Berechnungen durch Umformung in eine Exponentenschreibweise zu einer gemeinsamen Basis (logos) in das einfachere und übersichtliche Operieren mit diesen Exponenten (logarithmi) zu überführen (1614 Napiers erstmals so genannte Logarithmen-Tafel). # *Algorithmus*: Rechen- oder überhaupt Verfahrensvorschrift, nach dem arabischen Mathematiker al-Chwarismi (etwa 780–850)

ạrktos (ἄρκτος) Bär, auch das Sternbild, daher: Norden. *Arktis*: das nördliche Polargebiet; *Ant-arktis*: (Gegen-arktis:) Südpolargebiet; *Arktik*: Nordpolarmeer; *arktisch*

arma Waffen; **armāre** bewaffnen, ausrüsten. *Armatur*: Bewaffnung, Ausrüstung (auch: von Maschinen mit Zubehör); *Armee* (frz): Streitmacht eines Staates; *Armada* (span): Kriegsflotte (bes König Philipps II. von Spanien); *Alarm* (it allarme, <ad illa arma, 'illa' als Artikel gebraucht): 'Zu den Waffen!' (Ruf der Landsknechte); daraus: °*Lärm*

ars Kunst, Fertigkeit; **arti-ficium** Kunstwerk. **in-ers** (Gen ertis) träge. *Artist*: in Zirkus oder Varieté auftretender Künstler; *Artisten-Fakultät*: Ausbildungsstufe der mittelalterlichen Universität, vermittelte die *septem artes liberales* (die 'sieben freien Künste' mit dem *Trivium*: Grammatik, Rhetorik, Logik, und dem *Quadri-vium*: Arithmetik, Geometrie, Musik, Astronomie); *Artillerie* (frz): (urspr Kriegsgeräte, deren Herstellung und Bedienung besondere Kunst und Geschicklichkeit erforderte, dann:) mit Geschützen ausgerüstete

Truppe; *Arte-fakt*: (künstlich hergestellt:) vorgeschichtliches Werkzeug; *in-ert:* träge, unwirksam, (Chem) eine Reaktion nicht beeinflußend

arthron (ἄρθρον) Gelenk. *Arthritis*: Gelenkentzündung; *Arthrose*: Gelenkkrankheit ohne Entzündung; *Arthro-poden*: Gliederfüßler

artus Gelenk, Körperglied (°°arma, °°ars, °°arthron). *Artikel* (<articulus Gliedchen, Stückchen): Mode-, Zeitungs-, Glaubensartikel, Geschlechtswort der Substantive; *Artikulation*: deutlich gegliederte Lautbildung und Sprechweise; *artikulieren; Articulata*: Gliedertiere

asinus °*Esel* (<asellus Eselchen)

ạskēsis (ἄσκησις) Übung. *Askese*: Übung in der Beherrschung von Begierden und Leidenschaften, Entsagung; *Asket*: streng enthaltsamer Mensch; *asketisch*

a-sthenẹs (ἀσθενής) schwach. *A-stheniker*: schmächtiger Mensch mit schwachen Muskeln und Knochen (↗ a-); *A-sthen-opie*: (Sehschwäche:) (Med) Schwäche des Nahesehens (↗ opsis)

ạsthma (ἄσθμα) Keuchen. *Asthma*: anfallsweise auftretende Behinderung der Atmung; *Asthmatiker; asthmatisch*

ạstron und **astēr** (ἄστρον, ἀστήρ) °°Stern. *Aster*: Blume mit sternförmig angeordneten Blütenblättern; *Astro-nautik*: (Schiffahrt zu den Sternen:) Raumschiffahrt; *Astro-naut; Astro-nomie*: (Sterngesetze:) Sternkunde (↗ nemein); *Astro-nom; Astro-logie*: (Lehre von den Sternen:) Pseudowissenschaft, die behauptet, das Menschenschicksal sei durch die Stellung der Sterne bestimmt; *Astro-log(e)*: Sterndeuter, (über it strologo daraus wahrscheinlich *Strolch); Astro-photo-graphie*: (Sternphotographie:) Himmelsphotographie; *Astro-physik*: Lehre vom physikalischen Aufbau des Weltalls; Vorname: *Astrid* (die 'Sternenähnliche')

ạthlos (ἄθλος) (Wett-)Kampf; āthlētẹs (ἀθλητής) *Athlet*, sportlicher Wettkämpfer. *athletisch* (auch: von kräftigem Körperbau); *Leicht-* und *Schwer-athletik; Bi-athlon*: Doppelwettkampf

Ạtlās (Ἄτλας) sagenhafter Riese, der das Himmelsgewölbe stützt. *Atlas-Gebirge* in Nordafrika; *Atlantischer Ozean*, der daran grenzt; *Atlantis*: sagenhaftes, im Atlantischen Ozean untergegangenes Inselreich; *Atlas*: Kartensammlung (nach einer Darstellung des

W. Behling – Illustration aus „Eulenspiegel", Wochenzeitung für Satire und Humor

Riesen Atlas als Erdkugelträger benannt), auch: *Atlant* (auch: Stützfigur); #Atlas (arab) = glänzendes Seidengewebe

audīre hören. *Auditorium*: Hörsaal, auch: Hörerschaft; *Audienz*: (Anhörung:) Empfang bei einem Höhergestellten zwecks einer Unterredung

augēre (Part : auctus) vermehren, vergrößern; **auctor** Förderer, Urheber, Gewährsmann; **auctōritās** Ansehen, Einfluß. *Augustus*: der über alle Erhöhte, der Erhabene (im Mittelalter als 'Mehrer des Reiches' aufgefaßt); davon: *Augs-burg, Augst, Aosta, Autun* (<Augustodunum), *Sar-agossa* <Caesaraugusta), der Vorname *August* sowie der Monat *August* (in dem Kaiser Augustus sein erstes Konsulat angetreten hat); *Auktion*: (durch Überbieten erreichte Vergrößerung der Verkaufssumme:) Versteigerung; *Auktionator*: Versteigerer; *Auxin*: Pflanzenwuchsstoff; *Autor*: Urheber, Verfasser eines Buches; *Autorität*: Ansehen, Einfluß, Machtstellung, auch: wegen ihrer Leistung angesehene Persönlichkeit; *autoritär*: auf Autorität beruhend, auch: auf (angemaßte) Macht sich stützend; *autoritativ*: maßgeblich, entscheidend; *autorisieren*: ermächtigen; dasselbe Wort ist: *oktroyieren* (frz): auf Grund höherer Machtstellung aufnötigen (eine Verfassung, Steuern)

aulẹ (αὐλή) Hof. *Aula*: Versammlungsraum einer (Hoch-)Schule

auris °°Ohr (↗ °°us). *Aurikel*: (Öhrchen:) eine Schlüsselblumenart (mit wie 'Öhrchen' geformten jungen Blättern); *Aurelia*: (Bio) Ohrenqualle (mit ohrenförmigen Fangarmen); *aus-kultieren*: (die Lunge) abhorchen; *Auskultation*

aurum Gold; **aureus** golden. *El-dorado* (span: el = Artikel, dorado = dēaurātus: der angeblich vergoldete, d. h. in Gold gehüllte Herrscher über das sagenhafte, in Südamerika vermutete) Goldland, Paradies; *Aureole*: 1. (goldener) Heiligenschein, 2. kreis- oder kugelförmige Lichterscheinung; #Aurora Morgenröte

auster Südwind. *Australien*: Südland; *Australopithekus* (pịthēkos Affe): im Süden Afrikas ausgegrabene Überreste eines Lebewesens, das zu den Vorfahren der Menschen gezählt wird; *Austria*: Österreich (urspr die südöstlichen Gebiete des Frankenreiches Karls des Großen); #Auster ↗ ọstreon

au̯tọs (αὐτός) selbst. *Aut(o)-*: selbst-. In Z: *autark* (arkẹi̯n genügen): sich selbst genügend, von Importen unabhängig; *Aut-arkie; Autobiographie*: Beschreibung des eigenen Lebens; *auto-gen*: selbstwirkend, selbsttätig; *auto-genes* (d. h. ohne Schneideinstrumente vollzogenes) *Schneiden*: Trennen von Werkstücken mit der Stichflamme des Schneidbrenners; *auto-genes Schweißen*: auf dem gleichen Prinzip beruhendes Zusammenfügen; *auto-genes Training; Auto-gramm*: eigene Unterschrift; *Auto-graph*: vom Verfasser eigenhändig geschriebener Text; *Aut-onym*: unter dem wirklichen Namen des Verfassers veröffentlichtes Werk (↗ ọnoma); *Auto-kratie*: Selbstherrschaft; *Auto-krat; auto-kratisch; Auto-mat*: selbsttätige Vorrichtung (Weihwasserautomaten gab es bereits im 3. Jh. v.u.Z.); *auto-matisch*: 1. selbsttätig, 2. ohne Überlegung, 3. ohne daß man etwas dazu tun kann oder muß; *Auto-matik*: (Techn) Vorrichtung, die den selbsttätigen Ablauf eines Prozesses bezweckt; *auto-nom*: (sich selbst Gesetze gebend:) selbständig (↗ nẹmẹi̯n); *Auto-nomie; Auto-gamie*: (Bio) Selbstbefruchtung; *Aut-ökologie*: Lehre von der Wirkung der Umwelt auf das Einzeltier und umgekehrt; *Auto-trophie*: Ernährung ohne Zufuhr organischer Substanzen (Gegens: Hetero-trophie); *authentisch*: (selbstgetan, mit eigener Hand:) echt, rechtsgültig; *T-auto-logie*: (zweimal 'dasselbe Sagendes':) Wiederholung, Doppelausdruck (ohne Erweiterung der Aussage, z. B. 'bereits schon', 'runder Kreis'), anders: Pleonasmus ↗ polys

avē sei gegrüßt! *Ave-Maria* (Anfangswort eines katholischen Gebets, auch: gleichnamiges Musikstück)

avis Vogel; **au-spicium** Vogelschau, Vorzeichen; **au-gur** Vogelschauer. *Aviatik*: Flugtechnik, Flugwesen; *Au-spizien*: durch den Auguren angestellte Beobachtung fliegender Vögel, um daraus die Zukunft zu erkunden, Vogelzeichen, dann überhaupt: Vorzeichen; *unter jemandes Auspizien*: auf seine Anweisung, unter seinem Schutz (und damit unter günstigen Vorzeichen) (↗ spectāre); *Au-gur*: Vogelbeobachter (Angehöriger des römischen Priesterkollegiums der Auguren); *Auguren-lächeln*: spöttisches Lächeln Eingeweihter (wie der oft selbst nicht an die Vorzeichen glaubenden Auguren); *in-au-gurieren*: (unter Beobachtung aller vorgeschriebenen Formen) feierlich einweihen, in ein Amt einsetzen; *In-au-gural-adresse*: Denkschrift anläßlich einer Einweihung oder Gründung; *Mal-heur* (frz, <malum augurium, volksetym zu ↗ hora, daher das 'h',): Unglück

avus Großvater, Vorfahr. *Onkel* (frz, <avunculus 'kleiner Großvater'); *At-avismus* (<at-avus Urahn): (Bio) Wiederauftauchen stammesgeschichtlich untergegangener Merkmale, auch: Wiederauftauchen längst überholter Anschauungen

ạxios (ἄξιος) würdig. *Axiom*: ein (allgemein anerkannter und daher) des Beweises nicht bedürfender Lehrsatz; *axiomatisch*

ạxōn (ἄξων) **axis** °*Achse*

B

baccīnum (spätlat) flache Schüssel. °*Becken, Bassin* (frz).

baculus Stock, Stab. *Bazillus*: (Stäbchen:) stäbchenförmiger Krankheitserreger (↗ baktērịa)

baktērịa (βακτηρία) Stock, Stab; **baktẹrion** (βακτήριον) Stäbchen. *Bakterie*: stäbchen-, aber auch kugel- und schraubenförmiges Kleinlebewesen ohne Zellkern; *bakterio-statisch*: die Entwicklung von Bakterien hemmend; *bakteri-zid*: Bakterien vernichtend

balaneion (βαλανεῖον) Badeanlage. *Balneo-logie*: Bäder-, Heilquellenkunde; *Balneo-therapie*: Heilbehandlung durch Bäder

bạllẹin (βάλλειν) werfen; **dia-bạllẹin** (διαβάλλειν) durchhecheln, verleumden; **para-bạllẹin** (παραβάλλειν) zum Vergleich nebeneinderstellen, sich nähern; **sym-bạllẹin** (συμβάλλειν) zusammenwerfen, durch vergleichende Zusammenstellung von Fakten erschließen; **sym-bolon** (σύμβολον) das anzufügende Stück einer Tonscherbe (Freunde zerbrachen sie, und das Zusammenpassen diente als Kennzeichen), dann überhaupt: (Wahr- und Kenn-)Zeichen. *Ball*: (ballịzẹin die Glieder hin und her werfen, tanzen): Tanzfest (#Ball #Ballon #Ballen); *Ballett*: Theatertanz(gruppe); *Ballade*: (urspr Tanzlied, dann:) erzählendes Gedicht; *Belemnit* (bẹlos Geschoß): (Bio) geschoßähnlicher, versteinerter Schalenteil von Tintenfischen, sog Donnerkeil; *Ana-bolika*: den Aufbau körpereigenen Eiweißes fördernde Stoffe; *Anti-meta-bolite*: den Stoffwechsel störende Stoffe; *Bolo-meter* (bolē̜ Werfen, Strahlen): (Phys) Strahlungsmesser, Gerät zur Temperaturbestimmung durch die vom Objekt ausgehende Strahlung; *Dia-bolus*: (Verleumder:) °*Teufel; dia-bolisch; Em-blem* (em = in): (urspr eingelegte Metallarbeit, dann:) Kennzeichen, Wahrzeichen; *Em-bolie*: Verstopfung eines Blutgefäßes durch einen *Em-bolus*: in den Blutstrom gelangter Blutpfropf oder Fremdkörper; *Epi-bolie*: (Bio) Überwachsung des inneren Keimblattes durch das äußere; *Meta-bolismus*: Stoffwechsel; *Para-bel*: (Annäherung:) 1. gleichnishafte Erzählung, 2. (Math) Vergleichung (die antike Geometrie versuchte Flächenverdoppelung zunächst durch Flächenanlegungen zu erreichen, was bald ein Zuviel, hyperbolē̜ Überschuß: *Hyper-bel,* bald ein Zuwenig, ẹllẹipsis Ausbleiben: *Ellipse,* mitunter eine Vergleichbarkeit, parabolē̜, mit dem Ausgangsbetrag ergab. Die Termini gingen in spätere, bereits antike Darstellungen der Kegelschnitte ein), *parabolisch; Palaver* (port <palavra <parabola Bericht): Versammlung, endloses Gerede; *parlieren* (frz): in einer fremden, bes der französischen Sprache reden, plaudern; *Parlament (frz,* <parabola wie Palaver): gesetzgebende Körperschaft; *Parlamentarismus*: bürgerliche Regierungsform, in der das Parlament formal die führende Rolle spielt, *Parlamentarier*: Parlamentsabgeordneter; *Parlamentär*: (zur Besprechung kommender) Unterhändler; *Parole* (it): Losung, Kennwort; #Paroli bieten; *Polier* (frz): (Sprecher:) Vormann der Maurer und Zimmerleute; *Problem*: (zur Lösung) vorgelegte Aufgabe; *problematisch*: noch ungelöst, schwer zu lösen, auch: schwer gutzuheißen. *Sym-bol*: Zeichen (eigtl das Zusammengeworfene) oder Bild, das über seinen ursprünglichen Bedeutungsgehalt hinaus allgemeine Zusammenhänge verdeutlichen kann (Hammer und Sichel *sym-bolisieren* das Bündnis von Arbeitern und Bauern); *Sym-bolismus*: bürgerliche Kunstrichtung (mit Vorliebe für Symbole)

bạnausos (βάναυσος) (urspr Ofenheizer) Handwerker. Schon in der Antike abwertend, weil der Freie, der Zeit für geistige Bechäftigung hatte, Handarbeit verachtete. Daher *Banause*: ungeistiger, spießiger Mensch; #banal

baptịzẹin (βαπτίζειν) taufen. *Baptisten*: (Täufer:) christliche Kirche, die nur Erwachsene tauft; *Ana-baptisten*: (Wiedertäufer:) christliche Richtung des 16. Jh., die die Kindertaufe an den Erwachsenen wiederholte

barba °°Bart. *Barbier*: Bartscherer; *Barba-rossa* (it): Rotbart (↗ ruber), Beiname von Kaiser Friedrich I. (1152–1190)

bạrbaros (βάρβαρος) nichtgriechisch, *barbarisch.* °*Barbar* (urspr jemand, der unverständlich spricht, Nichtgrieche, zeitweise lobend wegen der Urwüchsigkeit und Natürlichkeit vieler Barbarenstämme, dann:) ungebildeter, grausamer Mensch; *brav* (aus lat barbarus, über it bravo und frz brave): wild, dann: tapfer, rechtschaffen; *Bravour* (frz): Tapferkeit, Meisterschaft; *bravo, bravissimo*: gut, sehr gut; *Berber*: (den Europäern fremdes) Volk in Nordafrika; Vornamen: *Barbara, Bärbel*

barys (βαρύς) schwer. *Baro-meter*: (Messer der Schwere der Luft:) Luftdruckmesser; *Bar*: Maßeinheit für Luftdruck; *Milli-bar*: $^1/_{1000}$ Bar; *Baro-graph*: automatisches Aufzeichnungsgerät für den Luftdruck; *Baryon*: schweres Elementarteilchen; *Barium*: chemisches Element; *Bari-ton* (it): die tieftönende Stimme (gegenüber dem ↗ Tenor); *Bary-ton*: tieftönendes Blasinstrument (gegenüber dem Tenorhorn); #Bar (= Schanktisch), #Barren, # Barrikade (Grundbedeutung: Stange)

basileus (βασιλεύς) König; **basilikọs** (βασιλικός) königlich. *Basilika*: (Königshalle, urspr der hellenistischen Könige:) Gerichts- oder Markthalle mit rechteckigem Grundriß, später vorherrschender Typus des frühchristlichen und mittelalterlichen Kirchenbaus; *Basilisk*: 1. sagenhafte Schlange mit Kopf, Füßen und Flügeln eines Hahnes, deren Blick tötet, 2. eine Eidechsenart ('Königseidechse', weil der Fleck auf dem Kopf einer Krone ähnelt)

bąsis (βάσις) Schritt, dann: Sockel; **batọs** (βατός) zu betreten, gangbar. *Basis*: 1. Sockel, Fuß (z. B. von Säulen), 2. Grundlinie einer geradlinigen Figur, Grundfläche eines Körpers, 3. die Produktionsverhältnisse einer Gesellschaft, 4. (Math) Grundzahl einer Potenz oder eines Logarithmus, 5. (Gram) Wurzel eines Wortes als Grundlage ableitender Wortbildung, 6. Ausgangspunkt, Ausgangswert; *basieren*: beruhen auf, sich stützen auf; *basal*: (Med) an der Basis (z. B. des Gehirns) liegend; *Base*: (Grundlage für die Salzbildung:) Stoff, der in wäßriger Lösung Hydroxidionen bildet und *basisch* reagiert (#Base = Cousine); *Basidie* (<basịdion Füßchen): sporenbildendes Organ der *Basidio-myzeten*: Ständerpilze; *Basidio-spore*: Spore an der Basidie; *Hyper-baton*: Wortstellung, bei der ein Wort (über ein anderes hinweggeschritten:) von einem zu ihm gehörenden durch ein drittes Wort getrennt ist, z. B. summa cum laude = mit höchstem Lob

battụere (spätlat) schlagen. *Bataillon*: Kampfabteilung; *Batterie*: 1. Geschützgruppe, 2. (Techn) Zusammenschaltung gleichartiger Kraftquellen oder von Geräten zu gemeinsamer und dadurch erhöhter Leistung; *Debatte*: Wortkampf; *de-battieren; Ra-batt* (<re-ab-battuere): (das vom ursprünglichen Preis wieder Abgeschlagene:) Preisermäßigung

beātus glücklich, selig. Vorname: *Beate; Beatifikation*: Seligsprechung (durch die katholische Kirche)

bellum Krieg; **bellāre** Krieg führen. *re-bellieren*: sich (kriegerisch) erheben, sich empören; *Rebell*: Empörer; *Re-bellion*

bellus hübsch (verwandt mit bonus). *Belladonna*: Tollkirsche ('schöne Frau', weil ein aus der Tollkirsche gewonnenes Gift die Pupillen vergrößert und dadurch die Augen schön macht, ↗ domus); *Bel-letristik* (frz): schöngeistige Literatur; *Bel-canto* (it): (schöner Gesang:) italienische Art des Kunstgesangs mit Beachtung der Klangschönheit

bẹnthos (βένθος) Meerestiefe. *Benthos*: (Bio) Sammelbezeichnung für die Lebewesen des Meeresbodens

bẹ̄ryllos und **bēryllion** (βήρυλλος, βηρύλλιον) grüner, glasklarer Halbedelstein. *Beryllium*: chemisches Element; °*Brille* (einst aus Beryll hergestellt); *Brillant* (frz): durchsichtiger, geschliffener Diamant; *brillant*: glänzend

bēstia (jedes, nicht nur das wilde) Tier. *Bestie*; *bestialisch*; °*Biest*

bēta Rübe. *rote* °*Be(e)te*

biblịon (βιβλίον) Buch. *biblio-phil*: Bücher liebend; *Biblio-manie*: Büchersammelwut; *Biblio-graphie*: Bücherverzeichnis; *biblio-graphisch*: dem Büchernachweis dienend; *Biblio-thek*: Bücherei; *Biblio-thekar*; °*Bibel* (aus der Mehrzahl biblịa über mittellat Bịblia): die (heiligen) Schriften des Christentums; °*Fibel* (das erste b von 'Bibel' ist im Kindermund dissimiliert): Abc-Buch für Kinder (das urpsr Bibeltexte enthielt); *Biblio-therapie*: Heilbehandlung 1. für Bücher (Pflege, Reparatur, Restaurierung), 2. für Menschen durch Bücher (Lektüreempfehlungen des Psychotherapeuten, ↗ therapeuẹin)

bịkos (βῖκος) Tongefäß. °*Becher* (aus lat biccarium)

bīnī je zwei. #Bikini; *binär*: zweiteilig, aus zwei Einheiten bestehend; *bit* (Abk von engl binary digit *Binär-ziffer*): Nachrichteneinheit, die Gewißheit über eine gleichwahrscheinliche Alternative (z. B.: ja – nein) schafft; *Bin-okel*: für das Sehen mit beiden Augen bestimmtes Gerät; *kom-binieren*: zwei Dinge miteinander verbinden, auch: durch Gedankenverbindungen zu einer Erkenntnis kommen; *Kom-bination*; *Kom-bi*: (umg Abk für:) 1. *Kom-bi-zange* (Mehrzweckzange), 2. *Kom-bi-fahrzeug; Kom-bine* (engl): Maschine, die gleichzeitig veschiedene Arbeitsgänge ausführt; *Kom-binat*: Verbindung von (sozialistischen) Betrieben, bei der verschiedene Industriezweige oder Produktionsstufen zusammenwirken; *Kom-binatorik*: Berechnung der möglichen Anordnungen und Zusammenstellungen vieler Einzelzahlen oder -vorgänge (in Mathematik, Naturwissenschaften und Technik)

bịos (βίος) Leben. *Bio-graphie*: Lebensbeschreibung; *Bio-logie*: Lehre von den Lebensvorgängen; *Bio-loge* griech mit der Bedeutung von lẹgẹin 'sprechen': einer, der das Leben schildert, der Schauspieler); *Bio-logis-*

mus: einseitige Übertragung *bio-logischer* Gesetze (unter Vernachlässigung ökonomischer und sozialer Faktoren) auf die gesellschaftliche Entwicklung; *Bionik*: Wissenschaft von den im lebenden Organismus wirkenden Mechanismen und ihrer Nutzung für die Entwicklung technischer Systeme; *Bio-chemie*: Lehre von den chemischen Vorgängen der organischen Welt; *Bio-genese*: 1. Entstehung des Lebens, 2. Theorie, daß Lebendes nur aus Lebendem entstehen könne; Gegens: *A-bio-genesis*; *Bi-opsie*: (Med) Untersuchung von Gewebe, das einem Lebendem entnommen wurde; *a-biotisch*: ohne Leben; *Biotin*: Vitamin H (das Wachstum fördernder Faktor); *Anti-biotika*: gegen das Leben (von Mikroorganismen) gerichtete Stoffe; *Bio-sphäre*: die von Organismen belebte Atmosphäre, Hydrosphäre und Lithosphäre; *Bio-top*: natürlicher Lebensraum; *Bio-zönose*: Lebensgemeinschaft von Pflanzen und Tieren (↗ koinos); *Sym-biose*: Lebensgemeinschaft unterschiedlicher Organismen; *Sym-bionten*; *Epi-bionten*: Tiere, die ‘auf anderen leben’; *Endo-bionten*: Tiere, die ‘in anderen leben’; *Sapro-bionten* (sapros faul): Bewohner faulender Stoffe; *Bio-kata-lysator*: die Lebensvorgänge steuernder Wirkstoff; *Bio-syn-these*: Aufbau organischer Stoffe durch lebende Organismen; *Bio-physik*: Wissenschaft von den physikalischen Vorgängen in und an Lebewesen; *Bio-technik*: industrielle Nutzung biologischer Prozesse

bis zweimal (verwandt mit bīnī). *Bis-kuit* (frz): (zweimal Gebackenes:) feines Gebäck (↗ coquere); *Bi-zeps*: zweiköpfiger Muskel (↗ caput); *Bi-gamie*: Doppelehe (↗ gamos); *Bilanz*: Waage mit zwei Schalen (lanx), dann: Gegenüberstellung von Einnahmen und Ausgaben; dasselbe Wort ist *Ba-lance* (frz): Gleichgewicht; *ba-lancieren; Billion*: eine Million Millionen; *Bi-lux-lampe*: Lampe mit je einem Glühfaden für Fern- und Abblendlicht; *Bi-metall*: Werkstoff aus zwei miteinander verbundenen Schichten verschiedener Metalle unterschiedlicher Wärmeausdehnung; *Bi-nom*: zweigliedriger Ausdruck (↗ nemein); *Bi-nomial-ko-effizient*: der ↗ Koeffizient eines Binoms; *Bi-ose*: (Chem, Med) einfacher Zucker mit zwei Sauerstoffatomen im Molekül #Bikini

bitūmen Erdpech, *Bitumen. Beton*: Mischung aus Zement, Sand u. dgl.

blastē (βλάστη) Sproß. Keim. *Blastula*: (Keimchen): Bläschenkeim (frühe Entwicklungsstufe des Tierkeims); *Blasto-mer*: die durch (Teilung:) Furchung der Zygoten entstehenden Furchungszellen.

bōlētus (eßbarer) °*Pilz*

bombein (βομβεῖν) tief und dumpf tönen (lautmalend). °*Bombe;* °*Pumpe*

bonus gut; Adverb: **bene.** *Bon* (frz): Gutschein; *Bon-bon*: ‘gut, gut’ Schmeckendes (frz, Kindersprache); *Bonität*: Güte, innerer Wert, bes Gütegrad des Acker- bzw Waldbodens, auch: Zahlungsfähigkeit; *Bonus*: Vorteil, Vorsprung, Pluspunkt; Vorname: *Bene-dict*: (über den man gut spricht und dem man Gutes wünscht); *ge-bene-deit* (<bene-dictus): gesegnet.

boscus/buscus (mlat) Gesträuch, °*Busch; Bukett* (frz): Blumenstrauß, -duft; *Boskett* (frz): dichte Gehölzgruppe

botanē (βοτάνη) Futterkraut, Pflanze. *Botanik*: Pflanzenkunde; *botanisieren*: Pflanzen sammeln

brachiōn (βραχίων) **bra(c)chium** (Unter-)Arm. *Brachial-gewalt*: rohe Körpergewalt; *Bratsche*: ↗ viola; °*Brezel*: Gebäck in Form von zwei verschlungenen Ärmchen

brachys (βραχύς) kurz. *Brachy-graphie*: Kurzschrift; *Brachy-logie*: knappe Ausdrucksweise als Stilmittel; *Tri-brachys*: aus drei kurzen Silben bestehender Versfuß

bradys (βραδύς) langsam. *Brady-kardie*: (Med) langsamer Herzschlag; *Brady-pnoe*: langsame Atmung

brevis kurz. °*Brief* (it, urspr: kurze Mitteilung); *Breve*: kurzes päpstliches Schreiben; *Brevier*: kurze Auswahl aus den Werken eines Schriftstellers (auch: aus den Stundengebeten katholischer Geistlicher); *Ab-breviatur*: Abkürzung

bromos (βρόμος) Gestank. *Brom*: stinkendes chemisches Element

bronchia (βρόγχια) die in die Lunge auslaufenden Enden der Luftröhre. *Bronch(i)en*: Hauptäste der Luftröhre; *Bronchitis* = *Bronchial-kata-rrh*: Entzündung der Bronchienschleimhaut; *Bronch-ek-tasie*: krankhafte Erweiterung der Bronchien (↗ teinein); *Broncho-skopie*: direktes Hineinsehen in die Bronchien mit Hilfe eines *Broncho-skops*

brūtus schwerfällig, dumm, roh. *Brutto* (it): Rohgewicht einer Warensendung; *Brutto-lohn*: Lohn ohne Abzüge (Gegens: Netto-lohn, ↗ nitidus); *brutal*: gewalttätig, roh

bụbolos (βούβολος) **bubalus** afrikanische Gazelle, (wegen des Anklangs an bus/bos auf die °*Büffel* übertragen, die um 600 u. Z. nach Italien gelangten; °*büffeln*

bulbus Zwiebel (°°Bolle). *Bulbus*: 1. Zwiebel, 2. (Med) Anschwellung an Körperorganen, auch: Augapfel

bulla Wasserblase, runde Kapsel. *Bouillon* (frz): (blasenwerfende:) kochendheiße Brühe; *Bulette*: (rundes) gebratenes Fleischklößchen; *Bulle*: päpstliche oder kaiserliche Urkunde im Mittelalter (nach der runden Schutzkapsel des daranhängenden Siegels benannt); *Bulletin* (frz, Dim): amtliche Bekanntmachung; *Billet*: Kurznachricht, Briefchen, auch: Fahr-, Eintrittskarte; # Bulle

burgus (spätlat <germ) Befestigung, später: °*Burg*, Stadt; vlat **burgensis** (Bewohner eines burgus:) °*Bürger; Bourgeois* (frz)

burra (spätlat) grobes Wolltuch. *Büro* (frz, < bureau): (urspr: mit einer Decke belegter Schreibtisch, heute:) Schreibstube; *Bürokrat*: jemand, der von der Schreibstube aus (vom 'grünen Tisch' her) herrscht

būs (βοῦς) Rind. °*Butter* (volksetym <bus- + tyrọs Käse); *Bu-phthalmie*: (Med) Stier-, d. h. Glotzäugigkeit (↗ ophthalmọs); *Bu-strophedon*: (wie ein Rind beim Pflügen am Furchenende wendend:) abwechselnd links- und rechtsläufige Schrift; *bu-kolisch* (bu-kọlos Rinderhirt): (Kunst) das Hirtenleben idealisierend.

buttis und **būtica** (spätlat) Faß, Gefäß. °*Butte*, °*Bütte*, °*Bottich*, °*Büttner*, °*Böttcher*

byrsa (βύρσα) **bursa** abgezogene Haut, Leder. °*Börse*: 1. (lederner) Geldbeutel, 2. (Versammlungshaus der Kaufleute:) Markt (bes für den Handel mit Wertpapieren); °*Burse*, daraus °*Bursche*: 1. Wohnhaus, in dem Studenten auf gemeinschaftliche Kosten (als 'Burschenschaft') zusammenlebten, 2. das einzelne Mitglied einer solchen Gemeinschaft, 3. junger Mann; *burschikos*: burschenhaft, derb

C (↗ auch unter K und Z)

cabạllus (spätlat) Pferd. *Kavallerie*: Reiterei; *Kavalier*: Reiter, Ritter, dann: Mensch von ritterlichem, edlem Verhalten; *Kavalkade*: Zug von Reitern

cadere fallen; **cāsus** Fall, Zufall; **cadāver** gefallenes Tier, Tierleichnam, *Kadaver. Kasus*: Fall (auch Gram); *de-kadent*: verfallend; *Dekadenz; Kadenz*: (bis zu einem Ruhepunkt fallende) musikalische Akkordfolge; *Chance* (frz, <cadentia): (glückliches Fallen der Würfel:) Glücksfall, gute Möglichkeit; daher: *sein Leben in die Schanze schlagen* #Schanze = Wall, Sprungschanze; *jemandem etwas zuschanzen*: ihm zu einem (Glückswurf:) Vorteil verhelfen; *Kaskade*: über Stufen fallendes Wasser, Wasserfall; *Kasuistik*: Verfahren, aus der Kenntnis vieler ähnlicher Einzelfälle (in Rechtsprechung und Medizin) Entscheidungen zu treffen, ohne größere Zusammenhänge zu beachten, daher auch: (umg) Kleinlichkeitskrämerei, Haarspalterei; *Ok-zident* (sōl occidens untergehende Sonne): Westen; *Ko-in-zidenz*: (Zusammenfallen:) Zusammentreffen mehrerer Ereignisse; *re-zidiv*: (Med) rückfällig; *Re-zidiv*: Rückfall

cae̯dere (Part: cae̯sus) hauen, fällen, auch: schneiden; **cae̯dēs** Mord, Blutbad. *Zäsur*: Einschnitt; *Zement*: Baustoff aus sehr fein zerkleinerten Silikatsteinen; *kon-zis*: (zusammengeschnitten:) kurzgefaßt, gedrängt (in Rede oder Schrift); *prä-zis*: (vorn abgeschnitten, zugespitzt:) kurz und bündig, genau; *Prä-zision*; *prä-zisieren*: genau ausdrücken; *In-zision*: Einschnitt (bes als ärztlicher Eingriff); *In-cisivus*: Schneidezahn; *Ex-zision*: (Med) Ausschneiden (einer Geschwulst); *Akzise*: (Zuschlag:) eine Form indirekter Verbrauchssteuer; *Sui-zid*: (Selbsttötung:) Selbstmord; *-zid*: ...tötend. In Z: *Herbi-, Insekti-; Geno-zid*: Völkermord

cae̯rimōnia Ehrfurcht, heilige Handlung. *Zeremonie*: feierliche Handlung in fest vorgeschriebenen Formen; *zeremoniell*: feierlich, förmlich, steif; *Zeremoniell*: Anwendung der vorgeschriebenen Formen einer feierlichen Handlung

Cae̯sar, Gaius Iulius (100-44 v.u.Z). *Kaiser; Zar; Cäsaro-papismus*: Vereinigung der weltlichen und geistlichen Gewalt in der Hand des weltlichen Herrschers (↗ pạppās)

Calẹndae̯ (auch **Kalẹndae̯**) ('Ausrufetag', von calāre, verwandt mit clāmāre; ausgerufen wurden in Rom am Monatsersten die Gerichts- und Feiertage des Monats:) erster Tag eines römischen Montas, daher: *ad Calendas Graecas* (auf die griechischen Kalenden, die es ja nicht gab) vertagen: auf 'keinen Termin', den St. Nimmerleinstag, vertagen; *Kalender*: mit dem ersten Tag des Jahres beginnendes Verzeichnis aller Tage des Jahres, Instrument und Methode der Zeitrechnung

calor Wärme; **calidus** warm. *Kalorie*: veraltete Maßeinheit der Wärme; *Kalori-meter*: (Chem) Gerät zur Bestimmung der bei einer chemischen Reaktion freiwerdenden Wärme; *Kal-faktor* (<cale-facere warm machen): Heizer, (verallgemeinert) Aufwärter, auch: Gefangener, der im Gefängnis Hilfsdienste verrichtet; dasselbe Wort ist *Chauffeur (Schofför)* (frz): Kraftfahrer; *echauffiert* (frz): (sehr erhitzt:) aufgeregt

calx[1] °*Kalk(stein)*. *Kalzium* (chemisches Element); *Kalzit*: Kalkspat; *kalkulieren*: berechnen (urspr mit Hilfe von calculī Steinchen); *Kalkulation*; *Chaussee* (frz, <via calciāta): (urspr gepflasterte Straße, heute:) Landstraße mit beliebiger Decke

calx[2] Ferse. °*Kelter* (<calcātūra, von calcāre mit den Füßen treten); °*keltern*

cambiāre (spätlat) tauschen, wechseln. *Kambium*: Zellschicht zwischen Baumrinde und Holz, die beim weiteren Wachstum ihre Gestalt und ihre Aufgaben wechselt

campus Feld, Ebene. *kampieren*: (im Felde:) im Freien lagern; *camp* (engl): Zeltlager; *Campagna*: Landschaft südlich von Rom; *Kampanien*: Landschaft um Neapel; ebenso: *Champagne* (im östlichen Frankreich), danach benannt: *Champagner*: Schaumwein; *Champignon*: Feldpilz; *Kampagne*: Feldzug, auch: Hauptarbeitsperiode (z. B. der Zuckerfabrik); °*Kampf* (<campus als Schlachtfeld); °*kämpfen*; °*Kämpfer*; °*Kämpe*; *Champion* (engl): hervorragender sportlicher Kämpfer; *Kampanile* (it), der auf dem campus freistehende Signalturm, Glockenturm, dazu: campana (it) Glocke, *Kampanula*: Glockenblume. # Kämpfer (Kunst): Stützplatte für Bogen oder Gewölbe auf einer Säule <kamptęr Biegung, Krümmung

cancellī (Dim zu cancer = carcer Umfriedung:) Schranken, Gitter. °*Kanzel*: (urspr von Schranken umgebener, erhöhter) Predigtplatz, auch: abgesonderter Raum: Flugzeugkanzel; °*Kanzlei*: (urspr durch Gitter abgesonderter) Schreibraum; °*Kanzler*: Vorsteher der Kanzlei, später: höchster Staatsbeamter (<cancellārius); *Kanzlist*: Schreiber; °*ab-kanzeln*: (von der Kanzel herab) jemand mit schroffen Worten tadeln

candidus weiß; **candidātus** mit weißer Toga bekleideter Bewerber um ein öffentliches Amt in Rom. *Kandidat*: Bewerber, Anwärter; *Kandidatur*; *kandidieren*; *Kandelaber* (<candēlābrum; candēla Kerze): hoher Lichtständer; Leuchter

canis Hund. *Kanaille* (frz): Hundepack, dann: (auf einen einzelnen bezogen:) Schurke; *Caninus*: (Hundezahn:) Reißzahn der Raubtiere, Eckzahn; *Kanikular-vakanzen* (die Hundstagsferien:) Sommerferien (veralteter Ausdruck)

cantāre und **canere** singen; **cantus** Gesang. *Kantor*: (Sänger:) Leiter des Kirchenchores; *Kantorei*: Kirchenchor, auch: Wohnung des Kantors; *Kantate*: Gesangswerk für Chöre und Solostimmen mit Instrumentalbegleitung; *Kanzone* (it): Lied, auch: eine Gedichtform; *Chanson* (frz): Lied für den Einzelvortrag; *Chansonette*: Chansonsängerin; *Ak-zent*: (<ac-centus Dazugesungenes:) Klangfarbe einer Sprache oder Mundart, einer Silbe oder eines Vokals, auch: Betonungszeichen (Kántor, Kantáte); *Dis-kant*: (Auseinandersingen, d. h. Abweichen von der Grund- oder Hauptstimme, dem Tenor, dann:) höchste Stimme (Sopran) #Kantine, #Kanton

capa und **cappa** (spätlat) Mantel mit Kopfschutz (#caput). *cape* (engl): mantelähnlicher Umhang; *Kappe*: (urspr: Mantel, der Körper und Kopf bedeckte (daher: *Tarnkappe*), jetzt nur noch: Kopfbedeckung; *Kapuze* (davon der Mönchsorden der *Kapuziner*); *Kapelle*: (urspr: kleiner Raum in der fränkischen Königspfalz, in dem das 'Mäntelchen', capella, des heiligen Martin aufbewahrt wurde, dann auch andere) Andachtsgebäude, später: Gesamtheit der in einem solchen Haus tätigen Musiker, schließlich: Musikergruppe; *Kaplan* (<capellānus:) Geistlicher an einer Kapelle, auch: Hilfsgeistlicher der katholischen Kirche

capanna (spätlat) Hütte. *Kabine*: kleiner Raum; *Kabinett*: kleiner Raum für Sammlungen oder Besprechungen, an Fürstenhöfen für Beratungen mit den Räten und Ministern, daher noch heute: Gesamtheit der Minister; *Kabinett-stück*: besonders gelungenes Kunstwerk (das der Aufbewahrung in einem Kabinett würdig ist), Meisterstück

caper Ziegenbock; **capra** Ziege. *Capri*: 'Ziegeninsel' (bei Neapel); *Kapriole*: Bocksprung, launischer Einfall; *Capriccio* (it): launisches Musikstück; *Kabriolett* (frz): (urspr: leichter, zweirädriger Einspänner mit Klappverdeck, der leicht 'Sprünge macht', heute:) Personenkraftwagen mit zurückklappbarem Dach; *kapriziös*: launisch, eigensinnig (wie eine Ziege)

capere (Part: captus) fangen, fassen, nehmen; *kapieren*: geistig erfassen (#kapern = ein Schiff nehmen); *Kapazität*: 1. Fassungs-, Leistungsvermögen, 2. Fachmann mit hervorragendem Leistungsvermögen; °*Kabel* (<capulum, urspr: Fangseil, Tau); *ak-zeptieren*: annehmen; *ak-zeptabel*: annehmbar; *anti-zipieren* (anti- = ante-): vorwegnehmen; *Apper-zeption*: (Hinzuerfassen:) bewußtes Erfassen und gedankliche Eingliederung des Erfaßten in das vorhandene Wissen; *Konzept*: (Zusammenfassung von Gedanken:) Entwurf eines Schriftstücks; *Kon-zeption*: (schriftliche) Zusammenfassung grundlegender Gedanken zu einem bedeutenden Vorhaben, auch: (Bio) (Vereinigung von Ei und Samenzelle:) Empfängnis, Befruchtung; *Kontra-zeption*: Verhütung einer Konzeption; *kon-zipieren*: geistig planen und entwerfen, (Bio) empfangen; *Re-zept*: urspr das, was vom Apotheker den Arzneigefäßen entnommen worden ist (entsprechend der ärztlichen Anweisung recipe = entnimm, abgekürzt: rp.), dann auch die schriftliche Anweisung des Arztes selbst, danach auch: Kochrezept; *re-zeptiv*: aufnehmend, auch: nur empfangend (Gegens: ↗ produktiv); *Re-zeptor*: Nervenfaser, Organ zur Reizaufnahme; *Re-zeption*: (Aufnahme:) 1. Empfangshalle im Hotel, 2. Annahme und Verarbeitung geistiger Güter *(Antike-re-zeption)*, z. B. von Kunstwerken; *Sus-zeptibilität*: Aufnahmefähigkeit, Empfänglichkeit (z. B. für elektrische Einwirkungen); *Dis-ziplin*: 1. (zergliederndes Aufnehmen des Lehrstoffes durch den Schüler, den dis-cipulus:) Unterricht, Fachrichtung, 2. Sportart, 3. Bereitschaft, sich einzuordnen; *dis-zipliniert*: zuchtvoll; *dis-ziplinarisch*: der Disziplin dienend, auch: auf dem Wege eines Dienststrafverfahrens; *ok-kupieren* (<oc-cupāre, abgelautet aus capere): besetzen; *Ok-kupation*

capsa Behälter (z. B. für Buchrollen; verwandt mit capere). *Kapsel* (<capsula): kleiner Behälter; *Kasse*: Geldkasten; *Kassierer*; *(ein)kassieren*: Geld einziehen (↗ quatere); *Kassette*: Kästchen; *Kassetten-decke*: (Baukunst) Decke mit kästchenförmigen Vertiefungen; *Kasserolle* (frz): Schmortopf

caput °°Haupt, Kopf; **capillus** Kopfhaar. *Kapitol*: Haupthügel Roms mit Burg und Jupitertempel, dann bloß Bezeichnung für jenen Tempel, heute auch: Kongreßpalast der USA in Washington; *Kapital*: (Kopfsumme:) 1. Vermögen, zinstragende Geldsumme, 2. (Ök) Wert, der seinem Besitzer durch Ausbeutung von Lohnarbeitern Mehrwert bringt; *Kapitalist*; *Kapitalismus*; *Kapital-hirsch*: (Haupthirsch:) besonders prachtvoller Hirsch; *Kapital-* auch in anderen Z: *Kapital-schrift*: nur aus (Haupt-:) Großbuchstaben bestehende Schrift; *Kapitel*: 1. Hauptabschnitt (eines Buches), 2. die Geistlichen eines Stifts, Klosters und ihre Versammlung; *Kapitularien*: in Kapitel gegliederte Rechtssatzungen der fränkischen Könige; *Kapitulation* (frz): militärische Übergabe auf Grund einer Liste der Hauptbedingungen, erzwungene Unterwerfung; *re-kapitulieren*: die Hauptpunkte einer Darlegung wiederholen; *Kapitell*: Kopfstück der Säule; *Kapitän*: Hauptmann, Schiffsoberhaupt; *Chef* (frz): Oberhaupt, Leiter; *Kap*: (Kopf:) Landspitze, daher: *Kap-land*, *Kap-stadt*; *da capo* (it): von Anfang an (als Aufforderung zur Wiederholung eines Musikstücks); *Kapillar-gefäß*: haardünnes Blutgefäß; *Kapillar-röhrchen*: sehr dünnes Rohr; *Kapillarität*: Saugwirkung feinster Röhrchen; *ok-zipital* (<ob gegen- + caput: auf der Gegenseite des Kopfes befindlich): das Hinterhaupt betreffend, zum Hinterhaupt gehörig; *Prä-zipitat*: (Chem) Bodensatz, Niederschlag; *Kataster* (<capitastrum): (urspr: Kopfsteuerliste, heute:) amtliche Liste (bes von Grundstücken)

carbō (Gen: carbōnis) Kohle. *Karbon*: Steinkohlenzeit; *Karbid*: Verbindung zwischen Kohlenstoff und einem (Halb-)Metall; *Karbonat*: Salz der Kohlensäure; *Karbunkel*: (rotglühendes Kohlenstückchen, dann:) tiefgehendes, brennendrotes Geschwür; dasselbe Wort ist *Karfunkel*: roter Edelstein (volksetym an 'funkeln' angeglichen)

carcer Umfriedung, Schranke, °*Kerker*. *Karzer* früher: Arrestzelle an Schulen und Universitäten

cardō (Gen: cardinis) Türangel. *Kardinal-punkt*: Angelpunkt (um den sich alles dreht),

Hauptpunkt; *Kardinal-zahlen*: 1. Grundzahlen (von denen die übrigen Zahlenarten gebildet sind), positive ganze Zahlen, 2. (Mengenlehre) Zahlen, die die Anzahl der Elemente einer Menge (ihre 'Mächtigkeit') angeben; *Kardinal*: nach dem Papst höchster geistlicher Würdenträger; *Scharnier* (frz, <cardināria): Drehgelenk (Türen)

carēre nicht haben, entbehren. *Karenz-zeit*: Wartezeit, während der man etwas noch nicht bekommt (z. B. Versicherungsleistungen)

cariēs Morschheit, Fäulnis. *Karies*: Knochenfraß, Zahnfäule; *kariös*: morsch

carmen (Zauber-)Spruch, Lied, Gedicht. *Charme* (frz): bezaubernde Anmut; *charmant*

carō (Gen: carnis) Fleisch. *In-karnation*: (Fleischwerdung:) Verkörperung von etwas Geistigem; *Karneol*: fleischroter Halbedelstein; *Karni-voren*: (Bio) Fleischfresser (↗ vorāre)

carpere pflücken (°°Herbst). *ex-zerpieren*: (herauspflücken:) Auszüge machen (aus Büchern); *Ex-zerpt*: Auszug

carrus vierrädriger Wagen (urspr keltisches Wort). (Schub-)°*Karre*; *Karosse*: 1. Prachtkutsche; 2. = *Karosserie*: Wagenoberbau; *Karriere*: 1. berufliche Laufbahn, schneller Aufstieg im Beruf, 2. schneller Lauf, Galopp der Pferde; *Karrierist*: eigensüchtiger und gesinnungsloser Streber; *Kar-neval* (<carrus nāvālis Schiff auf Rädern, das ein Hauptstück von Umzügen war, etwa: Narrenschiff); *Karikatur* (it, caricatura Überladung): mit Spott beladene Darstellung, Spottbild; *karikieren*; *chargieren* (frz, <carricāre): beladen, einen Hochofen beschicken, dazu: *Charge*, auch: Amt (als Last aufgefaßt), militärischer Dienstgrad; *Chargen-rolle*: kleine Charakterrolle (auf der Bühne)

cārus lieb, teuer. *Caritas*: (Nächstenliebe:) Verband der katholischen Fürsorgeeinrichtungen; *Charité* (frz): Name von Krankenhäusern; *karitativ*: mildtätig

casa Hütte, Haus. Stadt *Casa-blanca*: (weißes Haus); *Kasino*: (Häuschen:) Haus für geselliges Beisammensein

cāseus °*Käse*. *Kasein*: (Käsestoff:) Eiweißbestandteil der Milch

castānea *Kastanie*. *Kastagnetten*: zwei halbkugelförmige Holzschälchen zum Taktschlagen beim Tanz

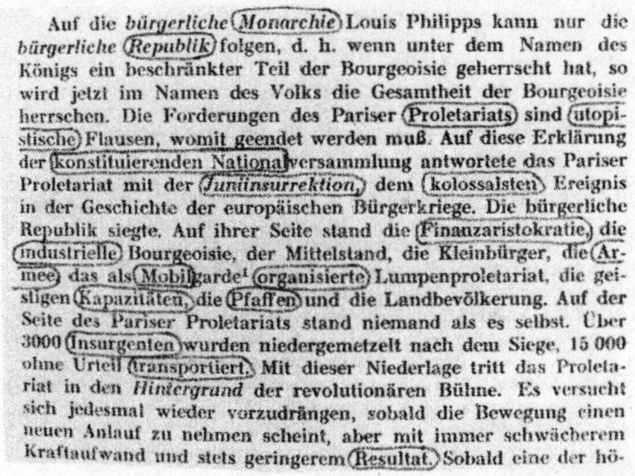

Auf die *bürgerliche Monarchie* Louis Philipps kann nur die *bürgerliche Republik* folgen, d. h. wenn unter dem Namen des Königs ein beschränkter Teil der Bourgeoisie geherrscht hat, so wird jetzt im Namen des Volks die Gesamtheit der Bourgeoisie herrschen. Die Forderungen des Pariser Proletariats sind utopistische Flausen, womit geendet werden muß. Auf diese Erklärung der konstituierenden Nationalversammlung antwortete das Pariser Proletariat mit der *Juniinsurrektion*, dem kolossalsten Ereignis in der Geschichte der europäischen Bürgerkriege. Die bürgerliche Republik siegte. Auf ihrer Seite stand die Finanzaristokratie, die industrielle Bourgeoisie, der Mittelstand, die Kleinbürger, die Armee, das als Mobilgarde[1] organisierte Lumpenproletariat, die geistigen Kapazitäten, die Pfaffen und die Landbevölkerung. Auf der Seite des Pariser Proletariats stand niemand als es selbst. Über 3000 Insurgenten wurden niedergemetzelt nach dem Siege, 15 000 ohne Urteil transportiert. Mit dieser Niederlage tritt das Proletariat in den *Hintergrund* der revolutionären Bühne. Es versucht sich jedesmal wieder vorzudrängen, sobald die Bewegung einen neuen Anlauf zu nehmen scheint, aber mit immer schwächerem Kraftaufwand und stets geringerem Resultat. Sobald eine der hö-

Karl Marx – Der 18. Brumaire des Louis Bonaparte

castra Lager. *Kastell*: kleines befestigtes Lager; *Kastellan*: Burg-, Schloßverwalter; *Kastilien*: Landschaft in Spanien (nach den vielen dort von den Westgoten angelegten Befestigungen benannt); in englischen Städtenamen: *Lancaster*, *Man-chester*; *Château* (frz, <castellum): Schloß

castus rein, züchtig, zuchtvoll. *Kaste*: gesellschaftliche Gruppe in Indien (die sich von Vermischung mit anderen Kasten 'rein' hält); *Kasten-geist*: Standesvorurteil gegenüber anderen Gesellschaftsschichten; °*kasteien* (<castigāre): züchtigen; *sich kasteien*: sich selbst Entbehrungen auferlegen; *In-zest*: (Unreinheit:) Paarung Nächstverwandter, Blutschande

catēna °*Kette*

catillus (kleiner) Napf, Schüsselchen. °*Kessel*

cauda Schwanz. *kaudal*: (Med) nach dem (Schwanz:) hinteren Teil des Körpers zu gelegen; *Coda* (it): Schlußteil eines Musikwerkes

caupō Krämer, Schankwirt. °*kaufen*; °*Kaufmann*

causa Ursache, Grund, auch: Rechtssache. *kausal*: ursächlich, begründend; *Kausal-satz*: Adverbialsatz des Grundes; °*(lieb)kosen* (<causāri in eigener Sache reden, dann: plaudern); *Chose* (frz) = *Schose*: Sache

cavēre sich hüten, Vorsorge treffen; **cautus** vorsichtig. *Kaution*: vorsichtshalber verlangte Sicherheitssumme; *Kautel*: Sicherheitsbestimmung in einem Abkommen; *cave ...*: (Med) unterlasse ...

cavus hohl. *Kavitation*: Hohlraumbildung im Innern schnellströmender Flüssigkeiten,

Gase oder erstarrender Schmelzen; *kon-kav*: nach innen gewölbt (Gegens: kon-vex); *Kaverne*: (Med) Hohlraumbildung; °*Käfig; Koje*: Loch, Verschlag; °*Kohl* (<caulis hohler Stengel, Kohlstrunk)

cēdere (Part: cessus) gehen, weichen. *Pro-zedur*: (umständliches langwieriges) Vorgehen, Verfahren; *Pro-zeß*: (Entwicklungs-)Vorgang, (gerichtliches) Verfahren; *Pro-zession*: (Vorwärtsschreiten:) feierlicher (kirchlicher) Umzug; *Prä-zession*: (Voranschreiten:) (Astr) Vorrücken des Frühlingspunktes auf der Ekliptik; *Prä-zedenz-fall*: vorausgehender und darum später als Beispiel dienender Vorgang: *Ex-zeß*: Ausschreitung; *Abs-zeß*: (Abgang von Eiter:) abgekapselte Weichteileiterung; *Inter-zession*: (Dazwischentreten:) Einspruch; *Se-zession*: (Beiseitegehen:) (politische oder künstlerische) Absonderung *(Sezessionskrieg)*; *Kon-zession*: (Mitgehen, Nachgeben:) Zugeständnis, Erlaubnis; *kon-zedieren*: zugestehen; *Kon-zessiv-satz*: Adverbialsatz der Einräumung; *ante-zedieren*: vorhergehen; *ante-zedent*: vorhergehend, vorher vorhanden; *suk-zessiv*: allmählich eintretend; *re-zessiv*: zurückweichend; *re-zessive Erbanlagen*: (Bio) die von den vorherrschenden, dominanten, überdeckten Anlagen; *Re-zession*: (Ök) rückläufige Tendenz; *Nécessaire* (frz, <necessārius unausweichlich, notwendig): Täschchen mit den notwendigsten Gegenständen

celeber vielbesucht, berühmt, gefeiert. *zelebrieren*: feierlich begehen; *Zelebrität*: Berühmtheit

celer schnell. *Ak-zeleration*: Beschleunigung, auch: beschleunigte körperliche Reife; *ac-celerando* (it): (Mus) beschleunigend; *c* (= celeritas): (Symbol der) Lichtgeschwindigkeit

cella (Speise-, Vorrats-)Kammer. °*Keller* (<cellārium; entlehnt, als c noch wie k gesprochen wurde); dazu: °*Kellner*; *Zelle* (erst später entlehnt!); *Zellulose*: *Zell-stoff*; *Zellulo-id*: Kunststoff aus Zellstoff; *Zello-phan*: durchsichtiger Kunststoff aus *Zellstoff* (↗ phainein)

censēre abschätzen, meinen. **cēnsor** hoher Beamter der römischen Republik, zuständig für den **cēnsus**: die Prüfung von Bürgerrecht, Eigentum, Steuerleistung und Militärdienstpflicht. *(re-)zensieren*: abschätzen, beurteilen; *Re-zension*: Beurteilung (von Büchern, Aufführungen); *Zensus*: Abschätzung von Einkommen und Abgaben; davon °*Zins*: Steuerabgabe; *Zinsen*: (Abgaben:) Vergütung für geliehenes Geld; *Zensur*: Bewertung von Schulleistungen, auch: amtliche Prüfung des Inhalts von Druckerzeugnissen durch den *Zensor*

centum °°hundert. °*Zentner*: 100 Pfund; Zenti-: $^{1}/_{100}$; *Zentenar-feier*: Hundertjahrfeier; *Zentifolie*: Rosenart mit (hundert:) zahlreichen Blumenblättern; *Pro-zent*: auf hundert (berechnet); *pro-zentual*; *Zentesimal-waage*: Waage, auf der ein Gewicht einer hundertfachen Last das Gleichgewicht hält; *Per-zentil-kurve*: (Math) graphische Darstellung der Verteilung von (Meß-)Werten innerhalb eines gleich 100 gesetzten (Meß-)Wertebereichs

cēpula °*Zwiebel*

cerebrum Gehirn. *Zerebrum*: (Bio) Großhirn; *Zerebralisation*: (Bio) Ausprägung des Großhirns und seiner Leistungsfähigkeit in der Phylogenese

Cerēs (↗ creāre) altrömische Göttin des Wachstums der Pflanzen. Nach ihr benannt: der Planetoid *Ceres* sowie das chemische Element *Cerium*; *Zerealien*: Getreide

cernere (Part: crētus) scheiden, sondern, auch: wahrnehmen; **certus** entschieden, sicher; **certāre** um die Entscheidung streiten; **crīmen** Vorwurf, Anklage, Verbrechen; **dis-crimen** Unterschied. °*Kreide* (<terra crēta: ausgesonderte, gesiebte weiße Erde); *Se-kret(ion)*: Absonderung, Drüsenausscheidung (in den Körper); *Se-kretär*: 1. (von den übrigen abgesonderter, d. h. Geheimschreiber, später:) Leiter einer Verwaltungsstelle, (bei uns heute:) leitender Parteifunktionär; 2. Schreibschrank; *Ex-kret(ion)*: Drüsenausscheidung (aus dem Körper); *Ex-kremente*: Darmausscheidungen, Kot; *De-kret*: Entscheidung, amtlicher Beschluß; *De-zernent*: (entscheidender:) verantwortlicher Leiter eines Verwaltungsbereichs, eines *De-zernats* (aus dem Konjunktiv decẹrnat = er soll entscheiden, wie In-serat und Re-ferat, an ähnliche Bildungen auf -āt <-ātus angeglichen); *kriminell*: verbrecherisch; *Kriminalist*: Kenner oder Lehrer des Strafrechts, auch: Angehöriger der *Kriminal-polizei*; *Kriminal-prozeß*: Gerichtsverfahren gegen Verbrecher; *Kriminalität*: Straffälligkeit, Vorkommen von Straftaten in einem bestimmten Zeitabschnitt; *dis-kriminieren*: (einen Unterschied machen:) benachteiligen, herabwürdigen; *dis-kret*: (abgesondert:) sich zurückhaltend, taktvoll, verschwiegen (Gegens: *in-dis-kret*); *Dis-kretion*; *Kon-zern*: (Zusammenschluß, um gemeinsam zu entscheiden:) Vereinigung von Betrieben (Form kapitalistischer Monopole); *Kon-zert*: musikalischer 'Wettstreit' zwischen Soloinstrument bzw -stimme und Orchester

chalkọs (χαλκός) Kupfer, Bronze. *Chalko-graphie*: Kupferstich; *Chalko-lithikum*: Kupfersteinzeit

chạos (χάος) leerer Raum, ungeordnete Masse, aus der sich das geordnete Weltall, ↗ Kosmos, entwickelte. *Chaos*: wüstes Durcheinander; davon: *chaotisch*; °*Gas*

charạttẹin (χαράττειν) einkerben, prägen. *Charakter*: Gesamtheit der eine Persönlichkeit oder Sache prägende Merkmale; *charakteristisch*; *Charakteristik*: Kennzeichnung

chạris (Gen: chạritos) (χάρις, χάριτος) Anmut, Dank. *Chariten*: Göttinnen der Anmut; *Charisma* (charịzesthạị gefällig sein): göttliche Gnadengabe; *Eu-charistie* (ẹucharistẹin danken): Dankgebet (bes vor dem Abendmahl, auch dieses selbst); °*Kerbel*: eine Küchengewürzpflanze (<caerefolium <chairephyllon)

chạrtēs (χάρτης) charta Papierblatt. *Charta*: Schriftstück grundlegenden Inhalts, Verfassungsurkunde; *Chartisten-bewegung*: britische Arbeiterbewegung im 19. Jh. zur Durchsetzung eines Verfassungsvorschlages, der *Volks-charta*; *chartern* (engl): ein Fahrzeug (Schiff, Flugzeug) aufgrund eines Vertrages mieten; °*Karte*; °*Karton*: 1. steifes Papier, 2. Pappschachtel; *Kartei* = *Karto-thek*: (Kartenaufbewahrungsstelle:) Kasten mit übersichtlich geordneten Karten gleicher Größe; *Kartell*: (urspr: Kärtchen, dann: vertragliche Abmachung, daher:) Vereinigung kapitalistischer Unternehmen des gleichen Produktionszweiges mit Abmachungen über Preisbildung und Absatz; °*Kerze*: Wachslicht mit (charta, hier =) Docht; *S-kat* (it <s-cartare, s- = ex-): Kartenspiel, bei dem zwei Karten 'hinausgetan' werden

chẹin (χεῖν) schütten, gießen; **chȳlọs** und **chȳmọs** (χυλός, χυμός) Saft. *Chemie*: (Schütten und Gießen:) Wissenschaft von den Stoffen, ihren Eigenschaften und Umwandlungen (über das Arabische wurde daraus: *Alchemie*); *Chemo-synthese*: Aufbau organischer Substanzen durch Verwendung der bei der Oxydation anorganischer Stoffe freiwerdenden Energie; *Chylus*: (Med) Milchsaft, Inhalt der Darmlymphgefäße; *Chymus*: durch Vermischung mit dem Magensaft angesäuerter Speisebrei

chẹir (χείρ) Hand. *Chir-urgie*: (Handtätigkeit:) operative Medizin (↗ ergon); *Chir-urg*; *chir-urgisch*; *Chiro-praxis*: Verfahren, kleine Fehlstellungen von Gelenken manuell, also nicht-operativ zu korrigieren; *Chiro-mantie*: Wahrsagen aus den Handlinien; *Chiralität*: (Chem) Struktureigenschaft von Großmolekülen, sich – wie die je rechte Hand zweier Personen – aneinanderzulagern

chī (χῖ) griechischer Buchstabe. *Chiasmus*: (Gram) Redefigur mit kreuzweiser Stellung der Wörter oder Begriffe, der Form des Buchstabens Chi (X) entsprechend: Die Kunst ist lang, doch kurz ist unser Leben

chịlịọi (χίλιοι) tausend. *Kilo-* (frz): 1000. In Z: *Kilo-gramm*, *Kilo-meter*; *Chiliasmus*: utopische Erwartung eines tausendjährigen Gottesreiches

chịmạira (χίμαιρα) Ziege. *Chimäre* (frz): Phantasiegebilde, sagenhaftes Ungeheuer, das den Kopf eines Löwen, den Leib einer Ziege, das Hinterteil eines Drachens hatte und Feuer spie

chitọ̄n (χιτών) Leibrock. *Chitin*: Bestandteil des Stützpanzers fast aller Gliedertiere

chlōrọs (χλωρός) blaßgrün. *Chlor*: grüngelbes Gas (als Bleich- und Desinfektionsmittel verwendet); *Chloro-phyll*: Blattgrün; *Chloro-form*: (Med) chlorhaltiges Narkosemittel; *chloroformieren*: 1. (Med) in Narkose versetzen, 2. (allgem) beeinflußen, indoktrinieren, so daß der Betroffene nicht mehr seinen eigenen Verstand gebraucht

chọlos (χόλος) °°Galle, Zorn; **cholikọs** (χολικός) gallig; **cholẹrā** (χολέρα) 1. Dachrinne, 2. *Cholera*: starker Brechdurchfall mit Abgang von Galle. *Koller*: Wutausbruch; *cholerisch*: jähzornig; *Choleriker*; *Chole-sterin*: (Med) zu den Sterinen gehörige, in der Galle anzutreffende Fettart

chọndros (χόνδρος) Körnchen. *Chondrio-somen*: (Bio) längliche Protoplasmakörperchen in der Zelle; *Mito-chondrien*: körnchen- bis fadenförmig gestaltete Zellorganellen

chọrā (χώρα) Land, Erde; **ana-chōrẹin** (ἀναχωρεῖν) sich zurückziehen. *chorisch*: (Geo) räumlich gesehen; *Choro-graphie*: Länderbeschreibung; *Ana-choret*: (einer, der zurückgezogen, bes in der Wüste, lebt:) Einsiedler;

#Chorion (chọrion Hülle): (Med) äußere Hülle des Embryos

chordę (χορδή) Darm(saite), **chorda** Darmsaite, Strick. *Ak-kord*: Zusammenklang der (Saiten:) Töne; *Ak-kordeon*: Instrument, das in vollen Akkorden erklingt; *Kordel* (<cordula): Schnur; *Kordilleren*: (wie an einer Schnur aufgereihtes) Kettengebirge im Westen Amerikas; *Kordon*: Postenkette; *Chordaten*: Tiere mit saiten- oder strickähnlicher Körperachse.

chorọs (χορός) Tanzplatz, auch: der vom Gesang begleitete Tanz sowie die Tanzgruppe. *Chor*: 1. (urspr: Platz für die Sänger der Liturgie vor dem Altar, dann:) erhöhter Altarraum, 2. Sängergruppe, auch die Komposition für diese; *Choral*: Kirchengesang; *Chorea*: (Med) Veitstanz; *Choreo-graphie*: Aufzeichnung von Tänzen, künstlerische Tanzgestaltung

chrēstọs (χρηστός) gut, rechtschaffen. *Chrestomathie*: Mustersammlung (aus der man 'Gutes lernen' kann)

chrịein (χρίειν) salben. *Christus*: der Gesalbte (Beiname des Jesus von Nazareth); Vornamen: *Christa, Christine, Christian, Christo-ph* ('Christusträger'; ↗ phẹrein; umg *Stoffel*); *Creme* (frz) = °*Krem*

chrọma (χρῶμα) Haut(farbe). *Chrom*: chemisches Element, dessen Verbindungen farbig sind; *Chromatin*: (Bio) leicht zu färbender Bestandteil des Zellkerns; *Zyto-chrome*: gefärbte Proteide lebender Zellen; *Chromatographie*: (Bio) Farbzeichnung, Verfahren, um die Bestandteile eines Stoffgemisches zu trennen und an ihrer Farbe zu erkennen; *Chromo-phoren*: (Farbbringer:) (Chem) farblose Verbindungen färbende Atomgruppen; *Chromo-sphäre*: rötliche Schicht der Sonnenatmosphäre; *chromatisch*: 1. (Phys) auf Farbzerlegung beruhend, 2. (Mus) in Halbtönen fortschreitend (was eine besondere Klangfärbung ergibt); *a-chromatisch*: (Phys) das Licht nicht in Farben zerlegend; *mono-chromatisch*: einfarbig; *pan-chromatisch*: (Techn) für alle Farben empfindlich

chrọnos (χρόνος) Zeit. *Chronik*: Aufzeichnung von Ereignissen nach (der Zeit:) Jahren; *Chronist*; *chronisch*: langwierig; *Chrono-logie*: Zeitrechnung; *Chrono-meter*: Zeitmesser, Federuhr besonderer Qualität; *ana-chronistisch*: (sich über die Zeit hinwegsetzend:) nicht in den Zeitabschnitt passend; *Ana-chronismus*; *dia-chronisch*: (durch die Zeit hindurch:) historisch, Gegens: *syn-chronisch*: (nur eine Zeit) beschreibend; *syn-chronisieren*: in zeitliche Übereinstimmung bringen

chthōn (χθών) Erde. *Auto-chthone*: (im Lande selbst Geborener:) Ureinwohner

cingere gürten, umgeben. °*um-zingeln*

circa und **circum** um... herum, rundum; **kịrkos** (κίρκος) Ring; **circus** Kreislinie, *Zirkus*. *zirka* (Abk *ca.*) *50*: etwa 50; *Zirkus* (in der Antike: rechteckig-abgerundete Bahn für Wettkämpfe, heute:) runder Vorführungsraum für Tierdressuren usw.; *Zirkel*: 1. Gerät, um Kreise zu ziehen, 2. lernender bzw sich unterhaltender Kreis von Menschen; *Zirkulation*: Kreislauf; *Zirkular*: Rundschreiben; *zirkulieren*: in Umlauf sein; *Zirkum-polar-stern*: Stern, der auf einer scheinbaren Bahn um den Himmelspol kreist, ohne unterzugehen; *Be-zirk*: (wie mit dem Zirkel) abgegrenztes Gebiet; *re-cherchieren*: (frz, <circāre herumgehen, um etwas festzustellen:) Ermittlungen, *Re-cherchen*, anstellen

cirrus krauses, lockiges Haar. *Zirrus-wolke*: Federwolke

citāre in Bewegung setzen, herbeirufen. *zitieren*: 1. vor den Richter oder eine andere Amtsstelle rufen, 2. eine Schriftstelle wörtlich anführen; *Zitat*: angeführte Stelle, bekannter Ausspruch; *re-zitieren*: Schriftstellen, bes Gedichte, (in die Erinnerung zurückrufen:) vortragen; *Re-zitator*; *Re-zitation*; *Re-zitativ*: (solistischer) sprechgesanglicher Vortrag (in Opern)

cīvis Bürger; **cīvitās** Bürgerrecht, Bürgerschaft, Stadtgemeinde; **cīvīlis** bürgerlich. *Zivil*: 'bürgerliche' Kleidung (Gegens: Uniform); *Zivilist*, auch: juristischer Sachverständiger im Zivilrecht; *Zivil-prozeß*: Gerichtsverfahren in Rechtsstreitigkeiten, die durch das *Zivil-recht (Zivil-gesetzbuch)* geregelt werden (andere Rechtsverhältnisse regeln z. B. Arbeits-, Verkehrs-, Strafrecht); *Zivil-ehe*: 'bürgerliche', d. h. durch eine staatliche Institution beglaubigte und für rechtsgültig erklärte Ehe; *Zivilisation*: (die zuerst in Städten aufgekommene) Verfeinerung der Lebenshaltung, auch: materielle Kultur; *City* (engl, <cīvitās): Großstadt, bes deren Stadtkern; *Zitadelle*: ('kleine Stadt', dann: befestigter Teil der Stadt:) Stadtfestung

clāmāre schreien, laut rufen; **clāmor** Geschrei; **clārus** laut, hell, berühmt (↗ Calendae, classis, con-cilium). *Ak-klamation*: Zuruf, Beifall; *de-klamieren*: laut vortragen, auch: öffentlich große Worte machen; *De-klamation*; *pro-klamieren*: öffentlich verkündigen; *Proklamation*; *Re-klame*: (Gegenruf gegen das Geschrei der Konkurrenz:) Werbung, Werbemittel; *re-klamieren*: (einen Gegenruf:) Einspruch erheben, beanstanden; *Re-klamation*; °*klar*; Vorname: *Klara* (die Glänzende oder Berühmte); *Clarino*: (Mus) hohe Trompete der Barockzeit, auch: das entsprechende Orgelregister, dazu Dim *Klarinette*: (hell tönendes) Holzblasinstrument; *De-klaration*: öffentliche Erklärung; #klamm (= feucht); #klammheimlich (<clam + dessen deutscher Bedeutung)

classis (↗ clāmāre: Aufruf, Aufgebot) 1. Bezeichnung der fünf Eigentumsgruppen der Servianischen Verfassung, 2. militärisches Aufgebot, Flotte. *Klasse*: 1. Schülerjahrgang, 2. Abteilung, Rangordnung, 3. (Bio) Gruppe, die mehrere Ordnungen umfaßt (z. B. Insekten), 4. (in der Klassengesellschaft) große Menschengruppen, die sich nach ihrem Platz in der gesellschaftlichen Produktion, nach ihrem Verhältnis zu den Produktionsmitteln und folglich nach der Art der Erlangung und der Größe des Anteils am gesellschaftlichen Reichtum unterscheiden; *klassi-fizieren*: in eine Gruppe (tun:) einordnen; *erst-klassig*: zur besten Gruppe gehörig; *klassisch*: erstrangig, mustergültig (bes in der Kunst); *Klassik*: Zeit erstrangiger Leistungen, Zeit der *Klassiker*; *Klassizismus*: Kunstrichtung, die dem Vorbild des klassischen Altertums der Griechen und Römer nachstrebt

claudere (Part: clausus) schließen. *Klause*: abgeschlossener Raum, ebenso: *Klosett*; *Klausner*: Bewohner einer Klause (als Mönch oder Einsiedler); °*Kloster* (<claustrum): gegen die Außenwelt abgeschlossenes Gebäude für Mönche oder Nonnen; *Klausur*: (Abschließung:) für Fremde geschlossen(er Teil des Klosters; -e Tagung); *Klausur(arbeit)*: (in abgeschlossenem Raum:) unter Aufsicht angefertigte Prüfungsarbeit; *Klausel*: (urspr: Schlußbestimmung eines Vertrages, dann:) zusätzliche Vereinbarung; *In-kluse*: (Geo, Bio) Einschlüsse (z. B. von Insekten in Bernstein); *Ok-klusion*: 1. Absperrung, Abschnürung, 2. (Med) Zusammenbiß von oberer und unterer Zahnreihe, 3. (Meteorologie) Störungslinie eines Tiefdruckgebietes; *in-klusive*: einschließlich; *ex-klusive*: ausschließlich; *ex-klusiv*: (für andere) abgeschlossen, ausgeschlossen; °*Schleuse* (<aqua exclūsa ausgeschlossenes, abgesperrtes und so gestautes Wasser). Verwandt mit

clāvis Schlüssel; **clāvus** Pflock, Nagel. *Klavikula*: Schlüsselbein; *Klavier*: Saiteninstrument mit Hammermechanik und (Pflöcken:) Tasten; *Klaviatur*: Tastenreihe; *En-klave*: eingeschlossener Gebietsteil, der zu einem anderen Staat gehört; *Ex-klave*: (ausgeschlossener:) außerhalb der Grenzen liegender Staatsteil; *das Kon-klave*: (verschließbares Zimmer:) Kardinalsversammlung im verschlossenen Raum zur Papstwahl

clīnāre biegen, beugen, lehnen; **cliēns** (Gen: clientis) in Schutz und Dienst eines Schutzherrn, ↗ patronus, stehender Bürger, Schutzbefohlener (der sich 'anlehnt'). *De-klination*: 1. Abweichung der Kompaßnadel von der geographischen Nord-Süd-Richtung, 2. Winkelabstand eines Sterns vom Himmelsäquator, 3. Beugung der Substantive, Adjektive usw. Dazu: *de-klinieren*; *(in-)de-klinabel*: (nicht) deklinierbar; *In-klination*: Neigung(swinkel); *in-klinieren*: zu etwas hinneigen, Neigung zu etwas haben; *Klient*: Kunde eines Rechtsanwalts (bei dem er Rat und Hilfe sucht); *Klientel*: 1. zu einer Rechtsanwaltpraxis gehörender Klientenkreis, 2. Rechtsverhältnis eines Klienten; Vorname: *Clemens* (clemens geneigten Sinnes, freundlich, gnädig)

cloāca Abzugsgraben. *Kloake*: Sammelgrube für Unrat, auch: gemeinsamer Endabschnitt von Darm, Harn- und Geschlechtsausführungsgängen (z. B. bei Lurchen)

cōdex (Gen cōdicis) Holzklotz, mit Wachs überzogene Holztafel, Buch aus mehreren solcher Tafeln. *Kodex*: 1. Block-Buchform (Pergament- oder Papyrusblätter), die seit 1. Jh. u. Z. die Papyrusrolle verdrängte, 2. handschriftliches Buch des Mittelalters, 3. Gesetzbuch; *Code* (frz) = *Kode*: Schlüssel zu einer Geheimschrift, auch: Telegraphen- und Funkschlüssel, aber: *Code Napoléon*: Gesetzbuch Napoleons; *kodi-fizieren*: aus Einzelbestimmungen ein Gesetzbuch machen; *Kodierung*: Verschlüsselung; *de-kodieren*: entschlüsseln

colere (Part: cultus) bebauen, pflegen, verehren. *Kult(us)*: Pflege, Verehrung (bes einer Gottheit); *Kultus-ministerium*: Ministerium für Bildung, Wissenschaft und Kultur; *Kultur*: 1. Aufzucht, planvolle Bearbeitung von Pflanzen, Kleinlebewesen oder Gewebezellen (Bio, Med), 2. Pflege, Ausbildung der Anlagen und Fähigkeiten des Menschen, 3. Gesamtheit der Werke und Werte menschlichen Schöpfertums; *kultivieren*: anbauen, pflegen; *Kultivator*: Gerät zur mechanischen Bodenbearbeitung; *Re-kultivierung*: Rückgewinnung von Bodenflächen zur wirtschaftlichen Nutzung; *Kolonat*: (bes in der römischen Kaiserzeit) Bewirtschaftung des Bodens durch Kleinpächter, *Kolonen*, auch: das Rechtsverhältnis des Kleinpächters zu Großgrundbesitzer und römischem Staat; *Kolonie*: 1. (urspr: Bauernsiedlung, dann:) vom Staat gegründete Niederlassung freier griechischer und römischer Bürger außerhalb der Heimat, 2. (bis heute:) durch Unterwerfung angeeignetes, politisch unterdrücktes und wirtschaftlich ausgebeutetes Gebiet außerhalb des eigenen Staatsgebietes, 3. (Bio) 'Ansiedlung' von Lebewesen der gleichen Art an einem Ort, bzw 4. von Menschen außerhalb ihrer Heimat; *kolonial*; *kolonisieren*; *(Neo-)Kolonialismus*; *Köln* (<colōnia); *Clown* (engl, <colōnus Bauer; über den 'bäurischen' Mann, dem höfische Bildung fehlte, lachte man): (bis zur Zeit Shakespeares eine Art Hanswurst auf der englischen Bühne, heute:) Spaßmacher in Zirkus und Varieté

collum Hals. *Koller* (aus <collārium): bis zum Hals reichendes Kleidungsstück, auch: Halskragen (#Koller = Wut); *Kollier* (frz): Halsschmuck; *De-kolleté* (frz): tiefer Halsausschnitt (bei Kleidern); *kol-portieren* (frz, <collum + portāre am Halse tragen, nämlich den 'Bauchladen', mit dem einst der Hausierer *(Kol-porteur)* handelnd von Dorf zu Dorf zog, dabei auch Briefe übermittelte und Berichte ausstreute): Gerüchte verbreiten; *Kol-portage*: Verbreitung von Gerüchten; *Kol-portage-roman*: literarische Krämerware, Schundroman

color Farbe. *kolorieren*: mit Farben überziehen; *Kolorit*: Farbton; *Koloratur-gesang*: kunstvoll verziertes Singen; *Tri-kolore*: dreifarbige Fahne; *Colorado* (span): Fluß in Nordamerika; *Color-film*: Farbfilm

cōlum Sieb, Durchschlag; **cōlāre** durchrinnen lassen. *Kulisse* (frz): bewegliche Wand; *kulante Bedienung*: (ohne Stocken dahinfließende:) entgegenkommende Bedienung

columna Säule. *Kolumne*: Spalte, Seite eines Buches oder einer Zeitung; *Kolumnist*: (Journalistik) Leitartikler einer Zeitung; *Kolonne* (frz): Marschsäule, auch: längere Reihe von Wagen; *Colonel* (frz, engl): (Befehlshaber einer Heeressäule:) Oberst; *Kolonnade*: Säulengang mit geradem Gebälk, ↗ arcus

comes (Gen comitis) Begleiter; **comitārī** begleiten. *Comte* (frz), *Conte* (it) und *Count* (engl): Graf (als Begleiter eines Fürsten); *County*: Grafschaft bzw Verwaltungsbezirk in Großbritannien bzw in den USA; *Komitat*: Verwaltungsbezirk in Ungarn (vgl Polen: Wojewodschaft, obwohl der Wojewode heute kein Herzog = mlat dux ist)

con-cilium (zusammengerufene) Versammlung; **con-ciliāre** zusammenbringen, gewinnen (↗ clāmāre). *Kon-zil*: Versammlung; *kon-ziliant*: von gewinnendem Wesen, verbindlich

condīre würzen, schmackhaft zubereiten. *Konditor*: (mlat, urspr: Hersteller würziger Speisen, unter dem Einfluß von arab qand Kandis-zucker:) Fein- und Zuckerbäcker

cōn-flīgere zusammenschlagen, kämpfen. *Kon-flikt*: Zusammenstoß, Streit

con-gruere zusammenfallen übereinstimmen. *kon-gruent*: übereinstimmend, deckungsgleich; *Kon-gruenz; Ruine* (<ruīna Einsturz): zusammengefallenes Bauwerk; *ruinieren*: zugrunde richten, zerstören; *Ruin*: Zusammenbruch, Untergang, Verlust des Vermögens

cōn-silium Beratung, beratende Versammlung, Rat, Plan, Beschluß; **cōn-sulere** um Rat fragen, beratschlagen, sorgen für ...; **cōn-sul** höchster Staatsbeamter Roms (der den Senat einberuft und um Rat fragt). *Kon-silium*: gemeinsame Untersuchung und Beratung (z. B. über einen Krankheitsfall durch mehrere Ärzte); *consilium (abeundi)* Rat, wegzugehen): früher hohe Schulstrafe (Androhung der Verweisung); *Kon-sul*: (heute:) ständiger Vertreter eines Staates im Ausland (sein Amtssitz: *Kon-sulat*); *kon-sultieren*: um Rat fragen; *Kon-sultation*: (wissenschaftliche) Beratung, auch: Befragung als Mittel der Studienkontrolle; *kon-sultativ*: beratend; *Rechts-kon-sulent*: Rechtsberater

cōn-suēscere (Part: cōn-suētus, sprich: swē -!) sich gewöhnen; **cōn-suētūdō** Gewohnheit. *Ko-stüm* (frz, urspr: die gewohnte Art, sich zu kleiden:) Kleid mit Jacke, auch: Maskentracht; *ko-stümieren*: bekleiden, verkleiden

contrā gegen; **contrārius** entgegengesetzt. *Kontra-punkt*: (Mus) kunstvolles Nebenherführen einer Gegenstimme; *Kontra-baß*: (tiefste Gegenstimme:) größtes und tiefstes Streichinstrument; *Kontra-st*: (Gegenüberstehen:) Gegensatz (↗ stāre); *kontra geben* (umg): widersprechen; *konträr*: entgegengesetzt, gegensätzlich; *Konter-re-volution*: Gegenrevolution; *Konter-bande* (it, bando öffentliche Anordnung): Ware, die gegen bestehende Gesetze eingeschmuggelt wird; *kontern*: einen Gegenschlag führen

cōnus spitzer Zapfen, Kegel. *Konus*; *Koni-feren*: (Zapfenträger:) Nadelhölzer; *konisch*: kegelförmig

con-vexus gerundet, gewölbt (ohne bestimmte Richtung). *kon-vex*: nach außen gewölbt (Gegens: kon-kav)

cōpia Menge, Vorrat. *kopieren*: (auf Vorrat schreiben:) abschreiben, Durchschläge machen, photographische Abzüge herstellen, auch: nachahmen; *Kopie*; *Kopier-stift*: Schreibstift, mit dem man Kopien herstellen kann; *Kopist*

cōpula zusammenfügendes Band (<co-apula, ↗ aptus). *Kopula*: 1. (Phil) Bindeglied zwischen zwei Begriffen, 2. (Gram) Flexionsform von 'sein', 'werden' usw (die Subjekts- und Prädikatsbegriff zu einer Aussage verbindet: 'Vater ist zufrieden'); *kopulieren*: verbinden, (durch Verbindung zweier gleichstarker Reiser) einen Baum veredeln, ebenso: °*koppeln*; *das Koppel*: Leibriemen; *die Koppel*: eingezäunte Weide; °*kuppeln*; *Kuppler*; *Kupplung*; *Kopulation*: (Bio) Verbindung zweier Tiere zur Fortpflanzung, Verschmelzung zweier Geschlechtszellen und ihrer Kerne (Befruchtung)

coquere (Part: coctus) °*kochen*, backen, dörren, reif machen. °*Koch*; °*Küche*; *Terra-kotta* (<terra cocta): (gekochte:) gebrannte Tonerde; *Koks*: (ausgebrannte:) entgaste Kohle; *kulinarische Genüsse* (culīna Küche, <coqlīna): Genüsse der Kochkunst

cor (Gen: cordis) °°Herz, Gemüt; **con-cordia** Eintracht. *kordial*: herzlich; Vorname: *Kordula* (Herzchen); *Kon-kordat*: Abkommen zwischen dem Papst und einem Staat; *Akkord*: (Zustimmung:) Vertrag über Arbeit im Stücklohn im Kapitalismus (↗ chordę); *Rekord*: (urkundliches Verzeichnis, das Geschehenes wieder ins Herz, d. h. in Erinnerung ruft, daher auch:) sportliche Höchstleistung (die urkundlich anerkannt ist); *Re-corder*: Gerät zur elektromagnetischen Aufzeichnung und Wiedergabe von Tonfolgen; *Kon-kordanz*: 1. (Bio) Übereinstimmung in wichtigen Körpermerkmalen, 2. alphabetisches Verzeichnis übereinstimmender Stellen aus einem oder mehreren Büchern, 3. (Geo) in gleicher Neigung (und daher ungestört) übereinanderliegende Gesteinsschichten; *Dis-kordanz*: 1. Mißstimmung, Mißhelligkeit, Abweichung, 2. (Geo) in verschiedener Neigung lagernde Gesteinsschichten; *Courage* (frz): Beherztheit, Mut; *couragiert*: beherzt

cornū °°Horn, auch: Horn zum Blasen. *Cornea* = *Kornea*: Hornhaut des Auges; *Kornett* (frz): (Hörnchen:) 1. kleinstes Blechblasinstrument, 2. Reiterfahne, Reiterfähnrich

corpus (Gen: corporis) °*Körper*, Leib. *korpulent*: beleibt; *Korporation*: Körperschaft; *das Korps* (frz): 1. größerer Truppenverband *(Armee-korps)*, 2. reaktionäre Studentenverbindung; 3. ↗ dis; *Korsett* (frz, <corps): 'Leibchen'; *Korpuskel*: Körperchen, (Elementar-)Teilchen; #*Korporal* (it, <caporale) Haupt einer Soldatenabteilung, ↗ caput

cortex (Gen: corticis) Baumrinde. *Kortex*: Rinde von Körperorganen (Niere, Hirn); *kortikal*: zum Kortex gehörig; °*Kork*: Rinde der Korkeiche

costa Rippe, Seite. °*Küste* (eigtl: Seite, Flanke des Festlandes); *Kotelett* (frz): Rippchen, Rippenstück

crassus dick, grob. *kraß*: grob ('ein krasser Widerspruch')

creāre hervorbringen, entstehen lassen, schaffen, wählen (↗ crēscere wachsen). *Kreatur*: Schöpfung, Geschöpf, auch: Mensch von niedrigem Charakter; *kreieren*: erstmalig schaffen (z. B. eine Mode), auch: eine Theaterrolle als erster darstellen; *kreativ*: schöpferisch; *Kreativität*: Schöpferkraft; *Kreationismus*: Lehre, die Welt sei das Werk eines über- und außerweltlichen Schöpfers

cremāre verbrennen. *Krematorium*: (Verbrennungsstätte:) Stätte zur Einäscherung Verstorbener

crepāre knarren, krachen, laut tönen. *krepieren*: krachend bersten (von Granaten), umg auch: verenden, sterben (bes von Tieren); *Dis-krepanz* (dis-crepāre auseinandertönen, nicht übereinstimmen): Abweichung, Mißverhältnis, Zwiespalt

crē-scere wachsen (↗ creāre). *(ac-)crescendo* (it): (Mus) allmählich anschwellend; *de-crescendo*: an Tonstärke abnehmend; *Kreszenz* (<crēscentia): Wachstum, Wuchs, Ertrag, auch: Herkunft (bes von Weinen); *kon-kret*: (zusammengewachsen, verdichtet:) körperlich greifbar, wahrnehmbar (Gegens: abstrakt); *kon-kretisieren*: (durch praktische Beispiele) veranschaulichen; *Kon-krement*: (Zusammenwachsen, Festwerden:) Steinbildung in Galle, Blase oder Niere; *Re-krut* (frz, <recrue Nachwuchs, dann: als 'Nachwuchs' zum Heeresdienst Einberufener): Soldat in der Zeit der militärischen Grundausbildung; *re-krutieren*: ergänzen, zusammensetzen aus ..., als Rekruten einberufen

crispus kraus. *Krepp* (frz, <crêpe): krauses Gewebe, auch: *Krepp-papier*

crūsta Rinde, Schale, °*Kruste*. °*verkrusten*: sich mit einer Kruste überziehen; *in-krustieren*: (mit einer Schale versehen:) durch Ein- bzw Auflegen farbiger Plättchen verzieren; *Krusten-tiere*: Krebstiere

crux (Gen crucis) °*Kreuz*; **cruciātus** °*Kreuzigung*, Marter, Folter. *Kruzi-fixus*: der ans Kreuz Geschlagene; *Kruzi-fix*: Darstellung des ans Kreuz geschlagenen Christus; *Kruzianer*: Mitglied des Dresdener Kreuzchors; *Kruzi-feren*: Kreuzblütler; °*kreuzigen*; °*kreuzen*: 1. (Bio) Tiere verschiedener Rassen paaren, 2. quer hindurchgehen oder -fahren (über die Straße oder gegen den Wind); °*Kreuzer*: 1. Kriegsschiff, 2. kleine Münze mit dem Zeichen des Kreuzes; *Cross* (engl): (Sport) Querfeldeinlauf, -fahrt

cubāre liegen, ruhen. *In-kubation*: Zeitdauer für das Ausbrüten der Vogeleier; *In-kubations-zeit*: Zeit zwischen dem Eindringen von Krankheitserregern und dem Ausbruch der Krankheit

cucurbita °*Kürbis*

culmen (Gen culminis) höchster Punkt, Gipfel. *kulminieren*: sich auf dem Höhepunkt, *Kulminations-punkt*, befinden

cumulus Haufen. *Kumulus-wolke*: Haufenwolke; *Kumulation*: Häufung; *Ak-kumulation*: Anhäufung (z. B. von Kapital); *Ak-kumulator*: Gerät zur Speicherung elektrischer Energie

cūnae Wiege. *In-kunabeln*: 'Wiegendrucke' (Bücher aus der Kindheit des Buchdrucks, vor 1500)

cunīculus °*Kaninchen*

cūpa großes Faß, Bottich. °*Kopf*; °Kufe; °*Kübel* (<cūpula kleines Gefäß); °*Kuppel* (eigtl: umgestürztes rundes Gefäß)

cūrāre (be)sorgen; **cūra** Sorge. *Kur*: (Krankenfürsorge:) Heilverfahren; *kurieren*: gesund machen; *Kurator*: (Fürsorger:) Vermögensverwalter, Verwalter einer Stiftung; *Kuratorium*: Ausschuß, der für eine bestimmte Angelegenheit oder für bestimmte Interessen Fürsorge zu treffen hat; *Kuratel*: Pflegschaft, Vormundschaft; *unter Kuratel stehen*: unter Aufsicht stehen; *kurios*: (Sorge und Aufmerksamkeit erregend:) merkwürdig, sonderbar; *Kuriosum*: seltsamer Fall; *Kuriosität*: Seltsamkeit; *ak-kurat*: sorgsam, genau; *Ak-kuratesse* (frz); *Pro-kura*: gesetzlich begrenzte Vollmacht zur Vertretung des Betriebsinhabers; *Pro-kurator*: Bevollmächtigter; *Pro-kurist*: Geschäftsleiter; °*sicher* (<sē-cūrus sorglos); *Se-kurit-glas*: Sicherheitsglas; °*scheuern* (<ex-cūrāre:) Schmutz 'hinausbesorgen'; #Kurfürst, Kür, erkoren

cūria (<co-viria) (Zusammenkommen von Männern:) Sitzungsgebäude. *Kurie*: 1. Gruppe patrizischer Geschlechter in Rom und ihr Versammlungshaus, 2. Rathaus des römischen Senats, 3. (heute:) die päpstlichen und bischöflichen Verwaltungsgremien

currere laufen; **currus** Wagen; **cursus** Lauf. *Cursor* (engl, Läufer:) Lichtpunkt zur Steuerung von Bildschirmdarstellungen; *Kurs(us)*: Lehrgang (der einige Zeit läuft); *Kurs*: 1. (laufender) Wert einer Währung, 2. Fahrtrichtung; *Kurs-buch*: Fahrplanbuch; *Kurs-wagen*: Wagen, der (an Knotenbahnhöfen) auf andere Züge übergeht und daher lange Strecken durchläuft; *kursieren*: in Umlauf sein (Geld, Gerüchte); *kursorisch lesen*: fortlaufend, rasch lesen, um schnell einen Überblick über den Inhalt zu bekommen; *kursorische Lektüre*; *Kurier*: (Läufer:) schneller Bote; *Kurrent-schrift*: zusammenhängend laufende Schreibschrift (Gegens: Druckschrift mit voneinander getrennt stehenden Buchstaben); *Kursiv-schrift*: schräg laufende Druckschrift; *Kurant*: im Lande umlaufendes Münzgeld; *Konto-korrent* (it): laufendes Bankkonto (über das man laufend verfügen kann); *Kurrende*: 1. evangelischer Jugendchor (urspr von Haus zu Haus ziehend), 2. Umlaufschreiben, Laufzettel; *Korridor*: (Laufgang:) Wohnungsflur; *Korsar*: (it, Renner:) Seeräuber auf schnellem Schiff; *Korso* (it): Hauptstraße, auch: Prunkfahrt mit geschmückten Wagen; *Ex-kursion*: Ausflug, Studienfahrt; *Ex-kurs*: Abschweifung (vom Hauptthema); *Dis-kurs*: (lebhaftes Hin- und Herverhandeln:) erörterndes Gespräch; *Kon-kurs*: (Zusammenlaufen der Gläubiger:) Zahlungsunfähigkeit, Geschäftszusammenbruch; *kon-kurrieren*: (miteinander dem Erfolg nachlaufen:) wetteifern, auch: im kapitalistischen Wirtschaftskampf stehen; *Kon-kurrenz*, auch = *Kon-kurrent*: Gegner (auf sportlichem oder wirtschaftlichem Gebiet); *Re-kursion*: (Math) Abfolge von gleichen Handlungsschritten, die auf das jeweils erreichte Resultat als Ausgangsgröße für den nächsten Schritt zurückgehen; *re-kursiv*

curtus beschnitten, verstümmelt. °*kurz*, °*verkürzen*

curvus gekrümmt, gebogen. *Kurve*: gebogene Linie, Straßenbiegung; °*Kurbel*: 'gekrümmtes' Gerät zum Drehen, zum °*An-kurbeln*

cūstōs Wächter; **cūstōdīre** bewachen. *Kustos*: Verwalter, wissenschaftlicher Betreuer (bes eines Museums); *Kustodie*: Sammlung und Verwaltung der Kunstschätze einer Universität; °*Küster*: (Kirchenwächter:) Kirchendiener

cutis °°Haut (↗ derma). *Kutikula*: (Bio) äußeres 'Häutchen' als Verdunstungsschutz, bei Pflanzen aus *Kutin* bestehend; *sub-kutan*: (Med) unter (die) der Haut

D

daimōn (δαίμων) untergeordnete Gottheit, später: Teufel. *Dämon*: böser Geist; *dämonisch*; *Dämonismus*: Glaube an Dämonen; *Eu-dämonismus*: (Phil) Lehre, in der das Ziel des Handelns die (innere) Glückseligkeit ist

daktylos (δάκτυλος) Finger. *Daktylus*: Vers, der (wie ein Finger aus einem langen und zwei kurzen Gliedern:) aus einer langen und zwei kurzen Silben (–◡◡) besteht; dazu vielleicht auch: °*Dattel* (urspr wohl eine Sorte mit fingerartigen Früchten); °*Dachtel*: Ohrfeige; *Daktylo-skopie*: (Fingerbetrachtung:) Feststellung der Fingerabdrücke; *Hypo-daktylie*: (Med) angeborenes Fehlen von Fingern oder Zehen; *Poly-daktylie*: Vorhandensein überzähliger Finger oder Zehen; *Syn-daktylie*: Verwachsung von Fingern oder Zehen

damnāre mit einer Buße belegen, verurteilen; **damnum** Schaden, Verlust. °*ver-dammen*: verurteilen, verfluchen; *In-demnität*: 1. Entschädigung, 2. Straflosigkeit (z. B. von Abgeordneten wegen Äußerungen in Ausübung ihres Mandats), 3. nachträgliche Billigung von Regierungsmaßnahmen durch das Parlament

dare (Part: datus) geben; **dōs** (Gen: dōtis) Gabe, Mitgift. *Dativ*: 'Gebefall'; *Datum* (von der älteren Formel: 'gegeben am ...'): genaue Tages- und Jahresbezeichnung; *datieren*: zeitlich festsetzen, mit dem Datum versehen; *Datei*: Datensammlung (vgl Kartei!); *e-dieren*: (ein Buch) herausgeben; *E-dition*; *Tra-dition*: (Übergabe:) Weitervermittlung von Generation zu Generation, Überlieferung; *tra-ditionell*: der Überlieferung entsprechend; *Rente* (aus einem Part rendita für red-dita zurückgezahlte, ausgezahlte Summe (urspr: regelmäßiges Einkommen aus eigenem Kapital, heute:) Einkommen aus Versicherung *(Unfall-rente)*; *Rentner*; *rentabel*: etwas, was 'sich auszahlt'; *dotieren*: mit Einkünften ausstatten, beschenken; *Dotation*: Schenkung, auch: (Phys) Zugabe bestimmter Stoffe zum Halbleitermaterial

dēbēre (Part: dēbitus) schulden, verdanken, müssen. *Debet*: ('er schuldet', für älteres Debit <dēbitum Geschuldetes:) Schuld, Soll (im Bank- und Zahlungsverkehr)

decem °°zehn; **decimus** zehnter; **decānus** Anführer von zehn Mann. *dezimieren*: (jeden zehnten töten:) stark vermindern, schwere Verluste beibringen; *Dezi-*: ein Zehntel-. In Z: *Dezi-meter*; *Dezimal-* und *Duo-Dezimal-system*: Zahlensystem mit der Grundzahl 10 bzw 12; *Dezimal-waage* (die Gewichte wiegen ein Zehntel des Gewogenen); *Dezember*: zehnter Monat der älteren römischen Jahreseinteilung; *Dez-ennium*: Jahrzehnt (↗ annus); *Dekan*: Leiter einer Fakultät, eines Wissenschaftsbereiches an einer Hochschule; dasselbe Wort ist *Dechant*: leitender katholischer Geistlicher eines Kirchenbezirks; *Doyen* (frz, <decānus): Rang- oder Dienstältester der ausländischen diplomatischen Vertreter; *Dinar*: (<dēnārius, römische Silbermünze, die zehn Kupfermünzen, Kupferassen, entsprach, heute:) Währungseinheit in Jugoslawien, Tunesien, Jordanien, Algerien u. a. °*Dutzend* (<duo-decim): zwölf Stück; *Duo-denum*: (Med) Zwölffingerdarm (↗ auch dęka)

dẹchesthai (δέχεσθαι) empfangen; **dia-dẹchesthai** (διαδέχεσθαι) übernehmen, nachfolgen. *Dia-dochen*: Nachfolger, urspr die Alexanders des Großen; *Dia-dochen-reiche*: die Nachfolgereiche des Alexanderreiches

decorāre zieren, schmücken; **decēre** sich ziemen. *dekorieren*: ausschmücken, auszeichnen (mit einem Ehrenzeichen); *Dekoration*; *dezent*: geziemend, schicklich, auch: rücksichtsvoll; *in-dezent*: unschicklich

dē-fendere (Part: dē-fēnsus) wegstoßen, verteidigen; **of-fendere** anstoßen, beleidigen. *Defensive*: (Wegstoßen eines feindlichen Angriffs:) Verteidigung; *de-fensiv*; *Of-fensive*: Vorstoß gegen einen Feind, Angriff; *of-fensiv*

deiknynai (δεικνύναι) °°zeigen (°°Zehe und °°dicere). *apo-diktisch*: (als denknotwendig aufgezeigt:) erwiesen, unwiderlegbar, auch: keinen Widerspruch duldend; *Police* (frz, <apọ-deixis Beweis): (Schein, der ein Anrecht beweist:) Versicherungsschein; *Paradigma*: (dabei Gezeigtes:) Muster; *para-digmatisch*

dein (δεῖν) binden. *Dia-dem*: (umgeschlungenes Band:) Kopfbinde oder -reif; *A-syn-deton*: (unverbunden:) ohne Bindewort stehende Wort- oder Satzreihe ('Er kam, sah, siegte'); *Poly-syn-deton*: (vielfach verbunden:) wiederholte Verbindung durch dasselbe Bindewort ('Er kam und sah und siegte')

dẹka (δέκα) °°zehn (°°decem). *Deka-*: das Zehnfache; *das Deka* = 10g; *Dekade*: Zehnzahl, zehn Tage; *Dekameron* (hēmẹrā Tag): 'Zehntagebuch', Novellensammlung von Boccaccio, in der an zehn Tagen jeweils zehn Geschichten erzählt wurden; *Deka-log*: (zehn Worte:) die zehn Gebote (↗ auch decem)

dēlectāre erfreuen; **dēlectārī** sich ergötzen. *Dilettant* (it, aus dem Part Präs dēlectāns); jemand, der etwas aus bloßer Freude, aus Liebhaberei tut, oft auch: Pfuscher; *Dilettantismus*; *delikat*: 1. lecker, wohlschmeckend, 2. Feingefühl oder Vorsicht erfordernd; *Delikatesse*: 1. Leckerbissen, 2. Feingefühl

dēlēre zerstören, vernichten. °*(ver)tilgen; dēleātur* (abgekürzt: ϑ): 'dies soll getilgt werden' (Korrekturanweisung)

delphys (δελφύς) Gebärmutter; **a-delphọs** (ἀδελφός) der demselben Mutterleib entstammende Bruder (a = zusammen). *Delphin* (ein Meeressäugetier, gewissermaßen:) Fisch mit Gebärmutter; *A-delphie*: (Bio) Verwachsung mehrerer Staubblätter zu einem Bündel; # Adolf

dẹlta (δέλτα) griechischer Buchstabe. *Delta*: dreieckförmige Flußmündung ins Meer mit mehreren Armen (nach der Gestalt des großen Delta, Δ, benannt; Δ = (Math) Symbol für Dreieck; δ = (Phys, Math) Symbol für Differenz

dēmos (δῆμος) Volk (alle über 30 Jahre alten mannlichen Vollbürger Athens). *Dem-agoge*: Volksführer, urspr in positivem Sinn, dann: Volksverführer; *Dem-agogie; dem-agogisch*; *Demo-graphie*: (Volksbeschreibung:) Bevölkerungskunde und -statistik; *Demo-kratie*: (in Athen) Herrschaft des 'Volkes', in Wirklichkeit Herrschaft einer Minderheit, da Frauen, Sklaven und Metöken ausgeschlossen waren; *En-demiten*: (Bio) nur in einem begrenzten Gebiet vorkommende (Völker:) Sippen von Lebewesen; *en-demisch*: (Bio) auf bestimmte Gebiete beschränkt, (Med) in bestimmten Gebieten ständig auftretend, Gegens: *epi-demisch*: (über das Volk:) verbreitet auftretend; *Epi-demie*: Seuche; *Demi-urg*: (urspr der für den Markt, die Öffentlichkeit arbeitende Handwerker, Künstler, dann:) Weltschöpfer (↗ ergon)

dẹndron (δένδρον) Baum. *dendritisch*: verästelt; *Rhodo-dendron* (rhọdon Rose): (Rosenbaum:) Alpenrose; *Dendro-chrono-logie*: (Bio) Bestimmung des Alters fossiler Pflanzen, (Archäologie) Zeitbestimmung mittels der Jahresringe vor- und frühgeschichtlicher Hölzer; *Dendro-gramm*: (baumartige:) Darstellung eines aus mehreren Elementen unterschiedlicher Abhängigkeitsstufen bestehenden Objekts

dēns (Gen: dentis) °°Zahn. *Dentist*: Zahnheilkundiger; *Dental*: Zahnlaut (d, t); *Dr. med. dent.* = *Doctor medicinae dentalis*: Arzt der Zahnheilkunde, Zahnarzt; *Para-dentose* (heute: *Par-odontose*, ↗ odụ̄s; griech parạ bei, neben): (Krankheit neben der Zahnreihe:) Zahnfleischschwund

dēnsus dicht. *kon-densieren*: verdichten (Dampf zu Wasser, Milch zu *Kon-dens-milch*); *Kon-densator*: Verdichter, Gerät zum Verflüssigen von Dämpfen, auch: Gerät zur Speicherung kleiner Elektrizitätsmengen

-dere (ad-dere, crē-dere, per-dere, urv mit 'tun', nicht mit 'dare'): *ad-dieren*: hinzutun, hinzufügen; *Ad-dition; Ad-ditions-reaktion*:

Reaktion in der organischen Chemie, bei der zwei Moleküle zu einem neuen zusammentreten, ohne daß Nebenprodukte entstehen; *ad-ditiv*: auf Addition beruhend, durch Addition hinzukommend; *Kre-dit*: 1. (urspr: er setzt sein Herz, cor, auf den anderen, er vertraut ihm:) Vertrauen des Geldgebers, 2. (<crē-ditum Anvertrautes) vertrauensvoll geliehenes Geld; *Miß-kre-dit*: mangelnde Vertrauenswürdigkeit, schlechter Ruf; *dis-kre-ditieren*: die Vertrauenswürdigkeit absprechen, verleumden; *ak-kre-ditieren*: beglaubigen, bevollmächtigen; *Ak-kre-ditiv*: Beglaubigungsschreiben eines Diplomaten; *kre-denzen*: (durch Vorkosten des dargebotenen Getränks das Vertrauen des Gastes wecken, dann:) feierlich darbieten

dẹrma (Gen: dẹrmatos) (δέρμα, δέρματος) Haut, ↗ cutis. *Dermato-logie*: Wissenschaft von der Haut und ihren Erkrankungen; *Blasto-derm*: (Keimhaut:) (Bio) einschichtige Zellage, die die Oberfläche eines Hohlkugelkeimes der Tiere bildet; *Epi-dermis*: Oberhaut, äußerste Zellschicht; *Epi-dermo-phyt*: Hautschmarotzer

despọtēs (δεσπότης) Herr, (unumschränkter) Herrscher. *Despot*: Gewalt- und Willkürherrscher; *despotisch; Despotie = Despotismus*

deus Gott. *Deismus*: Glaube, daß ein Gott die Welt geschaffen hat, aber nicht auf sie einwirkt; *ade = adieu* (frz, mlat <ad deum mit Gott): Gott befohlen; *Te-deum*: ('Dich, Gott', loben wir:) Anfang eines alten Kirchenliedes, des sog Ambrosianischen Lobgesanges (dem Bischof Ambrosius von Mailand zugeschrieben)

deu̯teros (δεύτερος) zweiter. *Deuterium*: (Chem) schwerer Wasserstoff mit dem doppelten Atomgewicht; *Deuteron*: der Kern des Deuteriumatoms

dexter rechts. *Dextrose*: (die Ebene des polarisierten Lichtes nach rechts drehender) Traubenzucker; *Dextro-pur*: reiner Traubenzukker; *Dextrin*: Klebemittel aus erhitzter Stärke

dia- (vor Vokalen di-, aber ↗ dis) (δια-, δι-) durch. In Z: *Dia-bētēs*: (Durchmarsch:) Harnruhr (↗ bạsis); *Dia-betes mellītus*: Zuckerkrankheit (↗ meli); *Dia-betiker, Anti-dia-betika*: (Med) Arzneimittel gegen Zuckerkrankheit; *Dia-gonale*: (durch die Ecken hindurchgehend:) zwei Ecken eines Vielecks verbindende Linie; *Di-orama*: plastisch wirkendes

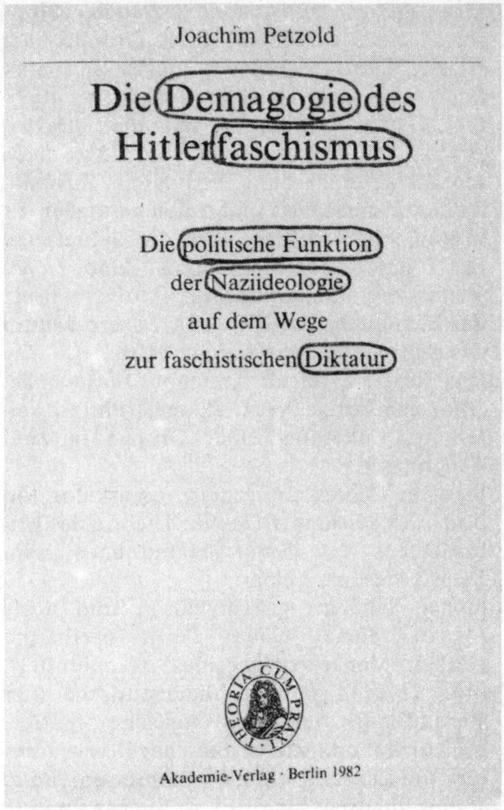
Joachim Petzold

Die Demagogie des Hitlerfaschismus

Die politische Funktion der Naziideologie auf dem Wege zur faschistischen Diktatur

THEORIA CUM PRAXI

Akademie-Verlag · Berlin 1982

J. Petzold – Die Demagogie des Hitlerfaschismus – 1982 – Titelseite

Bild zu Schaustellungen (bei dem man in die räumliche Tiefe 'hindurchschaut', ↗ horān)

dia̯ita (δίαιτα) Lebensweise. *Diät*: gesunde Ernährungs- und Lebensweise; *Diätetik*: Lehre von gesunder Lebensweise

diạkonos (διάκονος) Diener. *Diakon*: kirchlicher Mitarbeiter, Gemeindehelfer; *Diakonisse*: evangelische Kranken- oder Gemeindeschwester; *Diakonie*: christlicher Gemeindedienst, bes an geistig und leiblich Kranken

dịcere (Part: dictus) sagen, sprechen. *Diktion*: Art zu sprechen, Stil; *Juris-diktion*: Rechtsprechung; *dito* (it, <dictum das Gesagte): dasselbe; *diktieren* (<dictāre immer wieder oder eindringlich sagen): 1. zum Nachschreiben ansagen, 2. befehlen; *Diktat*; *Diktator*: 1. in Rom: höchster Beamter in Notzeiten, der für höchstens sechs Monate im Besitz aller staatlichen Gewalt war, 2. unumschränkter

Gewaltherrscher; *diktatorisch; Diktatur*: Herrschaft eines einzelnen, einer Gruppe oder Klasse; °*dichten*; °*Dichter* (<dictāre, in spätlat Bedeutung auch: verfassen; #dicht, #abdichten); *E-dikt*: Verordnung; *Inter-dikt*: (Dazwischenrede:) Einspruch, Verbot; *Kon-dition* (condiciō Verabredung, Bedingung, Zustand; da mlat c und t vor i und e gleichermaßen als z gesprochen wurden, kam die Schreibung mit t auf): 1. Bedingung, 2. (körperliche) Verfassung; *Kon-ditional-satz*: Adverbialsatz der Bedingung; *Ver-dikt* (engl. <vērē dictum das wahr Gesagte): (Gerichts-)Urteil

dịcha (δίχα) zwiefach, getrennt. *Dicho-tomie*: (Bio) gabelartige Verzweigung, (Phil) Zweiteilung, Einteilung einer Gruppe in zwei Teilgruppen

didạskẹin (διδάσκειν) lehren; **didạskalos** (διδάσκαλος) Lehrer. *Didaktik*: Theorie des Unterrichtens; *Auto-didakt*: jemand, der sich im Selbstunterricht belehrt

didọnai (διδόναι) geben; **dọron** und **dọsis** (δῶρον, δόσις) Gabe. *Dosis*: bestimmte (Gabe:) Menge, urspr eines Arzneimittels; unterschieden werden: therapeutische (der Behandlung dienliche), toxische (giftige, schädliche) und letale (tödliche) Dosis; *dosieren*: die Dosis bestimmen, abmessen; *Dose*: 1. eingedeutscht für Dosis, 2. Büchse für eine kleine Menge; *An-ẹk-doton*: (was noch nicht herausgegeben ist:) noch unveröffentlichtes Werk; *An-ek-dote*: (nach einem *Anẹkdota* genannten Werk mit Klatschgeschichten) kurze und unbeglaubigte, aber charakteristische Geschichte; Vornamen: *Dora, Doris, Doro-thea, Theo-dor*

diēs Tag. *Diäten*: Tagegelder; *Diarium*: Tagebuch; *Meri-dian* (<merī-diēs <medi-diēs Mittag): (Mittagslinie:) Längengrad; *Journal* (frz, <diurnāle): Tagebuch, Tageszeitung, heute meist: in längeren Zeitabschnitten erscheinende Zeitschrift; *Journalist*: Zeitungsschriftsteller

digitus Finger (eigtl: Zeiger, ↗ in-dicāre anzeigen). *Digitalis*: Fingerhut (Heilpflanze); *Digital-rechner* (engl, digit = jede Zahl von 0–9): (urspr: Rechenanlage mit Dezimalzählrädern, heute:) elektronische Rechenanlage

dis (δίς) zweimal. In Z: **di-** (δι-) doppelt, nicht mit ähnlichen Vorsilben verwechseln (↗ Seite 14)! *Di-pylon*: Doppeltor; *Di-chroismus*: (Zweifarbigkeit:) Eigenschaft bestimmter Kristalle, in verschiedener Blickrichtung verschiedene Farben zu zeigen; *Di-dymus* (dịdymos Zwilling): Hoden; *Di-plom*: (doppelt gefaltetes) Schreiben, über eine Prüfung ausgestellte Urkunde (Abkürzung: Dipl.); *Di-plomand*: jemand, der sich auf eine Diplomprüfung vorbereitet; *Di-plomat*: (durch ein Beglaubigungsschreiben ausgewiesener) Vertreter eines Staates im Ausland, auch: umsichtig handelnder Mensch; *di-plomatisches Korps*: Gesamtheit der bei einem Staat beglaubigten Vertreter fremder Staaten; *Di-plomatie*: die Außenpolitik und ihre Träger, geschickte Verhandlungsführung; *Di-plomatik*: Urkundenlehre; *di-ploid*: (Bio) mit zwei Chromosomensätzen in den Zellen (Gegens: ha-ploid, ↗ hapax); *Poly-ploidie*: Vervielfältigung des Chromosomenbestandes; *Di-plophase*: Entwicklungszeit eines Organismus, in der die Körperzellen die doppelte Chromosomenzahlen aufweisen; *Di-stichon*: Zweizeiler, Doppelvers aus Hexameter + Pentameter

dịskos (δίσκος) (Wurf-)Scheibe, *Diskus*. °*Tisch* (über lat discus Teller, Platte); *Disko-thek*: (eigtl: Plattenbehälter, aber wie Pinako-thek auch der Raum ist, in dem man Gemälde sehen kann, so:) Raum für die öffentliche Abspielung von Schallplatten und anderen Tonträgern, auch die Veranstaltung selbst (Abk: *Disko*); *Diskette*: (Mikroelektronik) einer kleinen Schallplatte (engl disk) gleichender Datenträger

dīvidere (Part: dīvīsus) teilen, trennen. *dividieren*: teilen; *Division*: 1. Teilung (Rechenart), 2. Heereseinheit (als Teil eines Heeres); *Divisor*: Teiler; *Dividend*: zu teilende Zahl; *Dividende*: (aus dem Gewinn zu verteilende Summe:) Gewinnanteil der Aktionäre am Jahresprofit; *In-dividuum*: (unteilbares) Einzelwesen (auch abwertend); *in-dividuell*: den einzelnen betreffend; *In-dividualität*: das Eigengepräge des Einzelmenschen; *In-dividualismus*: Überbewertung des Einzelwesens gegenüber der Gemeinschaft; *In-dividualist; in-dividualistisch; Devise* (<dīvīsa Teil des Wappenschildes, der einen Spruch trug): Wahlspruch, Sinnspruch; *Devisen* (wohl wegen der Sinnsprüche auf den ins Ausland gehenden Wechselvordrucken): fremde Währung

dīv(īn)us göttlich (↗ deus). *Divus Augustus*: der vergöttlichte (zum Gott erhobene) Augustus;

Diva: gefeierte Sängerin oder Schauspielerin; *Divination*: (vermeintlich von einer Gottheit verliehene) Sehergabe, Ahnungsvermögen; *divinatorisch*: seherisch

docēre (Part: doctus) lehren, unterrichten; **doctrīna** Lehre. *Dozent*: Lehrer an einer Fach- oder Hochschule; *dozieren; Doktor*: akademischer Titel, umg: Arzt; *Doktorand*: jemand, der vor der Doktorprüfung steht; *Doktrin*: (starre, meist wirklichkeitsfremde) Lehre, vom *Doktrinär* vertreten; *Dokument*: (Mittel zur Belehrung:) Beweismittel, Urkunde; *dokumentieren; Dokumentation,* auch: Sammlung von Dokumenten; *Dokumentarfilm*

dọ̄-deka (δώδεκα) (2 + 10:) zwölf. *Do-dekaphonie*: Zwölftonmusik

dokẹin (δοκεῖν) scheinen, meinen; **dọxa** (δόξα) Meinung, Ruhm, Ruf; **dọgma** (δόγμα) Meinung. *Dogma*: (eigtl: was als richtig erschienen ist) philosophische Meinung ohne ausreichende Beweisführung; *Dogmatik*: systematische Darstellung des Dogmas, d. h. der Kirchenlehre; *Dogmatiker*: einer, der mehr auf Glauben als auf Beweisbarkeit beruhende Lehrsätze aufstellt oder vertritt, auch: Lehrer der Dogmatik; *Dogmatismus*: unhistorische Denkweise, die von unabänderlichen Lehrsätzen ausgeht; *Doxo-graphie*: Darstellung der Lehrmeinungen, wissenschaftlichen Ansichten und Theorien zu einem bestimmten Gebiet oder Gegenstand; *Doxo-logie*: liturgische Verkündigung des Ruhmes und der Herrlichkeit Gottes; *para-dox*: (gegen die Erwartung:) wirklich oder scheinbar widersinnig; *Para-doxie*: Widersinnigkeit, auch = *Para-doxon*: widersinnige Behauptung

dolēre Schmerz empfinden, bedauern; **dolor** Schmerz. *kon-dolieren*: Mittrauer bekunden, Beileid aussprechen (z. B. in einem *Kon-dolenz-schreiben*); *Kon-dolation*: Bekundung des Beileids; *in-dolent*: unempfindlich gegen Schmerz, auch: gleichgültig, träge; *In-dolenz*

domāre °°zähmen, bezwingen. *Dompteur* (frz): Tierbändiger.

domus Haus; **dominus** Herr (des Hauses); **domināri** herrschen. *Dom*: Haus Gottes; *Dompfaff*: Gimpel (Vogel, der durch seine schwarze Kappe einem Geistlichen ähnelt); *Domizil* (<domicilium): Wohnung; *Domestikation*: (Übernahme von Tieren oder Pflanzen in das Haus oder die Wirtschaft des Menschen:) Zähmung zu Haustieren bzw Züchtung zu Kulturpflanzen; *Domestik*: (früher:) Hausdiener, Dienstbote; *Don* (span, <dominus): Herr (z. B.: *Don Juan*); *Donna* (it), *Dame* (frz) (beide <domina): Herrin; *Ma-donna* (it): (meine Herrin:) Gottesmutter (z. B.: Sixtinische Madonna); *Ma-dame* (frz): (meine Herrin:) Frau (Anrede an eine Frau); *Prima-donna*: (erste Dame:) Hauptdarstellerin; *Ma-msell* (<mea dominicella, frz *Ma-demoiselle* mein Fräulein:) Wirtschafterin; *Domäne*: Landbesitz des (Landes-)Herrn, auch: besonders gut beherrschtes Arbeits- und Wissensgebiet; *Dominion* (engl): Herrschaftsgebiet (frühere Bezeichnung für solche englischen Kolonien, die – bei Anerkennung des englischen Königs als Staatsoberhaupt – das Recht der Selbstverwaltung erlangt hatten, z. B. Kanada, Australien); *dominieren*: (vor)herrschen; *dominant*: vorherrschend (z. B. in der Vererbungslehre); *Dominante*: vorherrschendes Merkmal, (Mus) fünfter Ton einer Tonleiter; *Dominat*: die auf das Prinzipat folgende unbeschränkte, religiös verkleidete (dominus et deus = Herr und Gott!) Herrschaft der römischen Kaiser über alle Untertanen

dōnum Gabe, Geschenk; **dōnāre** (be)schenken. *Par-don* (frz, <per-dōnāre): Vergebung, Verzeihung; *Donator*: Geber, Spender, Schenker; *Donatar*: Beschenkter; *Donation*: Schenkung

dorsum Rücken. *dorsal*: zum Rücken gehörig, rückenseitig, nach hinten zu gelegen (Gegens: ventral)

drạkōn (δράκων) Schlange, °*Drache. Dragoner* (frz): (zuerst eine ‘feuerspeiende’ Waffe, dann der damit ausgerüstete) Reiter

Drạkōn (Δράκων) Drakon, Gesetzgeber in Athen um 624 v. u. Z., wohl zu Unrecht wegen seiner Härte berüchtigt. *drakonische Maßnahmen*: sehr strenge Maßnahmen

drạma (Gen: drạmatos) (δρᾶμα, δράματος) Handlung, Schauspiel. *Drama*: Bühnendichtung, dichterische Gestaltung eines Handlungsablaufs, auch: Trauerspiel; *Dramatik*: *dramatische* Dichtkunst, auch: Spannung; *dramatisieren*: 1. einen Stoff zu einem Drama verarbeiten, 2. übermäßig spannend darstellen, übertreiben; *Dramat-urgie*: Schauspielkunde (↗ ergon); *Dramat-urg*: Mitarbeiter der Theaterleitung; *drastisch*: (sehr tätig:)

derb anschaulich; *Drastik*: Anschaulichkeit, Bühnenwirksamkeit

dūcere (Part: ductus) führen, leiten (urspr: °°ziehen); **dux** Führer. *Doge*: Oberhaupt der ehemaligen Stadtrepubliken Venedig und Genua (bis 1797); *Dukaten*: Goldmünzen (zuerst mit dem Bild eines süditalienischen Herzogs, duca); *Aquä-dukt* (<aquae-ductus): Wasserleitung; davon auch: (frz) °*Dusche; Via-dukt*: größere Straßen- oder Eisenbahnbrücke, die über ein Tal hinwegführt (↗ via); *Pro-duktion*: (Hervorbringung:) Erzeugung, bes der materiellen Güter; *pro-duzieren; Pro-dukt; pro-duktiv*: (fähig, etwas hervorzubringen:) schöpferisch; *Pro-duzent* (auch: Bio); *In-duktion*: 1. (Hineinführung:) (fortlaufende) Überführung eines magnetischen Feldes in ein elektrisches, 2. (Hinführen von Einzelbeobachtungen zu einer allgemeinen Gesetzmäßigkeit:) Erschließen einer allgemeinen Gesetzmäßigkeit aus Einzelbeobachtungen, das Schließen vom Einzelnen zum Allgemeinen (durch die *in-duktive Methode)*; Gegens: *De-duktion*: Ableiten und Erklären von Einzelfällen aus einer allgemeinen Gesetzmäßigkeit, das Schließen vom Allgemeinen zum Besonderen (durch die *de-duktive Methode*); *Intro-duktion*: Einführung, Einleitung, auch: Vorspiel eines Musikwerkes; *Kon-dottiere* (it): Söldnerführer (im 14./15. Jh.); *re-duzieren*: auf ein kleineres Maß oder auch auf einen früheren Zustand zurückführen; *Re-duzierung = Re-duktion; chemische Re-duktion* (durch Sauerstoffentzug bzw Wasserstoffaufnahme); *Re-duzenten*: Kleinlebewesen, die organische Stoffe zu anorganischen reduzieren; *re-pro-duzieren*: aufs neue hervorbringen, nachbilden; *Re-pro-duktion; ob-duzieren*: (die ersten öffentlichen Sektionen wurden in 'anatomischen Theatern' mit Theatervorhängen vorgenommen, die bei der Leichenöffnung 'vorgezogen' wurden:) eine Leiche öffnen; *Ob-duktion; Ko-edukation* (e-ducāre aufziehen, erziehen): Gemeinschaftserziehung von Jungen und Mädchen; *Duktilität*: (Ziehbarkeit:) Verformbarkeit von Werkstoffen durch Zug

dulcis süß, lieblich. *dolce* (it): (Mus) lieblich

duo °°zwei. *Duo*: Musikstück für zwei Instrumente; *Duett*: Gesangsstück für zwei Sänger; *Duell*: Zweikampf (volksetym zu 'duo', tatsächlich aber von alt-bzw vulgärlat duellum = bellum Krieg, Kampf); *Dual(is)*: (Zweizahl) besondere Numerusform neben Singular und Plural; *Dual-system*: (Rechentechnik) auf Zwei-Zeichen-Basis (z. B. 1 oder 0 oder + und −) aufgebautes Zeichensystem; *Dualismus*: (Zweiheit:) Zwiespältigkeit, Existenz zweier widersprüchlicher Kräfte; °*Doppel*, °*doppelt* (< duplus zweifach); *Du-plikat*: Zweitschrift, Kopie (duplex zweimal gefaltet, zweifach); *Du-plizität*: doppeltes Auftreten (eines Ereignisses, einer Erscheinung); *Re-du-plikation*: Verdopplung (z. B. einer Silbe: cu-currī); *Du-blette* (frz): Zweit- oder Doppelstück; *Du-blee* (frz): 'Doppelmetall' (mit edlerem überzogenes geringeres, z. B. Gold auf Silber); das *Dou-ble*: Ersatzspieler (im Film)

dūrus hart; **dūrāre** °*dauern.* °*Dauer;* °*dauerhaft = durabel; durativ*: (Gram) die Dauer ausdrückend (bei Verben); *Dur-Tonart; Dur-aluminium; Duro-plast*: ein harter Kunststoff

dynamis (δύναμις) Kraft, Macht; **dynatọs** (δυνατός) mächtig, fähig. *Dynamik*: 1. Teilgebiet der Mechanik, das sich mit der Bewegung der Körper befaßt, 2. (Mus) Lehre von den Abstufungen der Tonstärke; *dynamisch*: 1. auf die Dynamik bezogen, 2. durch Bewegung bedingt, 3. voll (innerer) Kraft; *dyn*: (Phys) veraltete Maßeinheit der Kraft; *Dynamit*: Sprengstoff von hoher Sprengkraft; *Dynamo(-maschine)*: Vorrichtung zur Umwandlung von mechanischer in elektrische Energie; *Dynast*: die Macht ausübender Herrscher; *Dynastie*: Herrscherfamilie

dys- (δυσ-) miß-. In Z: *Dys-enterie*: (Störung in den Eingeweiden:) Ruhr; *Dys-funktion*: (falsches Funktionieren:) Funktionsstörung eines Organs

E

ẹchẹin (ἔχειν) haben, (fest)halten. *Ep-oche*: (urspr: das Anhalten, bei den antiken Skeptikern z. B. das Zurückhalten einer bestimmten Meinung, in der Zeitrechnung ein Haltepunkt, der ein wichtiges Ereignis markiert:) historisch bedeutsamer Zeitabschnitt; *Epoche machen*: eine neue Zeit einleiten, auch: Aufsehen erregen

ēchọ̄ (ἠχώ) Schall, Widerhall, *Echo. Echo-lalie = Echo-phrasie*: (Med) 1. Beschränkung der Sprache auf das Nachsprechen, 2.

Zwang, gehörte Worte nachzusprechen (lal̯ẹin reden); *Kat-echese*: (das Herabtönen, urspr des Lehrers auf den Schüler, bis dieser den Stoff nachsprechen kann:) mündliche Unterweisung (bes in der christlichen Kirche); der Lehrer heißt *Kat-echet*, der Schüler *Kat-echumene*, das Lehrbuch, bes das von Luther, *Kat-echismus*

ẹdaphos (ἔδαφος) Erdboden. *Edaphon*: die Kleinlebewelt des Erdbodens

ego °°ich. *Egoist*: 'Ich-Mensch'; *Egoismus*: Selbstsucht (Gegens: Altruismus); *ego-zentrisch*: das eigene Ich in den Mittelpunkt stellend

e̯ikọn (εἰκών) Bild, Abbild. *Ikone*: Heiligenbild, vergegenwärtigt (in der griechisch-orthodoxen Kirche) das Dargestellte und wird dadurch zum Ziel der Verehrung: *Ikono-graphie*: 1. Methode der Herstellung und Beschreibung von Ikonen, 2. Nachweis und Verzeichnis historischer Bilder (bes von Porträts), 3. Wissenschaft von Inhalt und Sinn bildlicher Darstellungen; *Ikono-klast* (*klạe̯in* zerbrechen): Bilderstürmer; *Ikono-stas*: (in der griechisch-orthodoxen Kirche) Bilderwand vor dem Altarraum (↗ histạnai̯)

e̯inai̯ (εἶναι) sein (Part Präs: **on**, Gen: **ọntos** (ὄν, ὄντος das Seiende). *Onto-genese* = *Onto-genie*: (die Entstehung des existierenden Lebewesens:) die Entwicklung von der befruchteten Eizelle bis zur Geschlechtsreife; *onto-genetisch; Onto-logie*: (Phil) Lehre vom Seienden und den allgemeinen Prinzipien des Seins; *onto-logisch*

e̯irōn (εἴρων) Schalk (der so tut, als ob er nicht wüßte, was er doch weiß). *Ironie*: versteckter Spott, oft überheblich

ektọs (ἐκτός) außen, außerhalb. *Ekto-derm*: die äußere der beiden den zweischichtigen Keim aufbauenden Zellschichten, äußeres Keimblatt; *Ekto-plasma*: die äußere Schicht des Zellprotoplasmas

ẹlai̯on (ἔλαιον) **oleum** *°Öl;* **olīva** *Öl-baum, °Olive; Petr-oleum*: (Steinöl:) Erdöl; *oliv-farben*: gelbgrün (wie die Olive)

elastọs (ἐλαστός) dehnbar, biegsam, mlat elasticus. *elastisch*: (beim Aufhören einer verformenden Krafteinwirkung wieder in die ursprüngliche Form) zurückfedernd, dehnbar; *Elastin*: (Med) Eiweißstoffe des elastischen Bindegewebes

ẹlegos und elege̯ion (ἔλεγος, ἐλεγεῖον) in Distichen abgefaßtes Gedicht, u. a. auch: Klagelied. *Elegie*: meist Klage- und Trauergedicht (nicht mehr an Form der Distichen gebunden); *elegisch*: wehmütig; (wahrscheinlich) *Eloge* (frz, über lat ēlogium rühmende Grabinschrift): Lobeserhebung, Schmeichelei

ẹ̄lektron (ἤλεκτρον) Elektron, 1. natürliche Legierung von Gold und Silber, 2. Bernstein. *Elektrizität*: Energieform, die nach 1600 bei Experimenten zum Magnetismus beobachtet und nach den aus der Antike bekannten Phänomenen bei Reibung von Bernstein mit Seide als vis electrica (elektrische Kraft) bezeichnet wurde. *Elektr(o-techn)iker; elektrisch; elektrisieren*: 1. elektrische Ladungen durch Ladungstrennung, Influenz, übertragen, 2. jemanden (wie durch Strom) aufrütteln; *elek-tri-fizieren*: auf elektrischen Betrieb umstellen; *Elektr-ode*: Körper aus Metall oder Kohle für die Zu- oder Abführung (↗ hodọs) von elektrischem Strom, z. B. bei der *Elektro-lyse*: (Chem) Zerlegung z. B. von Säuren durch elektrischen Strom; *Elektro-lyt*: durch elektrischen Strom (auflösbarer:) zerlegbarer Stoff; *Elektro-dynamik*: Lehre von der mechanischen Wirkung strömender Elektrizität; *Elektro-en-zephalo-gramm*: (Med) Aufzeichnung der Aktionsströme des Gehirns; *Elektro-kardio-gramm*: Aufzeichnung der Aktionsströme des Herzens; *Elektron*: 1. kleinstes Teilchen der negativen Elektrizität, 2. eine elektrischen Strom gut leitende Magnesiumlegierung; *Elektronen-mikro-skop*: Mikroskop, bei dem statt normaler Licht- *Elektronen-strahlen* benutzt werden; *elektronisch*: auf Elektronenfluß beruhend; *Di-elektrikum* (dịa- auseinander): elektrischen Strom (trennender:) nichtleitender Stoff; *Elektro-phorese*: (das Weggetragenwerden:) (Bio) Wanderung von kolloiden Teilchen unter der Wirkung elektrischen Stroms; *Beta-tron* (verkürzt aus *Beta*strahlen und Elek*tron*) = *Rheo-tron* (↗ rhe̯in): Gerät zur Beschleunigung von β-Teilchen = Elektronen

elementum Grundstoff (im klassischen Altertum: Erde, Wasser, Feuer, Luft). *Elemente*: Grundstoffe, Grundbestandteile, auch: Grundlehre (einer Wissenschaft); *elementar; Elementar-gewalt*: Naturgewalt; *Elementar-ladung*: kleinste in der Natur vorkommende elektrische Ladung; *Elementar-teilchen*: kleinste, als nicht weiter zerlegbar angesehene Grundbausteine der Materie

ẹleos (ἔλεος) Mitleid; **eleēmosynē** (ἐλεημοσύνη) (bes: tätiges) Mitleid, Unterstützung (z. B. der Armen). °*Almosen*: (aus Mitleid oder tätiger Nächstenliebe gereichte) Gabe, auch: billige Abspeisung

elẹphās (Gen: elẹphantos) (ἐλέφας, ἐλέφαντος) *Elefant*, °*Elfenbein* #Elfenreigen ↗ Alpes

ẹmbryon (ἔμβρυον) (em = en in, bryẹin sprossen) die ungeborene Frucht im Mutterleib. *Embryo*: die Leibesfrucht bis zum dritten Monat; *embryonal*

emere (Part: emptus) kaufen, urspr: nehmen. *Ex-empel* (<ex-emplum Herausgenommenes): Beispiel; *Ex-emplar*: Einzelstück (aus einer Anzahl gleichartiger); *ex-emplarisch bestrafen* (um ein abschreckendes Beispiel zu geben); *ex-empli-fizieren*: durch Beispiele deutlich machen; *prompt* (<pro-emptus hervorgeholt): unverzüglich, pünktlich; *Impromptu* (frz, wörtlich: was 'in prōmptū' war, d. h. im Geiste in Bereitschaft stand): Augenblickseinfall, Geistesblitz, auch: ein aus einem Augenblickseinfall entstandenes Musikstück oder Gedicht

ē-minēre herausragen (↗ mōns Berg). *e-minent*: hervorragend, außerordentlich; *E-minenz*: Hoheit (Titel der Kardinäle); *pro-minent*: hervorragend; *Pro-minenz*: Gesamtheit der hervorragenden Persönlichkeiten

ẹndon und **entọs** (ἔνδον, ἐντός) innen. *Endo-* = *Ento-*: Innen-. In Z: *Endo-plasma* = *Ento-plasma*: das Innere des Zellprotoplasmas; *Endo-thel*: die einschichtige innere Auskleidung der Zellen von Blut- und Lymphgefäßen; *Ento-derm*: inneres Keimblatt (Gegens: ↗ Ekto-derm, dazwischen das ↗ Mesoderm

ẹntera (ἔντερα) Eingeweide. *Enteritis*: Darmentzündung; *Ento-ptose*: (Herabfallen:) Herabsinken der Eingeweide (↗ pīptẹin)

ēọs (ἠώς) Morgenröte. *Eosin*: roter Farbstoff; *Eo-zän*: (Morgenröte des Neuen:) (Geo) mittlere Abteilung des Paläogens

epi-, vor Vokalen **ep-** bzw **eph-** (ἐπι-, ἐπ-, ἐφ-) auf, bei. In Z: *Epi-thel* (thạllẹin blühen): (das darauf Blühende: (Bio) Zellschicht, die die Oberfläche von Organismen bedeckt

Epịkūros ('Επίκουρος) *Epikur*, Philosoph (341–270 v. u. Z.), für den das Ziel des Lebens in der Erlangung größtmöglicher Lust (im Freisein von Schmerz und Angst und nicht, wie oft gesagt, in der Befriedigung körperlicher Begierden) bestand. *Epikureer*: Anhänger der Lehre Epikurs, auch (grob entstellt:) Genußmensch

ẹpos (ἔπος) Wort, Erzählung. *Epos*: große erzählende Dichtung (z. B. die Ilias von Homer in Hexametern), großer historischer Roman (z. B. 'Der stille Don' von Scholochow); *episch*: nach Art des Epos, (breit) erzählend; *Epo-pöe*: (Wortschöpfung:) episches Dichtwerk (↗ poiẹin); *Ortho-epie*: richtige Aussprache

erẹikē (ἐρείκη) Heidekraut. *Erika*: 1. Heidekraut, 2. Vorname (eigtl aber Femininum zu 'Erich')

ẹrēmos (ἔρημος) wüst, verlassen, öde. *Eremit*: (in verlassener Gegend lebender) Einsiedler; *Ermitage* (frz, Einsiedelei, vom Hauptpalast abgesondert gelegener kleiner intimer Palast oder Pavillon): jetzt Name eines Museums in Leningrad

ẹrgon (ἔργον) °°Werk. *erg*: (Phys, veraltet) Maßeinheit der Arbeit; *Ergo-meter*: (Med) Gerät zu Messung der körperlichen (Arbeit:) Leistungsfähigkeit; *Ergo-nomie*: Wissenschaft von den Beziehungen zwischen Mensch und Technik im Arbeitsprozeß (↗ nẹmẹin); *Energie*: (arbeitende, d. h. wirksame:) Kraft, Tatkraft; *en-ergisch; Argon* (a-ergon träge): Edelgas, das sich chemisch nur sehr schwer verbindet; *Par-erga*: (Nebenwerke:) kleine Schriften

ẹrōs (Gen: ẹrōtos) (ἔρως, ἔρωτος) (geschlechtliche) Liebe. *erotisch*: die (sinnliche) Liebe betreffend oder fördernd; *Erotik*: Liebesleben, Sinnlichkeit; *Eroto-manie*: (Med) krankhafte Steigerung des Geschlechtstriebes

errāre (sich) °°irren. *erratischer Block*: Gesteinsblock, der sich in der Eiszeit durch Gletschereinwirkung 'verirrt' hat; *ab-errant*: abweichend; *Ab-erration*: 1. (Optik) Abbildungsfehler, 2. (Bio) Abweichung von der Normalform einer Art, 3. (Astr) scheinbare Ortsveränderung der Himmelskörper infolge der endlichen Geschwindigkeit des Lichts und der Erdbewegung

erythrọs (ἐρυθρός) °°rot. *Erysi-pel*: (Hautrötung:) (Med) Rotlauf, Rose (pẹlla = lat pellis Haut); *Erythem*: (entzündliche) Hautrötung; *Erythro-zyten*: rote Blutkörperchen; *Erythräa*: 1. (Bio) Tausendgüldenkraut, 2. (Geo) Teil Äthiopiens am 'Roten Meer' (früher hieß der westliche Indische Ozean so nach den Korallenbänken und dem arabischen Wüstenplateau)

ęschatos (ἔσχατος) äußerster, letzter. *Eschatologie*:(Lehre von den letzten Dingen:) theologische Lehre vom Endschicksal der Welt

esse sein. *Inter-esse*: (Dabeisein:) Anteilnahme, Neigung, auch: Bedeutsamkeit, Vorteil; *sich für etwas inter-essieren*: (als *Inter-essierter* = *Inter-essent*) an etwas Anteil nehmen; *inter-essant*: (Anteilnahme wekkend:) spannend, auch: aufschlußreich, eigenartig; *Prä-sens*: (Gram) Gegenwart; *prä-sentieren*: (gegenwärtig machen:) vor Augen stellen, vorzeigen, auch: mit Waffen und Fahnen feierlich den militärischen Gruß entbieten; *Prä-sentier-teller*: Teller, auf dem etwas vorgezeigt oder angeboten wird; *Prä-sent*: etwas Angebotenes, ein (überreichtes) Geschenk; *re-prä-sentieren*: wirkungsvoll in Erscheinung treten, auch: etwas verkörpern; *Re-prä-sentant*: führender oder charakteristischer Vertreter einer Menschengruppe bzw. ihrer Ideen oder Interessen; *re-prä-sentativ*: eindrucksvoll etwas darstellend; *Prä-senz-bibliothek*: nur *in prae-sentia*: bei Anwesenheit des Lesers benutzbare Bibliothek, keine Ausleihe außer Haus; *Essenz*: (spätlat <essentia das Sein): das Wesen(tliche), auch: konzentrierte Flüssigkeit *(Essig-essenz)*; *essentiell*: lebenswichtig; *Quint-essenz*: (fünftes Wesen:) das fünfte Element, das Aristoteles annahm und als Äther bezeichnete. Es sei unwandelbar und ewig, daher (Verallgemeinerung:) das Wesentliche, der Kern einer Sache; *Prosit! Pro-st!* (prod-esse nützen): (es möge nützen:) wohl bekomm's!

ęthnos (ἔθνος) Volk(sstamm). *Ethno-genese*: Entstehung von Völkerschaften; *Ethno-graphie*: (Volksbeschreibung:) Produktions- und Lebensweise, materielle und geistige Kultur der Völker beschreibende Wissenschaft; *Ethno-logie*: Wissenschaft, die die Kultur verschiedener Völker nach räumlicher Ausbreitung und zeitlicher Entwicklung vergleicht; *ethno-logisch*

ēthos (ἦθος) Gewohnheit, Charakter. *Ethos*: charakterlich-sittliche Gesamthaltung; *Ethologie*: 1. (Bio) Wissenschaft vom Verhalten der Tiere, 2. Sittengeschichte; *Ethik*: Lehre vom charakterlichen Verhalten, Sittenlehre; *ethisch*: sittlich

ętymos (ἔτυμος) wahr. *Etymo-logie*: Wissenschaft von der ('wahren' Bedeutung und:) Herkunft der Wörter

eu̯ (εὖ) gut. In Z: *Eu-biotik*: (Med) Gesamtheit der Vorschriften für ein gutes Leben; *Eu-thanasie*: (Med) medizinische Sterbehilfe bei unheilbar Kranken, in der DDR strafbar; #Eun-uch (e̯unę Bett): 'Hüter des Ehebetts', (↗ ęche̯in): Kastrat (um unerwünschte Erbfolgeansprüche auszuschließen, denn an orientalischen Höfen hatten Eunuchen nicht selten beträchtlichen Einfluß)

ex-, ek-, ęxō- (ἐξ-, ἐκ-, ἔξω-) (= lat °°ex) draußen, außerhalb, heraus. In Z: *Ek-zem* (ek-ze̯in heraussieden): (Med) nässende Flechte, Hautentzündung; *exotisch*: ausländisch, fremd; *exoterisch*: für breite Kreise (außerhalb der Philosophenschule) bestimmt und verständlich (Gegens: esoterisch)

ex-cellere hervorragen. *Ex-zellenz*: Hoheit (Titel für höchste Staatsbeamte), auch: Anrede im diplomatischen Verkehr

exilium Verbannung, *Exil*

ex-perīrī (Part: ex-pertus) versuchen. *Ex-periment*: Versuch; *ex-perimentell*: mit Hilfe von Versuchen; *Ex-perte*: (jemand, der etwas versucht und erprobt hat:) erfahrener Fachmann

extrā außerhalb; **extrēmus** äußerster; **externus** äußerer. *extra-*: außerhalb des Üblichen bzw. Gewohnten. In Z: *Extra-wünsche*: Sonderwünsche; *extra-galaktisch*: (Astr) außerhalb des Milchstraßensystems befindlich; *extrem*: im höchsten Grade; *Extrem*: äußerste Grenze, auch: Übertreibung; *Extremitäten*; (die äußersten Teile des Körpers:) Gliedmaßen; *Externist*: Arzt für äußere Krankheiten; *extern*: außerhalb des Internats wohnend, auch Adverb: *das Examen extern*: als Auswärtiger, nicht als eingeschriebener Student ablegen

F

faber Handwerker; **fabrica** Werkstätte. *Fabrik; Fabrikant; Fabrikat; Fabrikation; °fabrizieren*

fābula Erzählung; **fāma** Gerede, Gerücht, Sage (Stamm: fā- sprechen: ↗ fātum, ↗ phana̯i). *fabulieren*: Geschichten erfinden, phantasievoll erzählen; °Fabel: 1. das Wesentliche und Erzählbare einer Dichtung, 2. kleine belehrende Erzählung (häufig mit sprechenden und handelnden Tieren); *fabelhaft*: (wie in einer wunderbaren Erzählung:) märchenhaft; *famos*: (wovon viel die Rede ist:) großartig;

in-fam: (von üblem Ruf:) niederträchtig; *In-famie; dif-famieren*: in Verruf bringen, verleumden; *Dif-famie*; #faszinieren = bezaubern, betören

facere (Part: factus) machen, tun; **factum** und **facinus** Tat; **facilis** leicht (zu tun); **facultās** Fähigkeit, Möglichkeit. *Fazit*: ('es macht':) Ergebnis; *fēcit* (abgekürzt fec.):'... hat es gemacht': (auf Kunstwerken dem Namen des Künstlers hinzugefügt); *Fakt(um)*: Tatsache, Ereignis; *faktisch*: tatsächlich; *Faktor*: (Bewirker:) 1. bestimmender Umstand, 2. (Math) Größe, die mit einer anderen multipliziert wird, 3. Leiter einer Werkstätte (Druckerei, Setzerei), Geschäftsführer; dazu: *Faktorei*: Geschäftsstelle, Handelsniederlassung; *Fak-totum*: ('Mach' das Ganze!':) jemand, der alles macht, 'Mädchen für alles'; *Fak-simile*: ('Mach' ähnlich!':) genaue Nachbildung (z. B. einer Zeichnung oder Unterschrift); *Facultās (docendī)*: (Fähigkeit zu lehren:) Lehrbefähigung; *Fakultät*: Studienabteilung an Hochschule und Universität (die zu wählen die Möglichkeit besteht); *fakultatives Unterrichtsfach* (das zu wählen möglich ist; Gegens: obligatorisch); *Fasson* (frz, <factiō Tun, Gestalten): Form; *Fetisch* (port, <facticius): aus Holz oder Stein gemachter Gott, Götzenbild; *Manu-faktur*: (Handarbeit:) auf Arbeitsteilung beruhender gewerblicher Großbetrieb des Frühkapitalismus mit Handarbeit; *Satis-faktion*: Genugtuung; *Af-färe* (frz): Angelegenheit, unangenehmer Vorfall (<à faire <ad facere: zu tun, zu erledigen, Aktenvermerk); *rati-fizieren:* (gültig machen:) bestätigen (bes durch das Parlament, ↗ ratiō); *Rati-fikation = Rati-fizierung; per-fekt*: durchgeführt, vollendet; *Per-fekt*: (Gram) vollendete Gegenwart; *Plus-quam-per-fekt*: (mehr als vollendet:) vollendete Vergangenheit; *Im-per-fekt*: unvollendete Vergangenheit; *Prä-fekt*: Vorgesetzter, hoher Verwaltungsbeamter; *Ef-fekt*: (das Bewirkte:) Wirkung; *Ef-fekten* (Bedeutungsverengung: positive Wirkungen, Erfolge, dann: Hab und Gut:) bewegliche Habe, auch: Wertpapiere; *ef-fektiv*: wirksam, wirklich; *Ef-fektivität; Ko-ef-fizient*: (Mitwirker:) (Math) Beizahl (oder Beiwert), mit der (dem) eine unbekannte oder veränderliche Größe vervielfacht wird, auch: (Phys) Zahl, die bestimmte Eigenschaften eines Materials kennzeichnet *(Ausdehnungs-ko-ef-fizient); Af-fekt*: (das, was einem angetan oder wohinein man versetzt worden ist:) Zustand besonderer seelischer Erregung; *af-fektiert*: geziert, gekünstelt; *In-fektion*: (Hineinbringen:) Ansteckung; *in-fizieren; des-in-fi-zieren*: (den Ansteckungsstoff wegschaffen:) die Krankheitskeime (chemisch) vernichten; *Kon-fektion*: (Fertigmachung:) fabrikmäßige Herstellung von Kleidung; *Kon-fekt*: ('zurechtgemachte') Süßigkeiten; *Kon-fitüre*: besondere Marmeladenzubereitung (nämlich mit ganzen Früchten); dasselbe Wort ist *Kon-fetti* (it) (heute meist:) Papierschnitzel; *De-fekt*: (das Weggemachte und daher Fehlende:) Mangel, Schaden; *de-fekt; De-fizit*: ('es mangelt':) Fehlbetrag; *Pro-fit* (frz, <prō-fectum das Vorwärtsgebrachte): Gewinn, bes Kapitalgewinn durch Aneignung von Mehrwert; *pro-fitieren; In-suf-fizienz* (sufficere ausreichen, also: das Nichtausreichen): ungenügende (aktuelle oder chronische) Leistungsfähigkeit eines Organs; *Kon-ter-fei* (<contra-factum etwas, was jemandem gegenüber gemacht ist): Abbild, Ebenbild; °*ab-konter-fei-en* abbilden

faciēs Gestaltung, Aussehen, Antlitz, auch: Fläche (<facere). *Fassade* (frz): Schauseite, bes Vorderseite (z. B. eines Hauses); *en face* (frz): in Vorderansicht; *Facette* (frz): kleine, glattgeschliffene Fläche (an Edelsteinen oder Glas); *Facetten-auge*: Lichtsinnesorgan vieler Gliederfüßler, das aus einer großen Zahl (in der Aufsicht) sechseckiger Augenkeile zusammengesetzt ist

fallere täuschen, irreführen; **falsus** °*falsch*, unwahr. *Falsett*: (Mus) falsche (unechte) Kopfstimme, durch Brustresonanz verstärkt; *Falsi-fikat* (↗ facere): °*Fälschung; fallieren* (it) (fehlschlagen:) bankrott machen; *In-fallibilität*: Unfehlbarkeit, Irrtumslosigkeit; *in-fallibel;* °*Fehler,* °*fehlen,* °*Fehl-schicht*; #fallen, #Fall, #Falle

familia Gesamtheit der in einem Hausstand lebenden Freien und Sklaven, °*Familie*; **familiāris** zur Familie gehörig, vertraut, vertraulich: *familiär; Famulus*: (zum Hausstand gehöriger Diener:) im Krankenhaus lernender, *famulierender*, Student der Medizin

fānum Heiligtum, geweihter Ort. *fanatisch*: sich einer Idee mit blinder Leidenschaft 'weihend', besessen; *Fanatismus; Fanatiker; fanatisieren; Fan* (engl): begeisterter Anhänger; *pro-fan*: (was vor dem Heiligtum ist:) ungeweiht, weltlich; *Pro-fan-bau*: Bauwerk, das weltlichen Zwecken dient (Gegens: Sakralbau); *pro-fanieren*: entweihen

farcīre vollstopfen. *In-farkt*: (Verstopfung:) durch Aderverschluß abgestorbener Gewebebezirk (z. B. des Herzmuskels); *Farce*: 1. Füllsel für Geflügel u. a., 2. (mit allerlei Späßen angefüllte) Posse, auch: lächerliche Geste, Verhöhnung

fascis Bund, Bündel, Rutenbündel der Liktoren; **fascia** Binde, Band. *Faschine* (frz): Reisigbündel zur Befestigung eines Dammes; *Faschisten* (it): 'Bündler' (in Italien mit dem altrömischen Rutenbündel der Liktoren als Abzeichen), Angehörige der faschistischen Partei, dann allgemein: Verfechter einer faschistischen Politik; *Faschismus*: (offen ausgeübte oder demagogisch verhüllte) terroristische Politik bzw. Herrschaft rechtsradikaler Kräfte; *Fasciculus*: Bündelchen von Nerven- oder Muskelfasern; *Faszikel*: kleines Aktenbündel, auch: Teil eines in Einzellieferungen erscheinenden Druckwerkes; *Faszie*: Muskelbinde, (äußere) Muskelhaut

fātum Götterspruch, Schicksal; **fatērī** (Part: fassus) gestehen, bekennen; **īn-fāns** kleines Kind (das noch nicht sprechen kann; ↗ fābula). *fatal*: schicksalhaft, verhängnisvoll, unangenehm; *Fatalismus*: Glaube an die Unabwendbarkeit des Schicksals; *Fatalist*; °*Fee*: (in Sagen und Märchen) schicksalbestimmendes weibliches Wesen (<fāt(u)a Wahrsagerin); *ge-feit*: (wie durch Feenzauber) geschützt; *Fata Morgana*: durch Luftspiegelung vorgetäuschtes Bild (nach der vermeintlichen Urheberin, der Fee Morgana, benannt), 'Luftschloß'; *Kon-fession* (cōn-fitērī bekennen, Part: cōn-fessus): Bekenntnis, Glaubensbekenntnis; *Pro-fessor*: (Lehrer einer Wissenschaft oder Kunst, der sich als solcher 'öffentlich bekennt':) Hochschullehrer, auch: Titel für besonders verdiente Persönlichkeiten; *Pro-fession*: Beruf; *Pro-fessional* (engl, umg '*Profi*'): Berufssportler (Gegens: Amateur); *in-fantil*: kindisch, unentwickelt; *Infant*: spanischer Thronfolger (als Kind des Königs); *eitler Fant*: eingebildeter junger Mensch; *In-fanterie* (span, frz): junge Mannschaft, die zu Fuß dient, heute: Kern der motorisierten Schützentruppen

favēre begünstigen; **faustus** von günstiger Vorbedeutung, glücklich. *Favorit*: Günstling, Liebling, auch: aussichtsreichster Bewerber; *favorisieren*: begünstigen, als Sieger betrachten; *Dr. Faust(us)* (der vom Glück Begünstigte); *faustisch*: voller Erkenntnis- und Lebensdrang wie Faust; *Faun(us)*: (der 'Günstige', der die Herden, Felder und Wälder behütet:) römischer Gott der Fruchtbarkeit, später auch im Plural: *Faune*: Walddämonen mit Schwanz und Bocksbeinen; *faunisch*: lüstern und frech wie die Faune; *Fauna*: 1. römische Göttin der Fruchtbarkeit, 2. Tierwelt eines bestimmten Gebietes, auch: einer systematischen Einheit *(Meeres-fauna, Avifauna)*

febris °*Fieber. febril*: fiebrig

fēlīx glücklich (= vom Glück begünstigt bzw glückbringend); **fēlīcitās** Glück. Vornamen: *Felix, Felizitas*

fēmina Frau. *Femininum*: Wort oder Wesen weiblichen Geschlechts; *feminin*: weiblich, auch: weibisch

fenestra °*Fenster*

fermentum Gärung, Sauerteig. *Ferment*: Gärungsmittel, organischer Wirkstoff zur Steuerung von Stoffwechselvorgängen (↗ Enzym); *fermentieren*: zum Gären bringen (Tabak, Tee) *Fermentor* (= Bio-re-aktor:) Behälter für biologische Stoffumwandlungen

ferre (Part: ↗ lātus) tragen, ertragen, bringen. **fertilis** ertragreich, fruchtbar. *Fertilisation*: Befruchtung; *Fertilität*: Fruchtbarkeit; *kon-ferieren*: (Meinungen zusammenbringen:) gemeinsam beraten; *Kon-ferenz*: beratende Versammlung; *Con-férencier* (frz): witzig plaudernder Ansager; *of-ferieren*: (entgegentragen:) anbieten; *Of-ferte; re-ferieren*: (eine Meldung zurückbringen:) berichten, vortragen, auch: begutachten; *Re-ferent*; *Kor-re-ferent*: (Mitarbeiter:) zweiter Berichterstatter bzw Gutachter; *Re-ferat*: ('Er möge berichten!':) Bericht, Vortrag, auch: (selbständiges) Arbeitsgebiet der staatlichen Verwaltung; *Re-ferendum*: (politisch bedeutsame Entscheidung, die vom Parlament zum Volk 'zurückzutragen' ist:) Volksentscheid; *Re-ferenzen*: Auskünfte, Empfehlungen für einen Bewerber; *Re-ferenz-größe*: Bezugs-, Vergleichsgröße; *trans-ferieren*: übertragen; *Trans-fer*: Übertragung (z. B. von Zahlungen, Übungseffekten, Technologien); *dif-ferieren*: (sich auseinanderbewegen:) sich unterscheiden; *Dif-ferenz*: Unterschied (auch als Ergebnis einer Subtraktion), auch: Meinungsverschiedenheit; *dif-ferenzieren*: einen Unterschied machen, (Math) den *Dif-ferential-quotienten* einer Funktion berechnen; diese *Dif-ferentiation* ist ein Gegenstand der *Dif-ferential-rechnung; Dif-ferential-getriebe* (dient zum Ausgleich unterschiedlicher Drehzahlen der Räder von Kraftfahrzeugen); *in-dif-ferent*: unentschieden, teilnahmslos; *inter-ferieren*: (sich dazwischen begeben:) aufeinander einwirken, sich vermischen; *Inter-ferenz*: 1. (Phys) Überlagerung von Schwingungsvorgängen, 2. Störung, Einmischung; *Inter-ferometer*: optisches Meßgerät, das Interferenzen für die Messung nutzt; *Interferon*: Eiweiß, vom Organismus als Reaktion auf Virusbefall gebildet, das weitere Virusvermehrung im Organismus unterbindet; *In-ferenz*: (das Hinführen:) Schlußfolgerung (aus vorliegenden Daten)

ferrum Eisen; **ferreus** aus Eisen, eisern. In Z: *Ferro-chrom*: Chrom-Eisen-Legierung

fēstus °*festlich.* °*Fest;* °*Ferien,* °*Feier,* °*feiern* (<fēriae <fēsiae festliche Ruhetage); *Festival* (frz, engl): Fest von besonderer Bedeutung oder internationalem Charakter, Festspiele; *Fete*

fibra Faser. *Muskel-* und *Pflanzen-fiber,* auch Kunststoffaser (Glas-fiber); *Fibrille* (frz): kleine Faser (z. B. Muskel- oder Nervenfaser)

ficus °*Feige*

fidus treu; **fidēs** Treue; **fidere** (Part: fisus) (ver)trauen. *fidel* (<fidēlis treu, urspr in derselben Bedeutung, dann:) heiter, lustig (aus der Studentensprache); *Per-fidie* (<per-fidia): Treulosigkeit; *per-fide; Auto-dafé* (span, port, <āctus dē fidē [fidēs hier: Glaube]: Gerichtsverhandlung in Glaubensdingen): Ketzerverbrennung (z. Z. der Inquisition, später auch:) Verbrennung verfemter Bücher (↗ agere, ↗ autos)

fierī werden, geschehen, gemacht werden. *fiat*: es soll gemacht werden (auf Rezepten als Anweisung für den Apotheker); #Fiat (it): Abk für Fabbrica Italiana Automobili Torino

figere (Part: fixus) stechen, festheften. *fixieren*: festmachen (z. B. Zeichnungen mit *Fixativ* unverwischbar machen), 2. fest ins Auge fassen; *Fixier-salz* (beim *Fixier-bad* verwendet, das photographische Schichten 'festmacht'); *fixe Idee*: festsitzende Vorstellung, Wahnvorstellung, umg auch: plötzlicher Einfall; *fix*: (umg) flink, gewandt; *Fix-ismus*: (Geo) Theorie, daß die Kontinente mit ihrer Unterlage fest verbunden sind und keine Horizontalbewegungen ausführen können (Gegens: Mobilismus); *Fixum*: (Festes:) festes Einkommen (Gegens: Provision); *Fix-stern*: (der nach alter Ansicht am Firmament 'befestigt' war) scheinbar unbeweglicher Stern (Gegens: Planet); *Prä-fix*: 'vorn angefügter', *Suf-fix*: 'hinten angefügter' Teil bei Wortbildungen; beides sind *Af-fixe* (zum Unterschied von: *In-fix)*; *Af-figierung*; *Fibel* (<fibula <fig-: Mittel zum Zusammenheften): Klammer, Spange

filius Sohn; **filia** Tochter. *Filiale*: Tochter- oder Zweigstelle (z. B. eines Unternehmens); *Filial-generation*: (Bio) Tochter- = Nachkommengeneration (Gegens: Parentalgeneration)

filtrum (mlat <ahd filz) Filz, dichtes Haargewebe. *Filter, filtrieren, Filtration, Filtrat,* °*filtern*

filum Faden. *Fili-gran-arbeit*: mit Gold- oder Silberfäden bzw -körnchen (↗ granum) verzierter oder daraus bestehender Schmuck; *de-filieren*: (in geordneter Reihe wie an einem Faden) parademäßig vorbeimarschieren; *Filet* (frz): feines Netzgewebe, wegen der feinen Faserung auch: Lendenfleisch von Schlachtvieh, Rückenfleisch von Fischen; (filum auch: Erzeugnis aus Fäden = Gewebe, daraus 'hervortretend':) *Pro-fil* (it): Längs- oder Querschnitt, Umriß eines Bauwerks, Seitenansicht eines Kopfes, senkrechter Schnitt durch Erdschichten; *Pro-fil-sohle, Reifen-pro-fil*; *Persönlichkeits-pro-fil*: Gesamtheit deutlich hervortretender Charaktereigentümlichkeiten eines Menschen

fingere (Part: fictus) bilden, formen, erdichten; **figūra** Formung, Gestalt. °*Figur; fingieren*: sich ausdenken, vortäuschen; *Fiktion*: erdachte Annahme eines nichtwirklichen Tatbestandes; *fiktiv*: nur gedacht; *Finte* (it, aus mlat Part finctus): ausgedachte List, Verstellung, Kniff

finis Grenze, Ende, Ziel; **finītimus** benachbart, Grenznachbar; **finīre** begrenzen, bestimmen, beendigen. *Finale*: Schlußteil eines Musikstücks oder einer Veranstaltung; *Final-produkt*: (Ök) Endprodukt; *Finanzen*: (Zahlungen der Steuerpflichtigen, die bis zu einem bestimmten 'letzten', spätesten Termin erfolgen müssen, daraus:) Staatseinkünfte, Staatshaushalt, (umg) Geldmittel; *finanziell*: geldlich; *finanzieren*: Geldmittel bereitstellen; *Final-satz*: Adverbialsatz des Zweckes; *al fine* (it): (Mus) bis zum Schluß; *In-finitiv*: Nennform des Verbs (die nicht durch Personalendungen bestimmt ist; Gegens: verbum finitum); *In-finitesimal-rechnung*: Rechnen mit unendlich klein werdenden Größen; *De-finition*: (Abgrenzung gegenüber anderen Begriffen:) genaue Bestimmung eines Begriffes; *definieren; de-finitiv*: genau bestimmt, endgültig; *In-de-finit-pro-nomen*: unbestimmtes Fürwort (z. B.: irgend jemand); *Af-finität*: (das Aneinandergrenzen:) Verwandtschaft, (Chem) die Kraft, mit der sich Atome oder Atomgruppen zu neuen Stoffen verbinden; *Par-af-fin* (<parum affinis zuwenig verwandt): wachsartiges Produkt, das nur geringe Neigung zur Verbindung mit anderen chemischen Stoffen hat; °*fein* (<finītus): vollendet, vollkommen; °*ver-feinern; Finessen* (frz): Feinheiten; *r-af-finieren*: (wieder) verfeinern, reinigen (Erdöl, Zucker); *R-af-finerie*: Reinigungs- und Verfeinerungsanlage; *R-af-finade*: feinster Zucker; *r-af-finiert*: verfeinert (in Gedanken oder Mitteln), dann: durchtrieben, listig; *R-af-finesse*: Durchtriebenheit

firmus fest, stark; **firmāre** befestigen, stärken. *firm*: fest, sicher (auf einem Fachgebiet); *Firmung* (bei Katholiken) und *Kon-firmation* (bei Protestanten): (Festigung im Glauben:) Einsegnung (kirchliche Mündigkeitserklärung des Getauften), dazu: *Firmling* und *Konfirmand; Firma* (it): (sichere, verpflichtende Unterschrift eines gewerblichen Unternehmers, dann:) Bezeichnung eines gewerblichen Unternehmens; *Firmament*: (Himmelsfeste:) Himmelsgewölbe (urspr als festes Gewölbe gedacht); *Farm* (engl, über frz ferme): (durch festen Vertrag übernommenes) Landgut; *Farmer*: Landwirt; *Fermate* (it): Haltezeichen über Noten oder Pausen (firmāre hier: festmachen, zum Stehen bringen)

fiscus (Geld-)Korb. *Fiskus*: Verwaltung des staatlichen Vermögensbesitzes, Staatskasse; *fiskalisch*: die Staatskasse betreffend; *kon-fiszieren*: zugunsten der Staatskasse beschlagnahmen

fistula Röhre, Rohrpfeife. *Fistel*: Geschwür mit röhrenförmigem Gang; *Fistel-stimme*: Stimme, die schrill, scharf, hoch und dünn (wie eine Rohrpfeife) klingt

flagellum Peitsche, Geißel. *Flagellaten*: Geißelbenannt); *Flagellanten*: Selbstgeißler (mittelalterliche religiöse Bruderschaften, bes in Pestzeiten); °*Dresch-flegel*, dazu: °*Flegel*: Grobian; °*flegelhaft*

flagrāre hell brennen; **flamma** (<flagma) °*Flamme. flagrant*: (brennend:) ganz offenkundig (z. B.: *flagrantes Unrecht*); *Flamingo* (port): (Flammenvogel:) Wasservogel mit leuchtend rosa und rotem Federkleid; *in flagranti*: (bei noch brennendem Feuer:) auf frischer Tat

flāre wehen, °°blasen. *In-flation*: (Aufblasung:) Geldentwertung durch Aufblähung von Preisen und Geldumlauf; *De-flation*: 1. Absinken des Geldumlaufs (als Ausdruck für die steigende Kaufkraft des Geldes), 2. (Geo) das Wegblasen von Sand und Staub durch den Wind (als Verwitterungserscheinung); *soufflieren* (frz, <sub-flāre): (als *Souf-fleur* oder *Souf-fleuse* auf der Bühne Schauspielern Stichworte) von unten her zuflüstern; °*Flöte* (<flātus Blasen, über it flauto, frz flûte); damit verwandt: *Flageolett* (frz): 1. kleine Flöte, 2. hoher Ton mit Flötencharakter bei Streichinstrumenten

flectere (Part: flexus) biegen, drehen, wenden. *Flexion*: Biegung, Beugung der Nomina und Verba (= Deklination und Konjungation); *Flexur*: Verbiegung; *flexibel*: biegsam, anpassungsfähig; *Flexor*: Beugemuskel; *re-flektieren*: 1. Licht zurückwerfen, 2. (Gedanken zurück- bzw hin- und herwenden:) nachdenken, auch: Gedanken auf ein Ziel richten; *Re-flexion*; *Re-flexions-nebel*: kosmischer Nebel, dessen Gasmassen und Staubteilchen das Licht naher heißer Sterne reflektieren; *Re-flex*: Rückstrahlung, Rückwirkung, (Med) unwillkürliche Reaktion des Organismus auf einen Reiz; *Re-flektor*: Rückstrahler, Spiegelfernrohr; *Re-flexiv-pro-nomen*: rückbezügliches Fürwort; *Zirkum-flex* (frz, <circonflexe): (herumgebogener:) Akzent zur Bezeichnung langer Vokale

flōrēre blühen; **flōs** (Gen: flōris) °°Blüte, Blume. *florieren*: blühen, gedeihen; *Flora*: Pflanzenwelt (benannt nach Flora, der römischen Göttin der Blumen; Gegens: Fauna); *Flor*: dünnes (urspr geblümtes) Gewebe; *Floskel* (<flōsculus Blümchen, Verzierung): nichtssagende Redensart; *Flori-legium*: ('Blumen-lese':) Gedicht- bzw Prosaauswahl (= ↗ Antho-logie)

fluvius und **flūmen** #Fluß; **fluere** fließen; **flüc-**

tus Flut. *Fluidum*: (Fließendes:) die von einer Person oder Sache ausströmende Wirkung; *Fluide*: strömungsfähige Substanzen (Flüssigkeiten, Gase); *Fluidität; Fluor*: 1. (Med) Ausfluß, 2. chemisches Element; *Fluoreszenz*: Fähigkeit zu *fluoreszieren*: bei Bestrahlung Licht auszuströmen; *fluktuieren*: (hin- und herfließen:) schwanken (z. B. Zahl der Beschäftigten); *Fluktuation; In-fluenz*: (Ein-fluß: Lehnübersetzung <mlat in-fluxus) Einwirkung auf Metalle zur Erzeugung von Magnetismus oder Elektrizität; *In-fluenza*: (von außen einfließende Krankheit:) Grippe; °*Koblenz* (<cōn-fluentēs zusammenströmende Flüsse, nämlich Rhein und Mosel)

focus Feuerstelle, Herd. *Fokus*: 1. Brennpunkt von optischen Linsen und Spiegeln, 2. Krankheitsherd; *fokal*: auf den Brennpunkt bezogen bzw von einem Krankheitsherd ausgehend; *Fokal-in-fektion*: von einem Herd ausgehende Ansteckung einer anderen Körperstelle; *Foyer* (frz, <focārium): (heizbare) Wandelhalle im Theater; *Füsilier* (frz, <focīle Feuerstein): (ehemals) Soldat mit (Steinschloß-:) Feuersteingewehr; *füsilieren*: standrechtlich erschießen

fodere (Part: fossus) graben. *Fossilien*: Überreste eines ausgestorbenen Lebewesens (meist Abdruck, seltener Versteinerung)

foedus (Gen: foederis) Vertrag, Bündnis. *(Kon-) Förderation*: Bündnis, Staatenbund; *Föderalismus*: Streben nach einem Staatenbund (in dem die Länder weitgehende Selbständigkeit behalten); *Föderativ-staat*: Bundesstaat

folium Blatt. *Folio-format*: ein großes Papierformat; *Foliant*: dickes Buch mit besonders großen Blättern; *Folie*: Metall oder Kunststoff in blattdünner Form; *Porte-feuille* (frz, Träger für Aktenblätter, Aktenmappe, bes die eines Ministers, daher): 1. Mappe für Dokumente, 2. Ministerposten; *Minister ohne Porte-feuille*: Minister ohne Geschäftsbereich; *Feuilleton*: (frz, kleines Blatt, Beiblatt): 1. Unterhaltungsteil einer Zeitung, 2. literarische Kleinform

follis Ledersack, Beutel, Blasebalg. *Follikel* (<folliculus, Dim): Säckchen, Bläschen (z. B. Haarbalg, Talgdrüse), Eizellbläschen

fōns (Gen: fontis) Quelle. *Fontäne*: Springbrunnen; *Fontanelle*: kleine Knochenlücke am Schädel Neugeborener (einer Gesteinsöffnung vergleichbar, der eine Quelle entspringt)

forāre bohren. *per-forieren*: durchlöchern; *Perforation*: 1. gelochte Reißlinie zum besseren Abtrennen eines Teiles eines Papierblattes, 2. (Med) Durchbruch (z. B. eines Geschwürs in die Bauchhöhle); *Foramen*: natürliche Öffnung in Knochen- oder Körperorganen

fōrma Gestalt; **fōrmāre** gestalten, °*formen.* °*Form; Format; Formation*: (festes Gebilde:) 1. (Geo) Gesteinsbildung eines erdgeschichtlichen Zeitabschnitts, 2. militärische Gliederung; *Gesellschafts-formation*: Gesellschaftsordnung oder Produktionsweise; *formieren*: gestalten, aufstellen; *Formel*: festgeprägter kurzer Ausdruck; *formulieren*: in klare und feste Ausdrucksform bringen; *Formalitäten*: die vorgeschriebenen äußeren Formen; *Formular*: Vordruck (in vorgeschriebener Form); *formell*: die Formen genau beachtend (Gegens: *in-formell*), auch: nur zum Schein; *formal*: (nur) der Form nach, rein äußerlich; °*förmlich*: 1. formell, 2. geradezu, richtig ('Das macht mich förmlich krank!'); *Formosa*: ('die Wohlgestaltete', port für die) Insel Taiwan; *kon-form*: gleichgestaltet, gleichförmig; *kon-form gehen* (umg): in der Meinung übereinstimmen: *Kon-formität; Kon-formismus*: Streben nach Gleichförmigkeit; *Non-kon-formist*: Andersdenkender; *Re-form*: Umgestaltung eines Zustandes, einer Lehre usw ohne grundsätzlichen Bruch mit dem Überlieferten; *Re-formation*, auch: die durch den *Re-formator* Luther eingeleitete Kirchenbewegung; *Re-formismus*: Richtung in der Arbeiterbewegung, die soziale Reformen anstrebt, ohne die Kapitalisten zu entmachten; dazu: *Re-formist, re-formistisch; de-formieren*: verformen, entstellen; *De-formation; trans-formieren*: (in eine andere Gestalt überführen:) umformen, umgestalten; *Trans-formator; in-formieren*: (durch Unterrichtung bilden:) unterrichten, benachrichtigen; *Information; Prä-formation*: (Bio) Vorbildung, Vorbestimmung (nach der idealistischen Präformationslehre ist der vollständige Organismus in den Keimzellen bereits vorgebildet)

fortis stark, tapfer. *Fort* (frz): kleines Verteidigungswerk (urspr als Teil einer Festung); *Forti-fikation*: starke Befestigungsanlage; *forte, fortissimo* (it): (Mus) laut, sehr laut; *sforzando* bzw *sforzato* (it, <ex-fortiāre): (Mus) stark hervorhebend bzw hervorgehoben; *forcieren* (frz, gewaltsam durchführen): voran-

treiben, beschleunigen, (Militärwesen) ein Hindernis überwinden; °*forsch*: tatkräftig, unternehmungslustig; *Kom-fort* (frz, <cōn-fortāre stärken, erquicken): Behagen, Bequemlichkeit; *kom-fortabel*: behaglich, (weil) gut eingerichtet

forum Marktplatz (urspr: Hof vor der °°Tür des Hauses). *Forum*: 1. im alten Rom bes der Platz für Marktverkehr, Volksversammlungen und Gerichtsverhandlungen, 2. Versammlung zur öffentlichen Aussprache; *forensisch*: Gerichts-, gerichtlich

frangere (Part: fractus) °°brechen. *Fragment*: Bruchstück; *fragmentarisch; Fraktion*: (Bruch-) Teil einer Volksvertretung (nämlich die derselben Partei angehörenden Abgeordneten), auch: Gruppe innerhalb einer Partei; *fraktionierte De-stillation*: (Chem) stufenweise Trennung von Flüssigkeitsgemischen, wobei unterschiedliche Siedepunkte genutzt werden; *fraktale Objekte*: (Math) Objekte mit (bruchartigen:) extrem unregelmäßigen Umriß- bzw Oberflächenformen; *das Fraktal(e)*; *Fraktographie*: (Phys) Darstellung von Bruchstrukturen, z. B. bei Werkstoffen; *Fraktur*: 1. (Med) Knochenbruch, 2. die 'gebrochene' sog deutsche Schrift; *Fraktur mit jemand reden*: 'deutsch' mit ihm reden (d. h. ihm unmißverständlich den Standpunkt klarmachen); *Refraktion*: Brechung (der Lichtstrahlen); *Refraktor*: (Fernrohr, das die Strahlenbrechung benutzt:) Linsenfernrohr; *Re-frain* (frz, <refringere): (immer wiederkehrendes Unterbrechen eines Liedes, nämlich durch den) Kehrreim

frāter °°Bruder. *fraternisieren*: sich verbrüdern

frequēns zahlreich, häufig. *Frequenz*: Häufigkeit, Besucherzahl, (Phys) Schwingungszahl; *frequentatives Verb*: Verb, das die häufige Wiederholung einer Handlung ausdrückt

fricāre (Part: frictus) (ab)reiben. *Friktion*: 1. Reibung (bes bei technischen Geräten), 2. Einreibung (mit Salben), 3. Reiberei = Zwistigkeit; *frottieren* (frz, <frictāre): den Körper abreiben; *Frottiertuch*: zum Abreiben dienendes gerauhtes Tuch; *Frottee-stoff*: gerauhtes Gewebe

frigidus kalt, frostig. *frigide*: gefühlskalt (bes im Sexuellen); *Frigidität*

frōns (Gen: frontis) Stirn. *Front*: 1. Stirnseite, Vorderseite (z. B. eines Hauses), 2. vorderstes Kampfgebiet, 3. Vereinigung gesellschaftlicher Kräfte; *Front machen gegen*: die Stirn bieten; *frontal*: an der Stirnseite befindlich, von vorn; *Frontal-zone*: (Geo) Gebiet, in dem aneinandergrenzende Luftmassen in Wechselwirkung treten; *kon-frontieren*: gegenüberstellen; *Kon-frontation; Af-front* (frz): (Stoß an die Stirn:) Kränkung, Beleidigung (vgl 'vor den Kopf stoßen')

frūmentum ('Genußmittel', <fruī genießen) Getreide; **frūctus** Genuß, Ertrag. °*Frucht; frugal*: (nur aus Feldfrüchten, frūgēs, bestehend:) sehr einfach (z. B. eine *frugale Mahlzeit*); *Fruktose*: Fruchtzucker

frūstrā vergeblich. *frustrieren*: das Gefühl vermitteln, daß alles vergeblich ist; *Frustration*

fuga Flucht; **fugāre** verjagen; **fugere** fliehen. *Fuge*: Musikstück mit Wiederholungen desselben Themas (das rasch von einer Stimme zur anderen 'flieht'; #Fuge = Ritze); *zentrifugal*: die Mitte fliehend; *Zentri-fuge*: (die Fliehkraft nutzende) Anlage zum Trennen von Stoffen unterschiedlicher Dichte, Schleuder

fūmus Rauch, Dunst. *par-fümieren* (frz): mit (Rauch:) Düften durchdringen; *Par-füm*

fundere (Part: fūsus) (aus)gießen. *Fusion*: Vermischung, Verschmelzung (z. B. von Atomkernen, Parteien, auch: der Wahrnehmungsbilder der beiden Augen); *kon-fus*: (zusammengegossen:) gedanklich durcheinander, verwirrt; *Kon-fusion; dif-fus*: (auseinandergegossen:) zerstreut (z. B. Licht); *Dif-fusion*: Zerstreuung (z. B. die selbständige Ausbreitung von Gasen); *dif-fundieren*: bei unmittelbarer Berührung ineinander eindringen, sich vermischen; *In-fusion*: (Eingießung:) (Med) Übertragung größerer Flüssigkeitsmengen in den Körper; *In-fusorien*: 'Aufgußtierchen' (die, z. B. in Blumenvasen, von faulenden Pflanzenaufgüssen leben); *Trans-fusion*: (Hinübergießen:) Blutübertragung; *Fondant* (frz, Schmelzendes): weiches oder gefülltes Zuckerwerk

fundus Grund, Boden; **prō-fundus** abgrundtief. *Fundament*: Untergrund, Grundlage; *fundamentieren*: (zu einem Bauwerk) den Grund legen; *fundamental*: grundlegend, wesentlich; *fundieren*: mit sicherer Grundlage versehen; *Fond* (frz): 1. Grundlage, Hintergrund, 2. hinterer Wagensitz; *Fonds* (frz, mit erhaltenem Nominativ-'s'): Vorrat, Geldmittel, Bestand; *Fundus*: Grundbestand, auch: Gesamtbestand der Ausstattungsmittel eines Theaters;

pro-fund: tief(gründig); *Pro-fundal-zone*: licht- und vegetationslose Tiefenzone der Binnengewässer

fungī (Part: fūnctus) verrichten, verwalten. *fungieren*: tätig sein; *Funktion*: (Verrichtung:) 1. Arbeitsweise bzw -leistung eines Körperorgans, 2. Dienststellung, 3. (Math und Naturwissenschaften) gesetzmäßige Abhängigkeit einer veränderlichen Größe von einer oder mehreren anderen; *funktionieren*: ordnungsgemäß in Betrieb sein; *Funktionär*: Beauftragter einer Partei oder Massenorganisation; *funktionell*: tätigkeitsbedingt, wirksam; (Chem) *funktionelle Gruppen* (Atomgruppen) verleihen durch Verbindung mit Radikalgruppen Stoffen bestimmte Eigenschaften; *funktionelle Erkrankung*: nur die Funktion eines Organs betreffende, ohne nachweisbare organische Veränderungen verlaufende Krankheit

furca Gabel. °*Forke*: Heu-, Mistgabel; *Bi-furkation*: Gabelung in zwei Äste

furia und **furor** Wut, Raserei. *Furien*: (die Rasenden:) Rachegeister; *furioso* (it): (Mus) wild; *Furore machen*: Aufsehen erregen

futurus zukünftig. *Futur*: (Gram) Zukunft; *Futurismus*: Kunstrichtung, seit etwa 1910, die radikal mit allen Traditionen brechen und vollkommen neue Formen und Strukturen in Kunst und Gesellschaft schaffen wollte; *Futuro-logie*: (bürgerliche) Zukunftsforschung

G

gạla (Gen: gạlaktos) (γάλα, γάλακτος) Milch. *Galaktit*: Milchstein (Halbedelstein); *Galaktose*: Zucker, chemisch gebunden in der Laktose (↗ lac) vorkommend; *Galaxis*: (Astr) Milchstraße; *Galaxie: extra-galaktisches* (außerhalb der Milchstraße befindliches:) Sternensystem

gạmos (γάμος) Hochzeit; gamẹin (γαμεῖν) heiraten. *Gameten*: (Bio) bei der Befruchtung verschmelzende Geschlechtszellen, *Iso-gameten*: in Form und Größe gleiche Gameten (Gegens: *An-iso-gameten*); *An-iso-gamie; Mono-gamie*: Einehe (zwischen e i n e m Mann und e i n e r Frau); *Poly-gamie*: 1. Vielweiberei (ein Mann hat mehrere Frauen, Gegens: Poly-andrie: Vielmännerei), 2. (Bio) viele Staubblätter enthaltende Blüten; *Endo-gamie*: Heirat innerhalb eines Stammes, Verwandtenehe, Gegens: *Exo-gamie*

gastẹ̄r (γαστήρ) Bauch, Magen, Mutterleib. *Gastro-nomie*: (Magengesetze:) Kochkunst, auch: Gaststättenwesen (↗ nẹmẹin); *Gastro-zöl*: (Bio) der von Magen und Darm umschlossene Hohlraum (↗ kọilos); *Gastrula* (mit lat Suffix -ula; Bäuchlein:) (Bio) becherförmiges Entwicklungsstadium vielzelliger Tiere; *Gastrulation*: (Bio) Gesamtheit aller Vorgänge, die zur (Bauchbildung:) Keimblattbildung führen; *Gastritis*: (Med) Magenentzündung; *Epi-, Meso-* und *Hypo-gastrium*: Ober-, Mittel- und Unterbauchgegend

gaudēre sich freuen; **gaudium** Freude. (umg) *Gaudi*: Spaß, Ausgelassenheit

gē (γῆ) Erde; **ge-ōrgọs** (γεωργός) Bauer (↗ ẹrgon). *Geo-däsie* (dạiesthại teilen): Landvermessung; *Geo-graphie*: Erdbeschreibung, Erdkunde; *Geo-metrie*: (in der Antike: Landvermessung, heute:) Lehre von den geometrischen Gebilden (Linien, Flächen, Körpern); *geo-metrischer Stil*: durch geometrisches Ornament charakterisierter Stil der griechischen Kunst (10.–7. Jh. v. u. Z., bes Vasenmalerei); *Geo-logie*: Wissenschaft von Aufbau und Entwicklung der Erde; *Geo-morphologie*: Wissenschaft von der (Entstehung und) Gestalt der Erdoberfläche; *Geo-physik*: Physik der Erde; *Geo-syn-klinale*: großräumige Senkungszone der Erdkruste; *geo-thermisch*: die (Zunahme der) Erdtemperatur betreffend; *Apo-gäum*: Erdferne, erdfernster Punkt der Mondbahn und künstlicher Satelliten (Gegens: *Peri-gäum*); Vornamen: *Ge-org, Jörg, Jürgen*

gelū °°Kälte; **gelidus** °°kalt. *Gelee* (frz, <gelāta): erkalteter und eingedickter Frucht- oder Fleischsaft; *Gelatine*: aus Knochenleim hergestellter Stoff zum Eindicken; *Gallert(e)* (<gelāta): kolloide Lösung stark gequollener Stoffe (Leim, Gelee)

geminī Zwillinge. *Gemination*: Verdoppelung; *Tri-geminus*: Drillingsnerv (Hirnnerv mit drei Ästen); *Geminiden*: Meteorstrom aus Richtung der 'Zwillinge'

gemma Knospe, künstlerisch geschnittener Edelstein. *Gemme*: Edelstein mit vertieftem Bild (Gegens: Kamee)

gẹnos (γένος) Geschlecht; **geneạ̄** (γενεά) Sippe; **gẹnesis** (γένεσις) Entstehung; **gọnos** (γόνος) Geburt, Nachkommenschaft, männlicher Same. *Genea-logie*: Familienforschung, Abstammung; *Gen*: Träger einer Erbanlage. Alle Gene zusammen bilden den *Geno-typ*: Erbgut, Anlagebild; *Genese*: Entstehung; *Genetik*: Vererbungslehre; *genetisch*: 1. die Genetik betreffend, erblich bedingt, 2. Gegenstände und Erscheinungen in ihrer Entwicklung zeigend; *Genesis*: Name für das erste Buch der Bibel, dessen Anfang die Entstehung der Welt und des Menschen behandelt, auch = Genese; *A-genesie*: (Nichtentstehen:) (Med) völliges Fehlen einer Organanlage; *Anti-(somato-)gen*: (Antikörpererzeuger:) artfremdes Eiweiß, das Antikörper erzeugt; *endo-gen*: von innen verursacht (Gegens: *exogen*); *-gen* auch: -erzeugend (*fluoro-gen*: Fluoreszenz erzeugend); *Epi-genese*: (darauffolgende Entstehung:) 1. (Geo) Neuanlage eines Flußtales, 2. (Bio) Lehre, daß die embryonale Entwicklung eine Aufeinanderfolge von Neubildungen ist; *epi-genetisch*: darauf bzw später entstanden; *Dia-genese*: (Geo) nachträgliche Verfestigung von Absatzgesteinen; *Epi-gone*: Nachkomme, Nachahmer; *Kosmo-gonie*: Lehre von der Entstehung und der Entwicklung der Himmelskörper; Vornamen: *Eu-gen(ie)* ('wohlgeboren'); urv mit dem folgenden:

genus (Gen: generis) Abstammung, Geschlecht, Art: **gēns** (Gen: gentis) (auf Blutsverwandtschaft beruhende Gemeinschaft:) Sippe, Volksstamm; **gignere** und **generāre** erzeugen, hervorbringen (°°gẹnos). *Genus*: (Gram) Geschlecht (deklinierbarer Wörter); *Genus verbi*: (Geschlecht:) Aktionsform des Verbs (Aktiv und Passiv); *Genitiv*: (<cāsus genitīvus) Kasus der Abstammung (nur teilweise zutreffend); *Genitalien*: Geschlechtsorgane; *genuin*: angeboren, echt; *Genre* (frz): Art, Gattung; *Genre-malerei*: den Menschen als Gattungswesen in seiner Umwelt (aber nicht bestimmte Persönlichkeiten) darstellende Malerei; *generell*: die ganze Art oder Gattung betreffend, allgemein (Gegens: individuell); *General-*: allgemein, Haupt-, oberste. In Z: *General-probe, General-staatsanwalt; General*: Offizier der obersten militärischen Rangstufe, der *Generalität* (Steigerung: *Generalissimus*); *Gentil-ordnung*: Organisationsform der Urgesellschaft, die auf der Grundlage der *Gens* aufgebaut ist; *Gen-d-arm* (frz, <gens d'armes = gentēs armōrum Waffenleute, ↗ arma): (alte Bezeichnung für) Polizeiangehöriger; *generativ*: geschlechtlich, erzeugend, die Zeugung betreffend; *Generator*: Erzeuger (z. B. von elektrischer Energie); *Generation*: Gesamtheit aller in derselben Zeit Geborener; *De-generation*: Entartung; *Re-generation*: (Wiedererzeugung:) Wiederherstellung, Erneuerung; *Genius*: Schutzgeist, auch: Geistesgröße dazu: *Genie* (frz): schöpferischer Geist, ungewöhnlich begabter Mensch; *genial; kon-genial*: gleichen Geistes, geistig ebenbürtig; *In-genieur* (frz, <in-genium eingeborener Geist, spätlat auch: kluge Erfindung, Maschine, Geschütz): wissenschaftlich ausgebildeter Techniker; *Gentle-man* (engl, <gentīlis, frz gentil höfisch gebildet): Ehrenmann, Mann von Lebensart und Charakter.

gẹranos (γέρανος) °°*Kranich*, °°*Kran* (Techn)

gerere (Part: gestus) tragen, vollbringen. *Geste*: (Haltung, die man an sich trägt:) Gebärde, Handbewegung, auch: Handlung um des äußeren Scheins willen; *gestikulieren*: Gebärden machen; *re-gistrieren* (<re-gerere eintragen): in ein Verzeichnis, *Re-gister*, eintragen; *Registratur*: Amtsstelle, in der Urkunden usw geführt werden; *sug-gerieren*: (jemandem von unten, d. h. unbemerkt, etwas beibringen:) jemandem etwas einreden; *Sug-gestion*: seelische Beeinflussung; *Auto-sug-gestion*: Selbstbeeinflussung, auch: Selbsttäuschung; *Di-gestion*: Auslaugung, Verdauung; *Di-gestivum*: Mittel zur Förderung der Verdauung; *Di-gesten*: (geordnetes juristisches) Sammelwerk; *Di-gest*: (engl, zuerst in USA aufgekommener) Zeitschriftentyp mit bunter Folge nichtoriginaler Beiträge

gẹrōn (Gen: gẹrontos) (γέρων, γέροντος) Greis. *Ger-iatrie*: Altersheilkunde; *Geronto-logie*: Erforschung des Alterns.

gịgās (Gen: gịgantos) (γίγας, γίγαντος) °*Gigant*, Riese. *gigantisch*: riesig, auch: übermenschlich; *Giga-* (vor Maßangaben): das Milliardenfache, G = 10^9

glaciēs Eis (°°gelū). *Glazial-zeit*: Eiszeit; *interglazial*: zwischen zwei Eiszeiten liegend; °°*Gletscher; Glacé-leder*: (Leder, glatt und blank wie Eis:) Glanzleder

gladius Schwert. *Gladiator*: Schwertkämpfer, Fechtersklave; *Gladiole*: Schwertblume (nach der Blattform benannt)

globus Klumpen, Kugel. *Globus*: Nachbildung der Erdkugel oder der scheinbaren Himmelskugel; *global*: die ganze Erde umfassend, allgemein; *Globe-trotter* (engl): Weltenbummler.

glomus (Gen: glomeris) Knäuel. *Kon-glomerat*: Zusammenhäufung, Gemisch verschiedenartiger Dinge; *Ag-glomeration*: Zusammenhäufung gleichartiger Substanzen (z. B. feinkörniges Erz zu verhüttbaren Erzklumpen)

glōria Ruhm; **glōriōsus** ruhmvoll. *Glorienschein*: Heiligenschein; *Gloriole*: Strahlenkranz, Lichtkreis; *glor-reich*: ruhmreich; *glorifizieren*: verherrlichen

glọ̄tta, Dialektform: **glọssa** (γλῶττα, γλῶσσα) Zunge, Sprache, veraltetes oder nur lokal gebräuchliches Wort. *Glosse*: Randbemerkung (weil in alten Texten unverständliche Wörter am Rand erklärt wurden), später auch: spöttische Bemerkung; *glossieren*: mit (spöttischen) Randbemerkungen versehen; *Glossar(ium)*: Wörterverzeichnis (mit Erklärungen); *Glottis*: die beim Sprechen aktiven Stimmbänder, Stimmritze; *Epi-glottis*: (der auf dem Stimmapparat befindliche:) Kehldeckel; *poly-glott*: vielsprachig

glykỵs (γλυκύς) süß. In chemischen Verbindungen. *Glykose* = *Glukose*: Traubenzucker; *Glyko-gen, Glyko-koll, Glyzerin; Glyko-lyse*: (Bio) Auflösung des Traubenzuckers

glyphẹin (γλύφειν) (in Stein) schneiden, schnitzen. *Glyptik*: Steinschneidekunst, Bildhauerei; *Glypto-thek*: Sammlung geschnittener Steine oder von Skulpturen; *Tri-glyphen*: (fälschlich als 'Dreischlitze' übersetzt:) die drei mit senkrechten Hohlkehlen (glyphạị) versehenen Stege zwischen den Vertiefungen an den Balkenenden oberhalb der Säulen dorischer Tempel, die auch später bei der Steinbauweise beibehalten wurden und mit Metopenfriesplatten abwechselten

gnọ̄sis (γνῶσις) Erkenntnis; **gignọ̄skẹin** (γιγνώσκειν) erkennen, wahrnehmen. *Gnosis* = *Gnostizismus*: religiöse Bewegung, die 'höhere Erkenntnisse' um die Zugehörigkeit des Menschen zu einem jenseitigen Lichtreich besaß, auch: Wissen um göttliche Geheimnisse; *A-gnostizismus*: Lehre, die die Erkennbarkeit der Welt bestreitet; *Gnoseo-logie*: Erkenntnislehre; *A-gnosie*: (Med) Ausfall der höheren Funktionen des Erkennens; *Diagnose*: das (durch und durch:) Erkennen von Krankheiten; *Dia-gnostik*: Untersuchungsmethodik zur Krankheitserkennung; *dia-gnostisch; Kali-gnost*: (Chem) Mittel zur Erkennung von Kalium

gōnịa (γωνία) Winkel, Ecke. *Tri-gono-metrie*: (Dreiwinkel-, d. h. Dreiecksmessung:) Teil der Geometrie, in dem die Winkelfunktionen entwickelt und am Dreieck angewandt werden; *Gonio-metrie*: Teil der Trigonometrie, der die Beziehungen der Winkelfunktionen untereinander behandelt; *Gonio-meter*: (Winkelmesser:) Gerät zur Bestimmung des Neigungswinkels zweier Flächen (z. B. Kristallflächen oder Schädelknochen)

gọny (γόνυ) °°Knie. *Gonitis*: Kniegelenkentzündung; *Gon-agra*: Kniegicht

gradus Schritt; **gradī** schreiten; **ag-gredī** (heranschreiten:) angreifen; **prō-gredī** (Part: prigressus) vorwärtsgehen. *Grad*: Schritt, Stufe; *graduell*: schritt-, stufenweise; *Gradier-werk*: Anlage mit stufenweise aufgehäuftem Reisig zur Verdunstung der herabtropfenden Sole; *Gradient*: (Geo) Gefälle des Luftdrucks oder der Temperatur; *graduieren*: 1. mit Gradeinteilung versehen, 2. einen akademischen Grad verleihen; *post-gradual*: nach Erlangung eines akademischen Ranges; *de-gradieren*: auf niedrigere Rangstufe herabsetzen; *grassieren* (<grassārī): tüchtig voranschreiten, schnell um sich greifen (Krankheiten); *Aggression*: Angriff, Überfall; *Ag-gressor; ag-gressiv*: angriffslustig; *Pro-gression*: das Fortschreiten; *pro-gressiv*: fortschreitend, fortschrittlich; *Kon-greß*: (Zusammenkommen:) große Versammlung; *Re-greß*: (Zurückgehen, Zurückgreifen auf jemanden zwecks Schadenersatzes:) Ersatzanspruch, Schadenersatz; *Re-gression*: Rückgang, Rückschlag, (Geo) das Zurückweichen des Meeres; *In-gredienzien*: (das, was hineinkommt:) Zutaten; *In-gression*: (Eintreten:) (Geo) das Eindringen des Meeres ins Festland; *Trans-gression*: Überschreitung, Übertretung, (Geo) Überflutung durch das Meer

grandis groß. *Grạnde*: (Großer:) Adliger (in Spanien); *Grandezza*: feierliche Würde der 'Großen'; *grandios*: großartig; *Grand* (frz): Großspiel beim Skat

grānum °°Korn. *Gran*: früheres Gewicht (etwa 0,06 g); *Granit*: körniges Gestein; *Granat*: körniger roter Halbedelstein; *Granat-apfel*: apfelähnliche Frucht mit vielen Kernen (davon der Städtename *Granada*); *Granate*: (mit Pulverkörnern gefülltes Geschoß; *Grenadier*: (urspr: Werfer von *Hand-granaten,* dann:) Soldat einer infanteristischen Elitetruppe; *granulieren*: (Techn) bis auf Korngröße zerkleinern (Mineralien), dazu: *Granulation,* auch: (Med) Bildung von körnigem Gewebe und körnigen Strukturen

grạphe͜in (γράφειν) (urspr °°kerben, einritzen) schreiben; **grạmma** (γράμμα) Geschriebenes. *Graphik*: Schreib- und Druckkunst, auch: Produkt dieser Kunst; *Graphit*: reiner Kohlenstoff; *Grapho-logie*: Schriftdeutekunst; *Graph*: zeichnerische, *graphische,* Darstellung (von Prozessen bzw Wechselwirkungen); *Para-graph*: fortlaufendem Text zwecks Gliederung 'beigeschriebenes' Zeichen (§); *paraphieren* (↗ hạptestha͜i) wird auch als Verstümmelung von para-grạphe͜in erklärt; *Anagramm*: (Neugeschriebenes:) Wort, das durch Vertauschung von Buchstaben aus einem anderen entsteht (GENAU aus AUGEN); *Diagramm*: (Aufzeichnung:) zeichnerische Darstellung (z. B. in einem Koordinatensystem); *Epi-gramm*: (urspr: erläuternde Aufschrift auf Gegenständen, heute:) kurzes Spottgedicht; *Epi-graph*: Auf- oder Inschrift; *Epi-graphik*: Inschriftenkunde; *Pro-gramm*: (das als Aufgabe Vorgeschriebene:) Plan; *pro-grammatisch; Gramm* (frz, urspr: Schriftzeichen, dann: kleine Gewichtseinheit): eine Einheit der Masse; *Grammatik*: (in der Antike: Lehre von den Buchstaben, vom richtigen Schreiben und Lesen, heute:) Lehre vom Aufbau der Sprache und ihren Formen, Sprachlehre; *Grammo-phon*: (Stimmaufzeichnung:) Gerät zum Abspielen von Schallplatten; °*Griffel*: 1. Schreibstift (meist aus Schiefer), 2. (Bio) stiftähnlicher Träger der Blütennarbe; #Graf, #Gram

grātus dankbar, angenehm; **grātia** Gunst, Dank, Anmut; **grātulārī** Gunst erweisen, Glück wünschen. *gratis*: (für den bloßen Dank:) kostenlos; *Grati-fikation* (<grātia + facere: Dankerweisung): Ehrengabe, auch: Sonderzuwendung; *gratulieren*: beglückwünschen; *Gratulation; Gratulant; Grazie*: Anmut; *graziös; Grazien*: Göttinnen der Anmut; *Agrément* (frz, <ad + gratus): Zustimmungserklärung einer Regierung zur Entsendung eines diplomatischen Vertreters in ihr Land (er ist ihr 'angenehm', d. h. *persona grata); Agreement* (engl): formlose, aber bindende Vereinbarung

gravis schwer von Gewicht, auch: ernst; **gravidus** schwanger. *gravitätisch*: gewichtig, würdevoll; *Gravitation*: Schwerkraft; *gravierend*: erschwerend; *Gravidität*: Schwangerschaft

grex (Gen. gregis) Herde, Haufen. *Ag-gregat*: Anhäufung, Vereinigung von Teilen zu einem Ganzen, Gruppe zusammengehöriger Maschinen; *Ag-gregat-zustand*: (Dichtigkeitsgrad innerhalb einer Anhäufung:) Zustandsform eines Stoffes; *Kon-gregation*: (kirchliche) Vereinigung

grossus (spätlat) dick, grob. °*Groschen*: ('Dickpfennig'); das *Gros* (frz): 1. (gesprochen: Gro) Hauptmasse (z. B. eines Heeres), 2. (gesprochen: Gross) zwölf mal zwölf Stück (eigentlich Großdutzend); *Grossist*: Großhändler; *En-gros-handel;* #groß

gurguliō Schlund, Kehle. °*Gurgel,* °*gurgeln.*

gustus Geschmack, **gustāre** schmecken, °°kosten. *Ragout* (frz, <re-ad-gustāre jemanden wieder zur Eßlust bringen): den Appetit anregendes Gemisch aus Fleisch und Gemüse

gutta Tropfen. *Guttation*: (Bio) tropfenförmige Wasserabgabe

guttur Schlund, Kehle. *Guttural*: Kehllaut (g, k)

gymnọs (γυμνός) nackt. *Gymnasium*: (urspr: Platz oder Gebäude, wo man nackt turnte: Übungsplatz, nach 400 v. u. Z. zunehmend auch Treffpunkt für geistige Bildung, daher in neuerer Zeit, bes seit preußischer Schulreform 1812:) höhere Schule, mit bes Pflege der klassischen Sprachen; *Gymnastik*: (antik: jede, heute:) allgemeine Körperübung

gynē̩ (Gen: gyna͜ikọs) (γυνή, γυναικός) Frau. *Gynäko-logie*: Frauenheilkunde; *Gynäko-loge; gynäko-logisch*

gypsos (γύψος) Kreide. °*Gips*

gȳros (γῦρος) Wendung, Kreis. *Gyro-skop*: (Phys, Astr) Gerät zur Veranschaulichung der Kreiselgesetze und Erdbewegung; *Giro* (it): (Kreislauf des Geldes:) bargeldloser Zahlungsverkehr von Konto zu Konto

H

habēre #haben, halten; **habilis** leicht zu handhaben, geeignet; **in-hibēre** einhalten, hemmen. *Habitus*: Haltung, Körperbau eines Menschen; *habituell*: durch den Körperbau bedingt; *sich habilitieren*: (sich als geeignet erweisen:) die Lehrberechtigung als Hochschullehrer erwerben; *Habilitation* (durch eine *Habilitations-schrift); Dr. habil.* (= habilitātus): akademischer Titel eines Hochschullehrers; *re-habilitieren*: (wieder für geeignet erklären:) 1. wieder in sein Amt (in seine Rechte) einsetzen, 2. den guten Ruf wiederherstellen, 3. einen durch Krankheit oder Unfall Geschädigten wieder zur Leistungsfähigkeit führen; *Re-habilitation*; *In-hibitor*: (Med, Chem) Stoff, der einen Vorgang hemmt

haerēre (<haesēre) hängenbleiben, haften. *kohärent*: zusammenhängend; *Ko-härenz*; *Kohäsion*: Zusammenhang zwischen gleichartigen Molekülen; *Ad-häsion*: Aneinanderhaften

hạgios (ἅγιος) heilig; **hagnọs** (ἁγνός) rein, heilig. *Hagio-graphie*: Darstellung des Lebens der Heiligen; *Hagia Sophia*: 'Heilige Weisheit' (berühmte Kirche in Konstantinopel); Vorname: *Agnes*

hạima (Gen: hạimatos) (αἷμα, αἵματος) Blut. *Hämatom*: (Med) Bluterguß; *Hämatin*: brauner Blutfarbstoff; *hämato-gen*: aus dem Blut entstanden; *Hämo-globin*: Farbstoff der roten Blutkörperchen; *Hämo-lyse*: Austritt von Hämoglobin aus den roten Blutkörperchen; *Hämo-lymphe*: (Bio) Körperflüssigkeit der Tiere mit offenem Blutgefäßsystem; *Hämorrhoiden*: (Med) Venenknoten des Mastdarms mit gelegentlichem Blutfluß (↗ rhein); *Anämie*: (Blutlosigkeit:) Verminderung des Gehalts an Hämoglobin und Erythrozyten

hairẹin (αἱρεῖν) nehmen; **hairẹisthai** (αἱρεῖσθαι) sich nehmen, wählen; **hạiresis** (αἵρεσις) Wahl, Philosophenschule (die man wählt), Sekte. *Häretiker*: (einer, der sich aussucht, was er glauben will:) Ketzer, daher: *Häresie*: Abweichung von der offiziellen Lehre, Irrlehre; *Aph-ärese*: (Wegnahme:) Lautschwund im Anlaut (z. B.: 's = es, Gegens: Apo-kope); *Di-ärese*: (Auseinandernehmen:) 1. getrennte Aussprache zweier Vokale (Atheïst) (↗ titran), 2. Zerlegung eines Oberbegriffs in ihm untergeordnete Begriffe, 3. Einschnitt im Vers, wobei Versfuß und Wortende zusammenfallen

hālāre hauchen. *in-halieren*: (einhauchen:) einatmen (z. B. zerstäubte Heilmittel); *In-halation*; *Ex-halation*: Ausatmung, Ausdünstung, auch: (Geo) Ausströmen von Gasen aus Vulkanen

hallūcinārī geistesabwesend sein. *Halluzination*: Wahnvorstellung, Sinnestäuschung

hạlma (ἅλμα) Sprung. *Halma*: Brettspiel, bei dem Steine durch Überspringen anderer in ein bestimmtes Zielgebiet zu bringen sind

hạlōs (ἅλως) Tenne, Rundung, *Halo*: Hof um Sonne und Mond

hals (Gen: halọs) (ἅλς, ἁλός) °°Salz (↗ °°sāl). *halo-gen*: salzbildend; *Halo-phyt*: auf salzreichem Boden gedeihende Pflanze (↗ physis); Ortsnamen: *Hall, Halle, Reichenhall* u. a.

hạpax (ἅπαξ) einmal; **haplụs** (ἁπλοῦς) einfach. *Hapax-legomenon*: nur einmal vorkommendes Wort (↗legẹin); *Haplo-logie*: (Gram) einfache Aussprache zweier benachbarter Laute oder Silben (z. B. 'Alkolat' statt 'Alkoholat'); *Haplo-idie*: (Bio) Vorhandensein von nur einem Chromosomensatz

hạptesthai (ἅπτεσθαι) berühren; **hạpsis** (ἅψις) Verknüpfung, Masche, Rundung, Gewölbe. *Apsis*: halbrunde Altarnische im Chor des Kirchenbaus; *Apside*: (Astr) Punkt auf der Bahn eines Himmelskörpers, der dem umkreisten Stern am nächsten bzw am fernsten ist; *haptisch*: den Tastsinn betreffend; *paraphieren* (eigtl: beiläufig berühren, frz, mit abgekürztem Namenszug versehen): den Text internationaler Verträge als endgültig erklären (ohne daß Rechtsverbindlichkeit eintritt), indem die Bevollmächtigten nur mit dem Anfangsbuchstaben ihres Namens unterzeichnen (↗ grạphẹin); *Syn-apse*: (Med) Stelle, an der eine Erregung von einem Neuron auf ein anderes oder auf eine Muskelfaser übertragen wird

harmonịa (ἁρμονία) Zusammenpassen (bes der Töne, nämlich in einer Tonart), *Harmonie*: Übereinstimmung, Einklang; *Dis-harmonie*: Mißklang; *Harmonika*: Instrument, das urspr nur eine Tonart spielen konnte; *Harmonium*: orgelähnliches Tasteninstrument; *philharmonisches Orchester* = *Phil-harmonie*

haurīre (Part: haustus) schöpfen, schlucken. *Ex-haustor*: (Ausschöpfer:) Entlüfter, Absauger (z. B. von Staub, Getreide); *Ex-haustion*; *ex-haustiv*: (auch:) einen Objektbereich ausschöpfend, alle Elemente dieses Objektbereiches erfassend; *Haustorien*: Saugorgane von Schmarotzerpflanzen

hẹdra (ἕδρα) °°Sitz, Ort zum Sitzen (↗ °°sedēre). *Kat-heder*: (katạ herab; Stuhl zum Niedersitzen:) Sessel, Lehrstuhl; *Kat-hedrale*: Kirche am Amtssitz eines Bischofs, Metropoliten oder Patriarchen; *Poly-eder*: (Math) vielflächiger Körper (mit 'vielen Sitzflächen'). Die Gestalt des Körpers ergibt sich aus der

Anzahl und Form der (stets ebenen) Begrenzungsflächen. Ein *Hexa-eder* mit seinen sechs quadratischen Flächen ist ein Würfel. Weitere Formen: *Tetra-eder, Okta-eder, Dodeka-eder, Ikosa-eder* (ẹikosi zwanzig); *Rhombo-eder*

hēgemōn (ἡγεμών) Führer; **hēgemonịa** (ἡγεμονία) Führung. *Hegemonie*: Führung (z. B. einer Klasse oder eines Staates gegenüber anderen); *Ex-egese*: (Ausführung:) Textauslegung

hekatọn (ἑκατόν) hundert. *Hekto-graph*: Vervielfältigungsapparat, der von einer Vorlage bis zu 100 Kopien fertigt; *Hekto-liter*: 100 l

hẹlios (ἥλιος) Sonne. *Helium*: Edelgas, zuerst auf der Sonne nachgewiesen; *helio-zentrisch*: (Astr) auf die Sonne als Mittelpunkt bezogen; *Ap-hel*: sonnenfernster Punkt auf der Planetenbahn, Gegens: *Peri-hel*

hẹlix (Gen: hẹlikos) (ἕλιξ, ἕλικος) gewunden. *Heliko-pter*: 'Drehflügler' (Auf- und Vortrieb durch Rotoren), Hubschrauber (↗ pterọn)

Hẹllēn (Ἕλλην) sagenhafter Stammvater der Griechen, dann überhaupt: Grieche; **Hellēnikọs** (Ἑλληνικός) griechisch; **Hellạs** (Ἑλλάς) Griechenland. *Hellenismus*: Epoche der griechischen Geschichte und Kultur von der Begründung des Alexanderreiches 336 v. u. Z. bis zur Eroberung des letzten Nachfolgestaates (Ägypten) durch die Römer 31 v. u. Z.; # Helle (sagenhafte Frauengestalt), #Hellespont, #Helene (Vorname)

hẹlos (ἕλος) Sumpf. *Helo-phyten*: auf Sumpfboden wachsende Pflanzen; #Heloten (halịskesthai gefangengenommen werden): eine aus der unterworfenen Bevölkerung Lakoniens hervorgegangene Art Staatssklaven im antiken Sparta

hẹ̄misys (ἥμισυς) halb. *Hemi-kranie* und daraus (frz) *Migräne*: (Med) (halbseitig:) einseitig auftretender Kopfschmerz; *Hemi-plegie*: (Med) halbseitige Lähmung (↗ plẹ̄ttein); leichterer Grad: *Hemi-parese (↗ hiẹnai); Hemi-zellulose*: der Zellulose ähnlicher Stoff in Zellwandungen von Pflanzen

hẹ̄par (Gen: hẹ̄patos (ἧπαρ, ἥπατος) Leber. *Hepatitis*: Leberentzündung; *hepato-gen*: von der Leber ausgehend; *Hepàrin*: in der Leber gebildete Substanz, die u. a. die Blutgerinnung verlangsamt

herba Kraut, Pflanze. *Herbarium*: Sammlung gepreßter Pflanzen

hērēs (Gen: hērēdis) Erbe. *hereditär*: erblich

Hermẹ̄s (Ἑρμῆς) Hermes, Sohn des Zeus. *Hermeneutik*: Wissenschaft der Erklärung von Texten und Kunstwerken (Hermes war als Götterbote Künder und Dolmetscher göttlichen Willens, daher auch Orakelgott, Träger göttlicher Weisheit, mit dem Siegel des Geheimnisses – er legt den Finger auf den Mund! –, daher:) *hermetisch*: luft- und wasserdicht abgeschlossen; *Herm-aphrodit*: Zwitter, doppelgeschlechtliches Wesen (nach der Sage Sohn des Hermes und der Aphrodite, der mit einer Nymphe zu einem zweigeschlechtlichen Wesen vereinigt wurde); *Herme*: pfeilerartige Darstellung des Hermes (als Wegesäule), später auch von anderen Personen, aber nur Kopf bzw Büste ausgearbeitet

hẹ̄rōs (ἥρως) *Heros*, Held der Vorzeit. *heroisch*: heldenhaft; *heroisieren*: zum Helden erheben

hẹrpein (ἕρπειν) kriechen. *Herpes*: (Med) (sich kriechend ausbreitende) Flechte; *Herpeto-logie*: Reptilienkunde

hespẹrā (ἑσπέρα) Abend, Westen; **hespẹrios** (ἑσπεριος) westlich. *Hesperien*: Abendland (aus der Sicht der Griechen Italien, später außerdem Spanien); *Hesperiden*: in der Sage Töchter des Titanen Atlas, die in einem Garten im äußersten Westen der griechischen Welt goldene Äpfel bewachen

hetairos (ἑταῖρος) Gefährte, weibliche Form: **hetairā** (ἑταίρα). *Hetären*: Mädchen, die (auch sexuell) der Unterhaltung der griechischen Männer dienten

hẹteros (ἕτερος) der eine oder andere von beiden. *heter(o)-*: anders, ungleichartig (Gegens: ↗ homo-). In Z: *hetero-gen*: verschiedenartig, uneinheitlich; *Hetero-gonie*: Entwicklungstypus mit Wechsel von ein- und zweigeschlechtlicher Fortpflanzung; *Hetero-sexualität*: sich auf das andere Geschlecht richtende Geschlechtsempfinden; *hetero-sexuell; Heterosis*: (anderes:) üppigeres Wachstum von Hybriden (Bastarden) im Vergleich zu den reinerbigen Eltern

heurịskein (εὑρίσκειν) finden. *Heuristik*: Erfindungskunst, Aufstellung von Regeln und methodischen Anweisungen (oft auf zunächst unbewiesenen Annahmen fußend), um zu neuen Erkenntnissen zu gelangen; *heurēka*: ich hab's (gefunden)! (angeblich Ausruf des Archimedes)

hex (ἕξ) °°sechs (↗ °°sex). *Hexa-meter*: aus

sechs Zeitmaßen (nämlich Daktylen) bestehender Vers; *Hexa-daktylie*: (Med) Mißbildung in Gestalt eines sechsten Fingers oder Zehes

hexis (ἕξις) Zustand. *Hektik*: (Med) Abmagerung (bei Schwindsucht; Bedeutungsverengung auf einen negativen Zustand), auch: (nach dem Fieber des Schwindsüchtigen, febris hectica:) fieberhafte Erregung; *hektisch*; *Kac-hexie*: (schlechtes Befinden:) (Med) Kräfteverfall (↗ kakos)

hiäre offenstehen, den Mund auftun, gähnen. *Hiatus*: (Offenstehen des Mundes:) Zusammenstoß zweier Vokale in zwei aufeinanderfolgenden Silben (aus 'Ich habe es gewagt' wird zur Vermeidung des Hiatus 'Ich hab's gewagt')

hienai (ἱέναι) schicken, lassen; **par-hienai** (παριέναι) nachlassen, erschlaffen. *Kat-hete* (kathetos Senkblei, Lot) eine der lotrecht aufeinander stehenden Seiten eines rechtwinkligen Dreiecks; *Katheter* (katheter): röhrenförmiges Instrument, das in eine Körperhöhle herabgesenkt wird, um irgend etwas hinein- oder herauszubringen (z. B. zur Entleerung der Harnblase); *Par-ese*: (Erschlaffung:) unvollständige Lähmung

hieros (ἱερός) mit göttlicher Kraft erfüllt, heilig. *hieratisch*: priesterlich; *Hiero-dule* (dulos Sklave): Tempeldiener(in); *Hiero-glyphen*: (urspr in Stein geschnittene) heilige Schriftzeichen, Bilderschriftzeichen, auch: schwer zu entziffernde Schrift

hippos (ἵππος) Pferd. *Hippo-drom*: Pferderennbahn (↗ trechein); *Hippo-potamus* (potamos Fluß): Flußpferd

histanai (ἱστάναι) setzen, °°stellen, legen; **stasis** (στάσις) Stellung, Stand; **histos** (ἱστός) aufrecht stehender Webstuhl, Gewebe. *Statik*: Lehre vom Gleichgewicht der Kräfte (z. B. Druck und Zug bei Bauwerken); *statisch*: (fest) stehend; *Elektro-statik* bzw *Magneto-statik*: Lehre von den Gesetzen der Elektrizität bzw des Magnetismus im Ruhezustand; *Stato-lith*: (Bio) für das Gleichgewicht wichtiges (Steinchen:) Körnchen im Gehörorgan der Tiere, eingeschlossen in eine *Stato-zyste*; *Dia-stema*: (das Auseinanderstehen:) (Med) angeborene Zahnlücke; *Dia-stase*: 1. (Med) Auseinanderklaffen (z. B. von Beckenknochen), 2. (Bio) Ferment, das Stärke (auseinanderbringt:) abbaut; *Ek-stase*: (Außersichsein:) höchste Begeisterung; *Meta-stase*: (Übersiedlung an einen anderen Ort:) (Med) Tochtergeschwulst (z. B. bei Krebs); *meta-stasieren; Hypo-stase*: (Tiefstellung:) 1. (Med) lokale Blutüberfülle (durch Absinken des Blutes, z. B. in die unteren Lungenpartien), 2. (Phil) Vergegenständlichung von Begriffen und Gedanken, daher: *hypo-stasieren*: als wirklich vorhanden 'unterstellen', nur weil ein Wort dafür vorhanden ist (z. B.: Fee); *Histo-logie*: (Bio) Lehre von den Geweben; *Histo-lyse*: Gewebszerfall; *Hist-amin*: Gewebehormon, ein Amin; *Anti-hist-aminika*: dem Histamin entgegenwirkende Stoffe

historia (ἱστορία) Erforschung, Wissenschaft, Geschichte; °**historia** Geschichte. *Historiker* = *Historio-graph*: Geschichtsschreiber und -wissenschaftler; *historisch*: geschichtlich, überliefert, in geschichtlicher Sicht, auch: Geschichte machend; *Historie*: Geschichte, Geschichtsschreibung; *Histörchen*: unterhaltsames Geschichtchen; *Poly-histor*: vielseitig Gebildeter

hodos (ὁδός) Weg. *An-ode* und *Kat-hode* ↗ ienai; *Di-ode*: (Phys) Zweipolröhre; *Tri-ode*: Dreipolröhre; *Ep-is-ode* (epi- dazu, eis in): (zusätzliches Hineinkommen:) zur Haupthandlung hinzutretende Nebenhandlung, Zwischenspiel; *Met-hode*: (wissenschaftliches Nachgehen:) folgerichtiges, dem Gegenstand angemessenes Verfahren; *met-hodisch*; *Met-hodik*; *Met-hodo-logie*: Lehre von der allgemeinen Methode der wissenschaftlichen Forschung, Erkenntnis und Darstellung des Erforschten, Gesamtheit der Methoden; *Met-hodist*: Anhänger einer im 18. Jh. entstandenen religiösen Erneuerungsbewegung, die ein systematisch entwickeltes Frömmigkeitsleben erstrebte; *met-hodistisch*; *Peri-ode*: (Umlauf:) ein begrenzter Zeitabschnitt sowie das, was sich in ihm abspielt: 1. (Astr) Umlaufzeit eines Gestirns, 2. (Med) Monatsblutung, 3. (Gram) aus mehreren Sätzen kunstvoll zusammengesetztes, abgerundetes Satzgefüge; *peri-odisch*: regelmäßig sich wiederholend; *Peri-odika*: in bestimmten Zeitabschnitten regelmäßig erscheinende Schriften; *Syn-ode*: (Zusammenkunft:) Versammlung der aus Geistlichen und Laien bestehenden Kirchenvertretung; *Syn-odale*: Mitglied einer Synode; *Ex-odus* (latinisiert): Auszug (urspr der Juden aus Ägypten)

holos (ὅλος) ganz. *kat-holisch*: (urspr: 'das Allgemeine', dann:) zur (sich als allgemeingültig betrachtenden) katholischen Kirche gehörig; *Kat-holik; Holo-graphie*: (Aufzeichnung in der Gesamtheit:) photographisches Verfahren, mit dem Gegenstände aufgenommen, auf zweidimensionalem Material gespeichert und bei entsprechender Beleuchtung wieder dreidimensional sichtbar gemacht werden können; *Holo-zän*: (ganz neu:) (Geo) die nach der letzten großen Erdüberschwemmung gebildeten Lagen der Erdrinde

homalǫs (ὁμαλός) flach, eben. *An-omalie*: (Unebenheit:) Abweichung vom Normalen; *anomal*

homilia (ὁμιλία) Umgang, Unterhaltung. *Homilie*: Predigt; *Homiletik*: Lehre von der Gestaltung der Predigt

homō (Gen: hominis) Mensch; **hūmānus** menschlich; **hūmānitās** Menschlichkeit. *Homunkulus*: Menschlein (in Goethes 'Faust': künstlich hergestellter Mensch); *Homǫ habilis*: (der etwas handhaben kann:) Urmensch, vermutlich erster Hersteller von Steingeräten, Vorläufer des *Homō ērēctus* (= aufrecht gehender Mensch); *Homō sapiēns* (sapere verständig sein): (Bio) der Mensch der Neuzeit; *Homin-iden*: Sammelbezeichnung für die Angehörigen aller früheren und jetzigen Menschenrassen (↗ idẹā). – *human*: mensch(enfreund)lich; *Humanität*; *humanitär*; *Humanisten*: Gelehrte z. Z. der Renaissance, die sich mit den Schriften der Griechen und Römer beschäftigten und im antiken Menschenideal das Urbild des wahren Menschen sahen; *Humanismus*: 1. Zeit und Denkweise der Humanisten, 2. Geistesrichtung, die den Menschen und die Entfaltung seiner Anlagen in den Mittelpunkt stellt, oft = Humanität; *humanistisch*; *Hominisation*: geschichtliche Menschwerdung, mit der *sub-humanen* = vormenschlichen und *humanen* = echt menschlichen Phase

hǫmo̯ios (ὅμοιος) ähnlich, annähernd gleich. *Homöo-pathie*: (Med) Behandlung von Krankheiten nach dem Grundsatz 'Ähnliches heilt Ähnliches' (Gegens: Allo-pathie); *homoio-therm*: (ähnlich warm:) (Bio) mit unveränderlicher Körpertemperatur (Vögel, Säuger), Gegens: *poikilo-therm*: wechselwarm (poikilǫs bunt, wechselhaft); *Homöo-stase*: (ähnlicher Zustand:) Stabilität der Körperfunktionen (z. B. in Temperaur) (↗ histąnai̯)

homǫs (ὁμός) gleich. *homo-*: gleich (Gegens: hetero-). In Z: *homo-sexuell*: zum gleichgeschlechtlichen Partner hingezogen; *Homo-zygotie*: (Bio) Gleicherbigkeit, Vorhandensein von zwei gleichartigen Anlagen; *homo-gen*: gleichartig; *homo-genisieren*: gleichartig machen, gut vermischen; *in-homo-gen*: ungleichartig; *homo-log*: (Bio) in einem bestimmten Punkt übereinstimmend (z. B. sind die Flügel der Vögel und die vorderen Extremitäten der Säuger entwicklungsgeschichtlich gleicher Herkunft, haben aber verschiedene Funktionen, ↗ lẹge̯in); *Homo-phonie*: (Mus) mehrstimmige Satzweise, bei der einer Melodiestimme alle anderen untergeordnet sind (Gegens: *Polyphonie*), 2. (Gram) Gleichklang bei unterschiedlicher Schreibung und Bedeutung (Lied – Lid; Gegens *Allophonie*: Bach – Buch)

honor Ehre; **honestus** ehrenvoll. *Honorar*: (Ehrensold:) Vergütung (bes für freiberufliche Tätigkeit); *honorieren*; *Honoratioren*: (die Angeseheneren:) Bezeichnung für den Kreis (reicher und daher) einflußreicher Personen eines Ortes (bes einer Kleinstadt); *Honneurs* (frz): Ehrenbezeigungen; *Dr. h. c.* = *Doctor honōris causā*: Doktor ehrenhalber

hōrā (ὥρα) Jahreszeit, Tageszeit, Stunde; °**hōra** Tageszeit, Stunde, °*Uhr*. *Horen*: Göttinnen der Jahreszeiten und der Ordnung, auch: Gebetsstunden; *Horo-skop*: (Ausschau nach dem, 'was die Stunde geschlagen hat', also:) unwissenschaftliche Deutung des vermeintlichen Schicksals aus der Stellung der Gestirne zu einem bestimmten Zeitpunkt, z. B. dem der Geburt. – °*Uhr* (frz <heure, mit nicht gesprochenem ‚h‘)

horą̄n (ὁρᾶν) sehen. *Pan-orama*: Gesamtansicht, Rundblick; *Ep-hor*: (Aufseher:) hoher Beamter in Sparta

horịze̯in (ὁρίζειν) begrenzen. *Horizont*: 1. die Sicht begrenzende Linie, Gesichtskreis, 2. (Geo) waagerecht liegende Schicht; *horizontal*: waagerecht; *A-orist*: (Gram) Verbform, die eine hinsichtlich der Zeit (unbegrenzte:) unbestimmte Handlung ausdrückt; *Ap-horismus*: (scharf abgegrenzte:) kurze treffende Äußerung

hǫrkos ὅρκος Schwur, *Ex-orzismus*: Teufelsaustreibung (durch Beschwörung)

hormą̄n (ὁρμᾶν) antreiben. *Hormon*: (Bio) körpereigener Stoff, der die Drüsentätigkeit anregt

horrēre schaudern; **horribilis** schaurig. *Horror*: Abscheu; Horrorfilm: nicht: Film, der Abscheu vor Grausamkeit bewirken will, sondern: der aus Abscheulichkeiten Wirkungen zu ziehen sucht; *horrend*: schaurig, auch: alles Maß übersteigend (*horrende Summe*)

hortus °°Garten (urv mit slawisch -gard, -grad, -gorod; urspr: eingehegtes Grundstück). *Kohorte* (co-hors Gehege): Schar, bes Truppenabteilung (zehnter Teil einer römischen Legion)

hospitium Gastfreundschaft. *Hospiz*: Gästehaus; *Hospital* (abgekürzt: *Spital*): (gastliches Haus für Kranke und Alte:) Pflegeanstalt, Altersheim; daraus: *Spittel* (umg) (*Spittel-markt*: Markt am Gertrauden-Hospital in Berlin; die Heilige Gertraud war die Patronin der Hospitäler), auch: alter, wertloser Kram; *Hotel* (frz): größeres Gästehaus mit Übernachtungsmöglichkeiten (analog gebildet: *Motel*: Hotel für Motorisierte); *hospitieren*: als Gast, *Hospitant*, dem Unterricht zuhören

hostia Opfer(tier). *Hostie*: Abendmahlsbrot

hūmor Feuchtigkeit, Flüssigkeit, Saft; **ūmidus** feucht. *humid*: feucht, niederschlagsreich; *Humor*: (früher: Sinnesart, die nach Auffassung der Alten wie Gesundheit und Krankheit durch die Körpersäfte – daher ihre *Humoral- patho-logie* – bestimmt wird, später:) heitere Stimmung, auch: Fähigkeit, Widrigkeiten des Daseins mit heiterer Gelassenheit zu betrachten (dazu: *Humorist*; *humoristisch)*; *Humoreske*: heitere Erzählung, (Mus) heiteres Stück

humus Erdboden. *Humus*: oberste, an organische Substanz reiche Bodenschicht; *Huminsäure*: Bodensäure (aus Resten abgestorbener Pflanzen); *ex-humieren*: einen Toten wieder ausgraben

hyakinthos (ὑάκινθος) violette Schwertlilie, erst in der Neuzeit auf die *Hyazinthe* übertragen. Der Sage nach tötete Apoll seinen Geliebten, Hyakinthos, versehentlich beim Diskuswerfen, und seinem Blut entsprang die nach ihm benannte Blume

hybrida Mischling. *Hybride*: durch Kreuzung genetisch unterschiedlicher Eltern entstandene Nachkommen; *hybridisch*

hybris (ὕβρις) Übermut, Frevel (bes Göttern gegenüber), in dieser Bedeutung bis heute: *Hybris*

hydōr (ὕδωρ) °°Wasser; **an-hydros** (ἄνυδρος) wasserlos; **hydr-ōps** (ὕδρωψ) Wassersucht. *Hydra*: Wasserschlange; *Hydrant*: Wasserzapfstelle; *Hydrat, Hydrid*: chemische Verbindungen, die Wasserstoff, *Hydro-genium*, enthalten; *Kohle-hydrat*: Kohlenwasserstoff; *Hydro-lyse*: Spaltung chemischer Verbindungen durch Wasserzutritt; *Hydro-kultur*: (Bio) Züchtung auf Nährstofflösung; *Hydro-ponik*: (In-Wasser-Setzung:) Wasserkultur ohne festes Substrat (↗ pōnere); *Hydro-graphie*: (Geo) Gewässerkunde der Flüsse und Seen; *Hydro-logie*: Gewässerkunde des Festlandes; *Hydro-meter*: Gerät zur Messung der Durchflußmenge in Röhren; *Hydro-philie*: Bestreben, Wasser anzuziehen; *Hydro-phobie*: Wasserscheu, auch: Tollwut (wegen der Abneigung zu trinken); *Hydro-phyt*: Wasserpflanze; *Hydro-sphäre*: die wasserbedeckten Teile der Erdoberfläche; *hydro-thermal*: aus heißen wäßrigen Lösungen entstanden; *Hydratation*: (Phys) Ausbildung einer Wasserhülle um Ionen in wäßriger Lösung; *Hydr-aulik* (hydr-aulos Wasserorgel): Lehre von der Bewegung flüssiger Körper in Röhren; *hydr-aulisch; Hydro-lase*: (Bio) Fermente, die Verbindungen unter Wasseraufnahme abspalten; *Hydr-ops*: Wassersucht; *Hydr-argyrum*: (flüssiges Silber:) Quecksilber; *Iso-hydrie*: Wasserstoffionengleichheit

hygiēs (ὑγιής) gesund; **hygieia** (ὑγίεια) Gesundheit. *Hygiene*: Gesundheitslehre; *hygienisch*: gesundheitlich einwandfrei

hygros (ὑγρός) feucht. *Hygro-meter*: Luftfeuchtigkeitsmesser; *Hygro-phyt*: Feuchtigkeit liebende Pflanze; *hygro-skopisch* (skopos das Ziel, nach dem man schaut; auf Feuchtigkeit erpicht): Feuchtigkeit anziehend

hylē (ὕλη) Holz, Materie. *Hylo-zoismus*: naturphilosophische Lehre, nach der alle Materie von Anfang an belebt ist (↗ zōon); *-yl* in Z: *Äth-yl-* (ätherhaltiger Stoff)

hymnos (ὕμνος) (Fest-, Klage-)Gesang, Feier, Lied. *Hymne* = *Hymnus*: feierliches Preisgedicht, Loblied

hyper- (ὑπερ-) °°über. In Z: *Hyper-bel*: (Darüberhinausgehendes:) 1. Übertreibung, 2. Kegelschnitt, ↗ ballein; *Hyper-se-kretion*: (Med) übermäßige Absonderung (z. B. von Magensaft); *Hyper-tonie*: (Med) erhöhter Blutdruck, Mittel dagegen heißen *Anti-hypertonika; Hyperonen*: (Phys) überschwere Elementarteilchen

hypnos (ὕπνος) Schlaf. *Hypnose*: durch seelische Beeinflussung hervorgerufener schlafähnlicher Zustand der Willenlosigkeit; *hypnotisch*; *hypnotisieren*; *Hypnotika*: Schlafmittel

hypo- (vor Vokalen hyp- bzw hyph-) (ὑπο-, ὑπ-, ὑφ-) unter (↗ °°sub). In Z: *Hypo-chondrium* (chọndros Knorpel): unter den Rippenknorpeln gelegener Teil der oberen Bauchhöhle; *Hypo-chondrie*: krankhafte Gemütsverfassung (die Milz unter den Rippenknorpeln galt als Sitz der Stimmungen); *Hypo-chonder*: griesgrämiger, trübsinniger Mensch; *Hypothermie*: (Med) Untertemperatur; *Hypo-tonie*: Blutdruck oder Muskelspannung unter der Norm; *Hyp-akusis*: (Med) Verminderung von Gehörswahrnehmugen, Gegens: *Hyper-akusis*

hystẹrā (ὑστέρα) Gebärmutter. *Hysterie*: krankhaftes seelisch-körperliches Verhalten mit Vortäuschung von Krankheiten und *hysterischen* Anfällen (die Antike nahm Abhängigkeit von Gebärmutterkrankheiten an)

hỵsteron (ὕστερον) später. *Hysterese*: (Zurückbleiben:) 1. (Phys) Zurückbleiben, z. B. des Magnetismus hinter der Stärke des ihn erregenden Stroms, 2. von trockenem Holz, das weniger Feuchtigkeit aufnehmen kann, als es vorher besaß

I

iacere (Part: iactus) werfen, auch: legen, stellen; **iacēre** liegen. *Sub-jekt*: 1. (Zugrundegelegtes, d. h. Satzteil, der im Aktiv als Handlungsträger zugrunde gelegt ist:) Satzgegenstand, 2. (üble) Person, 3. (Phil) wahrnehmende und empfindende Einzelperson; *subjektiv*: nur von der eigenen Person ausgehend, einseitig persönlich; *Sub-jektivismus*: Anschauung, daß Erkenntnisse nur für die Einzelperson, nicht aber allgemein und objektiv Gültigkeit haben; *Sub-jektivist*; *Sub-jektivität*: persönliche Weltsicht, auch: Voreingenommenheit, Unsachlichkeit; *Ob-jekt*: 1. (Gegenübergestelltes, d. h. Satzteil, der dem handelnden Subjekt als Ziel bzw Gegenstand des Handelns gegenübergestellt ist:) Satzergänzung, 2. (allgemein:) Gegenstand, 3. betriebswirtschaftliche Einheit (z. B: Schachtanlage); *ob-jektiv*: vom Gegenstand aus gesehen, sachlich, unabhängig vom Bewußtsein; *Ob-jektivität; Ob-jektivismus*: unwissenschaftliche Erkenntnismethode, die wahllos Ereignisse und Meinungen registriert, ohne sie im (gesellschaftlichen) Zusammenhang zu sehen; *Ob-jektivist*; *Ob-jektiv*: (die dem betrachteten Gegenstand zugewandte) Linse eines optischen Gerätes; *Ad-jektiv*: (hinzugefügtes Wort:) Eigenschaftswort; *Inter-jektion*: (dazwischengeworfenes Wort:) Ausrufe-, Empfindungswort (z. B.: 'ach', 'o'); *Pro-jekt*: (vorher entworfener) Plan, Entwurf; *pro-jektieren; Pro-jektant; pro-jizieren*: hinwerfen (z. B. Bilder auf eine Bildwand), auch: abbilden; *Pro-jektion*: Abbildung von Körpern auf einer Ebene, Bildwiedergabe auf Bildwand durch einen *Pro-jektor*: Vorführgerät; *Pro-jektil*: Geschoß; *in-jizieren*: (hineinwerfen:) einspritzen; *In-jektion*; *Tra-jekt*: Fährschiff (zum Hinüberbringen); °*Trichter* (<trā-iectōrium); *Su-jet* (frz, <sub-iectum): der einem Kunstwerk zugrunde gelegte Stoff

Iānus altitalischer Gott des Anfangs und des Endes (daher zweigesichtig dargestellt). *Januar*: dem Ianus geweihter erster Monat des Jahres

iātrọs (ἰατρός) °*Arzt* (↗ archẹ̄). *Iatro-chemie*: Richtung der Medizin im 17. Jh., die alle Lebensvorgänge und Heilmittelwirkungen auf chemische Prozesse zurückführte; *Päd-iatrie*: Kinderheilkunde

ichthȳs (ἰχθύς) Fisch. *Ichthyo-logie*: Fischkunde; *Ichthyo-saurier* (sa̯uros Eidechse): Fischdrachen (fischähnliches Kriechtier des Erdmittelalters)

idẹā (ἰδέα) Gestalt, Erscheinung, *Idee*; **-e̯idẹ̄s** (-ειδής) ähnlich. *Idee*: (Aussehen:) (bei Plato: unveränderliche Urbilder der Dinge, dann:) Gedanke als Widerspiegelung der Wirklichkeit im Bewußtsein, Plan, Einfall; *ideell*: nur gedacht, geistig; *ideal*: (der Idee entsprechend:) musterhaft, vollkommen; *Ideal*: Vorbild, Muster; *Idealismus*: 1. Bezeichnung für alle philosophischen Lehren, die vom Primat des Geistes, des Bewußtseins ausgehen und die materielle Wirklichkeit als abgeleitet betrachten (Gegens: Materialismus), 2. Begeisterung für hohe Ideale; *Idealist*; *Ideo-logie*: System von Anschauungen und Begriffen, das einen bestimmten gesellschaftlichen Standpunkt widerspiegelt; *Idol* (e̯idōlon Bild): Götzenbild, Abgott; *Idylle* (e̯idyllion kleines Bild, kleines Gedicht ländlichen Inhalts): Dichtung, in der das naturverbundene Leben einfacher Menschen verherrlicht wird; *Idyll*: Bild oder Bereich des beschaulichen Lebens; *-id*: Suffix, das Ähnlichkeit, bes im Aussehen, ausdrückt; *Astero-id, Planeto-id*: kleiner Stern bzw Planet; *Alkalo-id*: dem Alkali ähnliche Verbindung; *Orch-idee* (ọrchis Hode): Blume, deren Knollen wie Hoden ausssehen; *Soleno-id* (sōlẹ̄n Zylinder): wie ein Zylinder aussehende Spule

īdem derselbe. *identisch*: dasselbe (bedeutend); *Identität*: Übereinstimmung (z. B. einer Person mit dem Bild im Ausweis); *identi-fizieren*: diese Übereinstimmung feststellen, auch: genau erkennen

ịdios (ἴδιος) eigen. *Idiot* (idiọ̄tēs Privatmann, Laie, später auch: Mann aus dem Volke): Geistesschwacher; *Idiotie*: Schwachsinn; *idiotisch*: geistesschwach, stumpfsinnig; *Idiom*: eigentümliche Sprache (z. B.: Mundart); *idiomatisch*: einer Sprache eigentümlich; *Idiotikon*: Mundartwörterbuch; *idio-pathisch*: (Med) selbständig, nicht im Gefolge anderer Krankheiten auftretend

iẹnai̯ (ἰέναι) kommen, gehen (Part Präs: iọ̄n, ἰών). *Ion*: elektrisch geladenes Masseteilchen, das bei der Elektrolyse wandert; *Elektr-ode*: Körper aus Metall oder Kohlenstoff für Zu- und Abführung von elektrischem Strom, z. B. bei Elektrolysen; *An-ode*: (Weg hinauf = hinein:) der Pol, an dem der Strom in den Elektrolyt eintritt; *Kat-hode*: (Weg herab = heraus:) der Pol, an dem er austritt; die negativ geladenen *An-ionen* wandern zur Anode, die *Kat-ionen* zur Kathode (↗ hodọs); *Iono-sphäre*: der durch das Vorhandensein von Ionen charakterisierte Bereich der Lufthülle; #Jod (ioẹi̯dẹ̄s veilchenblau): chemisches Element, das nach der Farbe seiner Dämpfe benannt ist

ī-gnōrāre nicht kennen, nicht wissen. *i-gnorieren*: (so tun, als ob man etwas nicht wüßte:) nicht beachten; *I-gnorant*: Nichtwisser; *I-gnoranz*: Unwissenheit

imitārī nachahmen; **imāgō** Bild. *imitieren*: nachahmen, nachmachen; *Imitation*; *imaginär*: nur in der Einbildung oder Vorstellung vorhanden, nicht wirklich (Gegens: real); *Imago*: vollentwickeltes Insekt (eigtl: das fertige Bild)

im-pedīre verhindern (pedica Fessel, also urspr: in Fesseln legen). Dazu als Gegens: *ex-pedieren*: (aus den Fesseln herausbringen, dann:) aussenden, schicken; *Ex-pedition*: 1. (ausgesandte) Unternehmung (bes zu Forschungszwecken), 2. Versandstelle, daraus: *S-pedition* (it): (Versandstelle:) Fuhrunternehmen: *S-pediteur*: Fuhrunternehmer; *Depesche* (frz, < de-pedicāre): schnell beförderte Nachricht, Telegramm

imperāre befehlen; **imperium** Befehl, Herrschaft, Reich; **imperātor** Oberbefehlshaber, (später:) Kaiser. *Imperativ*: Befehlsform; *Imperium*: Weltreich (einst: Britisches Imperium = *Empire*); *Empire-stil* (frz): Kunststil z. Z. des ersten französischen Kaiserreiches; *Imperialismus*: (Streben nach Weltherrschaft:) höchste und letzte Entwicklungsstufe des Kapitalismus; *Imperialist*; *imperialistisch*

in-dicāre (↗ °°dīcere) anzeigen. *In-dikativ*: ('Anzeigemodus' beim Verb, der das Wirkliche angibt:) Wirklichkeitsform; *In-dikator*: Anzeiger: (Chem) (Techn) (Bio); *In-dikation*: 'Anzeige' (z. B.: 'Heilanzeige', d. h. durch einen speziellen Krankheitsbefall bedingte Forderung einer bestimmten ärztlichen Maßnahme); dazu: *in-diziert*; *In-dizien* (<in-dicium): Anzeichen (Plur.); *In-dizien-beweis*: Beweisführung, die sich allein auf Anzeichen stützt; *In-dex*:(Anzeiger:) 1. Namen- oder Sachverzeichnis in einem Buch, 2. Liste verbotener Bücher, 3. (Math) die einer allgemeinen Zahl meist rechts unten hinzugefügte Unterscheidungsziffer (z. B.: x_1), 4. (Ök) Verhältniskennziffer, die die Entwicklung ökonomischer Erscheinungen anzeigt; *Prä-dikat* (prae-dicāre aussagen): 1. Satzaussage, 2. Bewertung einer Leistung; °*pre-digen* (< prae-dicāre): von der Kanzel verkündigen; °*Pre-diger*; °*Pre-digt*; *de-dizieren* (dē-dicāre zuweisen): weihen, widmen; *De-dikation*

indū-stria eifrige Tätigkeit, Unternehmungsgeist, Fleiß (↗° °struere; indu- drinnen, daheim). *Indu-strie*: große Produktionsanlagen; *indu-striell*: indu-strie-mäßig (z. B.: industrielle Produktion); *Indu-strialisierung*: Einführung industrieller Produktionsmethoden

īnfrā unterhalb; **īnferior** der untere. *Infra-rot*: unterhalb des roten Endes des Spektrums sich anschließende unsichtbare Wärmestrahlung; *Infra-schall*: Schallwellen unterhalb der menschlichen Hörfähigkeit; *Infra-struktur*: (Ök) Feinaufbau einer Örtlichkeit (Versorgung mit Straßen, Schulen usw); *Inferiorität*:

Minderwertigkeit; *infernalisch*: höllisch, teuflisch (it, inferno Unterwelt, Hölle)

insula °*Insel. insular*: inselartig, Insel-; *Insulaner*: Inselbewohner; *Insulin*: (Bio, Med) Hormon, das von den 'Inseln' der Bauchspeicheldrüse gebildet wird; *isolieren*: (zu einer Insel machen:) abschließen, absondern; *Isolation* = *Isolierung*; *Isolator*: (Abschließer:) Stoff ohne Leitfähigkeit (z. B. für Elektrizität, Wärme)

inter zwischen. *inter-mittierend* (dazwischenschickend:) einen Vorgang mehrfach unterbrechend; *Inter-ruption*: (das Zwischendurchreißen:) Unterbrechung, Abbruch (einer Schwangerschaft)

internus der innere; **interior** der innere (eigtl: der noch weiter im Innern gelegene); **intimus** der innerste; **interim** inzwischen; **intus** innen, im Innern; **intestīnus** inwendig, innerlich; **intrāre** eintreten. *Internist*: Arzt für innere Krankheiten; *Internat*: Schülerheim, Heimschule (deren Schüler im Innern der Anstalt wohnen); *interne Besprechungen*: vertrauliche Besprechungen (über *Interna*); *internieren*: (einschließen:) in einem *Internierungs-lager* in Gewahrsam nehmen (z. B. Bürger eines anderen Staates im Kriegsfall); *Interieur* (frz): Inneneinrichtung; *intim*: innig, vertraut; *Intim-sphäre*: Bereich der intimen Beziehungen zwischen Mann und Frau; *interimistisch*: (was nur 'inzwischen' ad interim gültig ist:) vorläufig; °*entern*: in ein Schiff eindringen, um es zu erobern; *Entree* (frz): Eintritt(sgeld), auch: Vorraum (durch den man in eine Wohnung eintritt); *intus*: drinnen (z. B.: etwas *intus haben*, d. h. im Magen oder im Kopf haben); *Intestinum*: Darm (als Teil des Bauchinneren)

interpres (Gen: interpretis) Unterhändler, Dolmetscher. *interpretieren*: verdolmetschen, erläutern; *Interpretation*: Erläuterung, auch: künstlerische Vortragsweise eines Musikstücks; *Interpret*

in-tricāre verwickeln, in Verlegenheit bringen. *in-trigieren*: Ränke schmieden; *In-trigant*: Ränkeschmied; *In-trige*: Ränkespiel, hinterhältige Machenschaft

in-vadere eindringen (vadere gehen, urv mit 'waten'). *In-vasion*: Eindringen, Einfall; *Vademecum*: ('Geh' mit mir!':) kurzgefaßtes Taschenbuch als Wegweiser durch ein Wissensgebiet

iocus Scherz, Spaß. *Jux* Spaß; *ver-juxen*: verjubeln, vergeuden (z. B. Geld); *Jongleur* (frz, <ioculātor Spaßmacher): Geschicklichkeitskünstler; *jonglieren; Juwel* (frz, <iocāle, iocellum): Freude bereitende Kostbarkeit; *Juwelier*

iọ̄ta (ἰῶτα) Jota, der kleinste griechische Buchstabe. *'kein Jota'*: nicht das geringste (z. B. weglassen)

ire gehen; **iter** Marsch, Reise, Weg. *Ab-iturient*: einer, der mit dem Reifezeugnis abzugehen im Begriff ist; *Ab-itur*: (Abgangsprüfung:) Reifeprüfung; *Kom-itien*: (Zusammenkünfte:) Volksversammlung in Rom; *Präteritum* (ergänze: tempus): (Gram) Vergangenheit; *Trans-it-verkehr*: Durchgangsverkehr (der von einem Land ins andere 'hinübergeht'); *trans-itives Verb* (das auf ein Akkusativobjekt 'hinübergeht' = zielt): Verb, von dem ein Akkusativobjekt abhängt (Gegens: *in-trans-itives Verb*); *Trans-ient*: Übergangszustand, kurzlebiges Zwischenprodukt; *In-itiator* (in-īre hineingehen, anfangen; in-itium Anfang): Anreger, Urheber; *In-itiative*: erste Anregung, auch: Fähigkeit, von sich aus zu handeln; *In-itialen*: große, oft verzierte Anfangsbuchstaben; *In-itial-wort* (= Akronym ↗ ạkros ↗ ọnoma): Wort aus Anfangsbuchstaben (FIAT, BAM); *In-itial-zündung*: (anfängliche Zündung:) Zündung einer kleinen Ladung hochexplosiven Stoffes zum Zünden gewaltiger Ladungen; *Ex-itus*: (Ausgang:) (Med) tödlicher Ausgang, Tod

ịris (Gen: ịridos (ἶρις, ἴριδος) Regenbogen. *Iris*: 1. (Med) Regenbogenhaut des Auges, 2. (Bio) eine Lilienart; *Irido-tomie*: (Med) Einschneidung der Iris (bei der Staroperation)

ịschẹin (ἴσχειν; Nebenform zu ẹchẹin haben) halten. *Isch-ämie*: (Med) Zurückhalten des Blutes:) Blutleere eines Organs; *Isch-urie*: Harnverhaltung

ischịon (ἰσχίον) Hüftgelenk. *Ischias* = *Ischi-algie*: (Med) Hüftschmerz

ịsos (ἴσος) gleich. *Iso-bar*: (Phys) Atomkern, der die gleiche Masse (aber eine andere Kernladung als ein anderer) hat; *Iso-baren, Iso-hypsen, Iso-thermen*: (Geo) Verbindungslinien zwischen Orten gleichen Luftdrucks, gleicher Höhe (hypsos Höhe), gleicher Temperatur; *iso-there, iso-chore, iso-bare* bzw *a-dia-batische Zustandsveränderung*: Veränderung im Zustand von Gasen unter Beibehaltung von Temperatur, Volumen oder Druck bzw solche, bei der keine Wärme die Grenzen des untersuchten Systems überschreitet (↗ A-, ↗ bạsis); *Iso-mere*: (gleiche Teile:) (Chem, Phys) Stoffe mit verschiedenen Eigenschaften trotz gleicher Summenformel; *Iso-tonie*: (Bio) gleicher osmotischer Druck; *Iso-top*: (Phys, Chem) Element, das (den gleichen Ort:) die gleiche Ordnungszahl im Periodensystem hat

isthmọs (ἰσθμός) Enge. *Isthmus*: Landenge, z. B. der *Isthmus von Korinth*

iterum wiederum, zum zweiten Male. *iterative Verben* (= frequentative Verben, ↗ frequēns) drücken die wiederholte Handlung aus (saltare tanzen zu salire springen); *Iteration*: (Wiederholung:) (Math) wiederholte Anwendung ein- und derselben Rechenoperation für Näherungslösungen

Iuppiter (Gen: Iovis, zweiter Bestandteil des Wortes ist 'pater') Jupiter. *jovial*: freundlich, leutselig (wie Jupiter oder – nach astrologischem Glauben – der gleichnamige Planet); *Jupiter-lampe*: bes lichtstarke (wie der Planet Jupiter strahlende) Lampe

iūs (Gen: iūris) Recht; **iūstus** gerecht; **iūrāre** schwören; **iū-dicāre** richten, urteilen; **iū-dex** Richter. *Jura*: die Rechte (urspr weltliches und kirchliches Recht); *Jurist*: Rechtskundiger; *Juris-prudenz* (prudentia Klugheit): Rechtswissenschaft; *Justiz* (<iustitia Gerechtigkeit): Rechtspflege; *Justitiar*: Bearbeiter von Rechtsfragen in Wirtschaft und Verwaltung; *Jury* (engl): urteilende Kommission (z. B. bei Wettbewerben); *justieren*: einrichten, eichen; #Jura als Gebirgsname und Formation des Erdmittelalters, Grundbedeutung: 'Wald'

iuvāre (part: iūtus) unterstützen, helfen. *Adjutant* = *Ad-jutor*: Gehilfe; *Ad-juvans*: (Med) Mittel, das die Wirkung eines anderen unterstützt

iuvenis 'junger' Mann; **iuventūs** Jugend. *juvenil*: jugendlich (Gegens: senil); *Meier junior* (Abkürzung: jun.): der jüngere Meier (Gegens: senior); *Junioren*: die Jüngeren (im Sport)

K

kainọs (καινός) neu. *Käno-zoikum*: Erdneuzeit (mit den Lebewesen der Gegenwart, nach Meso- und Paläo-zoikum, Erdmittelalter und -altertum, ↗ zọon); *Zäno-genese*: Auftreten neuer Eigentümlichkeiten in der Entwicklung eines Lebewesens, die für seine Stammesgeschichte keine Anhaltspunkte geben

kạkkabos (κάκκαβος) **cacabus** und **cacculus** (alle sem) Schmortopf. °*Kachel*

kakọs (κακός) schlecht (°°kakkạn °°kacken). *Kako-phonie*: Mißklang; *Kak-osmie*: (Med) eingebildete oder tatsächliche Wahrnehmung üblen Geruchs; *Kako-stomie*: Mundgeruch

kạktos (κάκτος) Artischocke, *Kaktus*

kạlamos (κάλαμος) **calamus** Rohr (Bio), Schreibrohr, Schilf (°°Halm). *Kalmus*: schilfartige Uferpflanze; °*Schalmei*: (urspr: Rohrpfeife) Musikinstrument aus mehreren Rohren; # Kalamität = Unglück (<calamitās Unglück); *Karamel* (frz, calamellus, Dim): bis zum Bräunen erhitzter (Rohr-)Zucker

kalọs (καλός) schön; **kạllos** (κάλλος) Schönheit. *Kal-eido-skop*: Spielzeug (man 'betrachtet' durch mehrfache Spiegelung entstehende 'schön aussehende' Muster bunter Teilchen, ↗ idẹā); *Kalli-graphie*: Schönschrift

kalỵptein (καλύπτειν) verbergen; **apo-kalỵptein** (ἀποκαλύπτειν) offenbaren. *Apo-kalypse*: (Offenbarung:) visionäre Enthüllung des Geheimnisses des Endes der Welt und des Beginns einer neuen, jenseitigen Welt; *Apo-kalyptik*: 1. Erwartung des Weltendes, 2. das *apo-kalyptische* Schrifttum; *Kalypsō* (die Verbergende): Nymphe, die den Odysseus sieben Jahre auf ihrer Insel festhielt. #Kalypso (Tanz)

kạlyx (κάλυξ) Blumenkelch, **calix** (Gen: calicis) Becher, °*Kelch*

kamạrā (καμάρα), **camera** Gewölbe, °Kammer. *Kamera*: photographischer Aufnahme(kasten:)apparat; *Kämmerer*: Verwalter (urspr der Schatzkammer) der Einkünfte; *Kämmerei*: Finanzverwaltung; *Kammer*: Raum für Beratungen, auch: die Gesamtheit der Beratenden selbst *(Volkskammer, Kammer der Technik); Kamarilla* (span): (kleine Kammer:) geheime, einflußreiche Gruppe von Reaktionären (früher: von Günstlingen am Fürstenhof); *Kamerad*: Stubengenosse; *Kammer-musik*: Musik für kleinere Räume; *anti-chambrieren* (frz) (<anti = ante + chambre = camera): im Vorzimmer (eines Fürsten) dienstbeflissen warten, liebedienern; *Chambre séparée* (frz): Sonderzimmer (in Gaststätten)

kạmēlos (κάμηλος) *Kamel*

kąminos (κάμινος) Ofen, *Kamin* (↗ °°kamąrā). *Kemenate*: mittelalterlicher Raum mit Kaminheizung

kąnna (κάννα) **canna, kanǭn** (κανών) **canon** Rohr, (Rohrstock als) Maßstab, Muster. *Kanal*: Röhre, künstlicher Wasserlauf; *kanalisieren*; *Kanalisation*; *Kanüle*: Röhrchen; *Kannelüre*: senkrechte Rille an Säulen und Pfeilern; *Kanone*: (großes Rohr:) Geschütz; *Kanonier*: Bedienungsmann an einem Geschütz; *Kanonade*: andauerndes Geschützfeuer; *Kanon*: 1. nach festem Maßstab aufgebauter Gesang (bei dem die einzelnen Stimmen nacheinander mit derselben Melodie einsetzen), 2. in der bildenden Kunst und Architektur das Richtmaß für die Größenverhältnisse der einzelnen (Körper- bzw Bau-)Teile zueinander, 3. als maßgebliche Richtschnur geltendes Verzeichnis; *kanonisch*: dem Maßstab entsprechend, vorschriftsmäßig; *unter aller Kanone* (umg für: unter jedem Kanon, d. h. unter jedem Maßstab, unter aller Kritik); *Cañon* (span, sprich: kanjon): (Röhre:) tief eingeschnittenes Flußtal; *Kanister* (<canistra, urspr: Rohrkörbchen, heute:) Flüssigkeitsbehälter (aus Blech oder Kunststoff); davon: *Knaster*: (urspr: in Rohrkörbchen verschickter guter Tabak, heute:) schlechter Tabak; #Knast 1. = Gefängnis, 2. = Brotkanten, 3. = Hunger

kardįā (καρδία) °°Herz (↗ °°cor). *kardial*: das Herz betreffend, vom Herzen ausgehend; *Endo-karditis*: (Med) Entzündung der Herzinnenhaut; *Peri-karditis*: Entzündung des *Peri-kards* ('Herzumgebung'), des Herzbeutels; *Tachy-kardie*: (schneller Herzschlag:) Pulsbeschleunigung

karkįnos (καρκίνος) Krebs. *Karzinom = Carcinoma*: (Med) Krebsgeschwulst; *Karzinose*: dichte Aussaat von Tochtergeschwülsten

karōtǫn (καρωτόν) Pastinakwurzel, *Karotte*

karpǫs (καρπός) Frucht (urv mit Herbst und lat carpere). *Karpo-phor*: (Bio) Fruchthalter bei Doldenblütlern; *poly-karp*: vielfrüchtig; *Endo-karp*: innerste Schicht der Fruchtwand, Gegens: *Exo-karp*

kąryon (κάρυον) (Nuß-)Kern. *Karyo-gramm*: (Bio) graphische Darstellung des Chromosomensatzes im Zellkern

kata- (vor Vokalen kat- bzw kath-) (κατα-, κατ'-, καθ'-) 1. herab, 2. miß-. In Z: *Katarrh*: (Herabfließen:) Schleimhautentzündung (die Alten glaubten, der Schleim fließe aus dem Gehirn herab, ↗ rhe̯in), daraus: *Kater = Katzenjammer; Kata-rakt* (rąttei̯n schlagen, sich heranwälzen): (Herabwälzen:) 1. Stromschnelle, Wasserfall, 2. (Med) Linsentrübung, grauer Star (zu dt 'starren'!), weil man annahm, eine graue Flüssigkeit fließe von oben in das Auge hinter der Pupille; *Kata-chrese*: (Mißbrauch:) falsche Verwendung eines sprachlichen Bildes (z. B.: 'laute Träne')

kata-pęltēs (καταπέλτης) **cata-pulta** *Katapult* (als Kriegsmaschine zum Schleudern von Pfeilen usw). *Katapult*: Schleuder (mit Spannvorrichtung) (auch als Kinderspielzeug); °*Bolzen*

katharǫs (καθαρός) rein. *Katharer*: (die Reinen:) Bezeichnung mehrerer mittelalterlicher Sekten, daraus °*Ketzer*: Abtrünniger, Aufrührer gegen für heilig gehaltene Meinungen; *ketzerisch*; *Ketzerei*; *ver-ketzern*: als Abtrünnigen hinstellen und in Verruf bringen; Vornamen: *Katharina, Kät(h)e*

kau̯ma (καῦμα) und **kau̯sis** (καῦσις) Verbrennung; **kau̯stǫs** (καυστός) verbrannt. *Holo-caust* (engl.; urspr: ganz und gar verbranntes Opfertier): die totale (Verbrennung:) Ausrottung; *kaustisch*: brennend, ätzend, beißend; *Kauterisation*: (Med) Zerstörung durch Hitze oder Ätzung (kau̯tẹrion Brenneisen); *En-kaustik*: (Einbrennung:) Maltechnik mit Wachsfarben, die durch Hitze fixiert werden; *Kata-kaustik*: (Verbrennung:) Brennlinie (eines Hohlspiegels); *Hypo-kaustum*: (im Altertum und Mittelalter) von unten, vom Fußboden her erfolgende Heizung

kędros (κέδρος) *Zeder* oder auch andere orientalisch-afrikanische Nadelholzart, aber aufgrund umg Verwechslung der Baumnamen lat **citrus** (gr kįtrion): *Zitrone*(nbaum)

kentron (κέντρον) Stachel, Spitze, Mittelpunkt (des Kreises, wo die Zirkelspitze ist). *Zentro-mer*: (Bio) der (zentrale Teil:) Punkt eines Chromosomen, an dem die Kernteilung ansetzt; *Zentrum*: 1. Mittelpunkt, 2. Innenstadt, 3. 1871 gebildete katholische deutsche Partei (die in der Mitte des Sitzungssaales des Parlaments saß); *zentral; Zentrale*: 1. Mittelpunkt, 2. Hauptgeschäftsstelle, 3. Fernsprechvermittlungsstelle; *Zentralismus*: Leitung durch zentrale Organe; *zentralisieren*; *Zentral-komitee*; *Zentral-nervensystem*: (Med) Gehirn und Rückenmark; *zentrieren*: (Techn) auf den Mittelpunkt einstellen; *kon-zentrie-*

ren: 1. um einen Mittelpunkt sammeln, 2. (Chem) verdichten; *sich konzentrieren*: die Gedanken auf e i n e n Gegenstand lenken; *kon-zentrisch*: mit gemeinsamem Mittelpunkt, Gegens: *ex-zentrisch*: 1. ohne gemeinsamen Mittelpunkt, 2. ungewöhnlich, überspannt; *Ex-zentrizität*: (Math, Astr) Abstand eines Brennpunktes vom Mittelpunkt der Ellipse; *Hypo-zentrum*: der (unter der Erdoberfläche gelegene) Herd eines Erdbebens; *Epizentrum*: der senkrecht über dem Hypozentrum eines Erdbebens gelegene Punkt

kephalę (κεφαλή) Kopf (urv mit Giebel, nicht mit Gipfel, Kappe, Kopf und lat caput); **enkępḥalon** (ἐγκέφαλον) (im Kopf:) Gehirn. *Zephalisation*: (Bio) Ausbildung eines Kopfes; *Dolicho-zephalus*: (Med) Langschädel (dolichos lang); *Hydro-zephalos*: Wasserkopf; *Kephal-hämatom*: Bluterguß zwischen Schädelknochen und Kopfhaut; *En-zephalitis*: Gehirnentzündung; *Iso-kephalie*: gleiche Kopfhöhe (einer Figurengruppendarstellung); *Auto-kephalie*: ein eigenes Oberhaupt besitzende Nationalkirche

kęramos (κέραμος) Töpfererde, Topf. *Keramik*: Töpferware; *keramisch*

kerạsion (κεράσιον) **cerasus** °*Kirsche*

kinẹin (κινεῖν) bewegen. *Kinetik*: Lehre von den Bewegungen der Atome und Moleküle; *kinetische Energie*: Energie der Bewegung; *Kinetosen*: (Med) Krankheiten, die durch Bewegung (z. B. im Auto) hervorgerufen werden; *Kin-ästhesie*: (Med) Bewegungsempfindung; *Kinematik*: Lehre von den Bewegungen (ohne Berücksichtigung der sie verursachenden Kräfte); *Kinemato-graph*: Apparat zur Aufnahme und Wiedergabe bewegter Bilder, eingedeutscht zu *Kin-topp* (abwertend; nach dem Berliner Gastwirt Topp) und *Kino*

Kịrkē (Κίρκη) *Kirke,* Zauberin, die die Gefährten des Odysseus in Schweine verwandelte. °*bezirzen*: bezaubern, verzaubern

kịstē (κίστη) Korb, °*Kiste. Zisterne*: (ausgemauerter oder in die Erde eingelassener) Behälter zur Aufnahme von Regenwasser

kithạrā (κιθάρα) ein Saiteninstrument, daraus: °*Zither;* °*Gitarre*

klęptẹin (κλέπτειν) stehlen. *Klepto-manie*: krankhafter Trieb zum Stehlen; *Klepto-phobie*: krankhafte Furcht, bestohlen zu werden oder selbst zu stehlen; *Klephten*: (Räuber:) griechische Aufständische gegen die Türken im 18. Jh.

klę̄ros (κλῆρος) Los, (erloster) Anteil. *Kleruchen*: Bürger Athens, die ein staatliches (Landlos:) Landstück besaßen (↗ ẹchẹin); *Klerus*: (bereits im 2. Jh. u. Z. = ordo: privilegierter Stand, da urspr Landzuweisung auf dem Privileg des Bürgerrechts beruhte) Gesamtheit der katholischen Geistlichen; *Kleriker; klerikal; Klerikalismus* (abwertend)

klịnẹin (κλίνειν) °°lehnen, neigen (↗ °°clināre); **klịnē** (κλίνη) Bett; **klịma** (Gen: klịmatos) (κλῖμα, κλίματος) Neigung, Himmelsgegend, *Klima*; **klịsis** (κλίσις) Neigung; **klịmax** (κλῖμαξ) (schräg angelehnte) Leiter (auf der man emporsteigt). *Klima*: Gesamtheit der Witterungsbedingungen; *klimatisch*; *Klimatologie*; *Klima-anlage*: Vorrichtung, die für angemessene Temperatur und Luftfeuchtigkeit im Raum sorgt, diesen *klimatisiert*; *(sich) akklimatisieren*: (sich) an neue Umweltbedingungen anpassen; *Ak-klimatisation*; *Klimax*: Steigerung und Höhepunkt einer Entwicklung, auch = *Klimakterium*: Wechseljahre bei Frauen; *Klinik*: 1. Haus mit Betten für Kranke, 2. Heilkunst am Krankenbett, 3. Wissenschaft von den bei bettlägrigen Kranken zu beobachtenden Erscheinungen; *Kliniker*; *klinisch*; *Poli-klinik*: (Stadtklinik:) Einrichtung zur ambulanten Behandlung (von pọlis, nicht polỵs!); *En-klise*: (Anlehnung:) (Gram) Anlehnung eines schwachtonigen Wortes *(En-klitikon)* an das vorangehende (‘Kạnnst *es* glaụben!’); *Patho-klise*: (Med) Neigung bestimmter Organteile, gesondert zu erkranken; *Syn-klinale*: (Zusammenneigen der Ränder:) (Geo) Einsenkung, Mulde; *antiklinal*: sattelförmig

klōn (κλῶν) Schößling, Zweig. *Klon*: Organismengruppe mit identischem, dank ungeschlechtlicher Vermehrung genetische Neukombinationen ausschließendem Erbmaterial; *klonen*; *Klonung*: (Biotechn) Herstellung oder Erzeugung eines Klons; *mono-klonal*: ein-eltrig

klysma (κλύσμα) Wasser zum Auswaschen von Wunden, auch = **klystę̄r(ion)** (κλυστήρ[ιον]) *Klistier*-spritze. *Klistier*: Einlauf in den Mastdarm

kọilos (κοῖλος) °°hohl (↗ °°cavus). *Zöl-enterata*: (Bio) Hohltiere; #Zölibat

kọinọs (κοινός) gemeinsam. *Koine*: (Gram) griechische Gemeinsprache, die sich seit dem 4. Jh. v. u. Z. aus den einzelnen griechischen Dialekten gebildet hat; (Kunst) gemeinsame Formen'sprache' einer Region oder Epoche

kokkos (κόκκος) **coccum** Scharlachbeere, -farbe. *Kokken*: kugelförmige Spaltpilze; *Kokon*: (frz) Seidenraupen-, dann: Insektengespinst für Puppen oder Eier

kollān (κολλᾶν) leimen. *Kollo-id*: feinzerteilter Stoff, der sich leimartig, *kollo-id*, löst (↗ idéā); *Proto-koll*: (urspr das an den Anfang einer Papyrusrolle geklebte erste Blatt mit Titel, Verfasser und Entstehungsgeschichte) 1. Verhandlungsbericht, 2. diplomatisches Zeremoniell, 3. kleines Vertragswerk; *proto-kollieren*; *Proto-kollant*; *proto-kollarisch*

kōlon und **kolon** (κῶλον, κόλον) Glied eines Körpers, auch (Gram) einer Periode, Darm. *Kolon*: 1. griechisches Satzzeichen (ein Punkt über der Zeile: ˙), entspricht unserem *Semi-kolon* oder Doppelpunkt, 2. (Med) Grimmdarm; *Kolik*: krampfartige Schmerzen im Darm und den übrigen Eingeweiden; *Koli-bakterien*: die im Dickdarm lebenden Bakterien

kolossos (κολοσσός) Standbild, bes das Riesenstandbild des Sonnengottes in Rhodos. °*Koloß*: Gegenstand von gewaltiger Größe; *kolossal*: gewaltig groß, auch: erstaunlich; *Kolosseum*: das beim Koloß, der Kolossal-statue des Kaisers Nero, befindliche riesige Amphitheater in Rom mit ca. 50000 Plätzen

kolp(h)os (κόλπος, κόλφος) Schoß, Busen, urv. Wölbung, °*Golf* (↗ sinus). *Kolpo-skopie*: (Betrachtung:) Untersuchung des Gebärmutterhalses mit dem *Kolpo-skop* (zur Krebsfrühdiagnostik)

kōma (κῶμα) tiefer, ruhiger Schlaf. *Koma*: (Med) tiefste Bewußtlosigkeit; #komē, #kōmos

komē (κόμη) Haar. *Komet*: (Stern mit 'Mähne':) Schweifstern; *kometenhaft*: plötzlich auftauchend, aber schnell wieder verschwindend wie ein Komet; #kōma, #kōmos

kommi (κόμμι) °*Gummi*. *gummieren*: mit Gummilösung überziehen

kōmos (κῶμος) fröhlicher Umzug, Gelage. *Komik*: das belustigend Wirkende; *komisch*: belustigend, auch: sonderbar; *Komiker*: Darsteller komischer Rollen, Vortragskünstler, der durch Komik erheitern will; *Kom-ödie*: Lustspiel (↗ ōdē); *Kom-ödiant*: Schauspieler, auch: Heuchler; #kōma, #komē

kōnos (κῶνος) **cōnus** spitzer Zapfen, Kegel. *Koni-feren*: (Zapfenträger:) Nadelhölzer; *konisch*: kegelförmig

kophinos (κόφινος) Tragekorb, °*Koffer*

koptein (κόπτειν) schlagen. *Apo-kope*: (Abschlagung:) (Gram) Lautabstoßung am Wortende ('heut' statt 'heute'); *Syn-kope*: (Zusammenschlagen von zwei Dingen zu einem:) 1. (Gram) Vokalausstoßung im Wortinnern ('drum' statt 'darum'), 2. (Mus) auf dem unbetonten Taktteil einsetzender Ton, der auch noch während des folgenden betonten ausgehalten wird, 3. (Med) Zusammenbruch der Sauerstoffversorgung des Gehirns infolge kreislaufbedingten Durchblutungsmangels; *Komma*: ('abgeschlagenes' Satzstück, dann: Satzzeichen, das den Satz (zerschlägt:) gliedert, Beistrich; #Kopten (so heißen seit dem 5. Jh. die Angehörigen einer christlichen Kirche Ägyptens)

korallion (κοράλλιον) **corallium** rote *Koralle* (frz)

kormos (κορμός) Klotz, Stamm. *Kormus*: der in Sproßachse, Blätter und Wurzeln gegliederte Pflanzenkörper; *Kormo-phyt*: in Wurzeln und Sproß gegliederte Pflanze

korōnē (κορώνη) Ring; °**corōna** Kranz; **corōnāre** bekränzen. *Korona*: 1. Strahlenkranz um die Sonne, 2. geselliger Kreis; *Koronargefäße*: Kranzgefäße des Herzens; °*Krone*, auch: Münze (mit der Krone als Zeichen); *Baum-, Zahn-krone* (Krone hier: oberster Abschluß); °*krönen*

koryphē (κορυφή) Gipfelpunkt. *Koryphäe*: (an der Spitze stehender) hervorragender Fachmann, Berühmtheit

kosmos (κόσμος) Ordnung, Weltordnung und -all, Schmuck. *Kosmetik*: Schönheitspflege; *Kosmos*: Weltall; *kosmisch; Kosmo-logie*: Lehre von der Entstehung und dem Aufbau des Alls; *Kosmo-polit*: Weltbürger, auch: auf der ganzen Welt vorkommende Tier- oder Pflanzenart; *Kosmo-naut*: Weltraumfahrer

kranion (κράνιον) Schädel. *kranial*: (Med) kopfwärts, auf den Schädel bezogen

krātēr (κρατήρ) Mischkrug für Wein (der bei den Alten mit Wasser verdünnt getrunken wurde). *Krater*: trichterförmige Öffnung eines Vulkans

kratos (κράτος) Stärke, Herrschaft. *-kratie*: Herrschaft der/des ... In Z: *Büro-kratie, Demo-kratie*

krinein (κρίνειν) aussondern, richten, entscheiden; **krịsis** (κρίσις) Entscheidung; **kritē̤s** (κριτής) Richter. *Kritik*: Beurteilung, Bemängelung; *kritisieren; Kritiker; Kritikaster*: ewig nörgelnder, kleinlicher Kritiker; *dia-kritisches Zeichen*: (Gram) unterscheidendes Zeichen (die Punkte über dem 'ü' unterscheiden dies vom 'u'); *Kriterium*: Entscheidung(sgrundlage), Maßstab; *Krise*: 1. entscheidender Punkt, Wendepunkt, 2. (Pol, Ök) das Zutagetretẹn innerer Widersprüche, 3. (Med) (bes *Krisis*) plötzlicher Fieberabfall bei Infektionskrankheiten, der die Genesung einleitet (↗ lyẹin); *endo-krin*: direkt ins Blut abscheidend (Drüsen) oder abgeschieden (Drüsenprodukte); *exo-krin*: an eine Oberfläche abscheidend bzw abgeschieden

Krọisos (Κροῖσος) reicher König von Lydien (6. Jh. v. u. Z.). *Krösus*: reicher Mann

krokọdīlos (κροκόδιλος) **crocodīlus** Eidechse, *Krokodil*

krẏos (κρύος) Frost; **krẏstallos** (κρύσταλλος) Eis, °*Kristall. Kristall*: 1. aus gleichartigem Stoff bestehender Körper, der von ebenen Flächen regelmäßig begrenzt wird, 2. Gegenstand aus geschliffenem Glas; *Kristallisation*: Kristallbildung; *Kryo-skopie*: (Bio, Phys) Beobachtung von Gefrierungsvorgängen; *Kryotechnik*: Erzeugung und Nutzung sehr tiefer Temperaturen; *Kryo-lith*: (Eisstein:) (Chem) als helle durchscheinende Kristalle vorkommendes Aluminiumoxyd

kryptẹin (κρύπτειν) verbergen; **kryptē** (κρύπτη) bedeckter Gang. *Krypta*: unterirdisches Gewölbe, unter dem Altar befindliche Unterkirche oder Grabkammer, °*Gruft;* °*Grotte*: Höhle; *grotesk* (frz, aus it grottesco grottenähnlich): absonderlich (wie die Gemälde, die man um 1500 in den unterirdischen (Grotten:) Räumen der Ruinen von Neros Palast fand; *Krypten*: (Med) ('verborgene') Höhlen in den Mandeln; *Krypton*: (verborgenes:) sehr seltenes Edelgas, *Kryptogamen*: (Bio) Pflanzen (mit verborgenen Geschlechtsorganen:) ohne Blüten, Bedecktsamige; *Krypto-graphie*: Geheimschrift; *Kryptogramm*: Geheimtext; *Apo-kryphen*: Schriften, die im Gegensatz zu den (in der Kirche) anerkannten Texten 'verborgen' waren, d. h. nicht als gültig anerkannt wurden

kyanos (κύανος) alles, was (dunkel)blau ist. *Zyanose*: (Med) Blaufärbung (bes der Lippen und Finger) infolge mangelhafter Sauerstoffsättigung des Blutes; *zyanotisch; Zyan-wasserstoff*: (Chem) Blausäure; *Zyan-kali*: das stark giftige Kaliumsalz der Blausäure

kybernētēs (κυβερνήτης) **gubernātor** Steuermann, Lenker. *Kybernetik*: Wissenschaft von sich selbst (steuernden:) regulierenden Systemen; *Gouverneur*: Statthalter, oberster Beamter eines Bundesstaates (z. B. in den USA), früher auch: einer Kolonie; *Gouvernement*: Verwaltungsbezirk, auch: Verwaltung; *Gouvernante*: (früher:) Erzieherin, Hauslehrerin

kẏbos (κύβος) **cubus** Würfel, kubischer Körper, Kubikzahl. *Kubus*: 1. Würfel, 2. *Kubikzahl,* dritte Potenz (z. B. 3·3·3); *Kubik-*: charakterisierender Vorsatz für dreidimensionale Gebilde (z. B.m^3 = Kubik-meter); *kubisch*: würfelförmig; *Kubismus*: modernistische Kunstrichtung, in der strenge geometrische Körperformen und Raumstrukturen herrschen; *Kubo-logie*: (Math) die mathematische Darstellung der Lage und Veränderung von Punkten in einem dreidimensionalen Gebilde

kyẹin (κύειν) schwanger sein; **kystis** (κύστις) (Harn-) Blase; **kẏtos** (κύτος) Hohlraum. *Kyem* (kyēma Frucht im Mutterleib): Keimling in allen Phasen bis zur Geburt; *Zyste*: sackartige Geschwulst mit flüssigem Inhalt; *Zystitis*: Entzündung der Harnblase, *Zystoskop*: Gerät zur Beobachtung des Inneren der Harnblase; *Zyto-lyse*: (Med) Auflösung der Zellen; *Zyto-plasma*: Zell(= Proto)plasma; *Zyto-som*: Zellkörper; *Phago-zyten*: (Med) Freßzellen (die abgestorbene Gewebszellen, Bakterien usw. aufnehmen, ↗ phagẹin)

kẏklos (κύκλος) Kreis(lauf). *Zyklus*: 1. Kreislauf, 2. Reihe von zusammenhängenden Einzelstücken *(Lieder-zyklus); zyklisch*: im Kreise verlaufend, in Abständen wiederkehrend; *Zyklon*: 1. (Geo) Wirbelsturm, 2. (Techn) Anlage zur Entfernung von Luftstaub mittels der Fliehkraft; die *Zyklone* (Meteor) Tiefdruckgebiet; *Zyklo-tron*: Kreisbeschleuniger für elektrisch geladene Teilchen (-tron von Elektron); *En-zyklika* (lat encyclica epistola): päpstliches Rundschreiben; *En-zyklo-pädie*: (allumfassende Erziehung, Bildung:) Gesamtheit des Wissens, Darstellung des Wissens in Buchform; *en-zyklo-pädisch; En-zyklopädist*: Mitarbeiter an der ersten französischen Enzyklopädie (1751–72); *Zykl-open* (Kyklọpes die Rundäugigen:) Riesen (mit nur einem Rundauge an der Stirn); *zyklopisch*: gewaltig groß, wie von Riesen geschaffen; *Kykladen*: Inselgruppe rings um die Insel Delos im Ägäischen Meer

kylindros (κύλινδρος) Walze, *Zylinder. Zylinder*: 1. (Math) Körper, dessen Grundflächen zwei kongruente, parallele und krummlinig begrenzte Figuren sind, 2. (Techn) *zylindrisch* geformter Teil von Dampfmaschinen, Verbrennungsmotoren usw., 3. hoher Herrenhut

kymbala (κύμβαλα) **cymbala** metallene Bekken, die man wie ein Schlagzeug gegeneinander schlug. Daraus *Zimbel* und *Cembalo* (it)

kyminon (κύμινον) **cuminum** °*Kümmel*

kynein (κυνεῖν) °°küssen. *Pros-kynese*: kniefällige Huldigung (wobei der Erdboden geküßt wird), Anbetung

kyōn (Gen: kynos) (κύων, κυνός) °°Hund (↗ °°canis, ↗ °°kynein). *Kyniker*: Anhänger einer Lebenshaltung, die Gleichgültigkeit gegenüber den materiellen Werten des Lebens und Bedürfnislosigkeit erstrebt (Diogenes von Sinope, etwa 412–323 v. u. Z.), der daher wie die Hunde außerhalb der Gesellschaft lebte. Seine Umwelt empfand die beißende Kritik als *zynisch* (absichtlich schamlos und gemein), daher: *Zyniker*: gemeiner, schamloser Spötter

Kypros (Κύπρος) die Insel *Zypern*. °*Kupfer*: (über lat cuprum), das dort geförderte und von dort ausgeführte Metall; *Kypris*: Beiname der Aphrodite, die, der Sage nach auf Kypros geboren, dort besonders verehrt wurde; #Zypresse

kyrios (κύριος) Herr. *Kyrie*: Anfangswort des Bittrufs: Kyrie eleison! (κύριε ἐλέησον) Herr, erbarme dich! (urspr Ruf an Herrscher oder Priester, findet er Eingang in kirchliche Liturgien); °*Kirche* (<kyriakē oikiā Haus des Herrn): christliches Gotteshaus, Gemeinschaft der Gläubigen; Personenname: *Kyrill* (nach einem Mönch dieses Namens (9. Jh) ist die *kyrillische (altbulgarische oder kirchenslawische) Schrift* benannt)

L

lābi (Part: lapsus) gleiten, fallen. *labil*: schwankend, unsicher (Gegens: stabil); *Labilität; Lapsus*: (Gleiten, Straucheln:) Versehen, Fehler; *Kol-laps*: plötzlicher körperlicher Zusammenbruch (infolge Versagens des peripheren Blutkreislaufs); °*Klaps;* °*Lawine*: (gleitende:) herabstürzende Schneemassen

labium und **labrum** Lippe. *Labial-laut*: Lippenlaut (b,p); *Labiaten*: Lippenblütler

labōrāre sich mühen, arbeiten, leiden; **labor** Mühe, Arbeit. *Labor(atorium)*: Arbeitsraum für naturwissenschaftliche und technische Untersuchungen und Forschungen; *Laborant*: Hilfskraft im Labor; *E-laborat*: schriftliche Ausarbeitung, auch: elendes Machwerk; *Kol-laborateur* (frz): Landesverräter (der mit einer feindlichen Macht im Lande zusammenarbeitet); *Kol-laboration; laborieren*: leiden (an Krankheiten, Verletzungen usw.); *Labour-Party* (engl): ('Arbeiterpartei') reformistische, auf Arbeiterschaft als Wähler sich stützende Partei in Großbritannien u. a. Ländern

Labyrinthos (Λαβύρινθος) (Ort der Doppelaxt, labrys, die ein Göttersymbol der Kreter war): Labyrinth, sehr unübersichtlicher Palastbau in Knossos auf Kreta (20.–16. Jh. v. u. Z.). *Labyrinth*: 1. Räumlichkeit mit vielen Gängen, aus der der Ausgang schwer zu finden ist, 2. das innere Ohr (mit seinen vielen Windungen)

lac (Gen: lactis) (↗ °°gala) Milch. *Laktose*: Milchzucker; *Laktation*: Milchabsonderung aus den Milchdrüsen während der *Laktations-periode; Lattich*: milchsafthaltige Pflanze

lacus Wanne, See (°°Lache). *Lagune* (it): Strandsee

laedere (Part: laesus) stoßen, verletzen. *lädieren*: beschädigen; *kol-lidieren*: zusammenstoßen; *Kol-lision; E-lision*: Ausstoßung (bes von Vokalen: 'Mach's gut!')

Lakōn (Λάκων) Spartaner. *lakonisch*: (nach Art der Spartaner) mit wenigen Worten viel sagend, kurz und bündig

lambanein (λαμβάνειν) nehmen; **lēpsis** (λῆψις) das Annehmen; **lēmma** (λῆμμα) Einnahme, Gewinn, auch: Voraussetzung. *Lemma*: 1. Annahme, 2. (das Herausgenommene:) Stichwort, 3. Überschrift; *Di-lemma*: (zweierlei kann man nehmen:) unvermeidliche Wahl zwischen zwei Übeln, Zwangslage (↗ dis); *Epi-lepsie*: (Krankheit, die den Menschen plötzlich ergreift:) (Med) Fallsucht, mit *epi-leptischen Anfällen* verbunden; *Anti-epi-leptika*: Heilmittel gegen die Fallsucht; *Pro-lepsis*: Vorwegnahme (eines Wortes, Gedankens, Ergebnisses, wodurch stilistisch-inhaltliche Hervorhebung erreicht wird); °*Silbe* (< syl-labos Zusammenfassung mehrerer Laute)

lāmentārī wehklagen. *lamentieren. Lamento* (it): Klagegeschrei

lāmina dünne Platte. *Lamelle*: Plättchen, Blättchen; *Lametta*: dünn ausgewalzte Aluminium- oder Zinnstreifen

lampein (λάμπειν) leuchten. °*Lampe* (<lampas Fackel); °*Laterne* (<lamptēr Fackel); *Eklampsie*: (Aufblitzen:) (Med) blitzartig auftretende Krämpfe bei Schwangerschaft und Geburt

lancea °*Lanze. Lanzette*: (kleine Lanze:) lanzenförmiges Impfmesser; *Lanzett-bogen*: schmaler, lanzenförmiger Spitzbogen der Gotik, ebenso: *Lanzett-fenster; lancieren* (frz): (werfen:) mit Geschick und List an die gewollte Stelle bringen; *Elan* (frz): Schwung

lāos (λαός) Volk. *Laie* (<lāïkos zum niederen, nichtunterrichteten Volk gehörig): nicht im kirchlichen Amt stehendes Glied der christlichen Gemeinde (etwa seit dem 3. Jh.), dann: Nichtfachmann; *laienhaft*: unfachgemäß; Vorname: *Niko-laus* ('der mit siegreichem Volk = Heer', nikē Sieg); daraus die Kurzform *Nickel*, eigtl neckender Berggeist, weil sich Bergleute des Mittelalters von Berggeistern genarrt glaubten, als sich aus den Funden von 'Kupfernickel' trotz des Aussehens kein Kupfer gewinnen ließ, sondern nur (das Element) Nickel; *Pumper-nickel*: ('pumpernder' Nickel, Furzkerl:) grobes Schwarzbrot (wegen seiner blähenden Wirkung)

lapis (Gen: lapidis) Stein. *lapidar*: kurz und bündig, wuchtig (wie eine in Stein gehauene Inschrift); *Lapidar-schrift*: Schrift in großen und unverzierten lateinischen Buchstaben; *Lapis-lazuli*: Glasurstein (blauer Halbedelstein); *Lapilli*: aus einem Vulkan geschleuderte Lavastückchen

largus reichlich, freigebig. *larg(hett)o* (it): (etwas) breit und langsam

larix °*Lärche*

larva Gespenst, Maske der Schauspieler. *Larve*: 1. Maske, 2. Jugendform mancher Tierarten (die die spätere Form noch verhüllt); °*ent-larven*: die Maske herunterreißen, enthüllen

larynx (Gen: laryngos) (λάρυγξ, λάρυγγος) Schlund. *Laryngal*: (Gram) Kehlkopflaut; *Laryngo-skop*: (Med) Gerät zur direkten Betrachtung des Kehlkopfes

latax (λάταξ) Tropfen. *Latex* (lat): Milchsaft tropischer Gewächse, zur Farbenherstellung verwendet (unsere Latexfarben sind synthetisch)

latēre verborgen sein. *latent*: verborgen; *Latenz*: Verborgensein (z. B. einer Krankheit bis zu ihrem Sichtbarwerden).

lātus[1] (Part Perf Pass zu ↗ ferre) getragen. *kollationieren* (zu cōn-ferre): zusammenbringen, nebeneinander halten, vergleichen (z. B. Abschrift und Urschrift); *Ob-late* (zu of-ferre; urspr das Dargebrachte): das flache Meßopfer- bzw Abendmahlsbrot, dann überhaupt: flaches Weizenmehlgebäck; *Prä-lat* (zu praeferre: der Bevorzugte): Titel eines höheren Geistlichen; *re-lativ*: auf etwas anderes (auf eine andere Größe) bezogen, daher auch: verhältnismäßig; *Re-lativ-pro-nomen; Re-lativitäts-theorie; Re-lation*: Beziehung, Verhältnis, Verbindung (z. B. Hin- *und* Rückfahrtmöglichkeit); *Kor-re-lation*: wechselseitiger Bezug zweier oder mehrerer Größen, Aufeinanderbezogensein; *kor-re-lativ; kor-relieren*: (falsche Bildung, da 'lat-' als Wortstamm und Bedeutungsträger erhalten sein müßte!); *di-latorisch*: (auseinanderziehend:) aufschiebend; *Ab-lativ*: Kasus (des Wegtragens:) der Trennung bzw Herkunft; *Ab-lation*: 1. (Med) Abtragung (z. B. der Brustdrüse), Ablösung (z. B. der Netzhaut), 2. (Geo) Abtragung der Oberflächen von Schnee- und Gletscherfeldern durch Abtauen und Verdunsten, auch: Abtragung durch den Wind; *Super-lativ*: (über den Komparativ hinausgebrachte) höchste Steigerungsstufe; *E-lativ*: Steigerungsstufe, die einen sehr hohen Grad ausdrückt; *Trans-lation*: 1. Übersetzung, Übertragung (auch Bio), 2. (Phys) geradlinig fortschreitende Bewegung

lātus[2] breit; **lāti-fundium** ausgedehnter Bodenbesitz. *latitudinal*: auf die Breite bezogen, der geographischen Breite nach; *Di-latation*: Verbreiterung, Erweiterung, Streckung

latus[3] (Gen: lateris) Seite. *lateral*: seitlich; *multi-lateral*: vielseitig; *bi-lateral*: zweiseitig; *Bi-lateria*: Gruppe niederer Tiere, deren Körper sich durch einen Längsschnitt in zwei symmetrische (Körperseiten:) Hälften teilen läßt; #Lateran

laurus °*Lorbeer. Bakka-laureus* (bacca Beere): (der mit dem Lorbeerzweig Bekränzte:) Hochschulabsolvent

laus (Gen. laudis) Lob. *Laudatio*: Lobrede

lavāre waschen, baden. *Lavendel*: (eigtl:) Badekraut (zu kräftigenden Bädern); *Latrine* (<lavātrīna): Waschraum, dann: Abort; *Lava* (it): (Gießbach:) feuerflüssiger vulkanischer Erguß

laxus schlaff, locker. *lax*: locker, lässig (z. B.: *laxe Haltung*); *Laxans* = *Laxativ*: (Med) Abführmittel

lęgein (λέγειν) °*lesen* (↗ °°legere) sammeln, rechnen, reden; **lęxis** (λέξις) Redeweise, Wort; **dia-lęgesthai** (διαλέγεσθαι) sich unterhalten; **lọgos** (λόγος) 1. Wort, 2. Rede, 3. Rechnung, Berechnung, 4. Vernunft, 5. Verhältnis. *Ana-lekten*: Sammlung (z. B. ausgewählter Sprüche); *Dia-lekt*: Mundart (in der man sich unterhält); *Dia-lektik*: (urspr: Kunst, in Rede und Gegenrede Widersprüche aufzudecken, zu überwinden und so die Wahrheit zu finden, Diskutierkunst, später in der Philosophie:) Bezeichnung für Betrachtungs- und Denkweisen, die von der inneren Widersprüchlichkeit der Erscheinungen ausgehen; *dia-lektisch*: 1. mundartlich, 2. der Dialektik entsprechend, die Dialektik betreffend; *Ek-lektiker*: (Auswähler:) jemand, der das ihm Zusagende auswählt und daraus (oft ohne inneren Zusammenhang) etwas Neues macht; *Ek-lektizismus; ek-lektisch.* – *Lexik*: Wortschatz, Wortbestand; *Lexikon*: Wörterbuch, auch: Nachschlagewerk mit alphabetischer Anordnung der Artikel; *lexikalisch*: wortschatzmäßig, auch: wörterbuchartig; *Lexiko-graph*: Verfasser eines Lexikons; *Lexiko-logie*: Erforschung des Wortschatzes, auch: Wörterbuchkunde; *A-lexie*: (Med) Leseunfähigkeit bei erhaltenem Sehvermögen. – *ana-log*: (nach dem Verhältnis:) entsprechend, vergleichbar, auch: (Bio) von gleicher Funktion (aber unterschiedlicher Herkunft, z. B. die Flügel der Insekten und der Vögel, Gegens: *homo-log*); *Ana-logie*; *Dia-log*: Unterhaltung, Zwiegespräch (Gegens: *Mono-log*); *Epi-log*: Nachwort (Gegens: *Pro-log*); *Pro-lego-mena*: Vorbemerkungen; *Kata-log*: Aufzählung, Liste; *Ek-loge*: ausgewähltes (Hirten-)Gedicht oder Idyll. – *Logik*: Wissenschaft von den Denkformen und -gesetzen, Fähigkeit zu folgerichtigem Denken; *logisch*; *a-logisch*: der Logik widersprechend, unlogisch; *Logistik*: mathematische Logik, Behandlung der logischen Gesetze nach mathematischen Verfahren, auch: (Militärwesen) Versorgungs- und Ausrüstungswesen; *Logizismus*: 1. Überbetonung des Logischen gegenüber dem Psychologischen, 2. Bestrebungen, mathematische Begriffe auf logische zurückzuführen; *Logo-pathie*: auf Störung der Gedanken beruhende Sprachstörung; *Log-a-sthenie*: (Denkschwäche:) (Med) auf Sprachstörung beruhende Minderung der Denkfähigkeit, aber: *Leg-a-sthenie*: Lese(und Schreib)schwäche ↗ legere[1]. *-logie*: Wissenschaft von ... In Z: *Bakterio-logie*: Lehre von den Bakterien; *Osteo-logie*: (Med) Knochenkunde (↗ ostụn); aber: *Apo-logie*: Verteidigung(srede); *Apo-loget*; *apo-logetisch*; *Tri-logie*: zusammenhängende Folge dreier Dichtungen; auch mit lat Wörtern zusammengesetzt: ↗ Futuro-logie; urv mit dem folgenden

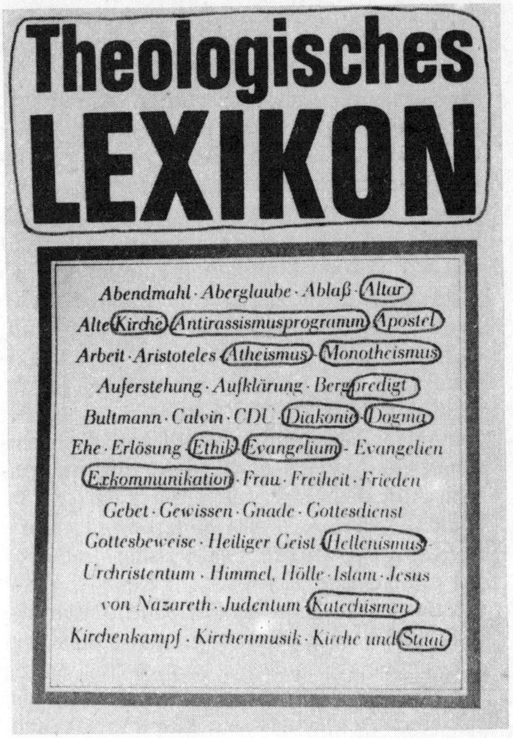

H.-H. Jenssen/H. Trebs (Hrsg.) – Theologisches Lexikon – 1981 – Umschlaggestaltung

legere[1] (Part: lēctus) sammeln, lesen, auswählen; **legiō** Legion; **legiōnārius** Legionssoldat, Legionär. *Legende* (<legenda, urspr: im Gottesdienst zu lesende Stücke): 1. Heiligengeschichte, (fromme) Erzählung, 2. (erklärende) Schrift unter Bildern, auf Münzen, Medaillen usw.; *legendär*: sagenhaft, unwirk-

lich; *Lektion*: Vorlesung, Lesestück, Lehrbuchabschnitt, auch: Zurechtweisung *(eine Lektion erteilen)*; *Lektor*: (Leser:) 1. (Sprach)lehrer an Hochschulen, 2. wissenschaftlicher Mitarbeiter eines Verlages (als Leser und Prüfer von Manuskripten); *Lektorat*: Tätigkeitsbereich des Lektors; *Lektüre*: Lesen, Lesestoff; *Legion*: (Auslese von Kriegstauglichen:) 1. römische Heereseinheit von 4200–6000 Mann, 2. (heute:) Freiwilligentruppe, auch: Söldnerheer *(Fremden-legion)*; °*Lettner* (<lēctiōnārium): Lesepult, dann auch: Trennungswand zwischen Kirchenschiff und Chor in Kirchen; *Kol-lekte*: Geldsammlung (in der Kirche als Spende); *Kol-lektion*: Sammlung; *Kol-lektiv*: Gemeinschaft von Menschen, die sich bei gemeinsamen Aufgaben gegenseitig unterstützen; *Selektion*: Auslese, Aussonderung; *e-legant* (ē-ligere auswählen): (wählerisch:) modisch gut gekleidet, modisch schön; *E-lite* (frz, <ē-lēcta): Auslese (nur von Personen); *Sakri-leg*: (Sammlung, d. h. Raub von geweihten Gegenständen, Tempelraub, dann:) Schändung von Heiligem, Lästerung

-legere[2] (Part: -lectus) sich kümmern, beachten; **intel-legere** einsehen, verstehen; **neg-legere** vernachlässigen. *intel-ligent*: einsichtsvoll, mit Verstand begabt; *Intel-ligenz*: 1. Klugheit, Auffassungsgabe, 2. Gesamtheit der Wissenschaftler; *Intel-lekt*: Einsicht, Verstand; *intel-lektuell*: verstandesmäßig, ausschließlich mit dem Verstand schaffend; *Intel-lektualismus*: Überbetonung der Verstandesarbeit; *Neg-ligé* (frz): Morgenkleidung (bei der man Sorgfalt 'vernachlässigt'); *Re-ligion*: (Beachtung, Rücksichtnahme:) Ehrfurcht vor Göttlichem; *re-ligiös*

leipein (λείπειν) (ver)lassen; **el-leipein** (ἐλλείπειν) verlassen, fehlen; **ek-leipein** (ἐκλείπειν) auslassen, verlassen. *Ek-lipse*: (Ausbleiben:) Sonnen- oder Mondfinsternis; *Ek-liptik*: (Bahn der Eklipsen:) die Bahn, die die Sonne in einem Jahr scheinbar durchläuft und in deren Nähe die Sonnen- und Mondfinsternisse stattfinden; *El-lipse*: ↗ ballein; *Para-lipomena*: (Beiseitegelassenes:) Ergänzungen, Nachträge (bes zu wissenschaftlichen Werken)

leitūrgia (λειτουργία) (leitos Volks- + ergon Werk) Dienst am Volk, öffentliches Amt. *Liturgie*: die den Gottesdienst begleitenden festgeformten Handlungen; *liturgisch*

lens °*Linse*

lentus langsam. *lento* (it): (Mus) langsam

lēōn (λέων) **leo** *Löwe*, °*Leu*. *Chamä-leon* (chamai auf der Erde): 'Erdlöwe', eine Baumeidechse, auch: einer, der seine Überzeugung so leicht wechselt wie das Chamäleon seine Hautfarbe; *Leo-pard* (pardos Panther): afrikanischer Tiger; Vorname: *Leo* (lat)

lepein (λέπειν) abschälen. *Plasmo-lemma*: Membran, die das Plasma nach außen (abschält:) abschließt

leptos (λεπτός) fein, dünn, zart. *lepto-som*: von schmalem, dünnem Körperbau

lē thē (λήθη) Vergessen; **Lēthē** (Λήθη) Lethe (sagenhafter Fluß des Vergessens in der Unterwelt. *Leth-argie* (ārgia Trägheit, <a- + ergon): Selbstvergessenheit, Untätigkeit, (Med) Schlafsucht; *leth-argisch*

lētum Tod. *letal*: (Med) zum Tode führend; *Exitus lētālis*: tödlicher Ausgang

leukos (λευκός) weiß (° °Licht). *Leuko-zyten*: weiße Blutkörperchen (↗ kyein); *Leuk-ämie*: (Weißblütigkeit:) Überfluß an Leukozyten; *Leuk(o)- en-zephalitis*: Sammelbegriff für alle Entzündungen der weißen Hirnsubstanz; *Leuko-penie* (peniā Armut): Mangel an weißen Blutkörperchen; *Leuko-plast*: 1. farbloses Gebilde der Pflanzenzelle, 2. weißes Zinkoxyd enthaltendes Heftpflaster; *Levkoje*: ein Blumenname (<leukos + ion 'Veilchen')

levāre erleichtern, erheben; **levis** leicht. *Levante*: (die sich erhebende Sonne:) der Osten des Mittelmeergebietes; *E-levator*: (Heraus-, Emporheber:) Förderwerk, Aufzug; *E-levation*: 1. Erhöhungsgrad eines Geschützes, 2. Erhebung, (Astr) eines Gestirns über den Horizont; *re-levant*: erheblich, bedeutend; *Re-levanz; ir-re-levant*: belanglos; *E-leve* (frz): (einer, der aus der Unwissenheit 'herausgehoben' wird:) Zögling, Schüler; *Re-lief* (frz <relevāre erheben): über eine Grundfläche sich erhebendes plastisches Kunstwerk, aber auch: *Tiefen-re-lief,* (Geo) Oberflächenform der Erde oder deren künstliche Darstellung

lēx (Gen: lēgis) Gesetz; **lēgitimus** gesetzmäßig; **lēgāre** (gesetzlich) beauftragen; **dē-lē-gāre** entsenden, abordnen. *(il-)legal*: (un)gesetzlich; *Il-legalität*; *legalisieren*: für gesetzlich erklären; *loyal* (frz, <lēgālis): gesetzestreu (Gegens: *il-loyal)*; *Loyalität*: staatspolitisch korrektes Verhalten; *Legis-lative*: gesetzgebende

Gewalt bzw. Versammlung (↗ lātus[1]); *Legislatur-periode*: Zeitraum, für den eine gesetzgebende Versammlung gewählt wird; *legitim*: den Gesetzen entsprechend, rechtmäßig (Gegens: *il-legitim*); *Legitimation*: gesetzliche Berechtigung, amtlicher Ausweis; *sich legitimieren*: sich ausweisen; *Legat*: 1. der *Legat*: (in Rom durch gesetzliche Anordnung) Beauftragter, Gesandter (seit Cäsar auch Befehlshaber einer Legion, zur Kaiserzeit Statthalter einer Provinz, heute:) päpstlicher Gesandter, 2. das *Legat*: Schenkung durch Testament; *Legation*: Gesandtschaft; *Kol-lege*: (ein mit der gleichen Tätigkeit Beauftragter:) Berufsgenosse, Arbeitskamerad; *kol-legial*: gut zusammenarbeitend, kameradschaftlich; *Kol-legialität; Kol-legium*: Gemeinschaft von Zusammenarbeitenden *(Lehrer-kollegium)*; *Kolleg*: Vorlesung vor einer 'Studentengemeinschaft'; *de-legieren*: abordnen; *De-legierter*; *Delegation*; *re-legieren* (re-lēgāre wegschicken, entfernen): (früher:) amtlich verweisen (z. B. von einer Hochschule durch *Re-legation)*

liber[1] (Gen: librī) Buch. *Libretto* (it): Textbüchlein (für eine Oper oder Operette); *Librettist*: Textbuchdichter

līber[2] (lībera, līberum) frei; **līberāre** befreien; **lībertīnus** Freigelassener; **lībertās** Freiheit. *Liberia*: im 19. Jh. gegründeter 'Freistaat' in Westafrika zur Ansiedlung amerikanischer Neger; *liberal*: freigebig, freisinnig; *Liberalismus*: Freisinn, auch: individualistische Geisteshaltung bzw ihre Duldung, auch: Eintreten für unbegrenzte wirtschaftliche Betätigung kapitalistischer Unternehmer (bes im Frühkapitalismus); °*liefern*: (<līberāre freimachen:) aushändigen, senden; *Lieferant*; *Livree*: (frz): (den Dienern gelieferte Kleidung:) uniformähnliche Dienerkleidung; *Liberté, Égalité, Fraternité*: Freiheit, Gleichheit, Brüderlichkeit (Losung der Französischen Revolution)

lībra Waage. *Libration*: (lībrāre in der Waage halten:) schwankende Bewegung (z. B. des Mondes, der scheinbar um seine Achse pendelt); *Äqui-librist*: Gleichgewichtskünstler, Seiltänzer (Gleich-gewicht: Lehnübersetzung <aequi-librium); *Libelle* (lībella kleine Waage); 1. Insekt, das im Flug einer kleinen Balkenwaage ähnelt, 2. Wasserwaage; *Lira*: italienische Münze (urspr: abgewogenes Pfund); *nivellieren* (frz, n für l): wie auf einer Waage gleichmachen, ausgleichen; *Niveau* (frz): waagerechte Ebene, auch: Höhenstufe, auch: geistig-kulturelle Ebene; *Levellers* (engl, <lībrāre): die 'Gleichmacher' (kleinbürgerliche radikale Partei in der englischen Revolution des 17. Jh.)

licēre erlaubt sein. *Lizenz*: Erlaubnis

ligāre binden; **lictor** ('Binder' als Ausführender von Haftbefehlen:) Amts- oder Gerichtsdiener, der mit dem Rutenbündel (fasces) hohen römischen Staatsbeamten voranschritt. *Liga*: Bund; *al-liiert*: verbündet; *Al-lianz* (frz): Bündnis; *legieren*: 1. Metalle durch Schmelzen (verbinden:) vermischen (dazu: *Legierung),* 2. Suppen oder Tunken mit Ei oder Mehl binden; *Ligand*: Ion oder Molekül einer Komplexverbindung, das mit einem Zentralion bzw -atom verbunden wird; *Liane* (frz): Schlinggewächs (das sich mit den Bäumen verbindet), #Mädchenname: *Liane* <Juliane; *ob-ligat*: verbindlich (Gegens: ad libitum); *ob-ligatorisch*: verbindlich (z. B. Unterrichtsfächer, Gegens: fakultativ); *Ob-ligation*: Verbindlichkeit, Schuldschein

lignum Holz. *Lignin, Lignose*: Holzstoff; *Lignit*: Braunkohle mit Holzresten

līlium °*Lilie*

līmen Schwelle. *e-liminieren*: (über die Schwelle hinausbringen:) beseitigen; *E-liminierung = E-limination*; *Prä-liminarien*: (was vor dem 'Eintritt' in die eigentliche Aufgabe geschieht:) Vorbereitungen, Vorverhandlungen; *Prä-liminar-*: vorläufig

līmes (Gen: līmitis) Grenzweg, Grenzwall. *Limes Germānicus*: der von den Römern gegen die Germanen errichtete Grenzwall; *Limes*: (Math) Grenzwert; *Limit*: obere bzw. untere Grenze; *limitieren*: begrenzen

limnē (λίμνη) Tümpel, See. *Limno-logie*: Wissenschaft von den stehenden Gewässern

lingua Zunge, Sprache. *Linguist*: Sprachwissenschaftler; *Linguistik; Bi-lingue*: zweisprachige Inschrift oder Handschrift mit jeweils gleichem Inhalt

līnum °°Leinen, Flachs, Faden; **līnea** Leine, Schnur, Richtschnur, Strich, *Linie. linieren*: Striche ziehen; *Lineal*: Gerät zum Ziehen von Strichen; *linear*: geradlinig; *Linon* (frz): feines Leinen- (auch: Baumwoll-)gewebe; *Lin-oleum*: (Leinöl:) Fußbodenbelag (aus Jutestreifen, die mit Leinöl und Kork- oder Holzmehl getränkt und dann gepreßt sind); urv auch: Linnen, Leine (= aus Leinen Verfertigtes)

lịpos (λίπος) Fett. *Lipo-ide*: den Fetten (ähnliche:) verwandte Stoffe; *Lipase*: Fett spaltendes Ferment; *Lipom*: (Med) Fettgeschwulst; *Lip-ämie*: erhöhter Fettgehalt des Blutes

liquor Flüssigkeit; **liquidus** flüssig, klar. *Liquor*: (Bio) Hirn- und Rückenmarkflüssigkeit; *Likör* (frz): Branntwein mit wohlschmeckenden Zusätzen; *liquidieren*: (flüssig machen, klar machen, bereinigen:) 1. eine Rechnung (zur Bezahlung) einreichen, 2. ein zahlungsunfähiges Unternehmen auflösen (und so klare Verhältnisse schaffen), 3. beseitigen, erledigen; *Liquidation* = *Liquidierung*; *Liquid(a)e*: 'Fließlaute' (l, r)

līra Furche, Bahn. *De-lirium*: (Abweichen von der normalen Bahn:) geistige Verwirrung, Dämmerzustand mit Wahnvorstellungen

litanẹiā (λιτανεία) Flehen, Bitten. *Litanei*: Bitt- und Fürbittegebet im Wechselgesang, auch: eintöniges Klagen

lịthos (λίθος) Stein. *Litho-graphie*: 1. (graphische Technik): Steinzeichnung, Steindruck, 2. (Mikroelektronik) Beschriftung mikroelektronischer Leiterplatten; *Litho-sphäre*: (Geo) Gesteinshülle der Erde; *Litho-tripsie*: (Med) Zerstörung von Steinbildungen in Organen durch *Litho-tripter*: Ultraschall oder Laser (gr trịbẹin reiben); *Mono-lith*: großer Steinblock, aus einem Stück gearbeitetes Kunstwerk; *Gastro-lith*: (Med) Magenstein

littera Buchstabe; **litterae** Brief, Wissenschaften. *Literat*: Schriftsteller; *Literatur*: Schrifttum; *literarisch*; °*Lettern*: Buchstaben, die der Schriftsetzer verwendet; *Al-literation*: gleicher Anlaut aufeinanderfolgender 'betonter' Wörter, 'Stabreim' (z. B.: Stock und Stein); #*Ob-literation*: Tilgung < ob-linere, Part oblitus bestreichen, überstreichen, tilgen); *ob-literieren*

lītus (Gen: lītoris) Meeresstrand. *litoral*: (Geo) an der Küste vorkommend; das *Litoral*: Küstenzone, Uferzone; *Lido* (it): Strand (z. B. in Venedig)

locus Ort, Stelle. *lokal*: örtlich; *Lokal-termin*: Termin für eine gerichtliche Verhandlung am Tatort; *Lokal*: (zur Bewirtung eingerichtete Örtlichkeit:) Gastwirtschaft; *Lokalität*: Örtlichkeit, Räumlichkeit; *lokalisieren*: auf einen Ort beschränken, den Ort bestimmen; *Lokativ*: (Gram) Kasus der Ortsangabe

longus °°lang; **longitūdō** Länge. *longitudinal*: auf die Länge bezogen oder in Längsrichtung wirkend (z. B. Längengrade, Töne, Wellen); *pro-longieren*: verlängern, aufschieben; *E-longation*: (Astr) Winkelabstand eines inneren Planeten von der Sonne

loquī sprechen; **ē-loquēns** beredt; **ē-loquentia** Beredsamkeit. *E-loquenz*: Beredsamkeit; *Kolloquium*: (Besprechung:) wissenschaftliches Lehrgespräch an Hochschulen

lucrum Gewinn. *lukrativ*: einträglich

lūdus Spiel, auch: Schule; **lūdere** (Part: lūsus) spielen. *Prä-ludium* = *Pré-lude* (frz): (Mus) Vorspiel, in der Musik des 19. Jh. auch: kleines selbständiges Stück; *Il-lusion* (il-lūdere auf jemandem 'herumspielen', ihn verspotten): Gedankenspiel, Trugbild, (das einen verspottet); *il-lusorisch*: unwirklich, trügerisch, vergeblich

luere waschen, spülen (°°lavare). *Al-luvium*: (Anspülung:) veraltet für ↗ Holozän (Zeitalter der Flußablagerungen seit der Eiszeit); *Di-luvium*: (Wegspülung:) veraltet für ↗ Pleistozän (Zeitalter des mehrfachen Wechsels der Vereisungen), dazu: *al-luvial* bzw *di-luvial*; *ante-di-luvianisch*: urzeitlich, urtümlich

lumbus Lende. *Lumbal-punktion*: (Lendenstich:) Einstich in den unteren Teil der Wirbelsäule, um Rückenmarkflüssigkeit abzusaugen; *Lumbago*: Hexenschuß

lupus Wolf. *Lupus*: (Med) (tuberkulöse) Hautflechte (sog 'fressender Wolf'); *Lupine*: 'Wolfsbohne'

lūx (Gen: lūcis) und **lūmen** °°Licht (↗ phōs); **lūna** Mond (eigtl: die Leuchtende); **lūcēre** °°leuchten. *Lux*: Maßeinheit der Beleuchtungsstärke; *Lumen*: 1. Maßeinheit des Lichtstroms, 2. (Techn) lichte Weite einer Röhre; *Il-lustration*: (Aufhellung:) Veranschaulichung (eines gedruckten Textes durch Bilder); *il-lustrieren*; eine *il-lustre Gesellschaft*: ein Kreis (leuchtender:) berühmter Personen; *Il-lumination*: Festbeleuchtung; *Lumineszenz*: kaltes Leuchten (zum Unterschied von der reinen Temperaturstrahlung); *lumineszieren*; *Inter-lunium*: (zwischen den Monden:) Zeit des Neumonds; °*Laune* (< lūna): wechselnde Stimmung (wie die wechselnden Mondphasen); *Lunik* (russisch, nach Muster 'Sputnik'): zum Mond gestarteter sowjetischer Raumflugkörper; *Luzi-fer*: (Lichtbringer:) 1. Morgenstern (die Venus), 2. Teufel (der nach der Bibel anfänglich ein 'lichter' Engel war)

luxāre verrenken. *Luxation*: Verrenkung

luxus und **luxuria** Üppigkeit, Verschwendungssucht; **luxuriōsus** üppig, verschwenderisch. *Luxus*; *luxuriös*; *luxurieren*: (Bio) üppig wachsen (bei Bastarden)

lyẹin (λύειν) °°lösen; **lysis** (λύσις) Auflösung; **ana-lyẹin** (ἀναλύειν) auflösen. *Lysis*: (Med) allmählicher Fieberabfall; *lytisch; Ana-lyse*: Auflösung eines Ganzen in seine Bestandteile zwecks Untersuchung; *ana-lytisch; Dia-lyse*: Verfahren zur Trennung von gelösten Stoffen, auch: (Med) Blutreinigung bei Nierenkranken; *Kata-lyse*: (Auflösung:) (Chem) Beschleunigung oder Verlangsamung einer Umsetzung durch einen *Kata-lysator*: Stoff, der die Geschwindigkeit chemischer Umsetzungen verändert; *Para-lyse*: (Med) vollständige (motorische) Lähmung

Lykẹion (Λύκειον) Heiligtum des Apọllōn Lykẹios und Gymnasium bei Athen, wo u. a. Aristoteles lehrte. *Lyzeum*: (im 16. Jh. Name für Universitäten, dann:) Oberschule für Mädchen (Gegenstück zum Gymnasium)

lympha klares Wasser (↗ nymphē). *Lymphe*: eiweißhaltige Körperflüssigkeit, auch: Impfstoff gegen Pocken

lynx (λύγξ) °Luchs

lyrā (λύρα) Lyra, ein Saiteninstrument. °*Leier*, im Mittelalter mittels eines durch Kurbel gedrehten Rades gespielt, daraus entwickelt: *Leier-kasten*; *Lyrik*: (urspr: mit Lyrabegleitung vorgetragenes Gedicht) Gefühlsdichtung, bes liedhafte, dann auch: Balladen und andere Gedichte; *Lyriker*; *Lyrik*

M

---

mactāre schlachten. *Matador* (span): Stierkämpfer (der dem Stier den Todesstoß versetzt), dann überhaupt: hervorragender Kämpfer

macula Fleck. °*Makel*: Fehler, Mangel; *Makulatur*: fehlerhaftes oder sonst unbrauchbar gewordenes bedrucktes Papier

Maecēnās Staatsmann und Freund des Kaisers Augustus, Förderer der Künste. *Mäzen*: reicher Förderer der Kunst

mạgma (μάγμα) geknetete Masse, dicke Salbe. *Magma*: (Geo) glutflüssige Gesteinsmasse im Erdinnern

mạgnēs (Gen: mạgnētos) (μάγνης, μάγνητος) °*Magnet. magnetisch; ferro-magnetisch*: stark angezogen (weil Eisen stärker als andere

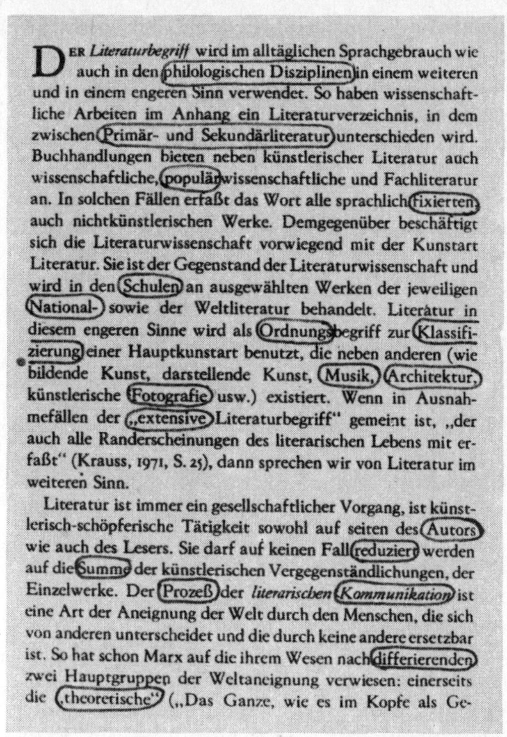
DER *Literaturbegriff* wird im alltäglichen Sprachgebrauch wie auch in den philologischen Disziplinen in einem weiteren und in einem engeren Sinn verwendet. So haben wissenschaftliche Arbeiten im Anhang ein Literaturverzeichnis, in dem zwischen Primär- und Sekundärliteratur unterschieden wird. Buchhandlungen bieten neben künstlerischer Literatur auch wissenschaftliche, populärwissenschaftliche und Fachliteratur an. In solchen Fällen erfaßt das Wort alle sprachlich fixierten, auch nichtkünstlerischen Werke. Demgegenüber beschäftigt sich die Literaturwissenschaft vorwiegend mit der Kunstart Literatur. Sie ist der Gegenstand der Literaturwissenschaft und wird in den Schulen an ausgewählten Werken der jeweiligen National- sowie der Weltliteratur behandelt. Literatur in diesem engeren Sinne wird als Ordnungsbegriff zur Klassifizierung einer Hauptkunstart benutzt, die neben anderen (wie bildende Kunst, darstellende Kunst, Musik, Architektur, künstlerische Fotografie usw.) existiert. Wenn in Ausnahmefällen der „extensive Literaturbegriff" gemeint ist, „der auch alle Randerscheinungen des literarischen Lebens mit erfaßt" (Krauss, 1971, S. 25), dann sprechen wir von Literatur im weiteren Sinn.

Literatur ist immer ein gesellschaftlicher Vorgang, ist künstlerisch-schöpferische Tätigkeit sowohl auf seiten des Autors wie auch des Lesers. Sie darf auf keinen Fall reduziert werden auf die Summe der künstlerischen Vergegenständlichungen, der Einzelwerke. Der Prozeß der *literarischen Kommunikation* ist eine Art der Aneignung der Welt durch den Menschen, die sich von anderen unterscheidet und die durch keine andere ersetzbar ist. So hat schon Marx auf die ihrem Wesen nach differierenden zwei Hauptgruppen der Weltaneignung verwiesen: einerseits die „theoretische" („Das Ganze, wie es im Kopfe als Ge-

Grundbegriffe der Literaturanalyse – 1985

Metalle magnetisiert wird); *para-magnetisch*: wenig angezogen; *dia-magnetisch*: vom Magnet abgestoßen; *Magnetismus*: (Lehre von der) Wirkung des magnetischen Feldes; *Elektro-magnetismus*: durch elektrischen Strom erzeugter Magnetismus; *Magneto-phon*: Einrichtung zur magnetischen Aufzeichnung und Wiedergabe von Schallwellen auf dem *Magnet-tonband*: Kunststoffband mit Eisenpulverauflage zur magnetischen Aufzeichnung von Schallschwingungen

māgnus groß; **magis** mehr; **magister** Vorsteher, Lehrer; **magistrātus** Amt, Beamter. *Magnat*: (ein Großer:) 1. adliger Großgrundbesitzer, 2. Besitzer großer Industrieanlagen bzw großen Kapitals *(Industrie-magnat, Finanz-magnat); Magnitude*: Maß für die Stärke eines Erdbebens; *Magni-fizenz*: (Großartigkeit:) Anrede an Universitätsrektoren; *Magni-fikat*: Anfangsworte des Lobgesanges der Maria: 'Magnificat anima mea dominum = Meine Seele preist den Herrn'; *Magister* (urspr: der Größere im Gegensatz zum 'Minister'): in verschiedenen Ländern akademischer Titel; °*Meister; Mister* (engl): Herr; *Mätresse* (frz):

(Herrin:) im Zeitalter des Absolutismus Geliebte eines Fürsten; *Magistrat*: Stadtverwaltung; *Magistrale*: Hauptverkehrsstraße; ↗ māior und māximus

Magoi (Μάγοι) Magier, iranischer Volksstamm, durch die Stern- und Traumdeuterei seiner Priester bekannt. *Magie*: Zauberei, Beschwörung geheimnisvoller Kräfte, 'schwarze Kunst'; *magisch*: geheimnisvoll, übernatürlich; *Magier*: Gaukler, Quacksalber, Zauberkünstler

maia (μαία) Mutter, Hebamme. *Mäeutik*: (Hebammenkunst:) die von Sokrates angewandte Kunst, durch Frage und Antwort die im Schüler schlummernde Erkenntnis zu 'entbinden'

Maiandros (Μαίανδρος) Mäander, Fluß in Kleinasien mit stark gewundenem Lauf. *Mäander*: nach den Windungen dieses Flusses benannter Zierstreifen

māior größer. *Major*: Offiziersrang ('größer' als der Hauptmann); °*Meier*, °*Maier*, °*Meyer*, °*Mayer*: (urspr: Bezeichnung für den Leiter einer bäuerlichen Wirtschaft); *Meierei*: Molkerei; *Haus-meier* (<māior domūs): Leiter der königlichen Hausverwaltung im Frankenreich; *Majorität*: Mehrheit; *Majestät* (<māiestās): Hoheit (Anrede an Kaiser und Könige); *majestätisch*: erhaben; *maëstoso* (it): (Mus) erhaben, feierlich; *Majuskel*: Großbuchstabe (Gegens: Minuskel)

makros (μακρός) lang, groß. *Makro-kosmos*: Weltall; *Makro-molekül*: Riesenmolekül aus tausend und mehr Atomen; *makro-skopisch*: mit bloßem Auge sichtbar; *Makro-struktur*: mit bloßem Auge sichtbares Gefüge von Steinen oder Organen

malus schlecht, schlimm. °*ver-male-deien* (<male-dīcere): verfluchen; *maliziös*: boshaft; *maligne* (frz): (Med) bösartig (bei Geschwulsten)

mamma Brustdrüse. *Mammalier*: Säugetiere

mānāre strömen. *e-manieren*: ausströmen, auch: ausstrahlen; *E-manation*

mancus verstümmelt, mangelhaft. *Manko* (it): Mangel, Fehler, Fehlbetrag

manēre und **permanēre** bleiben. *per-manent*: andauernd; *Per-manenz*; *im-manent*: darin enthalten, unlöslich mit etwas verbunden; *re-manent*: zurückbleibend (z. B. Magnetismus nach Aufhören der Erregung); *Menage* (<mānsiō, frz maison Bleibe, Wohnung, Haus): Haushalt (veraltet), auch: Gewürzständer bei Tisch, Tragegefäß zum Essenholen; *Menagerie*: (großer Haushalt mit Haustieren, dann:) Tiergehege; °*Mesner* (<mānsiōnārius Haushüter): katholischer Kirchendiener

mania (μανία) Wahnsinn; **mainesthai** (μαίνεσθαι) rasen. *Manie*: Sucht, leidenschaftliche Liebhaberei, (Med) Erregungsphase beim *manisch-depressiven Irresein*; *Mänade*: rasendes Weib aus dem Gefolge des Bacchus

mantellum (spätlat) Hülle, Decke. °*Mantel*; °*be-mänteln*: verhüllen, verschleiern; *Manteltarif* (= Rahmentarif, im Kapitalismus): Lohn- oder Preisordnung allgemeiner Art, die noch der Einzelbestimmungen bedarf.

manthanein (μανθάνειν) lernen; **mathēma** (μάθημα) Wissenschaft. °*Mathematik*: Wissenschaft von den Zahlen und Raumgrößen; *mathematisieren*: die Verfahren der Mathematik auf andere Wissenschaften anwenden

manus Hand, auch: Handvoll, Schar; **mandāre** (in die Hand geben:) übergeben, übertragen, auftragen. *manuell*: mit der Hand (Gegens: maschinell); *Manual*: Handtastenreihe (z. B. an der Orgel, Gegens: Pedal); *Manege* (frz, über it maneggiare mit der Hand anleiten, schulen, bes Pferde): Reitbahn, bes im Zirkus; ebenso entstanden: *Manager* (engl): (jemand, der eine Sache, einen Betrieb 'in der Hand hat':) Unternehmer, Geschäftsführer; *managen* (umg): zustande bringen; *Manier* (frz): (Handhabung:) Art, Eigenart; *Manieren*: Benehmen, *manierlich*: gesittet, anständig; *manieriert*: übertrieben, gekünstelt; *Manschette* (frz, <manica bis an die Hand reichender Ärmel): Ärmelabschluß, auch: Umhüllung, Hüllstreifen; *Mani-fest* (mani-festus handgreiflich, offenbar): öffentliche Darlegung von Grundsätzen oder eines Programms, Aufruf; *mani-festieren*; *Manuskript*: (mit der Hand Geschriebenes:) Urschrift (z. B. eines literarischen Werkes); *Mani-küre* (frz): Handpflege(rin); *Manipulation*: (Handhabung:) raffinierte Verfahrensweise, auch: (Pol) Machenschaften, auch: (Techn) Beeinflussung von Vorgängen durch gezielten Eingriff; *manipulieren*; *Man-över* (frz, <manus + opus) Ausführung (von vorher Gelerntem), bes militärische kriegsmäßige Übung, (Schiffs-)Schwenkung, Kunstgriff; *man-övrieren*; *Man-dat*: Auftrag, daher 1. Vollmacht zur Vertretung vor Gericht, 2. Wählerauftrag, Abgeordnetensitz; *Man-*

dant: (Auftraggeber:) jemand, der einem Rechtsanwalt die Vollmacht gibt, ihn zu vertreten; *Kom-man-dant* = *Kom-man-deur* = *Kom-mo-dore*: (Auftraggeber:) Befehlshaber; *Kom-man-do*: Befehl(sgewalt); *kom-man-dieren; e-man-zipieren* (<man-cipium Sklave, dessen Kauf symbolisch durch Anfassen mit der Hand vollzogen wurde, ↗ capere): (aus Abhängigkeit) befreien; *E-man-zipation*

mappa Mundtuch (urspr: Tuch zum Einwickeln mitgegebener Speisen). °*Mappe*

Marathǫn (Μαραθών) Marathon, Ort ca. 40 km von Athen. 490 v. u. Z. siegten dort Griechen über Perser. Ein Bote brachte angeblich die Kunde nach Athen, daher: *Marathon-lauf* (keine antike Disziplin, erstmals 1896 offiziell gelaufen)

marcus (spätlat) Hammer. *Marsch, marschieren* (frz, marcher, urspr: mit 'hämmerndem' Tritt voranschreiten); #Mark, #Marke

mare °°Meer. *Marine* (<rēs marīna Seewesen:) Kriegs- und Handelsflotte eines Staates; *marinieren*: mit Essig und Salz haltbar machen (urspr nach Art auf Fahrt gehender Seeleute); *Marinade*: durch Essig usw. haltbar gemachte Nahrung, saure Gewürztunke; *Ultra-marin-blau*: Malerfarbe (wohl, weil ihr Grundstoff früher aus Übersee kam); *maritim*: zur See gehörig

margarịtēs (μαργαρίτης) **margarīta** Perle. *Margarine*: butterähnliches Speisefett (nach dem bei der Herstellung perlartig auftretenden Oleo-margarin); Vornamen: *Marga(rete), Grete*, dazu: *Margerite*: Blume, die um den 20. 7., Margaretentag, blüht

margō (Gen: marginis) Rand. *Marginalien*: Randbemerkungen

mạrmaros (μάρμαρος) **marmor** *Marmor* (eigtl: glänzender Stein). *marmorieren*: durch Bemalen ein marmorähnliches Aussehen geben; *Marmara-meer* (nach den darin liegenden Marmara- [= Marmor]inseln); °*Murmeln*: kleine Spielkugeln (urspr aus Marmor)

Mārs (Gen: Mārtis) *Mars*: 1. Kriegsgott der Römer, 2. der wegen seines rötlichen Scheins (einer Bronzerüstung ähnlich) nach dem Kriegsgott benannte Planet; *Mars-feld* (Campus Martius in Rom): Platz für militärische Übungen und Volksversammlungen (als Ortsbezeichnung übertragen, z. B. in Paris u. a.); *März* (<mēnsis Mārtius): der dem Mars geheiligte Monat; *martialisch*: kriegerisch, wild aussehend; Vornamen: *Markus, Martin*

mạrtys (Gen: mạrtyros) (μάρτυς, μάρτυρος) Zeuge. *Märtyrer*: (Blut-)Zeuge, bes während der ersten Christenverfolgungen, dann: jemand, der für seine Überzeugung leidet; °*martern*

mās männliches Wesen. *maskulin*: männlich; *Maskulinum*: (Gram) männliches Geschlecht

māteria Bauholz, Stoff. *Materie*: 1. philosophische Kategorie zur Bezeichnung der außerhalb und unabhängig vom Bewußtsein bestehenden objektiven Realität, 2. (Gesprächs-) Stoff; *Materialismus*: Weltanschauung, die vom Primat der Materie ausgeht; *Materialist*; *materialistisch*; *Material*: Rohstoff, Baustoff, *materiell*: stofflich, körperlich wirklich (dazu: *Materialität*), auch: auf persönlichen Gewinn oder Nutzen eingestellt

mātūrus reif. *Maturität*: Reife; *Matur(a)*: Reifeprüfung *(= Abitur)*

mātūtinus morgendlich. °*Mette*: Frühgottesdienst; *Matinee* (frz): Morgenveranstaltung

Maurus maurisch. *Maure*: Einwohner *Mauretaniens* (im nordwestlichen Afrika); *Mohr* (urspr nicht schwarzhäutig, Übertragung auf Schwarze erst seit den Fahrten der Portugiesen um Westafrika); Vorname: *Moritz* (nach einem aus Mauretanien stammenden Heiligen, der deshalb *Mauritius* genannt wurde)

Mausōlẹion (Μαυσωλεῖον) Mausoleum, das für Mausǫlus, König in Halikarnass (4. Jh. v. u. Z.), errichtete prunkvolle Grabmal. *Mausoleum*: Grabgebäude

māximus sehr groß, größter. *Maximum*: größte Menge, größter Wert (Gegens: Minimum); *maximal*; *Maxime*: höchster Grundsatz für das Handeln eines Menschen; Vorname: *Max(imilian)*

mạza (μᾶζα) **māssa** Teig. °*Masse*; *Matze*: ungesäuertes Brot; *Gebirgs-massiv*; *massiv*. #Massage

meāre gehen; *per-meabel*: durchlässig (z. B. für Gase); *semi-per-meabel*: halbdurchlässig; *Permeabilität*

mēchanę (μηχανή) °**machina** Werkzeug (um etwas zu bewegen oder zu bewerkstelligen), Belagerungsmaschine, lat auch: listiger Anschlag. *Mechanik*: 1. Lehre von der Bewegung der Körper und ihren Ursachen, 2. Triebwerk (dazu: *mechanisch*, auch: ohne zu überlegen, wie eine Maschine). – *Maschine*; *Maschinist*; *Maschinerie*: Zusammenwirken mehrerer Maschinen, Maschinenanlage; *maschinell*: mit

Maschinen (hergestellt, durchgeführt; Gegens: manuell); *Machination*: Machenschaft, hinterlistiger Anschlag

medēri heilen, abhelfen; **medicus** Arzt; **medicina** Heilkunde, Heilmittel (= medicamentum). *Medizin; Medikament; medikamentös*: durch Anwendung von Heilmitteln; Dr. med.: Doctor medicīnae

meditārī nachsinnen. *Meditation*: tiefes Nachdenken, religiöse Versenkung; *meditieren*

medius °°mittlerer. *Medium*: (Vermittelndes:) 1. vermittelnder oder bewirkender Stoff, 2. (Med) Lösungsmittel, 3. (Gram) zwischen Aktiv und Passiv stehende Handlungsrichtung des Verbs, bei der sich das Geschehen auf das Subjekt selbst bezieht (z. B.: sich waschen); *inter-mediär*: dazwischenliegend, vermittelnd; *medi-terran*: (zwischen den Ländern:) mittelmeerisch; *Median-linie*: durch die Mitte des Körpers gelegte Vertikale; *Inter-mezzo* (it): (mitten dazwischen Liegendes:) Zwischenspiel; *mezzo-forte* (it): (Mus) mittelstark; *mezzo-piano*: halbleise; *Mezzo-sopran*: mittelhohe Frauenstimme; *Milieu* (frz, <medius locus Ort, inmitten dessen man lebt): Umgebung, Umwelt

medulla Knochenmark. *Medulla spīnālis*: Rükkenmark

Mędūsa (Μέδουσα) Medusa, sagenhaftes weibliches Ungeheuer mit versteinerndem Blick und Schlangenhaar. *Meduse*: (Bio) Hohltier mit (schlangenartigen:) Fangarmen

męgas (f: megąlē, n: męga) (μέγας, μεγάλη, μέγα) groß (↗ °°magnus). *Ọ-mega*: (großes:) langes ō, auch (da der letzte Buchstabe im griechischen Alphabet) Bezeichnung für das Ende: A und O, der Anfang und das Ende, (vgl auch von A bis Z); *Mega-phon*: Sprachrohr, Ruftrichter (zur Verstärkung der Stimme); *Mega-kolon*: (Med) Dickdarmerweiterung; *Mega-*: das Millionenfache, Vorsatz: 10^6 (M); In Z: *Mega-tonne*

meįgnynąi (μειγνύναι) °°mischen (↗ °°miscēre). *Amphi-mixis*: (Med) Vermischung der Erbanlagen zweier Geschlechtszellen bei der Befruchtung

mẹiōn (μείων) weniger. *Meiose*: (Verminderung:) Reduktionsteilung (unter Halbierung der Chromosomenzahl)

męlas (f: mełąina, n: męlan) (μέλας, μέλαινα, μέλαν) schwarz. *Melanin*: (Med) dunkler Farbstoff; *Melanismus* = *Melanosis*: Dunkelfärbung der Körperoberfläche durch krankhafte Pigmentbildung; *Melan-choliker*: (nach der antiken Lehre, daß die Mischung der Körpersäfte den Charakter bestimmt, durch das Überwiegen der 'schwarzen Galle' geprägter) schwermütiger Mensch; *Melancholie*; *melan-cholisch*; *Melasse*: braune Flüssigkeit, die bei der Zuckergewinnung anfällt; Namen: *Melanie, Melan-chthon*: ('Schwarzerd', deutscher Humanist des 16. Jh.). #Melange

męli (μέλι) Honig. *Melisse*: reichlich Blütensaft hervorbringender Lippenblütler; Vorname: *Melitta* ('Biene')

melior besser. *Melioration*: Verbesserung (bes des Bodens)

mēlon (μῆλον) Apfel. *Melone* (it, 'großer Apfel'): Kürbispflanze mit saftigen Früchten, auch: Bez für eine Hutform (umg); *Kamille* (<mlat camamilla <chamaimelon 'Erdapfel', wegen des Apfelgeruchs der Blüten); *Marmelade* (port, <melī-mēlon Apfelquitte, urspr Quittenmus)

męlos (μέλος) Glied, gegliederte Weise, *Melodie. Mel-odie*: in sich geschlossene singbare Tonfolge; *Mel-odik*: Melodiebildung; *mel-odisch*; *Melo-drama*: (Musikdrama:) gesprochene Dichtung mit begleitender Musik, oft mit falscher Leidenschaft und großen Gebärden; *melo-dramatisch*

membrum Glied; **membrāna** dünne Haut. *Membran*: Häutchen (z. B. als Zellgrenzschicht bei Tieren und Pflanzen), auch: Blättchen (z. B. als Schwingblättchen zur Umwandlung elektrischer Stromschwankungen in Schallschwingungen)

memoria Gedächtnis, Erinnerung; **memor** eingedenk; **re-minisci** sich erinnern. *memorieren*: ins Gedächtnis einprägen, auswendig lernen; *Memorandum*: Denkschrift; *Memoiren* (frz): (aufgeschriebene) Lebenserinnerungen; *Aide-mémoire* (frz): (Erinnerungshilfe:) nachträgliche Niederschrift mündlicher Verhandlungen, Denkschrift im diplomatischen Verkehr (↗ iuvāre); *Re-miniszenzen*: Erinnerungen

mēn (μήν) Monat. *Men-arche*: (Med) erstmalige Monatsblutung der Frau; *Meno-pause*: Ende der Monatsblutungen, Wechseljahre; *A-meno-rrhoe*: Fehlen bzw Ausbleiben der Monatsblutung (↗ rhẹin); *Dys-meno-rrhoe*: schmerzhafte Monatsblutung; *Meniskus* (hier: mēn = Mond): (kleiner Mond:) halbmondförmiger Knorpel im Kniegelenk

mẹ̄ninx (μῆνιγξ) (Gehirn-)Haut. *Meningitis*: (Med) Hirnhautentzündung; *Lepto-meninx*: zarte Hirnhaut

mēns (Gen: mentis) Verstand, Sinnesart, Denken; **dē-mēns** von Sinnen, wahnsinnig. *Mentalität*: Denk- und Gesinnungsweise; *Dē-mentia praecox* (praecox = vorzeitig): in jungem Alter beginnende Verblödung; *De-menti* (frz, dé-mentir Lügen strafen; mentīrī sich ausdenken, lügen): amtliche Zurückweisung einer Nachricht; *de-mentieren*; *Kom-mentar*: (zum Bedenken Aufgezeichnetes:) 1. Tagebuch, 2. Erläuterungen (zu Schriftwerken oder zum politischen Tagesgeschehen); *Kommentator*; *kom-mentieren*

mēnsis Monat. *Se-mester*: Zeit von sechs Monaten, (früher:) Halbjahr beim Hoch- und Fachschulstudium; *Tri-mester*: Zeit von drei Monaten; *Menstruation*: (Med) monatliche Regelblutung der Frau; *menstruieren*

merēre und **merērī** (Part: meritus) verdienen, Dienste leisten. *Meriten*: Verdienste; *e-meritieren*: (ausgedient haben:) in den Ruhestand versetzen; *Professor e-meritus*: Professor im Ruhestand

mergere (Part: mersus) eintauchen, versenken. *Im-mersion*: (Astr) das Eintauchen (z. B. eines Mondes in den Planetenschatten), auch: (Geo) Überflutung des Festlandes durch das Meer; *Im-mersions-flüssigkeit*: das Licht stark brechende Flüssigkeit, in die Gegenstand und Objektiv eingetaucht werden, um das Auflösungsvermögen des Mikroskops zu erhöhen

mẹros (μέρος) Teil. *Mono-mer*: (Einzelteil:) (Chem) Ausgangsstoff für die Herstellung makromolekularer Stoffe, der *Poly-mere*; *poly-mer*: aus größeren Molekülen bestehend, die durch Verknüpfung zahlreicher kleinerer entstanden sind; *Poly-merie*: 1. die Eigenschaft von Verbindungen, polymere Derivate zu bilden, 2. einheitlich erscheinende Erbeigenschaft, die aber von mehreren Erbanlagen abhängt

merx (Gen: mercis) Ware; **mercātus** und **mercātūra** Handel; **com-mercium** Handelsverkehr; **mercātor** Kaufmann; **Mercurius** *Merkur*, Gott des Handels und Reiseverkehrs, auch: Götterbote, wie der griechische Gott ↗ Hermes. °*Markt* (<mercātus); °*Marketender(in)* (von einem Part mercātāns, mercātantis): Händler(in) bei einer Heereseinheit; *Merkantil-system* = *Merkantilismus*: System der Wirtschaftspolitik des Absolutismus (Bestreben, durch Förderung der heimischen Produktion und hohe Ausfuhr den staatlichen Reichtum zu vermehren); *kom-merziell*: den Handelsverkehr (Kommerz) betreffend, kaufmännisch; *Kom-merzien-rat*: (früher:) Titel für Großkaufleute und Industrielle; *Kommers*: (urspr: Handelsverkehr) studentisches Trinkgelage

mẹsos (μέσος) °°mittlere (↗ °°medius). *Mesen-chym*: (das Mittenhineingegossene:) (Med) embryonales Bindegewebe zwischen äußerem und innerem Keimblatt; *Meso-derm*: (Bio) mittleres Keimblatt; *Meso-phyten*: Pflanzen mit mittlerem Wasserbedarf; *Meso-potamien*: (inmitten zweier Flüsse, nämlich von Euphrat und Tigris, gelegen:) Zweistromland; *Meso-zoikum*: Erdmittelalter

meta- (vor Vokal met- bzw meth-) (μετα-, μετ'-,μεθ'-) mitten unter, mit, nach. In Z bedeutet es auch eine Orts- oder Zustandsveränderung. *Meta-these*: Umstellung (z. B. von Lauten: **Brunnen** – **Born**); *Meta-pher*: (Übertragung:) bildliche Redewendung ('der Himmel weint'); *meta-phorisch*, *Meta-physik*: (urspr die in einer antiken Ausgabe der Schriften des Aristoteles nach (den Schriften über) Physik = Naturwissenschaften angeordneten philosophischen Schriften, später gedeutet als: 1. Lehre vom Übersinnlichen und Unbeweisbaren, 2. der Dialektik entgegengesetzte Denkmethode, die Erscheinungen isoliert und als unveränderlich betrachtet; *meta-physisch*; *Meta-sprache*: Sprache, in der man bei der Beschreibung einer anderen (sog Objektsprache) redet (z. B. Deutsch in einer Grammatik der griechischen Sprache), oder künstliche (Formel-)Sprache, mit deren Zeichen man den Sachverhalt, der sich in der Objektsprache nur umständlich darstellen ließe, verkürzt wiedergeben kann

mẹtallon (μέταλλον) Bergwerk, Schacht, °*Metall*; **metallum** °*Metall*, Bergwerk. *Metall-urgie*: Metallgewinnung und -verarbeitung (↗ ergon); *Medaille* (frz): Gedenkmünze aus Edelmetall; *Medaillon* (frz): als Anhänger getragene Schaumünze mit Reliefbild, auch Kapsel mit Erinnerungsstück, auch: wie ein Medaillon geformter Braten

met-ẹōros (μετέωρος) (↗ ạirẹin; mitten in die Luft gehoben:) schwebend. *Met-eor*: Sternschnuppe; *Met-eorit*: Bruchstück eines anderen Himmelskörpers; *Met-eoro-logie*: Wetterkunde; *Met-eoro-loge; met-eoro-logisch; Meteorismus*: (Med) Luftansammlung in Darm und Bauchhöhle

mętēr (Gen: mētrǫs) (μήτηρ, μητρός) °°*māter* (Gen: mātris) °°Mutter. *Metro-pole*: ('Mutterstadt', urspr eine Stadt, von der aus die Griechen Tochterstädte gründeten:) Hauptstadt, funktionell komplexes Führungszentrum eines Landes; *Metro-politain*: hauptstädtische Einrichtungen, z. B. die U-Bahnen in Paris und Moskau (Kurzform: *Metro*) oder die *Metro-politan Opera* in New York; *Metro-polit*: Bischof einer Kirchenprovinz, leitender Geistlicher in der russisch-orthodoxen Kirche. – *Matrone*: ältere, ehrwürdige Frau (urspr: jede verheiratete Frau); *Matri-archat*: (Mutterherrschaft, ↗ archē) dominante Stellung der Frau in der Gesellschaft; *Matrikel* (<mātricula): Liste der Studenten (als 'Kinder' der 'alma māter', d. h. der Universität als der 'nährenden Mutter'); *im-matrikulieren*: in die Matrikel eintragen (Gegens: *ex-matrikulieren*); *Matrize* (abgekürzt: *Mater*): 1. Gußform für den Schriftguß, 2. wachsüberzogenes Blatt zum Hektographieren; *Matrix* (pl: Matrizen): 1. Zahlenschema in Rechteckform (z. B. zur Lösung mathematischer Aufgaben), 2. (Bio) Mutterboden (Zellgruppe oder Gewebeschicht, von der das Wachstum ausgeht), 3. Eiweißsubstanz im Chromosomen

męthy (μέθυ) Rauschtrank, Wein. *Methyl-alkohol*: Methanol, einfachster Alkohol (<męthy + hylē); *A-methyst*: Halbedelstein von der Farbe des Rotweins, der seinen Träger angeblich vor Rausch schützt

mētīri (Part: mēnsus) °°messen (↗ °°mętron); **mēnsa** (abgemessene, zugeteilte Mahlzeit, dann:) Tisch; **mēnsūra** Messung, Maß; **immēnsus** unermeßlich. *Mensa*: Speiseraum für Studenten; *Kom-mensalismus*: (Bio) (Tischgenossenschaft:) Gewohnheit einiger Tierarten, sich durch von anderen Tierarten erjagte Beute zu ernähren; *Mensur*: 1. (abgemessener:) Abstand der Fechtenden, früher auch: studentischer Zweikampf mit blanker Waffe, 2. (Chem) Glaszylinder mit Maßeinteilung, 3. Weite des Schallrohres bei Blechblasinstrumenten; *mensurabel*: meßbar; *kom-mensurabel*: mit demselben Maß meßbar, vergleichbar; *in-kom-mensurabel*: nicht vergleichbar; *im-mens*: unermeßlich; *Di-mension*: Abmessung, Ausdehnung (in Länge, Breite, Höhe)

mętron (μέτρον) °°Maß (↗ °°mētīrī). *Meter* (frz): Grundeinheit des metrischen Maß- und Gewichtssystems; *Metrum*: Versmaß; *Metrik*: Lehre vom Versmaß oder (Mus) Takt; *metrisch*: 1. auf das Meter bezüglich, 2. auf Verskunst oder Takt bezüglich; *Metro-logie*: Maß- und Gewichtskunde; *Dia-meter*: 'Durchmesser'; *dia-metral*: völlig entgegengesetzt (wie die Endpunkte eines Kreisdurchmessers); *Mano-meter* (mānǫs dünn, locker): Druckmesser für (Lockeres:) Gase oder Flüssigkeiten; *Para-meter*: (Vergleichsmaß:) 1. (Math) bei Kegelschnitten die senkrecht zur Hauptachse durch einen Brennpunkt gelegte Sehne, 2. (Math) Hilfsveränderliche zur Kennzeichnung von Zusammenhängen durch Gleichungen, 3. Kenngröße, Leistungszahl (von Maschinen und Prozessen)

migrāre wandern. *e-migrieren*: auswandern; *E-migration; E-migrant*: Auswanderer, auch: politischer Flüchtling; *Migration*: Wanderung

mīkros (μικρός) klein. *O-mikron*: griechischer Buchstabe, kurzes o im Gegensatz zum O-mega; *Mikro-*: das Millionstel, Vorsatz 10^{-6} (↗ my); *Mikro-skop*: (Gerät zum Betrachten von Kleinem:) Vergrößerungsgerät; *Mikro-biologie*: Wissenschaft von den Einzellern; *Mikro-be = Mikro-organismus*: nur unter dem Mikroskop sichtbares tierisches oder pflanzliches Lebewesen (↗ bįos); *Mikro-tom*: (Bio) Gerät zur Herstellung feinster Schnitte für *mikro-skopische* Untersuchungen; *Mikro-kosmos*: 1. Welt der Kleinlebewesen, 2. (der Mensch als) verkleinertes Abbild des Weltalls, des Makro-kosmos; *Mikro-phon*: Gerät zur Umwandlung von Schallschwingungen in elektrische Impulse (um eine 'leise Stimme' zu verstärken und in die Ferne zu übertragen)

mīles (Gen. mīlitis) Soldat; **mīlitāre** Soldat sein; **mīlitia** Kriegsdienst; **mīlitāris** kriegerisch, soldatisch; **com-mīlitō** Mitsoldat, Kamerad. *Miliz*: bewaffnete Streitkräfte (im Frieden ohne ständige Truppenteile), 2. Polizeiorganisation; *militant*: kämpferisch; *Militär*: Heer(wesen), Sammelbezeichnung für Angehörige des Heeres; *militärisch*: soldatisch, kriegerisch; *Militarismus*: Unterordnung des gesamten öffentlichen Lebens unter die Ziele der Militärkaste; *militaristisch*;

Re-militarisierung: Wiederherstellung des Militarismus; *Kom-militone*: Mitstudent, Studiengenosse

mīlle (pl: mīlia) tausend. °*Meile*; *römische Meile*: mīlle passūs = tausend Doppelschritte = 1,5 km; °*Meiler* (<mīliārium): Holzstoß der Köhler (aus 'tausend' Stück Holz geschichtet), danach auch: *Atom-meiler*; *Milli-*: $^1/_{1000}$ ... In Z: *Milli-meter*, *Milli-gramm*; *Million*: tausend mal tausend; *Milliarde*: tausend Millionen; *Pro-mille*: auf tausend berechnet

mịmos (μῖμος) Nachahmer, Schauspieler und eine Art Possenspiel; **mīmẹisthạ̑i** (μιμεῖσθαι) nachahmen. *mimen*: nachahmen, so tun als ob; *Mime*: Schauspieler; *Mimik*: Schauspielkunst, wechselnder Gesichtsausdruck; *Mimikry* (engl): Nachahmung (wehrhafter Tiere durch wehrlose, z. B. von Wespen durch Fliegen), Schutzfarbe; *Mimose*: Pflanze, die bei Reizung (Tieren ähnliche) Bewegungen macht; *mimosenhaft*: überempfindlich; *Sympathiko-mimetika*: (Med) Mittel, die genauso wirken wie eine Erregung des sympathischen Nervensystems

mina (spätlat) Erzgrube. *Mine*: Bergwerk, unterirdischer Gang, dann: (die urspr im Bergbau verwendete bzw unterirdisch angebrachte) Sprengladung, auch: (die in einem 'verborgenen Gang' untergebrachte) Bleistifteinlage; *Mineral*: (aus Bergwerken gewonnener) anorganischer Stoff; *Mineral-quelle*: Heilquelle mit gelösten Mineralien, dazu: *Mineral-wasser*; *minero-gen*: aus (Mineralien:) anorganischen Teilen entstanden; *unter-minieren*: untergraben; *ver-minen*: durch Minen unzugänglich machen; #Miene

mināre (spätlat) zum Gehen antreiben, führen. *pro-menieren* (frz): (vorwärtsbewegen:) spazierengehen; *Pro-menade*: Spazierweg

minium °*Mennige*, rotes Bleioxyd. *Miniatur*: (mit roter Mennigebemalung verzierter Anfangsbuchstabe, in mittelalterlichen Schriften häufig mit eingemaltem kleinem Bild, daher:) Kleinbild (#minor); *Miniatur-ausgabe*: Ausgabe eines Buches in Kleinformat

minor kleiner, jünger; **minus** weniger; **minimus** kleinster; **minuere** (Part: minūtus) verkleinern, °°vermindern; **minister** (urspr: der Kleinere, Gegens: magister) Diener; **ministerium** Dienstleistung, Amt; **ad-ministrāre** (Dienst tun:) verwalten. *Minorität*: Minderheit; *minus*: weniger; *Minuskel*: Kleinbuchstabe (Gegens: Majuskel); *Minimum*: kleinste Menge, kleinster Wert, auch: Tiefdruckgebiet; *minimal*: ganz klein, ganz geringfügig; *Mini-*: sehr klein, (auch als Abk von Miniatur!). In Z: *Mini-rock*: (sehr kurzer Rock); *Minuend*: (Math) zu vermindernde Zahl; *Minute*: (das Verkleinerte:) 60. Teil einer Stunde oder eines Winkelgrades; *Menu* (frz, <minūtum): Speisenfolge (mit Angabe der kleinsten Einzelheiten); *Menuett* (frz): Tanz mit kleinen Schritten; *di-minuendo* (it): (Mus) die Tonstärke herabmindernd; *Di-(auch: De-)minutiv-form*: Verkleinerungsform ('Büchlein'); *Minister*: (früher: Beamter als Diener eines Fürsten, heute:) oberster Leiter eines Hauptzweiges der staatlichen Verwaltung; *Ex-minister*: ehemaliger Minister (so auch Ex-könig); *Ministerium*: Amtsbereich eines Ministers; *Ministeriale*: (Dienstmann:) Mitglied des ritterlichen Dienstadels im Mittelalter; *Ministrant*: (Dienender:) Meßdiener in der katholischen Kirche; *ad-ministrieren*: verwalten, auch: anweisen (ohne die Ausführenden von der Notwendigkeit zu überzeugen); *ad-ministrativ*: verwaltungsmäßig, auf dem Wege der Anweisung; *Ad-ministrator*: Verwalter; *Ad-ministration*

mīrus wunderbar, erstaunlich; **ad-mīrābilis** bewundernswert; **(ad-)mīrārī** sich wundern, bewundern; **mīrāculum** Wunder. °*Mirakel*: wundersames Ereignis. #Admiral (arab)

miscēre (Part: mixtus) °°mischen. *Mixtur*: Mischung, Arznei aus mehreren flüssigen Bestandteilen; *Mixer*: Mischer; *Miszellen*: vermischte kleine Beiträge (bes in wissenschaftlichen Zeitschriften); *Mestize* (span): Mischling (Kind eines Weißen und einer Indianerin); *meliert* (frz, <misculāre): gemischtfarbig (z. B. graumeliert); *Melange* (frz): Kaffee(bohnen)mischung

misẹ̑in (μισεῖν) hassen. *Mis-anthrop*: Menschenfeind; *Miso-gyn*: Weiberfeind

miser elend, unglücklich; **miserābilis** bejammernswert; **miseria** Elend. *miserabel*: jämmerlich; *Misere* (frz, <miseria): Elend; *Miserere* (miserērī sich erbarmen): 1. Anfangsworte eines Bußpsalms (miserẹ̄re, dọmine: Herr, erbarme dich!), 2. (Med) Koterbrechen bei Darmverschluß (nach dem Unheil verheißenden Ausgang der Krankheit)

mịtos (μίτος) Faden. *Mitose*: (Bio) indirekte Kernteilung mit Herausbildung von Chromosomenfäden, Gegens: *A-mitose; a-mitotisch*; °*Samt* (<mht samitum <mgr hexạ-miton: Sechs-Faden-Gewebe)

mittere (Part: missus) schicken, loslassen. *Mission*: Sendung, Gesandtschaft, auch: Aussendung von *Missionaren* zur Verbreitung einer Glaubenslehre; *Messe*: 1. katholischer Gottesdienst zur Feier des Abendmahls (nach den Schlußworten des Geistlichen: 'Ite, missa est', d. h. 'Geht, sie – die Gemeinde – ist entlassen'), 2. (an kirchliche Messen sich einst anschließender) Markt, zentraler Handelsmarkt mit Musterschau, 3. kirchenmusikalisches Werk für den Gottesdienst, 4. *Schiffs-* bzw *Offiziers-messe*: Eßraum (<missum das aus der Küche dorthin geschickte Essen); *Kirmes* (<*Kirch-meß)*: die bei der jährlichen Kirchweihfeier gelesene Messe, dann: das sich anschließende Volksfest mit Jahrmarkt; *Kom-mission* (com-mittere anvertrauen): 1. anvertrauter Auftrag, 2. Ausschuß von Beauftragten; *Kom-missionshandel*: (Handel im Auftrag:) gewerblicher Ein- und Verkauf von Waren im eigenen Namen, aber auf Rechnung des Auftraggebers, des *Kom-mittenten*; *Kom-missar*: Beauftragter, auch: eine Dienstbezeichnung; *kom-missarisch*: auftrags-, vertretungsweise; *Kom-mißbrot*: im staatlichen Auftrag für das Militär geliefertes Brot (daher umg: *Kom-miß*: Militärdienst); *Ko-mitee* (frz): (leitender) Ausschuß; *Kom-pro-miß* (prō-mittere versprechen, also: das gemeinsame Versprechen): gegenseitiges Zugeständnis; (aus 'ein fauler Kompromiß' vielleicht:) *kom-pro-mittieren*: vor anderen Leuten bloßstellen; *De-mission*: Entlassung, auch: Rücktritt von einer hohen Funktion; *de-missionieren*: sein Entlassungsgesuch einreichen, abdanken; *ex-mittieren*: zwangsweise aus der Wohnung setzen; *E-mission*: (Hinausschickung:) 1. Ausgabe von Wertzeichen (Geld, Briefmarken), 2. Aussendung von Strahlen, auch: von Schadstoffen (dagegen: *Im-mission*: die Aufnahme e-mittierter Stoffe); *E-missions-nebel*: kosmischer Nebel, dessen Gasmassen durch nahe und heiße Sterne zu eigener Lichtstrahlung veranlaßt werden können; *E-missions-spektrum*: Spektrum des ausgesandten Lichtes glühender Körper; *E-missär*: Bote, Sendling, Agent; *Sub-mission*: (Herabsetzung, Verringerung:) Auftragserteilung an den, der den niedrigsten Preis fordert, auch: Bewerbung um Produktionsaufträge durch Musterausstellungen; *Trans-mission*: (Übersendung:) Übertragung von Kraft (z. B. durch Riemen); *Trans-mitter*: 1. (Techn) Sender, 2. (Bio) Überträgersubstanz; *inter-mittierend*: (Pausen dazwischen lassend:) zeitweilig auftretend (z. B. *inter-mittierendes Fieber*)

mnēmē (μνήμη) Gedächtnis. *Mnemonik* = *Mnemo-technik*: Unterstützung des Gedächtnisses durch Hilfsmittel (z. B. Merkverse); *A-mnestie*: ('Vergessen' der Vergehen:) (Pol) Begnadigung; *A-mnesie*: (Med) Erinnerungsverlust; *Ana-mnese*: (Heraufholen ins Gedächtnis:) Aufnahme der Vorgeschichte der Krankheit; *ana-mnestisch*

modus °°Maß, Art und Weise; **modestus** maßvoll, bescheiden; **moderārī** mäßigen; **commodus** (angemessen:) zweckmäßig, vorteilhaft, bequem; **ac-com-modāre** anpassen. *Modus*: 1. Verfahrensweise, 2. Aussageart im Satz, (z. B. Indikativ); *Modal-satz*: Adverbialsatz der Art und Weise; *Mode*: Art, sich zu kleiden (dazu: *modisch*) oder zu benehmen (dazu *modern*: zeitgenössisch, auch: = modisch); *Modalität*: Art und Weise eines Verfahrens; *Modell*: (Maßstab:) Vorbild für danach zu formende Dinge, auch: vereinfachte Vorstellung von zu untersuchenden Objekten (unter Beibehaltung des Wesentlichen und Gesetzmäßigen); *modellieren*: ein Modell herstellen, formen; *um-modeln*: umformen; *Modul* (<modulus kleines Maß, wonach man etwas mißt): Maßstab, Maßzahl, bes (Techn) 1. Verhältnis der Zahnteilung von Zahnrädern zur Zahlengröße π, 2. charakteristische Zahl für Eigenschaften bestimmter Stoffe *(Elastizitäts-modul)*, 3. maßgerechtes Strukturteil, z. B. einer Orbitalstation; *Model* (durch Vokalschwächung aus Modul): 1. Maßstab, Maßzahl, bes in der antiken Architektur das dem Säulendurchmesser entnommene Grundmaß, zu dem man die anderen Maße des Bauwerks ins Verhältnis setzte, 2. Figuren(back)form; *modulieren*: die Art und Weise ändern, abwandeln (z. B. die Tonart in einem Musikstück); *Modulation*: 1. Wechseln der Tonart, 2. (Phys) Überlagerung von hörbarer, niederfrequenter Schwingung durch hochfrequente Trägerwelle; *modi-fizieren*: (nach dem jeweiligen Maß machen:) abwandeln, auf das passende Maß bringen; *Modi-fikation*: 1. Abwandlung, Anpassung der Verfahrensweise an gegebene Voraussetzungen,

2. (Chem) Erscheinungsform eines Elements (Graphit und Diamant als Modifikationen des Kohlenstoffs), 3. (Bio) veränderte Erscheinungsform innerhalb einer taxonomischen Einheit; *moderato* (it): (Mus) mäßig; *Moderator*: (Mäßiger:) 1. (Phys) Bremsstoff, der Neutronen hoher Energie auf geringere Energien abbremst, 2. Kommentator, der z. B. die einzelnen Programmnummern in angemessener Weise einrichtet und verbindet; *Kom-mode*: (bequemes:) Möbelstück (im Gegensatz zur altmodischen Truhe); *in-kommodieren*: Unbequemlichkeiten bereiten; *akkom-modieren*: anpassen (z. B. die Augenlinse an eine bestimmte Sehentfernung); *Ak-kom-modation*

mola °*Mühle*. °*Müller* (<molinārius); *Molar*: Mahlzahn; #mōlēs, #mollis

mōlēs Masse, Last, Riesenbau; **molestus** lästig; **mōlīrī** in Bewegung setzen. *Mole*: Hafendamm; *Molekül*: kleinstes Masseteilchen einer chemischen Verbindung; *molekular; Gram(m)-molekül* (abgekürzt: *Mol*): Molekulargewicht in Gramm; *molar*: auf 1 Mol bezogen; *molestieren*: belästigen; *de-molieren*: (das Bauwerk abreißen:) zerstören; *A-mulett* (<āmūlētum, von ā-mōlīrī abwenden): vermeintliches Schutzmittel gegen Gefahren; #mola, #mollis

mollis weich. °*mollig; Moll-tonart* (Gegens: ↗ Dur-tonart); *Mollusken*: Weichtiere; #mola, #mōlēs

monēre (Part: monitus) erinnern, °°ermahnen; **monumentum** °°Mahnmal, Denkmal. *monieren*: ermahnen, beanstanden; *Monitor*: (Erinnerer:) Kontrollempfänger eines Senders; *Monument*: Mahnmal, Baudenkmal; *monumental*: denkmalartig, gewaltig, im großen Stil geschaffen; *Moneten* (umg): Geldstücke (benannt nach der Iūnō Monēta, der 'Mahnerin', in deren Heiligtum auf dem römischen Kapitol sich die Geldprägestätte befand), daraus: °*Münze*: 1. Geldprägestätte, 2. geprägtes Geldstück; *Porte-monnaie* (frz, <portāre + monēta: Träger für Münzen:) Geldbörse

mǫnos (μόνος) allein; **monachǫs** (μοναχός) Einsiedler, °*Mönch*. *Monem*: (Gram) 1. zusammengesetztes Wort, dessen Bedeutung sich nicht aus seinen Teilen ablesen läßt (z. B.: Backfisch), 2. = Morphem; *Mono-* ein, allein. In Z: *Mono-graphie*: Schrift über einen Gegenstand (aber: ↗ Poly-graphie); *Mono-gramm*: (Verschlingung mehrerer Buchstaben zu einem als) Namenszeichen; *Mono-karbon-säure*: organische Verbindung mit einer COOH-Gruppe; *Mono-theismus*: Glaube an einen Gott (Gegens: Poly-theismus); *Mono-log*: Selbstgespräch; *mono-ton*: eintönig; Städtenamen: *München* (<monachōs) und *Münster* (<monastē̦rion, davon:) *Münster* = Klosterkirche, Dom

mōns (Gen: montis) Berg (↗ ē-minēre herausragen); **montānus** auf (in) Bergen vorkommend. *Monte Rosa* (it), *Mont Blanc* (frz), *Mount Everest* (engl); *Montan-industrie*: Bergbau und Bearbeitung des Fördergutes in Schwer- und Hüttenindustrie; *montieren*: (frz, urspr: hinaufsteigen, dann: hinaufbringen:) aufbauen, einrichten; *Montage; Monteur*; *de-montieren*: abbauen; *De-montage*

mōnstrāre und **dē-mōnstrāre** zeigen, beweisen (↗ °°monēre) ; **mōnstrum** (von den Göttern kommendes warnendes Zeichen, z. B. Mißgeburt) Ungeheuer, *Monstrum*. °*Muster* (it, mostra Ausstellung, dann das Stück, das man zeigt): Probestück, auch: Verzierung, Gestaltung einer Oberfläche (Stoff-muster); *musterhaft*; *mustergültig*; *mustern*: mit Blicken prüfen auch: auf Diensttauglichkeit untersuchen, auch: mit Muster versehen; *Monstranz*: Schaugehäuse, in dem in katholischen Kirchen eine Hostie gezeigt wird; *Monster-*: Riesen-. In Z: *Monster-prozeß*: Riesenprozeß vor Gericht; *monströs; de-monstrieren*: 1. veranschaulichen, 2. auf einer Massenkundgebung (als *De-monstrant*) seinen Willen bekunden; *De-monstration; De-monstrativ-pronomen*: hinweisendes Fürwort

mora Verzögerung, Aufenthalt; **morārī** verzögern, sich aufhalten. *Moratorium*: Aufschub, zeitweilige Unterlassung

morī (Part: mortuus tot) sterben; **mors** Tod (°°Mord); **mortālis** sterblich. *Mortalität*: Sterblichkeit; *Im-mortelle* (frz): (die Unsterbliche:) Pflanze mit unverwelklichen Blütenblättern; *a-mortisieren*: planmäßig (beseitigen:) tilgen (z. B. Anschaffungskosten); *Moritat* (volksetym Anklang an Mordtat): schauerliche Bänkelsängerballade

morphē̦ (μορφή) Gestalt, Außeres. *Morpho-genese*: Entstehung der Körpergestalt; *Morphologie*: 1. (Bio) Lehre von der Körperform, 2. (Gram) Formenlehre; *Morphem*: (Gram) die kleinste bedeutungstragende Einheit in der Sprache (ab-geh-en = 3 Morpheme); *a-*

morph: 1. gestaltlos, 2. nichtkristallisch; *isomorph*: 1. (Bio) gestaltgleich (unterschiedliche Generationen bei niederen Organismen), 2. (Chem) von gleicher Kristallgestalt (Gegens: *an-iso-morph*); *Meta-morphose*: (Verwandlung:) (Bio, Geo) Form- oder Gestaltwechsel; *Pleo-morphismus*: (Mehrgestaltigkeit:) (Bio) Gestaltwechsel; #Morphium: (einschläferndes) schmerzlinderndes Mittel, nach Morpheus, dem Sohn und Diener des griechischen Gottes Hypnos (Schlaf) benannt

mortārium °*Mörser*: Gerät zum Zerstampfen, auch: großkalibriges Steilfeuergeschütz mit kurzem Rohr (einem Mörser ähnlich); °*Mörtel* (urspr: zerstampfter Inhalt des Mörsers)

mōrum °*Maul-beere. Morula*: frühe Entwicklungsstufe des Tierkeims (einer Maulbeerfrucht ähnlich)

mōs (Gen: mōris) Sitte. *Moral*: Sittlichkeit, Sittenlehre, auch: erziehende Lehre (z. B. einer Fabel); *moralisch; moralisieren*: den Sittenprediger spielen, *de-moralisieren*: zuchtlos machen, auch: entmutigen

movēre (Part: mōtus) bewegen, erregen; **mōtus** Bewegung; **mōbilis** beweglich; **mōmentum** Bewegungskraft, Entscheidung. *Motor*: (Beweger:) Antriebsmechanismus; *motorische Nerven*: Bewegungsnerven (leiten Bewegungsantriebe vom Gehirn und Rückenmark zu den Muskeln; Gegens: sensible Nerven); *Motiv*: Beweggrund, Anlaß zu einer Handlung; *motivieren*: eine Handlung aus den Beweggründen erklären, auch: anregen zu; *Motivation*; *un-motiviert*: ohne Beweggrund; *Meute* (frz): in Bewegung gebrachte Masse oder Menge (z. B. von Jagdhunden); *Meuterei*: aufrührerische Bewegung; *meutern; mobil*: beweglich; *Mob* (engl): beweglicher, zuchtloser Haufe (urspr vielleicht: fahrendes Volk); *mobilisieren*: in Bewegung setzen, bereit machen (z. B. Streitkräfte, = *mobil-machen*, dazu: *Mobil-machung = Mobilisierung); Perpetuum mobile*: (das von sich aus ständig Bewegliche:) ohne Energiezufuhr sich ständig bewegende Maschine; *Mobiliar*: gesamter beweglicher Hausrat; *Im-mobilien*: unbeweglicher Besitz (Grund und Boden, Haus); *Möbel* (frz meuble): bewegliche Einrichtungsgegenstände; *möblieren; Moment*: 1. **der** *Moment*: äußerst kurzer Zeitabschnitt, Augenblick, 2. **das** *Moment*: bewegender, entscheidender Umstand, (Phys) für eine Wirkung entscheidendes Produkt zweier Größen (z. B.: *Dreh-moment*); *momentan*: augenblicklich; *E-motion*: Gemütsbewegung; *e-motional* = *e-motionell*: gefühlsmäßig; *pro-movieren*: (vorwärtsbewegen:) die Doktorwürde verleihen bzw erlangen; *Promotion*; *Pro-motor*: (Bio/Chem) Anregersubstanz; *Loko-motive*: Maschine, die andere Gleisfahrzeuge vom Ort fortbewegt; *Lokomobile*: Kraftmaschine, die sich vom Ort fortbewegen läßt; *Auto(-mobil)* (frz): (durch einen Motor) sich selbst fortbewegender Wagen; *Mo-ped*: mit Motor und Pedal versehenes Zweirad

muffula (mlat) Fausthandschuh. °*Muff* (Handwärmer); °*Muffe* (Rohransatzstück); *Muffelofen* #Muffel-wild

mulgēre °°melken; **mulctra** Melkkübel. °*Mulde*; °*Molle*; *e-mulgieren*: (ausmelken:) einen Stoff in einem anderen fein verteilen (z. B. Fett in Milch); *E-mulsion*

multus viel. *Multi-millionär*: vielfacher Millionär; *multi-plizieren*: vervielfachen (↗ plicare); *molto* (it): (Mus) sehr

mundus Welt. *mondän* (frz): (weltlich:) nach der Weise der 'großen Welt'

mūnire befestigen, sichern; **mūrus** °*Mauer. Munition*: (urspr: Befestigung, dann:) Schießbedarf (zur Sicherung der Stellung); °*Maurer* (<mūrārius)

mūnus (Gen: mūneris) Leistung, Verpflichtung, Aufgabe, auch: Amt, Geschenk; **commūnis** gemeinsam (urspr in Leistung und Verpflichtung); **com-mūnicāre** gemeinschaftlich machen, mit jemand teilen, mitteilen; **im-mūnis** frei (urspr von Leistungen), unberührt; **im-mūnitās** Freisein von etwas. *Munifizenz*: (ein Geschenk machen:) Freigebigkeit; *Re-muneration*: (Beschenkung:), Lohn; *Kom-mune*: Ortsgemeinde; *Pariser Kommune*: revolutionär-demokratische Herrschaft der Volksmassen im Jahre 1871; *Kommunarde*: Kämpfer der Pariser Kommune; *kom-munal*; zur Gemeinde gehörig, der Gemeindeverwaltung unterstellt; *Kom-munismus*: klassenlose Gesellschaft; *kom-munizieren*: (in Gemeinsamkeit:) in Verbindung miteinander stehen (auch: an der katholischen Abendmahlsfeier, der *Kom-munion*, teilnehmen); *Kom-munikation*: Verbindung; *Kom-munikations-mittel*: Verkehrs- und Transportmittel, auch: Mittel für Nachrichten- und Informationswesen; *Kom-muniqué* (frz): amtliche Mitteilung (an die Öffentlichkeit); *Ex-kom-munikation*: Ausschluß aus der katholischen Kirchengemeinschaft; *ex-kommunizieren; im-mun*: (frei von:) geschützt gegen Ansteckungsgefahr; *im-munisieren; Immunität*: 1. Schutzzustand gegenüber Ansteckungsgefahr, 2. Sicherheit der parlamentarischen Abgeordneten vor gerichtlicher Verfolgung, 3. (früher:) Steuerfreiheit

mụsa (μοῦσα) **mūsa** *Muse;* **mūsẹion** (μουσεῖον) **mūsēum** Raum der Musen. *musisch*: (den Musen geweiht:) für Künste und schöngeistige Bildung veranlagt bzw empfänglich (Gegens: *a-musisch*); *Musik*: (die von einigen Musen gepflegte) Tonkunst; *musikalisch*: auf die Musik bezogen, für sie veranlagt bzw empfänglich (Gegens: *un-musikalisch*); *Musiker* = *Musikant*: Musikausübender; *Musica sacra*: (heilige:) Kirchenmusik; *Musica viva*: (lebendige:) zeitgenössische Musik; *Musical* (engl): modernes, operettenartiges Singspiel; *Museum*: (den Musen geweihter Raum für wissenschaftliche Studien, zuerst in Alexandria, heute:) (Gebäude für) Sammlungen aus Kunst und Wissenschaft; *Mosaïk* (frz mosaïque): aus bunten Steinen kunstvoll zusammengesetztes Bildwerk

musca Fliege (°°Mücke). *Moskito* (span): tropische Stechmücke; *Muskete* (frz): alte Handfeuerwaffe (urspr: eine Art Armbrust, nach einer wie mit Fliegen gesprenkelten Sperberart, muscēta, benannt); *Musketier*: Schütze

mustum junger Wein, °*Most. Mostrich*: (urspr mit Most bereiteter) Senf

mūtāre tauschen, verändern; **(per-)mūtātiō** Veränderung. *mutieren*: 1. im Stimmwechsel stehen, 2. sich in den Erbanlagen ändern; *Mutation; Per-mutation*: Veränderung; *mutagen*: mutationserzeugend; *Kom-mutativ-gesetz*: (Math) Gesetz der Vertauschbarkeit von Größen (a + b = b + a); °*Mauserung*: jahreszeitlicher Wechsel der Federn oder Haare bei Tieren; *sich mausern; sich mausig machen*: übermütig sein, keck auftreten (wie ein Vogel nach der Mauserung)

muttīre leise reden. *Motto* (it): Wort, Spruch; *Motette*: (gesungene Worte:) mehrstimmiges Chorwerk (nach Bibelworten); *Bon-mot* (frz): (gutes Wort:) geistreicher und treffender Ausspruch

my (μῦ) das *My*, griechischer Buchstabe. *My*: 10^{-6} = Millionstel (Vorsatz für Maßeinheiten, gelesen: *mikro-*, z. B.: µm = Mikrometer; das instabile, subatomare *Myon* (auch: *Müon*): zur Bezeichnung der Elementarteilchen wurde z. T. das griechische Alphabet verwendet, z. B. Kaon, Pion u. a. (= µ-Meson, K-Meson, π-Meson)

myẹin (μύειν) schließen (bes von Lippen und Augen); **my-ōps** (μύωψ) kurzsichtig; **mystẹrion** (μυστήριον) Geheimnis. *Mysterium*: Geheimnis, (religiöse) Geheimlehre; pl *Mysterien*: geheime Götterkulte des Altertums; *Mystik*: Form religiösen Lebens, bei der der Gläubige eine innerliche Begegnung mit Gott zu erfahren glaubt; *mystisch; Mystizismus*: Wunderglaube, Neigung zu schwärmerischer Religiösität; *My-opie*: (Sehen mit zusammengekniffenen Augen:) (Med) Kurzsichtigkeit (↗ ọpsis)

myelos (μύελος) Mark. *Myelitis*: Rückenmarkentzündung

mykēs (Gen: mykētos) (μύκης, μύκητος) Pilz. *Myzeten*: Pilze; *Myzel*: verflochtene Masse von Pilzfäden, *Aktino-mykose*: Strahlenpilzkrankheit; *Dermato-mykose*: Pilzflechte (an Haut und Nägeln)

mȳriạs (Gen: mȳriạdos) (μυριάς, μυριάδος) zehntausend, unendlich viele, die *Myriade*

mȳs (μῦς) **mūs** (Gen: mūris) °°Maus, Muskel. *Myo-kard*: (Med) der Muskelanteil des Herzens (↗ kardịā); *Myonem*: Faser im Tierkörper, die sich (wie ein Muskel) zusammenziehen kann. – °*Muschel* und *Muskel* (beide <mūsculus Mäuschen, wegen der ähnlichen Form); *Muskulatur; muskulös; Murmel-tier* (<mūr- + mont-): 'Bergmaus'

mȳthos (μῦθος) Rede. *Mythos* = *Mythe*: Erzählung von Göttern und Ereignissen der Vorzeit; *mythisch; Mytho-logie*: 1. Gesamtheit der Mythen eines Volkes, 2. Wissenschaft von der Erklärung der Mythen

myxa (μύξα) Schleim. *Myx-ödem*: (Med) schleimige Durchdringung des Unterhautgewebes, bes im Gesicht; *Myxo-myzeten*: Schleimpilze

N

nạnos (νᾶνος) Zwerg. *Nanismus* = *Nano-somie*: (Med) Zwergwuchs; *Nano-:* das Milliardstel (vor Maßeinheiten, Vorsatz 10^{-9}[n]). In Z: *Nano-farad*

Nạrkissos (Νάρκισσος) Narcissus, nach der griechischen Sage ein Jüngling, der sich in sein Spiegelbild verliebte und schließlich in die nach ihm benannte Blume verwandelt wurde. *Narzißmus*: (Med) Verliebtheit in sich selbst

narkūn (ναρκοῦν) betäuben. *Narkose*: (Med) Allgemeinbetäubung, schlafähnlicher Zustand; *narkotisch; Narkotika*: Betäubungsmittel.

nāsus °°Nase. *Nasal-laute* (nämlich: m, n, ng)

nātus geboren, gebürtig; **nātūra** (Hervorbringen bzw Hervorgebrachtes:) *Natur*; **nātiō** (Gen: nātiōnis) Volksstamm; **nāscī** geboren werden, entstehen (urspr überall Stamm gnā-, °°gi-gn-ere, °°genus). *Natur*: (Phil) die unabhängig und außerhalb vom Bewußtsein existierenden Dinge und Erscheinungen (mit Ausschluß der Gesellschaft), auch: *natürliche* Beschaffenheit, Landschaft mit Pflanzen- und Tierwelt; *de-naturieren*: die natürliche Beschaffenheit ändern (z. B. durch chemische oder physikalische Einflüsse); *De-naturierung; Re-naturierung*: Umkehr dieses Prozesses; *Natur(ell)*: angeborene Wesensart; *Naturalien*: Naturerzeugnisse (bes der Landwirtschaft); *Natural-wirtschaft*: Wirtschaftsform, die überwiegend der Selbstversorgung des Erzeugers dient, auch: Tauschhandel mit Naturalien; *Naturalismus*: eine Kunstrichtung, welche die Wirklichkeit, auch die gesellschaftlichen Verhältnisse, naturgetreu, wie ein Naturobjekt, wiedergibt; *naturalisieren*: 1. Pflanzen oder Tiere an die natürlichen Bedingungen eines anderen Gebietes gewöhnen, 2. Ausländer einbürgern; *Nation*: (urspr: Bezeichnung eines Volkes unter dem Gesichtspunkt seiner gemeinsamen Herkunft, Sprache und Kultur:) Struktur- und Entwicklungsform der Gesellschaft, die als Gemeinschaft des wirtschaftlichen Lebens, des Territoriums, der Sprache und Kultur in Erscheinung tritt; *national; Nationalität*: 1. Zugehörigkeit zu einer Nation, 2. kleine Volksgruppe, die als Minderheit in einem Staat lebt; *National-staat*: Staat, dessen Grenzen das Gebiet einer Nation, *Nationalitätenstaat*: Staat, dessen Grenzen das Gebiet verschiedener Nationalitäten umschließen; *nationalisieren*: (zum Gemeinbesitz der Nation machen:) verstaatlichen; *Nationalisierung; Nationalismus*: übertriebene Wertung der eigenen Nation bei gleichzeitiger Geringschätzung anderer; *inter-national*: zwischenstaatlich; *Inter-nationale*: 1. Internationale Arbeiterassoziation, 2. Kampflied der kommunistischen Weltbewegung; *Inter-nationalismus*: (Gram) international gebrauchtes und verständliches Wort (z. B.: Radio; die Internationalismen sind größtenteils lateinischer oder griechischer Herkunft); *proletarischer Inter-nationalismus*: marxistisch-leninistische Theorie und Praxis des gemeinsamen Kampfes der Arbeiterklasse aller Länder; *naïv* (frz, <nātīvus natürlich): unbefangen, treuherzig, dann auch: leichtgläubig; *Naivität; Re-naissance* (frz): geistig-kulturelle Bestrebungen des Bürgertums zur 'Wiedergeburt' des klassischen Altertums (14.–16. Jh.); Vorname: *Re-nate*: die (durch die Bekehrung zum Christentum gleichsam) Wiedergeborene; *prae-, peri-, post-natal*: (Med) vor, während, nach der Geburt (geschehend); *Peri-nata-logie*

naus (ναῦς) **nāvis** Schiff; **nautēs** (ναύτης) °**nauta** Seemann; **nautiā** und **nausiā** (ναυτία, ναυσία) Seekrankheit; **nāvigāre** zu Schiff (zur See) fahren; **nāvigātiō** Schiffahrt. *Nausea*: (Med) Übelkeit, Brechreiz; *Nautik*: Schiffahrtskunde; *Navigation*: Führung eines Schiffes bzw Flugzeugs

necāre töten. *per-niziös*: zum Tode führend, bösartig; *Noxe(n)*: Schadstoff(e)

nectere (Part: nexus) knüpfen. *an-nektieren*: fremdes Gebiet durch Gewalt angliedern; *An-nexion; An-nex*: Anhang, Anhängsel; *Kon-nex*: Verbindung, Zusammenhang; *Konnexion*: (einflußreiche) Verbindung, nützliche gesellschaftliche Beziehung

negāre verneinen, versagen. *negieren*: verneinen, ablehnen; *Negation*: Verneinung; *negativ*: 1. verneinend, der Erwartung entgegengesetzt, ergebnislos, ungünstig, 2. (Math) kleiner als Null (Gegens: positiv); *Negativ*: 1. belichteter und entwickelter Film mit gegenüber dem Original (Positiv) vertauschten Helligkeitswerten, 2. Modellabdruck beim Gießen; *Re-negat* (re-negāre verleugnen): Verleugner seiner früheren Überzeugung, Abtrünniger

nekros (νεκρός) tot, Leichnam. *Nekrose*: (Med) Absterben von Organen oder Geweben; *Nekro-log*: Nachruf (auf einen Toten); *Nekro-pole*: (Totenstadt:) große vorgeschichtliche oder antike Begräbnisstätte

nektar (νέκταρ) *Nektar*, Götternahrung, -trank, köstlicher Trank, auch: (Bio) duftende und zuckerreiche Blütenabsonderung

nẹmẹin (νέμειν) zuteilen, bes Weideland; **nomḗ** (νομή) Verteilung, Weide; **nomạs** (Gen: nomạdos) (νομάς, νομάδος) weidend; **nomọs** (νομός) (das Zugeteilte:) Weide, Wohnsitz: **nọmos** (νόμος) Brauch, Gesetz. *Nomade*: Angehöriger eines (Vieh weidenden:) herumziehenden Hirtenstammes; *nomadisch; nomadisieren*: ständig herumziehen; *Anti-nomie*: (Gegensätzlichkeit:) Widerspruch, Unvereinbarkeit (z. B. zwischen zwei an sich richtigen Gesetzen); *Anti-nomismus*: Neigung zur Ablehnung jeglicher Gesetze; *Taxo-nomie*: (Festsetzung der Verteilung:) (Bio) Einteilung in ein System; *Nomogramm*: (Chem) graphische Darstellung (über die Verteilung bestimmter Größen:) von Kurven zu Rechenzwecken; *Numismatik* (nọmisma gebräuchliche Geldwährung): Münzkunde; *Metro-nom*: (Maßzuteiler:) (Mus) Taktgeber

nẹos (νέος) °°neu, jung (↗ °°novus). *Neon*: (das Neue:) erst 1898 entdecktes Edelgas, damit gefüllt die *Neon-röhre; Neo-* neu. In Z: *Neo-lithikum*: Jungsteinzeit; *Neo-phyten*: (neue Ansiedler:) Pflanzen, die sich in einem Gebiet angesiedelt haben, in dem sie vorher nicht vorkamen; *Neo-logismus*: (Gram) Neubildung oder neuartige Verwendung eines Wortes; *Neo-platonismus*: Neuplatonismus (spätantike philosophische Richtung); Städtename: *Nea-pel* (<nẹā pọlis Neustadt)

nephẹlē (νεφέλη) Wolke **nēbula** °°Nebel, *Nepho-meter*: (Geo) Bewölkungsmeßgerät; *Nephelo-metrie*: Messung der Trübung von Flüssigkeiten oder Gasen

nephrọs (νεφρός) Niere. *Nephrose*: degenerative Nierenerkrankung; *Nephritis*: Nierenentzündung; *Nephro-lithiasis*: Nierensteinleiden; *Nephro-pexie* (pēgnynai̯ anheften): Befestigung einer Senk- oder Wanderniere; *Nephroptose*: Nierensenkung (↗ pīptẹi̯n); *Nephrostomie*: Herstellung eines künstlichen (Nierenmundes:) Nierenausgangs zur Harnabführung; *Nephridien*: (Bio) Nierenkörperchen, Ausscheidungsorgan (z. B. der Ringelwürmer)

nepōs (Gen: nepōtis) Enkel, (spätlat auch:) °°Neffe. *Nepotismus*: Vetternwirtschaft (Bevorzugung von Verwandten bei der Besetzung von Ämtern)

Neptūnus Gott der Meere. Dazu der Planet *Neptun; Neptunismus*: (veraltete) Lehre, die eine Entstehung aller Gesteine aus Wasserablagerungen annahm

nervus Sehne, Muskel (Bedeutungswandel zu *Nerv* im heutigen Sinne erst spät); **nervōsus** sehnig, kraftvoll, *nervig. ent-nervt*: entkräftet; *nervös*: (nervlich) überreizt, überempfindlich; *Nervosität*

nḗsos (νῆσος) Insel. *Indo-nesien*: 1. Inselwelt (bei Indien:) zwischen Asien und Australien, 2. der größte dortige Staat; *Poly-nesien*: (viele Inseln:) die Welt der weitverstreuten Inseln im Pazifik; *Dodeka-nes*: Inselgruppe im Ägäischen Meer; *Pelopon-nes*: griechische Halbinsel, nach Pelops, dem Sohn des Tantalos

ne̯uron (νεῦρον) Sehne, später auch: Nerv (°°Schnur). *Neuron*: (Med) Nervenzelle (dazu: *neural*); *Neurom*: Gewächs der Nervenzellen; *Neuritis*: Nervenentzündung; *Neurose*: Störung der höheren Nerventätigkeit; *Neur-asthenie*: Nervenschwäche; *Neur-algie*: Nervenschmerz; *neur-algischer Punkt*: (auf Druck hin) empfindlicher Punkt; *Anti-neuralgika*: Mittel gegen Nervenschmerzen; *Neuro-leptika*: (Nerven erfassende Mittel:) eine Gruppe von Beruhigungsmitteln (↗ lambạnẹi̯n); *Neuro-logie*: Lehre von den Nervenkrankheiten

ne̯ustọs (νευστός) schwimmend. *Neuston*: Gesamtheit der Lebewesen des Oberflächenhäutchens stehender Gewässer

neuter keiner von beiden. *Neutrum*: (Gram) weder Maskulinum noch Femininum, 'sächlich'; *neutral*: keiner von zwei Seiten zugehörig; *Neutralität; neutralisieren*: 1. eine Wirkung aufheben, so daß ein neutraler Zustand entsteht, 2. einen Staat zu einem dauernd neutralen erklären (z. B. die Schweiz); *Neutralisation = Neutralisierung; Neutron* (mit griechischer Endung!): weder positiv noch negativ geladenes Elementarteilchen

niger schwarz (↗ melas). °*Neger* (als diskriminierender Ausdruck zu meiden!); *Negr-ide*: (Negerähnliche:) einer der drei Rassenkreise der Menschheit; *negro-id*; *Neg-* und *Nig-* in geographischen Benennungen: *Nigritien* (Schwarz-Afrika, veraltet), *Nigeria, Niger* (Fluß im Land der Schwarzen), *Rio Negro* (Schwarzer Fluß), *Monte-negro* (Schwarzer Berg)

nihil nichts. *Nihilismus*: Anschauung, die keinerlei menschliche und gesellschaftliche Werte und Ziele gelten läßt; *Nihilist; nihilistisch; Nihilitis*: (Med) ärztlicher Befund für eine eingebildete Krankheit; *An-nihil-ation*: Vernichtung, (jur) Ungültigkeitserklärung,

(Phys) Zerstrahlung gegensätzlicher Elementarteilchen

nimbus Wolke, (spätlat auch:) Heiligenschein, Strahlenkranz. *Nimbus*: strahlender Ruhm

nitī sich stützen, sich stemmen. *re-nitent*: sich dagegenstemmend, widerspenstig; *Re-nitenz*

nitidus glänzend, rein, sauber. *netto* (it): nach dem reinen Gewicht berechnet (ohne Verpackung, Gegens: brutto); *Netto-lohn*: reiner Lohn (nach Abzug der Steuern u. a.); *nett*: sauber von Aussehen und Gesinnung, auch: freundlich

nix (Gen: nivis) °°Schnee. *nival*: schneeig, durch Schnee erzeugt *(nivales Klima)*; *Nival-organismen*: Lebewesen im ewigen Eis und Schnee

nōdus Knoten (nicht urv). *Nodus*: Knoten (als Ansatzstelle des Blattes am Stengel); *Inter-nodium*: Stengelstück zwischen zwei Knoten

nōmināre nennen; **nōmen** °°Name (↗ °°ọ-noma). *nominieren*: benennen, ernennen; *Nominativ*: (Gram) Werfall (der das Subjekt nennt); *re-nommieren* (frz): (immer wieder sich selbst nennen:) sich rühmen, prahlen; *Re-nommist*; *re-nommiert*: immer wieder genannt, berühmt; *Re-nommee*: (guter) Ruf; *Nomen*: (Gram) deklinierbares Wort (bes das Substantiv, das den Dingen einen Namen gibt); *Prädikats-nomen*: deklinierbares Wort, das zusammen mit der Kopula das Prädikat bildet; *Pro-nomen*: Fürwort (das für den Namen einer Person oder Sache steht); *Nominal-formen* des Verbs: Verbformen, die wie Nomina deklinierbar sind (z. B. Partizipien); *Nominal-lohn*: Lohn in der Höhe des genannten Geldbetrages (ohne Berücksichtigung der Kaufkraft des Geldes, Gegens: Reallohn); *Nominal-wert*: Nennwert von Wertpapieren im Kapitalismus (Gegens: Kurswert, zu dem sie gehandelt werden); *nominal* 1. (nur) dem Namen nach = *nominell*; 2. das Nomen betreffend, von Nomen bestimmt (z. B. *nominaler Stil*); *Nominalismus*: Richtung innerhalb der Scholastik, derzufolge die Allgemeinbegriffe nur Namen ohne reale Existenz sind (Gegens: Realismus); *Nomen-klatur* (<nōmen + clā-, ↗ clāmāre): (Benennung mit Namen:) Namensgebung in der Wissenschaft, Verzeichnis wissenschaftlicher Fachausdrücke; *binäre Nomen-klatur*: (Bio) aus zwei Einheiten bestehende Benennung der Organismen (z. B.: canis familiāris = Hund, canis lupus = Wolf); *Nomen-klatur-kader*: Fachkraft, deren Laufbahn gemäß den in einer Nomenklatur festgelegten Positionen erfolgen soll

nōrma Richtschnur, Maßstab. *Norm*: Regel, Vorschrift, auch: Leistungssoll; *ab-norm*: von der Regel abweichend; *Ab-normität*: Regelwidrigkeit, Mißbildung; *e-norm* (<ex + nōrma): über den üblichen Maßstab hinausgehend, außerordentlich; *normal*: der Regel entsprechend; *norm(ier)en*: einem bestimmten Maßstab entsprechend vereinheitlichen; *normalisieren*: die normalen (d. h. gewohnten, üblichen) Verhältnisse (wieder)herstellen; *Norm-azidität*: normaler Säuregrad des Magensaftes

nōscere (Part: nōtus) kennenlernen; **nōbilis** (leicht erkennbar:) bekannt, vornehm (urspr überall Stamm gnō- wie bei:) **cō-gnōscere** erkennen. *notorisch*: allbekannt, auch: berüchtigt; *Nobilität*: der römische Amtsadel; *nobel*: vornehm (bes in Haltung und Gesinnung); *Noblesse* (frz): Vornehmheit, Adel; *re-kognoszieren*: (wiedererkennen:) auskundschaften; *in-ko-gnito*: (unerkannt:) ohne sich zu erkennen zu geben

nota Kennzeichen, Merkmal, Schriftzeichen; **notāre** kennzeichnen. *Note*: 1. (Mus) Zeichen für einen bestimmten Ton, 2. (schriftliches) Leistungsurteil, 3. offizielle Mitteilung im diplomatischen Verkehr; *Fuß-note*: Anmerkung am Schluß der Seite; *Bank-note*: (mit bestimmten Merkmalen versehenes) Papiergeld; *Noten-bank*: Bank mit dem Recht der Zahlungsmittelausgabe; *notieren*: aufzeichnen; *Notar*: staatlich Beauftragter für schriftliche Beglaubigungen und Beurkundungen; *Notariat*: Amtsstelle für Beurkundungen; *Notation*: Aufzeichnung (bes einer Schachpartie), Kennzeichnung (durch Symbole, Zahlen, Buchstaben u. a. allgemeine Zeichen); *Notat*: schriftliche Aufzeichnung; *Notiz*: kurze schriftliche Aufzeichnung, Anmerkung, auch: *Notiz nehmen von* … Kenntnis nehmen von …

novem °°neun. *November*: neunter Monat der älteren römischen Jahreseinteilung

novus °°neu (↗ °°nẹos); **novellus** neu, jung und noch klein; re-novāre erneuern. *Novum*: neue (überraschend auftretende) Tatsache; *Nova* (ergänze: stēlla Stern): Fixstern, der durch plötzliche Helligkeitszunahme gleichsam als neuer Stern erscheint; *Novität*: Neuheit, Neuerscheinung; *In-novation*: Neuerung; *Novize*: (Neuling:) angehender Mönch; *Novelle*: (kleine Neuigkeit:) 1. Neues (nämlich Änderung oder Zusatz) zu einem bestehenden Gesetz, 2. Kurzform der erzählenden Dichtung; *Novellist*: Novellenschriftsteller; *re-novieren*: erneuern, ausbessern

nox (Gen: noctis) °°Nacht (↗ °°nyx); **nocturnus** nächtlich. *Äqui-noktien*: (Tag- und) Nachtgleiche (Tage, an denen die Sonne senkrecht über dem Äquator steht, so daß Tag und Nacht gleich lang sind); *Äqui-nok-tial-stürme* (die z. Z. der Äquinoktien auftreten); *Nocturne* (frz) = *Notturno* (it): Nachtmusik, verträumtes Musikstück; °*nüchtern*: (noch im ‘nächtlichen’ Zustand:) einer, der noch nichts gegessen hat, auch: nicht betrunken, bei klarem Verstand, auch: ohne Begeisterungsfähigkeit

nūllus kein. *Null*; *an-nullieren*: für null und nichtig erklären

numerus Zahl; **numerāre** zählen. *Numerus*: (Gram) Zahl (Singular bzw Plural); °*Nummer*; *Numerale*: Zahlwort; *numerisch*: zahlenmäßig (z. B.: *numerische Überlegenheit*) auch: rechnerisch, durch Rechenoperation; *numerieren*: mit (fortlaufenden) Zahlen versehen

nūntiāre melden; **dē-nūntiāre** kundtun, anzeigen; **nūntius** Bote. *de-nunzieren*: anzeigen, anschwärzen; *De-nunziant*; *De-nunziation*; *annoncieren*(frz): eine Zeitungsanzeige, *Annonce*, aufgeben; *Nuntius*: päpstlicher Gesandter

nūs (Gen. noǫs) (νοῦς, νοός) Geist, Verstand, Denken. *Noo-sphäre*: Bezeichnung der komplexen Gesamtheit der natürlichen Umwelt, sofern sie durch das gewollte/bewußte/planmäßige Einwirken der menschlichen Tätigkeit verändert wird

nux (Gen: nucis) °°Nuß; **nucleus** (Nüßchen:) Nußkern. *Nukleus*: 1. (Bio) Zellkern, 2. Kern- oder Reststück des Feuersteinknollens, von dem Urmenschen Teile abschlugen, um daraus Werkzeuge herzustellen; *Nuklein*: Eiweißkörper im Zellkern; *Nukleo-id*: (Bio) dem Zellkern (ähnliches:) entsprechendes Gebilde im Inneren der Bakterienzelle (↗ idẹā); *Nuklein-säure*: Zellkernsäure; *Nukleole* (<nucleolus, nochmalig Dim): Kernkörperchen des Zellkerns; das *Nukleon* (mit griechischer Endung!): schweres Atomkernteilchen; *Nuklid*: aus Nukleonen aufgebauter

abnǫrm oder **anormal** (lat. abnormis „von der Regel abweichend“) widernatürlich; ungewöhnlich. Gegensatz → normal

H.-P. Wetzstein – Fremdwörter

Atomkern; *N(o)ugat* (frz): Nuß- oder Mandelkonfekt

nyx (Gen: nyktǫs) (νύξ, νυκτός) °°Nacht (↗ °°nox). *Nykt-urie*: (Med) häufigere nächtliche Harnausscheidung; *Nykto-phobie*: Nachtangst

O

obelǫs (ὀβελός) Spieß; **obolǫs** (ὀβολός) kleine Münze, **obolus** kleine Metallbarren als Geldform. *Obolus*: Scherflein; *Obelisk*: (Dim): oben spitz auslaufender vierkantiger Pfeiler

oblīquus schräg, schief, (seitwärts) abweichend. *oblique Rede*: (ōrātiō oblīqua: schiefe, d. h.) abhängige = indirekte Rede; *oblique Kasus*: abhängige Fälle (alle außer dem Nominativ)

obscūrus dunkel, finster. *obskur*: unklar, verdächtig; *Obskurantismus*: (Bestreben, zu verdunkeln:) Wissenschaftsfeindlichkeit, ‘Dunkelmännertum’

occultus verborgen. *Okkultismus*: (Lehre von verborgenen Dingen:) unwissenschaftliche Lehre von der geheimen Wirksamkeit unerklärlicher seelischer Kräfte (↗ Telepathie)

octō °°acht (↗ °°oktǫ); **octāvus** achter. *Oktober*: achter Monat der älteren römischen Jahreseinteilung; *Oktave*: (Mus) achter Ton der Tonleiter und Abstand von acht Tönen; *Oktav-format*: Papier in der Größe eines Achtelbogens

oculus °°Auge; **oculārius** zu den Augen gehörig. *Mon-okel*: (Einauge:) Augenglas für nur ein Auge (↗ mọnos); *okulieren*: (Augen einsetzen:) Bäume oder Sträucher veredeln; *Okular*: die dem betrachtenden Auge zugewandte Linse eines optischen Gerätes; *Bin-okular-mikroskop*: Mikroskop mit einer Sehvorrichtung für beide Augen

ōdẹ̄ (ᾠδή) Gesang, Lied. *Ode*: (urspr jedes Lied für Chorgesang) Gedicht in kunstvollen Strophen; *Par-odie*: (Danebengesang:) Verwendung von Text/Musik zu einem dem urspgl Zweck fremden, auch entgegengesetzten Zweck, mitunter Umbildung ins Komisch-Heitere; *par-odistisch*; *Rhaps-odie* (rhạpteịn zusammennähen): (in der Antike: von einem *Rhaps-oden* zusammengefügte und vorgetragene Episoden epischer Werke, z. B. Homers, heute:) (Mus) Instrumentalstück in freier Form; *Psalm-odie*: vorwiegend auf einem Ton gehaltener Gesang (wie bei den Psalmen) liturgischer Texte im Gottesdienst; *Trag-ödie* (trạgos Bock): (eigtl: Bocksgesang, vielleicht, weil die Sänger bei den Spielen zu Ehren des Dionysos an den Beinen mit Bocksfellen bekleidet gewesen sein sollen, später:) Trauerspiel, erschütterndes Ereignis; *Tragik*, *tragisch*; *tragi-komisch*: teils traurig, teils komisch

odụ̄s (Gen: odọntos) (ὀδούς, ὀδόντος) °°Zahn. *Odonto-logie*: Zahnheilkunde

ọidạ̄n (οἰδᾶν) schwellen; **ọidma** (οἶδμα) Geschwulst. *Ödem*: (Med) Wassersucht, Gewebeschwellung durch Wasseransammlung; *ödematös*; Eigenname: *Ödi-pus* 'Schwellfuß' (weil er als Kind auf die Prophezeiung hin, er werde Mörder des Vaters und Mann der Mutter werden, mit durchbohrten Füßen ausgesetzt wurde)

ọikos (οἶκος) Haus; **ọikẹịn** (οἰκεῖν) bewohnen. *Öko-logie*: Lehre von den Beziehungen zwischen Lebewesen und Umwelt; *Öko-nomie* (ọikonomịā Hausverwaltung): Wirtschaft(slehre) (↗ nẹmẹịn); *Öko-nom*: (früher: Landwirt, heute:) Wirtschaftswissenschaftler; *Ökumene*: 1. die ganze (bewohnte) Erde, 2. weltumspannende Gemeinschaft der meisten christlichen Kirchen; *Di-özese* (diọikẹịn haushalten, verwalten): (kirchlicher) Verwaltungsbezirk; *Met-öken* (mẹtọikọi:) fremde 'Mitbewohner' griechischer Städte, die frei, aber ohne Bürgerrecht waren, vgl die minderberechtigten, um das Zentrum Sparta herumwohnenden *Peri-öken* (perịọikoi): Umwohner; *mon-özisch*: (Bio) einhäusig (= *syn-özisch*): männliche und weibliche Blüten auf einer Pflanze (Gegens: *di-özisch* zweihäusig)

Ōkeanọs (Ὠκεανός) eine Gottheit, zuerst als die Erdscheibe umströmender Fluß, später als Meer vorgestellt. *Ozean*: Weltmeer

oktọ̄ (ὀκτώ) °°acht (↗ °°octō). *Okto-gon*: Achteck (↗ gōnịā)

olịgos (ὀλίγος) klein, gering. *Olig-archie*: Herrschaft einer Minderheit; *Olig-arch*; *olig-archisch*; *oligo-troph*: (Bio) nährstoff- und humusarm

Ọlympos (Ὄλυμπος) Olymp, höchster Berg Griechenlands (2918 m), in der griechischen Sage Wohnsitz der 'olympischen' Götter. *Olympia*: Zeusheiligtum auf der westlichen Peloponnes, (seit 776 v. u. Z.) Austragungsort der *Olympischen Spiele*; *Olympiade*: (in der Antike: Zeitraum von vier Jahren zwischen zwei Spielen, heute:) Olympische Spiele; *Olympio-nike* (nīkạ̄n siegen): Olympiasieger, heute auch: Teilnehmer an den Spielen

ōmen Vorzeichen, *Omen*. *ominös*: unheildrohend, bedenklich

omnis ganz, jeder, all. *Omni-voren*: (Bio) Allesfresser (↗ vorāre); *Omnibus* ('für alle'; umg Abk *Bus*): vielsitziger Kraftwagen, bes als öffentliches Verkehrsmittel; *Auto-bus*

ọnkos (ὄγκος) Geschwulst. *Onko-logie*: Geschwulstlehre; *onko-gen*: geschwulstauslösend

ọnoma und **ọnyma** (Gen: onọmatos)(ὄνομα, ὄνυμα, ὀνόματος) °°Name (↗ °°nōmen), Wort; **an-ọ̄nymos** (ἀνώνυμος) namenlos. *Onomasio-logie*: (Gram) Wissenschaft von den (Namen): Bezeichnungen der Dinge usw. (Gegens: Semasiologie ↗ sema); *Top-onomạstik*: Ortsnamenskunde; *Onomastikon*: Namensverzeichnis, auch: sachlich geordnetes Wörterbuch; *Onomato-poese*: Wortbildung durch Schallnachahmung (z. B.: miauen); *an-onym*: ohne Angabe des Namens; *Hom-onyme* (heute: Polyseme): gleichlautende Wörter mit unterschiedlicher Bedeutung (z. B.: 'Bremse'; ↗ homọs); *Met-onomasie*: (Umbenennung:) Übersetzung eines Eigennamens in eine Fremdsprache (z. B. 'Schwarzerd' in 'Melanchthon'); *Met-onymie*: (Umbenennung:) bildlicher Ausdruck (z. B.: 'graue Haare' für 'hohes Alter'); *syn-onym*: (dasselbe mit einem anderen Wort bezeichnend:) sinnverwandt; *Akr-onym* ↗ īre

ōọn (ᾠόν) Ei (↗ °°ovum). *Oo-gamie*: Befruchtung der *Oo-zyte*: Eizelle

opēs Machtmittel, Schätze; **opulentus** reich. *opulent*: reichlich, üppig (z. B.: opulentes Mahl, Gegens: frugal)

ophthalmọs (ὀφθαλμός) Auge. *Ophthalmo-logie*: Augenheilkunde

opịon (ὀπίον) Mohnsaft. *Opium*: eingedickter Saft unreifen Mohns (als Rausch- und Schmerzlinderungsmittel)

ọpsis (ὄψις) das Sehen; **optikọs** (ὀπτικός) das Sehen betreffend; **optẹr** (ὀπτήρ) Späher. *Optik*: (Lehre vom Sehen:) Lehre vom Licht; *Optiker*: Fachmann für Herstellung und Verkauf *optischer* Geräte; *Opto-metrie*: Sehkraftbestimmung; *Di-opter*: Teil des Spiegelsextanten oder Zielgeräts, durch das man hindurchsieht; *Di-optrie*: Einheit der Brechkraft einer Linse; *Aut-opsie*: (Sehen mit eigenen Augen:) (Med) Leichenschau; *Syn-opse*: (Zusammenschau:) vergleichende Übersicht; *Syn-optik*: großräumige Wetteranalyse

optāre wünschen, auch: wählen. *Optativ*: (Gram) Verbform, die einen Wunsch ausdrückt; *Option*: 1. (Wunsch nach:) Entscheidung für (z. B. eine bestimmte Staatsbürgerschaft), 2. Anmeldung eines Kaufwunsches; *optieren*; *ad-optieren*: (hinzuwünschen:) an Kindes Statt annehmen; *Ad-option*; *Ad-optivkind*; *ko-optieren*: (zur Ergänzung in eine Körperschaft, Leitung) hinzuwählen; *Ko-optation = Ko-optierung*

optimus sehr gut, bester; **optimātēs** (die Besten = ạristọị:) die *Optimaten* (hielten sich für die besten Bürger). *Optimum*: das Beste, das beste oder günstigste Maß; *optimieren*: die bestmögliche Gestaltung von Prozessen und Maschinen ermitteln; *Optimierung*; *optimal*; *Optimist*: jemand, der das Beste erwartet und das Leben auch in schwieriger Lage bejaht (Gegens: Pessimist); *optimistisch*; *Optimismus*

opus (Gen: operis) Werk; **of-ficīna** (<opi-ficīna, <opus + facere) Werkstatt; **of-ficium** (Arbeitsleistung:) Dienst, Pflicht; **opera** Arbeit, Mühe; **operāri** tätig sein, arbeiten. °*opfern* (eigtl: für eine Gottheit tätig sein); °*Opfer*; *Opus*: Werk (bes Mus, abgekürzt: op.); *Oper* (<opera, pl zu opus): (großes) Musikdrama; *Operette*: (kleines) heiteres musikalisches Bühnenwerk; *Of-fizin*: Werkstatt (des Buchdruckers und Apothekers); *of-fizinale = of-fizinelle Pflanzen*: Arzneipflanzen; *Of-fizier* (frz): (Diensttuender:) höherer Dienstvorgesetzter bei den bewaffneten Organen; *of-fiziell*: dienstlich, amtlich; *of-fiziös*: halbamtlich; *Uf-fizien* (it): (Amtsgebäude:) ehemals Regierungspalast in Florenz, jetzt berühmte Gemäldegalerie; *operieren*: zu Werke gehen, handeln, auch: einen ärztlichen Eingriff vornehmen; *operativ*: durch wirksame Tätigkeit bzw ärztlichen Eingriff; *operabel*: durch ärztlichen Eingriff heilbar (= *operierbar*); *Operation*: 1. Verfahren, Handlung, 2. ärztlicher Eingriff, 3. umfangreiche Unternehmung; *Ko-operation*: Zusammenarbeit; *ko-operieren*; *ko-operativ*: zur Zusammenarbeit bereit oder fähig; *Ko-operative*: (eine Form der Produktions-)Genossenschaft

ōrāre reden, auch: bitten; **ōrātiō** Rede; **ōrātor** Redner; **ōrāculum** °*Orakel*, Spruch einer Gottheit, auch: Weissagungsstätte. *Oratorium*: 1. Betsaal, 2. feierliches (urspr religiöses) Musikwerk mit vokal-instrumentaler Struktur

orbis Kreis, auch Scheibe, Rad. *Orbis pictus*: (der gemalte Erdkreis:) die Welt in Bildern (Unterrichtsbuch des tschechischen Pädagogen Comēnius im 17. Jh.); *Orbital*: (Phys) den Atomkern umgebender Raum; *Orbitalstation*: auf einer Erdumlaufbahn, *Orbit*, befindliche Raumstation; *ex-orbitant* (orbita Radspur): (aus dem üblichen Gleis geratend:) ungewöhnlich

orchẹstrā (ὀρχήστρα) Tanzplatz (im griechischen Theater Platz des Chores vor der ↗ skẹnē, dem Bühnengebäude, seit der Spätrenaissance sitzt dort das Orchester). *Orchester*: Gesamtheit der Spieler und Instrumente einer Musikkapelle, auch: Platz der Musiker im Theater

ōrdō (Gen: ōrdinis) Reihe, Abteilung, °*Ordnung;* **ōrdinārius** der Ordnung entsprechend; **ōrdināre** ordnen, auch: in ein Amt einsetzen. *Orden*: 1. religiöse Gemeinschaft katholischer Christen mit lebenslänglich gültigen Gelübden (z. B.: *Mönchs-orden*; auch: *Ritterorden*), 2. (früher:) Abzeichen der Mitglieder eines Ritterordens, (dann:) Ehrenzeichen; *Ordinal-zahlen*: Ordnungszahlen; *Order* (frz): Befehl, Anordnung; *Ordinarius*: (ordentlicher:) mit allen Rechten und Pflichten ausgestatteter Professor, früher auch: Klassenlehrer an höheren Schulen; *ordinär* (frz: der gewohnten Ordnung entsprechend, im Deutschen dann abwertend): gewöhnlich, gemein;

°*ordnen*: etwas in Ordnung bringen (dazu: °*ordentlich*); *ordinieren*: in ein (ordentliches) Amt einführen; *Ordination*; *Ordonnanz* (frz, <ordinantia): (militärischer) Befehl, auch: Meldegänger, früher auch: Offiziersbursche; *ko-ordinieren*: (zusammenordnen:) 1. Maßnahmen aufeinander abstimmen, 2. (Gram) zwei Sätze einander beiordnen (durch eine *ko-ordinierende* Konjunktion wie 'und'); *Ko-ordinierung* = *Ko-ordination*; *Ko-ordinaten-system*: (Math) (System einander zugeordneter Größen:) in der Regel rechtwinkliges Achsenkreuz, um Größen in ihrer gegenseitigen Abhängigkeit graphisch darzustellen; *Ordinaten-achse*: senkrechte Achse im Koordinatensystem; *sub-ordinieren*: unterordnen (z. B. einen Nebensatz einem Hauptsatz); *Sub-ordination*; *In-sub-ordination*: Ungehorsam gegen Vorgesetzte

ọrganon (ὄργανον) Werkzeug (↗ °°ẹrgon). *Organ*: 1. Sinneswerkzeug, Körperteil, 2. (Sprechwerkzeug:) Stimme, 3. Zeitung (z. B. einer Partei); *organisch*: 1. (wohl)geordnet, 2. (Chem) die Kohlenstoffverbindungen betreffend (weil man früher glaubte, diese könnten nur in Organen, nicht im Laboratorium hergestellt werden); *organisieren*: ordnen, aufbauen, auch: auf nicht einwandfreie Art beschaffen, bewerkstelligen; *Organisation*: 1. Aufbau, 2. zweckbestimmter Zusammenschluß; *Organisator*; °*Orgel*: größtes Tasteninstrument mit Pfeifen unterschiedlicher Größe; *Zell-organellen*: (Zellorgane:) Plasmabildungen von Einzellern mit organähnlichen Funktionen

orgązẹin (ὀργάζειν) kneten; **orgę̄** (ὀργή) Zorn; **ọrgia** (ὄργια) (n pl) geheime religiöse Feier, bes zu Ehren des Dionysos. *Orgasmus*: Höhepunkt der Lust beim Geschlechtsverkehr; *Orgie*: wüstes Gelage, Ausschweifung; *Orgiasmus*: das ausschweifende Feiern im Dionysoskult

orīrī (Part: ortus) sich erheben, entstehen; **oriēns** (ergänze: sōl Sonne) (aufgehende Sonne, Land der aufgehenden Sonne:) *Orient*, Morgenland, Osten; **orientālis** morgenländisch; **orīgō** Ursprung; **orīginālis** ursprünglich. *orientalisch*: morgenländisch, nahöstlich; *Orientalistik*: Wissenschaft von dem morgenländischen Sprachen und Kulturen; *Orientalist*; *orientieren*: (z. B. ein Bauwerk) ausrichten (urspr nach Osten); *sich orientieren*: sich (im Gelände) zurechtfinden, sich über etwas Klarheit verschaffen; *Original*: 1. ursprüngliches Werk (Gegens: Kopie), 2. Mensch, der etwas ganz Ursprüngliches, eine besondere Eigenart hat; *originell*: urwüchsig, auch: komisch; *Ab-ort* (ab-orīrī untergehen, vergehen): (Med) Fehlgeburt; #Abort = Toilette

ōrnāre ausrüsten, schmücken; **ōrnātus** Ausstattung, Schmuck; **ōrnāmentum** Schmuck(stück). *Ornat*: (feierliche) Amtskleidung; *Ornament*: Verzierung

ọrnis (Gen: ọrnithos) (ὄρνις, ὄρνιθος) Vogel. *Ornitho-logie*: Vogelkunde

ọros (ὄρος) Berg. *Oro-logie*: vergleichende Gebirgskunde

orthọs (ὀρθός) gerade, richtig. *ortho-dox*: (das Rechte, Richtige meinend:) rechtgläubig; *Ortho-graphie*: Rechtschreibung; *Ortho-pädie*: (Erziehung zum Richtigen, nämlich in der Körperhaltung:) (Med) Lehre von Entstehung, Verhütung und Behandlung krankhafter Zustände des Bewegungsapparates; *Orthostase*: aufrechte Körperhaltung (↗ histąnąi); *Ortho-stat*: aufrecht gestellter Quader; *orthogonal* (↗ gōnịā): rechtwinklig, auch: (Math) zueinander senkrecht stehend (Vektoren, Funktionen)

ōs[1] (Gen: ōris) Mund, Öffnung; **ōstium** Mündung, Ein- und Ausgang; **Ōstia** Hafen und Stadt an der Mündung des Tibers. *per ōs* = *oral* = *per-oral*: (Med) durch den Mund einzunehmen; *Ostien*: Ein- und Ausgänge des Blutes zum und vom Herzen

os[2] (Gen: ossis) Knochen (↗ ostụ̄n). *Ossein*: Gerüsteiweiß von Knochen und Knorpeln; *Ossi-fikation*: Knochenbildung, Verknöcherung

oscillāre schwingen. *oszillieren*: pendeln, schwanken; *Oszillation*; *Oszillo-graph*: Gerät zur Aufzeichnung von Schwingungen

osmę̄ (ὀσμή) Geruch; **ọzẹin** (ὄζειν) riechen. *Osmium*: Edelmetall (nach seinem starkriechenden Oxid benannt); *Osmo-meter*: 1. (Med) Apparat zur Messung des Geruchssinns, 2. (nicht verwandt) Gerät zur Messung des *osmotischen Drucks*, letzterer entsteht durch *Osmose* (ōsmọs Stoßen): Eindringen von Teilchen einer Lösung oder eines Gemisches höherer Konzentration durch eine semipermeable (↗ meare) Membran in eine Lösung/ein Gemisch geringerer Konzentration; *Ozon*: stark riechendes Gas aus dreiatomigen Sauerstoffmolekülen

ọstrakon (ὄστρακον) Schale, Tonscherbe (die auch als Schreibmaterial diente). *Ostrakismus*: (Scherbengericht:) Abstimmung (mit Tonscherben als Stimmtafeln) über die Verbannung eines Bürgers aus Athen, wenn er eines übergroßen politischen Einflusses verdächtigt wurde; °*Estrich* (ursprünglich: gepflasterter Boden): Fußboden aus Lehm oder Zement

ọstreon (ὄστρεον) Muschel, °*Auster*

ostụ̄n und **ostẹon** (ὀστοῦν, ὀστέον) Knochen (↗ os²). *Osteo-myelitis*: Knochenmarkentzündung; *Syn-ost-ose*: Knochenverbindung; *Periost*: Knochenhaut

ovāre jubeln. *Ovation*: Beifall(ssturm)

ōvum Ei (↗ ōọn). *oval*: eiförmig; *Ovarium*: Eierstock; *Ovulation*: Follikel-sprung

oxỵs (ὀξύς) scharf, sauer. *Oxyd* (jetzt nach engl Schreibweise: *Oxid*) Verbindung eines Stoffes mit Sauerstoff *(Oxydation)*; *Hyp-oxie*: Sauerstoffmangel (Gegens: *Hyper-oxie*)

P

pactus festgemacht (Wurzel: pag-); **pactum** feste Verabredung, Vertrag, *Pakt*; **pāgina** (urspr: aus Papyrusmarkstreifen fest zusammengeklebtes Blatt:) Seite eines Buches. *kom-pakt*: festgefügt, gedrungen; *paktieren*: einen Vertrag schließen, gemeinsame Sache machen; °*Pacht*: Vertrag über die Nutzung z. B. eines Grundstücks, auch: Nutzungsgebühr; °*Pächter*; °*(ver)pachten*; *paginieren*: mit Seitenzahlen versehen; °*Pegel* (<pagella, Dim): feststehende Latte zum Messen des Wasserstandes, davon: °*peilen*: die Wassertiefe messen, auch: die Richtung bestimmen

pais (Gen: paidọs) (παῖς, παιδός) Kind, Junge; **paid-agōgọs** (παιδαγωγός) Knabenführer (der sie in der Öffentlichkeit begleitete und auf gutes Benehmen achtete, kein Lehrer!); **paideuẹin** (παιδεύειν) erziehen. *Päd-agoge*: (Kinder-)Erzieher; *päd-agogisch*; *Päd-agogik*; *Pedant*: (frz): ein sich schulmeisterlich verhaltender, übertrieben genauer Mensch; *Pedanterie*; *pedantisch*; *Pro-pädeutik*: vorbereitender Unterricht

pāla Spaten, Schaufel. *Palette* (it, kleine Schaufel:) 1. Brettchen zum Farbenmischen, auch: größere Zahl (von Möglichkeiten), 2. leicht bewegliche Ladeplatte zum Transport von Kleingut

Der Organist.

Das Positiff mit süssem hal/
Schlag ich auff Bürgerlichem Sal/
Da die ehrbarn der Gschlecht sind gsessn/
Ein köstlich Hochzeitmal zu essen/
Daß jn die weil nicht werd zu lang
Brauchn wir die Leyern mit gesang/
Daß sich darvon jr Hertz eben/
In freud vnd wunne thu erhebn.

105

Das Ständebuch – Holzschnitt von J. Ammann, Verse von H. Sachs – 1960

palaiọs (παλαιός) alt. *Paläo-graphie*: Wissenschaft von alten Schriftformen; *Paläo-lithikum*: Altsteinzeit; *Palä-ontologie*: (Lehre von dem, was früher war:) Lehre von Tieren und Pflanzen vergangener Zeitalter; *Paläo-zoikum*: Erdaltertum (↗ zọon); *Paläo-gen*: (Geo) ältester Abschnitt der Erdneuzeit, Alttertiär

Palātium ältester Teil Roms auf dem Palatinischen Berg, später Residenz der römischen Kaiser; **Palātinus** zum Palatium gehörig, *palatinisch*. °*Pfalz*: königliche Residenz im Frankenreich, später: befestigte Wohnstätte der deutschen Könige bzw Kaiser; *Pfalz-graf*: Verwalter einer Pfalz (die Pfalz am Mittelrhein und die Oberpfalz in Nordbayern waren urspr Lehensländer des Pfalzgrafen); °*Palas*: Hauptgebäude mittelalterlicher Ritterburgen (z. B. der Wartburg); *Palast* (frz Palais, it Palazzo): prunkvoller Bau, Schloß;

Paladin: adliger Gefolgsmann (zuerst am Hofe Karls des Großen)

palātum Gaumen. *Palatal-laut*: Gaumenlaut (z. B.: g und k vor e und i)

pạlin (πάλιν) wiederum. *Palim-psest* (psēn reiben, kratzen): (wiederabgeschabtes:) abgeschabtes und zum zweiten Mal beschriebenes Pergament; *Palin-genese*: (Wiederentstehung:) (Bio) Ausbildung z. B. von Augen bei blinden Höhlentieren, deren Vorfahren sehen konnten; *Palin-drom* (Wieder-gänger): Wort, das vorwärts wie rückwärts gleich lesbar ist (RELIEFPFEILER)

pallium Mantel. *Paletot* (frz): Mantel; *Palliativum* = *Palliativmittel:* (Mittel zum 'Bemänteln':) Linderungsmittel ohne Heilwert

palma flache Hand, °*Palme* (wegen der Ähnlichkeit der Blattform. *Palmette* (Dim): palmblattähnliche Verzierung

pālus °*Pfahl* (Wurzel pag- wie in pactus). *Palisade*: (fest eingeschlagene) Pfahlreihe, Befestigung aus aneinandergereihten Pfählen; *Palisaden-zellen*: (Bio) senkrecht nebeneinandergereihte Assimilationszellen des Blattes; #palus Sumpf

Pān (Πάν) *Pan*, griechischer Gott des Waldes und der Hirten (Symbol: *Pan-flöte*), Verursacher des *panischen Schreckens*, der *Panik*: plötzlicher Schreck (z. B. einer Menschenmenge)

pandere (Part: pānsus und passus) ausbreiten; **passus**: (Doppel-)Schritt (ca. 1,5 m). *ex-pansiv*: sich ausdehnend, nach Ausdehnung (des eigenen Machtbereiches) trachtend; *Ex-pansion; Ex-pander*: dehnbares Handgerät zur Kräftigung der Muskeln; *Passus*: (Strecke:) kleiner Abschnitt, den man beim Lesen 'durchschreitet'); *Paß*: 1. (Durchgang:) Gebirgspaß, Engpaß, 2. (Durchgangserlaubnisschein:) Reisepaß; *passieren* (frz, <passer <passāre): 1. hindurchgehen, vorbeigehen oder -fahren (lassen), 2. geschehen (z. B.: ein Unglück); °*ver-passen*: (eine Gelegenheit) vorübergehen lassen, auch: (einen Zug) nicht erreichen; *passabel*: gangbar (ein Weg), brauchbar (ein Vorschlag), erträglich; °*passsen*: brauchbar sein, angemessen sein (z. B.: ein Kleidungsstück), auch: (beim Skat) die Möglichkeit des Alleinspiels vorübergehen lassen; *Passant*: Vorbeigehender; *Passage* (frz): Durchgang, Durchfahrt, auch: schneller Lauf der Finger auf der Tastatur (z. B. des Klaviers), auch: Textabschnitt; *Passagier*: (jemand, der sich auf der Durchfahrt befindet:) Reisender; *Passat-winde*: gleichmäßig zum Äquator ziehende Tropenwinde (die einst Segelschiffe auf sicheren Kurs vorantrieben); *Kom-paß* (it <com-passo, urspr wohl auf den im Altertum gebräuchlichen Apparat zu beziehen, der die Umdrehungen der Wagenräder zählte und somit die zurückgelegten passūs); *Passe-partout* (frz: 'Geh durch alles!', ↗ tōtus): 1. (überall oder dauernd gültiger) Passierschein, 2. (überall passender) Kartonrahmen für Photographien oder Graphiken, 3. (überall passender) Hauptschlüssel; *passé* (frz): vergangen, vorbei

pānis Brot. *panieren*: in (Ei und) (Semmel-) Mehl hin- und herwenden (z. B.: Fleisch); *Kum-pan*: (jemand, mit dem man das Brot teilt:) Gefährte, (heute oft abwertend:) Helfershelfer (so auch: *Kum-panei*); *Kum-pel* (umg für Kumpan): Arbeitskamerad (bes im Bergbau); *Kom-panie* (frz): (Brotgemeinschaft:) 1. militärische Einheit, 2. (Handels-) Gesellschaft; *Kom-pagnon* (frz): Geschäftsteilhaber (z. B.: Meier und *Co.*)

pantex Wanst, Bauch. °*Pansen*: vorderster Teil des Magens bei Wiederkäuern; °*Panzer*: den Leib schützende Rüstung, dann auch: mit Stahlplatten geschützter Kampfwagen

pāpiliō Schmetterling, später auch: Zelt. *Papilionazeen*: (Bio) Schmetterlingsblütler; *Pavillon* (frz): leichtes, zierliches, zeltähnliches Gartenhaus, auch: Aussstellungshalle

papilla (Brust-)Warze. *Papille*: warzenförmige Erhebung (z. B. auf der Zunge); *Papillom* (Med): gutartige Geschwulst der Haut und der Schleimhäute

pap(p)ạs (παππᾶς) **pāpa** °°Papa, mlat auch: Anrede an einen Bischof. *Papst*: Oberhaupt der römisch-katholischen Kirche; °*päpstlich; Pope*: Priester der griechisch-orthodoxen Kirche; °*Pfaffe*: Geistlicher, bes seit der Reformationszeit (16. Jh.) abwertend

pạpȳros (πάπυρος) *Papyrus-staude*, deren bearbeitetes Mark bis ins 8. Jh. als Schreibmaterial diente. *Papyrus*: *Papyro-logie*: Papyruskunde, Wissenschaft, die sich mit den Papyri beschäftigt; °*Papier*

pār gleich; **com-parāre** vergleichen; **com-parātiō** Vergleich. °*Paar,* °*paar; Parität*: Gleichstellung, Gleichberechtigung, Zusammensetzung zu gleichen Teilen, auch: Austauschverhältnis zwischen zwei Währungen; *paritätisch; Kom-paration*: (Vergleichung:) Steigerung von Adjektiven und Adverbien; *Komparativ*: erste Steigerungsstufe (z. B. größer); *kom-parabel*: vergleichbar

para- (vor Vokalen: par-) (παρα-, παρ-) 1. bei, neben, 2. abweichend, falsch, gegen. In Z: *Par-enchym*: (Med) Gesamtheit der zu einem Organ gehörenden Zellen; *Para-sit* (sitos Speise): (in der Antike harmloser, mitunter dreister Armer, der sich von anderen durchfüttern ließ:) Schmarotzer; *para-sitär*; *Para-sitose*: (Med) durch Schmarotzer hervorgerufene Krankheit; *Para-typhus*: (beim Typhus stehend:) typhusähnliche Erkrankung; *Parästhesie*: abnorme Empfindung (z. B.: Kribbeln ohne auslösenden taktilen Reiz); *Paranoia*: (gegen den nūs, Verstand:) Geistesgestörtheit; *Par-änese* (ainein ermahnen): Ermahnung; *para-militärisch*: neben den regulären Streitkräften bestehend, militärähnlich; *Para-(im)munität*: (Med) Scheinimmunität gegen Infektionen

paradeisos (παράδεισος) (aus dem Iranischen) Park, Garten °*Paradies*: 1. (der Bibel zufolge der Aufenthaltsort der ersten Menschen unter idealen Lebensbedingungen), Ort ungetrübten Glücks, 2. Portalvorraum mittelalterlicher Kirchen; *paradiesisch*

parāre (vor)bereiten; **prae-parāre** vorbereiten; **ap-parātus** Zurüstung, Ausstattung; **re-parāre** wiederherstellen; **sē-parāre** absondern, trennen. *parieren* (frz): sich bereit machen, um etwas abzuwehren, einen Angriff zum Halten bringen (↗ parēre[1]); *Para-sol* (frz, aus it para-sole; it parāre = ein Hindernis bereiten, schützen vor): Sonnenschirm, auch: Schirmpilz; *parat*: bereit; *Parade* (frz, < parāta): 1. (wohlvorbereitete prunkvolle) (Truppen-)Schau, 2. geschickte Körperbewegung, um einen Angriff abzuwehren; *paradieren*: parademäßig vorbeimarschieren, mit etwas prunken; *prä-parieren*: vorbereiten, auch: haltbar machen (ein *Prä-parat* anfertigen); *Prä-paration; Ap-parat*: (technisches) Gerät; *Ap-paratur*: Gerätesatz; *re-parieren*: wiederherstellen; *Re-paratur*; *Re-paration*: Wiedergutmachung; *(ir-)re-parabel*: (nicht) wiederherstellbar; *se-parat*: abgesondert, einzeln; *Se-paratismus*: Streben nach Loslösung aus dem Staatsverband; *Se-paratist; se-paratistisch; Se-parativus*: (Gram) Kasus der Trennung (z. B. der lat Ablativ)

parēre[1] (auf Befehl) erscheinen, gehorchen; **ap-parēre** erscheinen, sich zeigen. *parieren* (frz): gehorchen (↗ parāre); *trans-parent*: durchscheinend; *Trans-parent*: durchscheinendes Bild, heute auch: Spruchband; *Komparsen* (it): (auf der Bühne oder im Film 'miterscheinende' stumme Personen:) Statisten

parere[2] hervorbringen, erzeugen, gebären; **parentēs** (Erzeuger:) Eltern; **Parca** *Parze* (Schicksals-, urspr Geburtsgöttin). *vivi-par*: lebendige Junge zur Welt bringend; *Parentalgeneration*: (Bio) Elterngeneration (Gegens: *Filialgeneration*)

pars Teil; **particula** Teilchen; **partīrī** teilen. *Partei*: 1. (Pol) Organisation, in der sich Gruppen von Menschen vereinen, 2. Bezeichnung für die Gruppen, die bei einem Rechtsstreit, Vertragsabschluß oder Spiel einander gegenüberstehen; *parteilich*: Partei ergreifend; *Parteilichkeit*: entschiedene Stellungnahme; *parteiisch*: bei der Entscheidung ungerechtfertigt eine Partei bevorzugend; *Partie*: 1. Teil eines Warenvorrates, 2. gemeinsamer Ausflug einer Gruppe von Menschen *(Land-partie)*, 3. einzelnes Spiel (als Teil eines Wettkampfes, z. B.: *Schach-partie*), 4. Rolle in Oper oder Operette, 5. (vermögensmäßig günstige) Heiratsmöglichkeit; *Partner*: Teilhaber, Teilnehmer, auch: Mitspieler; *partiell*: teilweise *(partielle Sonnenfinsternis)*; *Partisan* (frz): (Parteigänger:) bewaffneter Widerstandskämpfer in der besetzten Heimat; *Partikel*: Teilchen; *Partikularismus*: politische Bestrebungen, die die Sonderinteressen eines Landesteiles überbetonen, Kleinstaaterei; *Partikularist; partikularistisch*; *Parzelle* (frz, <particella Teilchen): kleine Nutzflächeneinheit; *Partitur*: 'Aufteilung' und Aufzeichnung sämtlicher Instrumental- und Gesangsstimmen eines Musikwerkes; *partitiv*: (Gram) zum Teil gehörig; *Genitivus partitivus*: Genitiv, der das Ganze bezeichnet, von dem im übergeordneten Wort ein Teil angegeben ist (z. B.: einer d e r S c h ü l e r); *De-partement* (frz): (Abteilung:) Landesteil, Verwaltungsbezirk in Frankreich; *State De-partment* (engl): Auswärtiges Amt der USA; *parti-zipieren*: teilnehmen, teilhaben; *Parti-zip*: Mittelwort, Verbform, die, da deklinierbar, am Nomen 'teilhat'; *halb-part*: zu zwei gleichen Teilen; *a-part* (<ad partem: auf die Seite): besonders, eigenartig, ungewöhnlich; *Ap-partement* (frz): (Hausteil:) komfortable Wohnung; *Kom-partimentierung*

(engl compartment Abteil): Unterteilung der Pflanzenzelle in Reaktionsräume

parthęnos (παρθένος) Jungfrau. *Parthenon*: Tempel der jungfräulichen Göttin Athene auf der Akropolis; *Partheno-genese*: Jungfernzeugung (durch unbefruchtete Eier)

pās (f: pāsa, n: pān) (πᾶς, πᾶσα, πᾶν) ganz, alles. *Pan-dekten*: (alles umfassend:) Auszüge von Schriften zum römischen Recht (= Digesten); *Pan-demie*: (Med) ganze Erdteile erfassende Seuche; *Pan-kreas* (kręas Fleisch): Bauchspeicheldrüse; *Pan-optikum*: Sammlung von allen möglichen Sehenswürdigkeiten, Wachsfigurenkabinett; *Pan-theismus*: Lehre, daß Gott mit der Welt identisch sei; *Pan-theon*: großer Rundtempel in Rom zur Verehrung 'aller Götter'; *Panto-mime*: (alles nachahmend:) eine Handlung nur durch Gebärden darstellend; *Pam-phlet* (engl): (pąmphilos von allen geliebt; <Pamphilus seu de amore, Titel einer lat Komödie des 12. Jh., als Flugschrift verbreitet, über frz pamphlet) Flugschrift, Schmähschrift; *Pam-phletist*

pasta (spätlat, aus gr pąstē) Brotteig. *Paste* = *Pasta*: teig- oder breiartige Masse; *Pastille* (frz): aus teig- oder breiartiger Masse hergestelltes Kügelchen, Plätzchen, Pille; *Pastell-stift*: aus Farbenteig hergestellter Malstift; *Pastete*: Gebäck mit Fleisch- oder anderer breiiger Füllung

pastor Hirte. *Pastor*: (Seelenhirt:) Geistlicher; *Pastorale*: 1. Schäferspiel, 2. Hirtenmusik (d. h. ländliche, friedliche Musik), 3. friedliche, ländliche Szene, Idylle

patąnē (πατάνη) **patina, panna** Schüssel, °*Pfanne*. *Patina*: sog Edelrost (grünliche Schicht) auf Gegenständen aus Kupfer(legierungen)

patęr (Gen: patrǫs) (πατήρ, πατρός) °°**pater** (Gen: patris) °°Vater; **patriǭtēs** (πατριώτης) Landsmann; **patria** (ergänze: terra) Vaterland; **patrōnus** (Schutzvater:) *Patron;* **patrimōnium** väterliches Erbe. *Patriot*: jemand, der sich für sein Vaterland einsetzt; *Patriarch*: 1. (Vater des Anfangs:) Stammvater, °Erz-vater(↗ archę̄) 2. Titel einiger Bischöfe in der griechisch-orthodoxen Kirche; *Patriarchat*: 1. gesellschaftliche Verhältnisse, in denen der Vater als Familienoberhaupt entscheidet, 2. Würde, Sitz und Amtsbereich eines Patriarchen, *patri-archalisch*; *Patro-logie*: Lehre vom Leben und von den Schriften der Kirchenväter, auch: Kirchen- und Dogmengeschichte (bis etwa 700 u. Z.) umfassend: *Patristik; Pater-noster*: Vaterunsergebet; *Pater-noster-werk*: Hebewerk mit am laufenden Band befestigten Eimern oder Kabinen (vergleichbar der Kugelkette eines Rosenkranzes, die zum Zählen der Paternostergebete dient); *Pate*: (für älteres: Ge-vatter: 'Mit-vater' <mlat com-pater) 1. Zeuge und Bürge (u. a. bei Taufen), 2. (allgemein:) Ratgeber und Helfer (z. B.: *Paten-betrieb*); *re-patriieren*: in das Vaterland zurückführen; *ex-patriieren*: ausbürgern; *Patrizier* (<patricius von einem vornehmen Vater stammend): Angehöriger der vornehmen Geschlechter in Rom, 2. privilegierter, einflußreicher Bürger einer mittelalterlichen Stadt; *Patron*: 1. Schutzherr (z. B. eines Klienten), 2. (abwertend:) *übler Patron; Patronat*: Schirmherrschaft; *Patrone*: Schutzhülle (eines Geschosses), auch: Behälter (für Tusche oder Gase); *patrimonial*: vom Vater geerbt, auch: gutsherrlich; *Patrimonial-gericht*: Gerichtsbarkeit des angestammten Feudalherrn bzw des Großgrundbesitzers über die leibeigenen Bauern

patēre offenstehen. *Patent* (vom Part patēns): (offener Brief, Freibrief:) öffentliche Ernennungsurkunde *(Offiziers-patent)*, bes Urkunde über den Rechtsschutz gegen unbefugte Verwertung einer Erfindung; *patentieren*: für eine Erfindung eine Schutzurkunde ausstellen; *patent*: tüchtig *(ein patenter Kerl)*

pąthos (πάθος) Leid(en), Leidenschaft; **pąschein** (πάσχειν) leiden. *Pathos*: feierlich-schwungvolle Ausdrucksweise, oft übertrieben; *pathetisch*; *Patho-logie*: (Med) Krankheitslehre; *A-pathie*: (Freiheit von Leidenschaften:) Teilnahmslosigkeit; *a-pathisch; Anti-pathie*: gefühlsmäßige Abneigung, Gegens: *Sym-pathie*; *Sym-pathikus* (ergänze truncus Strang:) (Med) (der mitfühlende Nervenstrang:) Abschnitt des sympathischen Nervensystems (über das, wie man früher meinte, der Organismus an allen Gefühlsregungen mitfühlend/mitleidend teilnimmt); *Neo-geno-pathie*: Krankheit Neugeborener

patī (Part: passus) leiden, dulden; **patiēns** leidend, geduldig; **patientia** Geduld. *Patient*: (Leidender:) Kranker in ärztlicher Behandlung; *Patience* (frz): Geduldsspiel mit Karten; *Passion*: (Leiden:) 1. (urspr:) die biblische Leidensgeschichte Christi, dann: ihre Darstellung in der Kunst, 2. Leidenschaft, leidenschaftliche Hingabe; *passioniert*; *(ap-)pas-*

sionato (it): (Mus) leidenschaftlich; *Ap-passionata* (ergänze: sonata, it): berühmte Klaviersonate Beethovens (op. 57); *passiv*: duldend, untätig; *Passivität*; *Passiv*: (Gram) Leideform beim Verb; *passives Wahlrecht*: Recht, gewählt zu werden; *Passiva*: Schulden (Gegens: Aktiva, Aktivposten); *kom-patibel* (frz, <compatī mitleiden): verträglich, vereinbar

paucī wenige. *poco* (it): (Mus) ein wenig, etwas (z. B.: *poco forte*: etwas stark)

pauein (παύειν) zum Aufhören bringen; **pausis** (παῦσις) Aufhören. *Pause* (frz): Unterbrechung; *pausieren; Pose* (frz): gekünstelte Haltung (in der man einige Zeit verharrt), Schauspielerei; *posieren*; *Poseur*: Schauspieler; #(etwas) durchpausen (frz) #Angel-pose <ponere

pāvō °°*Pfau*

pāx (Gen: pācis) Friede(nsschluß) (↗ °°pactus, ↗ °°pālus); **pāci-ficus** Frieden machend, friedlich. *Pazi-fik*: (friedlicher:) Stiller Ozean (als solcher erschien er den europäischen Entdekkern); *Pazi-fismus*: (Frieden um jeden Preis:) Strömung innerhalb der Friedensbewegung, die Krieg und Gewaltanwendung grundsätzlich ablehnt; *Pazi-fist*; *pazi-fistisch.*

pectus (Gen: pectoris) Brust. *Angina pectoris*: Beklemmung der Brust, Herzkrämpfe; *Expektoration*: (Med) Auswurf (schleimigen oder blutigen Sekrets); *ex-pektorieren*; *in petto* (it): in (der Brust:) Bereitschaft haben

pecus Vieh; **pecūnia** Besitz, Geld (Vieh diente einst als Zahlungsmittel). *pekuniär*: geldlich

peira (πεῖρα) Versuch, Erfahrung; **peirātēs** (πειράτης) Seeräuber; **em-peiros** (ἔμπειρος) erfahren. *Pirat*: (der sein Glück versucht:) Seeräuber; *Piraterie*; *Em-pirie*: Erfahrung; *empirisch*; *Em-piriker*: Anhänger des *Em-pirismus*: (Phil) Lehre, die aller Erkenntnis aus sinnlicher Erfahrung, bloßer Anschauung herleitet; *Em-pirio-kritizismus*: subjektiv-idealistische Strömung, die sich auf die Untersuchung von Erfahrungen und Sinneseindrükken beschränkt

pēior, pēius schlechter. *pejorativer* Bedeutungswandel: Bedeutungsverschlechterung (z. B. Mähre urspr Streitroß, vgl Marstall, Marschall; Gift urspr Gabe, vgl Mitgift); *Pejorativ*; *Pejoration*; *Pejus*: (Bio) schlechtere als optimale Lebensbedingungen für einen Organismus, die aber noch nicht existenzgefährdend sind

pellere (Part: pulsus) schlagen, treiben; **im-pellere** antreiben; **prō-pellere** vorwärtstreiben; **pulsāre** heftig schlagen, treiben. *Pro-peller*: (Vorwärtstreiber:) Luftschraube; *Puls*: (Stoß:) Erweiterung der Adern infolge des Anschlags der vom Herzen erzeugten Blutwelle an die Gefäßwandungen; *Pulsar*: (Astr) Strahlungsquelle im Kosmos von rasch und regelmäßig schwankender Intensität; *Im-puls*: Antrieb, Anstoß; *im-pulsiv*: von Augenblicksentschlüssen getrieben; *pulsieren*: schlagen, klopfen, in lebhafter Bewegung sein

pellis Haut, °°Fell. °*Pelle;* °*Pelz; Film* (engl. vielleicht aus Akk pellem): dünne Haut; *Pellicula*: Häutchen, (Bio) hautartige Außenschicht vieler Einzeller

pempein (πέμπειν) senden; **pompē** (πομπή) feierlicher Aufzug. *Pomp* (frz): Pracht; *pompös*

pendēre[1] hängen. °*Pendel*: (Herabhängendes:) drehbar aufgehängter Körper, der um seine Ruhelage hin- und herschwingt; *pendeln*: auch: hin- und herschwanken bzw -fahren *(Pendel-verkehr)*; *Pendant* (frz): (Gegenüberhängendes:) (das ergänzende) Gegenstück; *Ap-pendix*: (Anhang:) 1. Buchanhang, 2. Wurmfortsatz des Blinddarms; *Ap-pendizitis*: Blinddarmentzündung; *De-pendenz*: Abhängigkeit; *Inter-de-pendenz*: gegenseitige Abhängigkeit

pendere[2] aufhängen, abwägen, zahlen; **sus-pendere** von unten aufhängen, schweben lassen; **com-pendium** (genaues Abwägen und dadurch Einsparung an Material und Arbeit:) Vorteil, Gewinn; **sti-pendium** (stips Geldbetrag) Löhnung, Sold, Abgabe; **pondus** Gewicht; **ponderāre** (ab)wägen; **pēnsum** (urspr: die den Sklaven beim Spinnen täglich zugewogene Menge:) Aufgabe; **pēnsiō** Zahlung, Miet- bzw Pachtzins; **com-pēnsāre** miteinander abwägen, ausgleichen; **dis-pēnsāre** abwägen und im Verhältnis austeilen, auch: von einer Aufgabe freilassen. °*S-pende* (<expendere): (Auszahlung:) Schenkung, Gabe; *s-pend(ier)en*; *s-pendabel*: freigebig; °*S-peise* (<ex-pēnsa ausgegebene Unterstützung, bes in Form von): Nahrung; *s-peisen*; *S-pesen* (it): Ausgaben, Unkosten; °*Spind* (<spenda, urspr: Speiseschrank); *sus-pendieren*: vorläufig aufheben (eine Anordnung), absetzen (jemanden von seinem Posten); *Sus-pension,* auch: Aufschwemmung kleiner Teilchen eines unlöslichen festen Stoffes in einer Flüs-

sigkeit; *Kom-pendium*: kurzes Lehrbuch; *Stipendium*: geldliche Unterstützung für Studierende; *Per-pendikel* (<per-pendiculum, von per-pendere genau abwägen): (Mittel, um genau zu untersuchen:) Richtblei, Bleilot, auch: Uhrpendel; *per-pendikular*: lotrecht, senkrecht; °*Pfund*: Masse (umg: Gewicht) von 500 g; *Pond*: (Phys, Techn) Gewichts- und Krafteinheit; *Im-ponderabilien*: unwägbare Dinge, unberechenbare Umstände; *präponderieren*: überwiegen; *Pensum*: regelmäßig zu leistendes Maß an Arbeit oder Training; *Pension* (frz): 1. Zahlung von Ruhegehalt, 2. Fremdenheim für zahlende Gäste; *Pensionat*: Erziehungsheim (für dessen Zöglinge Zahlungen geleistet werden); *Pensionär*: 1. Empfänger von Ruhegehalt, 2. Zögling eines Pensionats; *Peso* (span): Münzeinheit in Südamerika; *kom-pensieren*: ausgleichen; *Kompensation* (Gegens: De-kom-pensation: Unvermögen physischer und psychischer Ausgleichung in Belastungssituationen, so daß Funktionsstörungen des Organismus bis zum Kollaps eintreten); *dis-pensieren*: 1. Arzneien herstellen und ausgeben, 2. von einer Pflicht oder Arbeit befreien; *Dis-pensaire-betreuung*: medizinische Vorsorgebetreuung, um bereits vor dem Eintreten eines Schadens den *Dispens*: Befreiung von bestimmten Aufgaben und Belastungen, vornehmen zu können

pēnicillus Schwanz, °*Pinsel. Penicillium*: (Bio) Pinselschimmel, Brotschimmel; *Penizillin*: aus Schimmelpilzen gewonnenes Heilmittel

penitus tief drinnen; **penetrāre** eindringen. *penetrant*: tief eindringend, aufdringlich (bes von Gerüchen)

penna Feder. *Pennal*: Federbüchse, -kästchen, dann: (umg) höhere Lehranstalt (auch: *Penne*); *Pennäler*: Schüler eines Gymnasiums

pẹnte (πέντε) °°fünf (↗ °°quīnque). *Pentan*: gesättigter Kohlenwasserstoff (C_5H_{12}); *Pentagon*: (Fünfeck:) das fünfeckige Gebäude des USA-Kriegsministeriums bei Washington; *Penta-gramm*: sternförmiges Fünfeck, Drudenfuß, Zeichen gegen Zauberei; *Penta-meter*: antiker 'fünffüßiger' Vers; *Pent-athlon*: antiker Fünfkampf; *Pfingsten* (<pentēkostẹ̄, ergänze: hēmẹrā): fünfzigster Tag nach Ostern

pẹperi (πέπερι) **piper** °*Pfeffer* (indisch über persisch). *Pfeffer-minz* (mịnthē °Minze); *Pfifferling*: pfeffrig schmeckender Pilz

pẹpsis (πέψις) Kochen; **peptọs** (πεπτός) gekocht. *Pepsin*: (Med) die (Verkochung:) Verdauung des Eiweißes anregender Stoff; *Peptone*: Abbauprodukte des Eiweißes; *Dys-pepsie*: (schlechte Verdauung:) Verdauungsstörung

Pẹrgamon (Πέργαμον) Pergamon, Stadt im nordwestlichen Kleinasien, Ort der Herstellung des *Pergaments*: als Schreibmaterial bearbeitete Tierhaut; *Pergament-papier*

pergere (< per-regere:) fortfahren (etwas zu tun). *etc. p.p.*: (= et cetera, perge, perge = und das übrige, fahre fort, fahre fort:) und immer so weiter; *Pergola* (it, <pergula Fortsetzung, Vorsprung): Weinlaube, offener Laubengang mit Säulen oder Pfeilern

peri- (περι-) ringsumher, um ... herum. In Z: **peri-patẹin** (περιπατεῖν) herumgehen; **peri-phẹrein** (περιφέρειν) herumtragen. *Peripatetiker*: Anhänger des Philosophen Aristoteles, der in einem überdachten Umgang (peri-patos) lehrte; *Peri-pherie*: (das Herumgetragenwerden, der Umlauf:) Umkreis, Randgebiet; *peri-pher; Peri-petie*: (das Herumfallen, Umschlagen:) die (meist tragische) Wendung im Drama (↗ pịptein) #periculum (Gefahr, vgl experiri, pẹira)

Persicus *persisch.* °*Pfirsisch* (<mālum Persicum persischer Apfel)

persōna Maske, Rolle (die jemand im Theater spielt). *Person*: der einzelne Mensch; *Persönlichkeit* (<mhd person-lic-heit <mlat personali-tas): der durch seine geistig-sittliche Eigentümlichkeit geprägte einzelne Mensch, auch: verdienter und anerkannter Mensch; *Personal*: Gesamtheit gemeinsam Beschäftigter; *Personalien*: Angaben zur Person eines Menschen; *Personal-union*: Verbindung mehrerer Staaten nur durch die Person des gemeinsamen Staatsoberhauptes, auch: Vereinigung mehrerer Ämter in der Hand einer Person; *personi-fizieren*: abstrakte Begriffe (z. B. 'Treue') als Person darstellen, sie zur Person machen; *Personi-fikation* = *Personi-fizierung*: Verkörperung

pēs (Gen: pedis) °°Fuß. *Pedal*: Fußhebel; *Pediküre*: Fußpflege(rin); *Piede-stal* (it): Fußgestell, Sockel für Säulen oder Statuen; *Pionier* (frz, <pedō, Gen: pedōnis Fußsoldat): Soldat für Brückenbau, Sprengungen u. a., auch: Wegbereiter für Neues

pessimus schlechtester. *Pessimist*: jemand, der stets das Schlimmste glaubt und erwartet

(Gegens: Optimist); *Pessimismus*; *pessimistisch*

pestilentia und **pestis** Seuche. *Pestilenz*; °*Pest*

petere (Part: petītus) (haben wollen:) erstreben, erbitten; **ap-petītus** Begehren, Trieb; **repetitiō** Wiederholung; **per-petuus** fortwährend, ewig. *Petition*: Bittschrift; *zentri-petal*: der Mitte zustrebend (Gegens: zentrifugal:); *Ap-petit*: Eßlust; *re-petieren*: wiederholen; *Repetition; Re-petitor*: Helfer beim Wiederholen und Einüben (vor Prüfungen und Aufführungen); *kom-petent*: (zusammenstrebend, zutreffend:) zuständig, auch: sachkundig; *Kompetenz*

pętrā (πέτρα) Fels; **pętros** (πέτρος) Stein. *Petro-chemie*: Untersuchung von Mineralien mit chemischen Mitteln; *Petrol-chemie*: Herstellung von Kunststoffen u. a. aus Erdöl und -gas; *Petre-fakt*: (Geo) Versteinerung; °*Petersilie* (sęlīnon Eppich, der auch auf Steinboden wächst); Vornamen: *Peter, Petra*

phagein (φαγεῖν) essen. *Bakterio-phage*: Sammelbezeichnung für virusartige Gebilde, die Bakterien (fressen:) befallen; nach Ernährung und Wirkung unterscheidet man verschiedene *Phage*; *Poly-phagie*: 1. (Vielesserei:) Gefräßigkeit, 2. Parasiten mit vielen Wirten

phainesthai (φαίνεσθαι) erscheinen; **phantasįā** (φαντασία) Anblick, Vorstellung. *Phänomen*: sinnlich-wahrnehmbare, bes ungewöhnliche Erscheinung; *phänomenal*: außergewöhnlich; *Phänomeno-logie*: (Phil) 1. (Hegel, Phänomenologie des Geistes, 1807) Lehre vom Hervortreten des Bewußtseins, der Idee, aus dem Unbewußten, der Natur, über verschiedene Stufen oder Gestaltungen bis zum Bewußtsein seiner selbst, der Philosophie, aufsteigend, 2. spätbürgerliche erkenntnistheoretische Methode, die Erscheinungen an sich zu erfassen, ohne daß diese durch materielle Bedingtheiten und theoretische Urteile beeinträchtigt werden; *Epi-phanie*: das (plötzlich eintretende und ebenso rasch wieder verschwindende) Sichtbarwerden einer Gottheit; *Phantasie*: 1. Einbildungskraft, 2. Trugbild, 3. (Mus) Instrumentalstück in freier Form; *phantasieren*; *Phantast*: einer, der Trugbildern nachläuft; *Phantasterei*: Schwärmerei; *phantastisch*: 1. unwirklich, 2. großartig; *Phantom* (frz): 1. Trugbild, 2. (Med) künstliche Nachbildung eines Körpergliedes oder -organs (für Lehrzwecke); *Phase*: (wechselnde) Erscheinungsform, auch: (Zeit-) Abschnitt; *Em-phase*: (Anzeige:) Verdeutlichung, kraftvoller Ausdruck; *em-phatisch*: nachdrücklich, eindringlich

phạlanx (Gen: phạlangos) (φάλαγξ, φάλαγγος) Walzen, Balken, Schlachtreihe (= geschlossene Front der Soldaten). *Phalanx*: 1. geschlossene Front, 2. (Med) Finger- oder Zehenglied; *Brachy-baso-(meso-/tele-) -phalangie*: Unterentwicklung des Grund-, Mittel- oder Endgliedes von Fingern oder Zehen; °*Planke*: Brett

phạnai (φάναι) sagen (°°Bann, °°verbannen, #Banner); **blạs-phēmos** (βλάσφημος) Unehrerbietiges aussprechend. *Blas-phemie*: (Gottes-)Lästerung; *blas-phemisch*; *Blamage*, *blamieren* (< blas-phēmįā); *Eu-phemismus*: (gute Äußerung:) beschönigende Bezeichnung (z. B.: 'entschlafen' statt 'sterben'); *euphemistisch*; *Pro-phet*: (Vorhersager:) Verkünder der Zukunft; *A-phasie*: (Sprachlosigkeit:) (Med) zentrale Sprachstörung

phạrmakon (φάρμακον) Heilmittel, Gift, *Pharmako-logie*: Wissenschaft von der Wirkung der Arzneimittel; *Pharmazie*: Arzneimittellehre für die Praxis der Apotheke; *Pharmazeut*: Arzneikundiger; *Pharmako-kinetik*: Lehre vom Bewegungsverhalten der Arzneistoffe in Heilmitteln und im Organismus

phęrein (φέρειν) (er)tragen (↗ °°ferre); **phorą** (φορά) Getragenwerden, Bewegung; **am(phi)-phoreus** (ἀμφιφορεύς) **am-phora** (aus Dim <↗ ampulla) Gefäß mit zwei (Trägern:) Henkeln. °*Eimer* (fälschlich als 'Einträger' verstanden, daher Neubildung:) °*Zuber*: Gefäß mit zwei Trägern; °°*Bahre*: Tragegestell; *Pheromon*: (Bio) Drüsenausscheidung, die Geschlechtspartner (herbeibringt:) anlockt; *Ana-pher*: (Wiederbringung:) Wiederholung gleicher Wörter am Anfang mehrerer Sätze (Wiederholung am Satzende heißt *Epi-phora*); *A-dia-phora* (n pl, von diạphoros unterschiedlich): (Phil) (vom sittlichen Standpunkt aus) gleichgültige Dinge; *Eu-phorie*: (gutes, leichtes Ertragen:) (Med) gehobene Stimmung; Vorname: *Vero-nika* (Phere-nīkē Siegesbringerin), auch Name einer Stadt Bere-nįkē in Nordafrika, heute Benghasi, antiker Exporthafen für Harze, daher über mlat veronicem, it vernice: *Firniß*

phịlos (φίλος) befreundet, Freund. *Phil-anthrop*: Menschenfreund; *Phil-atelie* (atelęs steuerfrei): Briefmarkenkunde, -liebhaberei (Postsendungen werden mit Briefmarken ‘frei’gemacht); *Phil-atelist*; *Philo-logie*: (Liebe zu Wort und Sprache:) Sprach- und Literaturwissenschaft; *Philo-loge*; *Philo-sophie*: (Weisheitsliebe:) Lehre von den allgemeinsten Entwicklungsgesetzen in Natur, Denken und Gesellschaft; in Z: *-phil*: liebend (z. B. *hygro-phil* Feuchtigkeit liebend); Vornamen: *Phil-ipp* (↗ hippos), *Theo-phil*

phlęgma (φλέγμα) Brand, Entzündung, Schleim. *Phlegmatiker*: körperlich und geistig langsamer (‘zähflüssiger’) Mensch; *Phlegmone*: (Med) Zellgewebsentzündung

phǫbos (φόβος) Furcht. *Hydro-phobie*: Wasserscheu

phōnę̄ (φωνή) Laut, Stimme. *Phon*: (Phys) Einheit der Lautstärke; *Phonem*: bedeutungsunterscheidender Sprachlaut (ich und ach: i und a = Phoneme); *Phonetik*: Lautlehre; *Phono-graph*: Gerät zur Tonaufzeichnung und -wiedergabe, Vorläufer des Grammophons; *Dikta-phon*: Diktiergerät; *Saxo-phon* (nach dem Erfinder Sax); *Poly-phonie*: (Mus) Stilart mit mehreren selbständigen Stimmen; *Sym-phonie* = *Sin-fonie*: (Zusammenklang:) großes Orchesterwerk; *Sin-foniker*

phōs (Gen: phōtǫs) (φῶς, φωτός) Licht (↗ lux). *Photon*: (Opt) Lichtquant; *Photo-metrie*: Lichtstärkemessung; *Phot*: Einheit der Beleuchtungsstärke; *Photo-bakterien*: lichtaussendende Kleinlebewesen; *Photo-sphäre*: leuchtende Schicht der Sonnenatmosphäre; *Photo-synthese*: unter der Entwicklung des Lichtes erfolgender Aufbau von Kohlehydraten durch grüne Pflanzen; *Photo-ab-lation*: Abtragung, *Photo-dis-ruption*: Spaltung durch Licht; *Photo-graphie*: Lichtbild; *photo-graphisch*; *Photo-apparat*: Gerät zur Herstellung von Lichtbildern; *Phos-phor*: (Lichtträger:) chemisches Element, das in der Dunkelheit leuchtet; *Phos-phoreszenz*: Nachleuchten, Nachstrahlung; *phos-phoreszieren*; *Phosphat*: Salz der Phosphorsäure; *photo-gen*: 1. zum Photographiertwerden geboren, 2. durch Lichteinwirkung verursacht bzw bedingt

phragmǫs (φραγμός) Zaun. *Dia-phragma*: (hindurchführende, auch durchlässige) Scheidewand, (Med) Zwerchfell

phrązein (φράζειν) anzeigen, sagen; **phrąsis** (φράσις) Sprache, Redensart. *Phrase*: 1. (wohlklingende, aber nichtssagende) Redensart, 2. (Mus) sinnvolle Tonfolge; *phrasenhaft*; *Phraseur*: (frz): Wortemacher; *Phraseo-logie*: Sammlung von Redewendungen; *Para-* = *Peri-phrase*: Umschreibung mit anderen Worten

phrēn (φρήν) Zwerchfell, galt als Sitz aller Geistes- und Seelenkräfte, daher auch: Verstand, Herz. *phrenetisch*: (seelenkrank:) (Med) wahnsinnig; *frenetisch*: rasend, tobend

phthǫngos (φθόγγος) Stimme, Ruf, Klang. *Mono-phthong*: einfacher Vokal, Gegens: *Di-phthong*: Doppellaut

phylax (Gen: phylakos) (φύλαξ, φύλακος) Wächter. *Ana-phylaxie* (ana- bedeutungsverstärkend): (überstarke Wachsamkeit, Überempfindlichkeit:) (Med) Sonderform der Allergie gegen bereits einmal injiziertes körperfremdes Eiweiß; *Pro-phylaxe*: Vorbeugung, bes gegen Krankheiten; *pro-phylaktisch*

phȳlę̄ (φυλή) Stamm, Gattung. *Phylo-genese* = *Phylo-genie*: Stammesentwicklung (Gegens: Ontogenese); *Mono-phylie*: (Bio) Herkunft aller Arten einer Gruppe von einer gemeinsamen Stammform oder einem Herkunftsgebiet, Gegens: *Poly-phylie*

phyllon (φύλλον) Blatt. *An-iso-phyllie*: (Bio) Ungleichblättrigkeit; *Chloro-phyll*: Blattgrün

physis (φύσις) Natur; **phyein** (φύειν) erzeugen; **phytǫn** (φυτόν) Pflanze. *Physik*: Lehre von der (unbelebten) Natur; *physikalisch*; *Physio-logie*: Lehre von den Lebensvorgängen in Organismen; *Physio-gnomie*: (Erkennung der Natur:) äußere Erscheinung eines Lebewesens, bes Gesichtsausdruck; *Physio-nomie*: Lehre von den Naturgesetzen (↗ nęmein); °*impfen* (über lat im-putāre <em-phy [tęu]-ein einpflanzen): einen *Impf-stoff* in den Körper bringen; *Phyto-logie*: Pflanzenkunde; *Epi-phyten*: (Daraufwohnendes:) Pflanzen, die auf anderen leben, aber keine Parasiten sind; *Hypo-physe*: (Daruntergewachsenes:) unter dem Zwischenhirn liegender Gehirnanhang

pięzein (πιέζειν) drücken, quälen. *Piezo-chemie*: Chemie der Stoffumwandlungen unter Druck; *piezo-elektrischer Effekt*: Entstehung elektrischer Ladungen an durch Druck verformten Kristallen

pīla[1] °*Pfeiler*. *Pilaster* (it; frz): flach aus der Wand heraustretender Pfeiler, der wie eine Säule gegliedert ist

pila[2] Ball, Kugel. °*Pille* (<pilula): Kügelchen; #kompilieren

pīlum Wurfspieß. °*Pfeil*

pilus Haar. *Plüsch* (frz peluche): Gewebe mit haarähnlicher Oberfläche, Samt mit längerem Flor; hierher gehört wohl auch: *Perücke* (frz): künstliches Haupthaar

pịnax (Gen: pịnakos) (πίναξ, πίνακος) Brett, Tafel, Gemälde. *Pinako-thek*: Gemäldesammlung

pịnẹin (πίνειν) trinken; **sym-pọsion** (συμπόσιον) Trinkgelage. *Sym-posium*: (urspr: bei einem Gelage geführte Gespräche, heute:) Tagung von Wissenschaftlern; *Poto-meter*: Gerät zur Messung der Transpiration von Pflanzen

pingere (Part: pictus) malen; **pictūra** Malerei, Gemälde. *Pigment*: (Färbemittel:) Farbstoff; *pittoresk* (it/frz): malerisch; *pinx.* (= pinxit ... hat es gemalt): auf Gemälden oft dem Namen des Malers hinzugefügt

pīnsere zerstampfen. *Pistill* (<pistillum): 1. Stampfer, Mörserkeule, 2. Blütenstempel (wegen der Ähnlichkeit der Form); *Piste*: festgestampfte (Renn-)Bahn, Rollfeld; *Piston* (frz): (Pumpen-)Kolben, auch: kleines Blechblasinstrument mit Kolbenventilen; #Pistole

pīnus °*Pinie*

pīpa (spätlat) Röhre. °*Pfeife*, °*Pfiff*; *Pipette* (frz): Saugröhrchen

pịptẹin (πίπτειν) fallen; **ptọ̄ma** und **ptọ̄sis** (πτῶμα, πτῶσις) Fall. *Sym-ptom*: (was mit einem Zustand zusammenfällt:) Anzeichen, Merkmal (Husten 'fällt' mit Erkältung 'zusammen'); *sym-ptomatisch*; *A-sym-ptote*: (Math) Gerade, die sich einer Kurve beliebig nähert, sie aber im endlichen Bereich nicht berührt

pirum °*Birne*. Wahrscheinlich: °*Perle* (<pirula kleine Birne, wegen der Form); *Perl-mutt(er)*: (Perlen hervorbringende Muschel:) innere, in Regenbogenfarben schillernde Schicht von Muschel- oder Schneckenschalen

pissa (πίσσα) **pix** °*Pech*. *auf etwas erpicht* (= begierig, gleichsam daran festgeklebt) *sein*

pius fromm, ehrfürchtig; **pietās** Frömmigkeit, Ehrfurcht. *Pietät*: ehrfürchtiges (liebevolles) Verhalten, achtungsvolle Rücksicht, umg Bestattungsinstitut; *Pietà* (it): Darstellung der Mutter Maria mit dem Leichnam Christi; *Pietismus*: (seit dem 17. Jh.) protestantische Bewegung mit besonderer Betonung verinnerlichter Frömmigkeit und tätigen Christentums; *Pietist*; *pietistisch*

Titelseite eines Ausstellungsführers – 1981

placēre gefallen. *Plazet*: (es gefällt:) Zustimmung; *plädieren* (frz, <placitum Beschluß): (vor Gericht) reden, um einen Beschlußvorschlag einzubringen; *Plädoyer* (frz): Gerichtsrede des Staatsanwalts bzw Verteidigers

plagiārius Menschenräuber, 'Seelenverkäufer'. *Plagiat*: unberechtigtes Abschreiben oder Abdrucken von Schriften anderer; *Plagiator*

plakụ̄s (πλακοῦς) flacher Kuchen. *Plazenta* (lat): (Bio) Mutterkuchen der Säugetiere; °*Plätzchen*: kleines flaches Gebäck, ↗ #platys

plạnēs (Gen: plạnētos) (πλάνης, πλάνητος) herumirrend; **planktọs** (πλαγκτός) abirrend. *Planet*: Wandelstern; *Planetarium*: Einrichtung zur Veranschaulichung der Bewegungsvorgänge der Himmelskörper; *Plankton*: (Bio) Gesamtheit von (z. B. im Wasser) ohne Eigenbewegung treibenden Kleinlebewesen

planta Setzling, °*Pflanze*. °*pflanzen*; *Plantage* (frz): *Pflanzung*; *Trans-plantation*: (Hinüberpflanzen:) (Med) Gewebe- und Organverpflanzung

plānus flach, eben. *planieren*: einebnen, eine glatte Fläche herstellen; *Stadt-plan*: auf eine ebene Fläche gezeichnetes Umrißbild einer Stadt; *Plan*: Vorhaben, auch: bindende

Richtlinie *(Lehr-plan)*; *Plani-metrie*: Messung von Flächen; *plan-konvex*: auf der einen Seite flach, auf der anderen nach außen gewölbt (z. B.: Linsen); *piano* (it): (in der gleichen 'Lautstärkeebene' bleibend, dann:) leise; *pianissimo*: sehr leise; *Piano-forte*: Klavier (mit der Möglichkeit, leise und stark zu spielen, was bei Spinett und Cembalo nicht möglich war); Abk: *Piano*, Dim: *Pianino*; *Pianist*: Klavierspieler

plattein (πλάττειν) formen, bilden, gestalten; **em-plastron** (ἔμπλαστρον) (das Aufgeschmierte:) *Wund-°pflaster*; **plasma** (πλάσμα) Geformtes, Gebildetes. *Plastik* (frz): 1. urspr aus verformbarem Material, z. B. Ton, geschaffenes Werk, auch Metallgußmodell, jetzt oft gleich Bildhauerkunst und -werk, 2. (Med) Wiederherstellung normaler Körperformen durch Gewebeverpflanzung; *plastisch*: 1. bildlich hervortretend, anschaulich, 2. (Phys) räumlich gestaffelt (wie im Stereoskop zu sehen), 3. (Techn) leicht verformbar; *Plaste*: (Sg. der Plast oder die Plaste): Sammelbezeichnung für eine Gruppe synthetischer Werkstoffe (z. B. Duro-plast, Thermoplast), daraus u. a. hergestellt: *Plast(ik)beutel* (Plastik <engl plastic = Plast); *°Pflaster*: 1. auf Stoff gestrichenes Heilmittel, Verbandpflaster, 2. dichter Steinbelag zur Straßenbefestigung; *Plasma*: 1. (früher:) (Bio) = *Proto-plasma*: (erste Formung, Urgebilde:) lebende Substanz einer Zelle, *Zell-* und *Kernplasma*, 2. (Med) der flüssige Anteil des Blutes, 3. (Phys) hochionisiertes Gas; *Plasmo-lyse*: (Bio): (Auflösung:) Schrumpfen des Protoplasmas durch osmotischen Wasseraustritt, Gegens: *De-plasmo-lyse; A-plasie*: (Bio, Med) angeborenes Fehlen oder starke Unterentwicklung eines Organs oder Körperteils; *Dysplasie*: Mißbildung; *Hyper-* bzw *Hypo-plasie*: Über- bzw Unterentwicklung eines Organs

platys (πλατύς) breit, *°platt*. *°Platz* (über lat, it piazza); *placieren* = *plazieren*: an einen Platz bringen; *Plateau* (frz): Hochebene; *Platitüde* (frz): Plattheit, Seichtheit; *Platt(deutsch)*: Niederdeutsch; *platt*: flach; *°plätten*: mit dem *Plätt-eisen* glätten

plaudere (Part: plausus) klatschen. *Ap-plaus*: (lautes Zuklatschen:) lauter Beifall; *ap-plaudieren; ex-plodieren*: mit lautem Knall auseinanderplatzen; *Ex-plosion; Im-plosion*: Zerstörung eines luftleeren Gefäßes durch den von außen wirkenden Luftdruck (z. B. bei Fernsehröhren); *plausibel*: (beifallswürdig:) einleuchtend

plectere (Part: plexus) °°flechten; **com-plecti** (sich ganz herumflechten:) umfassen. *Komplex*: Zusammenfassung, Gesamtheit (z. B.: *Gebäude-kom-plex*), auch: Verflechtung von (meist hemmenden und) ins Unterbewußtsein verdrängten Vorstellungen (z. B.: *Minderwertigkeits-kom-plex*); *kom-plex*: zusammengesetzt (z. B.: *kom-plexe Zahlen*, die aus einem reellen und einem imaginären Wert zusammengesetzt sind); *per-plex*: (durcheinandergeflochten:) ganz verwirrt

plēre vollmachen, füllen; **plēnus** °°voll; **plēbs** (Füllung, Masse:) das einfache Volk; **plēbēī** Angehörige der Plebs; **plēbi-scītum** (scīscere beschließen:) Volksbeschluß; **sup-plēre** nachfüllen, ergänzen. *Plenum* = *Plenar-sitzung*: Vollversammlung; die *Plebs*: das nichtadlige Volk in Rom, Gesamtheit der *Plebejer*, der *Plebs* (mit gekürztem e!): (geringschätzig für:) Volksmasse; *plebejisch; Plebi-szit*: Volksentscheid; *kom-plett*: vollzählig, vollständig; *kom-plementär*: auffüllend, ergänzend; *Komplementär*: (der mit seinem Besitz Ergänzende:) der persönlich unbeschränkt haftende Gesellschafter eines Privatunternehmens; *Kom-plementär-farben*: Farben, die, in einem bestimmten Verhältnis gemischt, einander zu Weiß ergänzen; *Kom-plement-winkel*: Ergänzungswinkel zu 90°; *Kom-pliment* (it, frz): (Erfüllung der Höflichkeitspflichten:) Höflichkeitsbezeigung; *sup-plementär*: ergänzend; *Sup-plement-winkel*: Ergänzungswinkel zu 180°; *Sup-plement-band*: Ergänzungsband eines größeren Werkes

plēttein (πλήττειν) schlagen (°°plagen, °°plakken); **plēgē** (πληγή) **plāga** Schlag. *Plektron*: Stäbchen zum Anreißen der Saiten von Zupfinstrumenten; *Apo-plexie*: (Med) Schlaganfall; *apo-plektisch*; *°Plage* (als Last oder Strafe empfundener Schlag): anhaltende Bedrängnis; *(sich) °plagen*

pleuron, meist pl **pleura** (πλευρόν, πλευρά) (Körper-)Seite, Rippe. *Pleura*: (Med) Brustfell; *Pleuritis*: Brustfellentzündung; *Pleur-odynie* (odynē Schmerz): sich durch Schmerzen in der Brustgegend äußernde Infektionskrankheit

plicāre (Part: -plicātum und -plicitum) falten (↗ °°plectere); **sup-plex** kniefällig. *kom-plizieren*: (zusammenfalten:) verwirren, erschweren; *kom-pliziert*; *Kom-plikation*: Schwierigkeit, auch: Verschlimmerung einer Krankheit; *Kom-plice* (frz) = *Kom-plize*: (Mitverwickelter:) Mitschuldiger, Spießgeselle; *Komplott* (frz, <com-plicitum): geheime und gemeinsame Planung eines Verbrechens, Verschwörung; *ex-plizieren*: (auseinanderfalten:) ausführlich erklären; *ex-ploitieren* (frz, <ex-plicitāre kraftvoll entfalten): für sich ausnutzen, ausbeuten; *Ex-ploitation; Ex-ploiteur; ap-plizieren*: (anfügen:) 1. ausgeschnittene Muster als Verzierung auf Kleidung aufnähen, 2. (Med) (Heilmittel) anbringen; *Ap-plikation; Re-plik* (frz): 1. Gegenerklärung, Erwiderung, 2. (bildende Kunst) Nachgestaltung eines Kunstwerkes; *Re-plikation*: Verdopplung der DNA; *multi-plizieren*: vervielfachen; *Multi-plikand*: Zahl, die vervielfacht werden soll; *Multi-plikator*: Zahl, die angibt, wie oft der Multiplikand vervielfacht werden soll; *Sup-plikant*: Bittsteller

plūma weiche Feder. °*Flaum; Plumeau* (frz): kleines Federbett

plumbum Blei. °*Plombe* (urspr aus Blei): Siegel (als sicherer Verschluß, z. B. für Warenbehältnisse), auch: Zahnfüllung (sogar: *Goldplombe*); *plombieren; ver-plomben*: mit einer Plombe versehen

plūs mehr. (umg) *ein Plus machen*: Gewinn erzielen; *più* (it): mehr; *Plural*: (Gram) Mehrzahl; *Plurale-tantum*: (nur Plural:) nur im Plural vorkommendes Substantiv (z. B.: Ferien, Leute; Gegens: Singularetantum; Mehrzahl dazu: Pluraliatantum bzw Singulariatantum). – Das Pluszeichen (+) ist aus einem vereinfachten P entstanden

Plụtos und Plụtōn (Πλοῦτος, Πλούτων) Pluto, Gott der Unterwelt und (wegen der Bodenschätze) des Reichtums, nach ihm benannt der Planet *Pluto* und das chemische Element *Plutonium*; *Pluto-kratie*: Herrschaft der Reichen; *Pluto-krat; Plutonismus*: (veraltete) Lehre, die Oberflächengestalt der Erde sei das Werk der vom Gott Pluto gelenkten Kräfte im Erdinnern, heute: Bezeichnung der magmatischen Vorgänge in der Erdkruste

pnẹuma (πνεῦμα) Wehen, Hauch, Atem. *pneumatisch*: 1. die Luft oder das Atmen betreffend, 2. durch Luft bewirkt; *Pneumatik*: Luftreifen, Fahrzeugbereifung, auch: Lehre von den Luftbewegungen; *Pneumato-zele* (kẹlē Bruch): (Med) Aufblähung der Haut infolge einer die Lunge oder Atemwege erreichende Verletzung

pnẹumōn (πνεύμων) (eigtl: plẹumōn, aber schon in der Antike mit pnẹuma zusammengebracht) Lunge. *Pneumonie*: Lungenentzündung; *Pneumo-thorax*: Ansammlung von Luft im Brustkorb

pọiẹin (ποιεῖν) machen, tun; **pọiēsis** (ποίησις) das Machen, Dichten; **pọiēma** (ποίημα) das Gemachte, Gedicht; **pọiētẹs** (ποιητής) °**poēta** ('Macher', vgl 'Liedermacher':) Schöpfer, Dichter. *Poesie*: Dichtkunst; *Poet*: Dichter; *Poem*: größeres Gedicht; *poetisch*

pọinẹ (ποινή) Sühne (für eine Blutschuld); **poena** Strafe; **pūnīre** bestrafen. °*ver-pönt*: als strafwürdig angesehen; °*Pein*: (Höllenstrafe:) Qual; °*peinigen*; °*peinlich*: Qual bereitend, unangenehm; *penibel* (frz): peinlich genau

pōlẹin (πωλεῖν) verkaufen. *Mono-pol*: 1. Alleinverkaufsrecht, 2. marktbeherrschende Vereinigung kapitalistischer Großbetriebe

pọlemos (πόλεμος) Kampf, Krieg. *Polemik*: heftige geistige Auseinandersetzung; *polemisch; polemisieren*: in Rede und Schrift bekämpfen

poliọs (πολιός) grau. *Polio-en-zephalitis*: (Med) Entzündung der grauen Gehirnmasse; *Poliomyelitis*: Entzündung der grauen Vordersäulen des Rückenmarks, spinale Kinderlähmung

polīre glätten. *polieren*: glatt, blank machen; *Politur*: (Glättung:) Glanz(mittel); *Polierer*; *inter-polieren*: durch Zwischenschaltungen glätten, ergänzen (in der Mathematik durch Zwischenwerte, in Schriftstellertexten durch Wörter oder Sätze); *Inter-polation*; ↗ #Polier

pọlis (πόλις) Stadt; **polịtēs** (πολίτης) Stadtbürger; **politikọs** (πολιτικός) den Bürger betreffend; **politẹiā** (πολιτεία) (Stadt-)Staat. *Politik*: Gestaltung des öffentlichen Lebens, bes des Staates, und die darauf gerichteten Bestrebungen; *Politiker*: Staatsmann; *politisch*; *Polizei*: (im 18. Jh. noch: öffentliche Verhältnisse, staatliche Ordnung und Verfassung, heute:) staatliches Macht- und Vollzugsorgan; *-pol* oder *-pel* ist Bestandteil vieler Städtenamen: *Simfero-pol, Nea-pel, Is-tan-bul* (<ẹis tēn pọlin = in die Stadt)

pollen sehr feines Mehl. *Pollen*: Blütenstaub

pō̩los[1] (πῶλος) °°Fohlen. °*Folter*: absichtliche Quälerei (nach einem Martergerät benannt, das einem Fohlen ähnelt)

pọlos[2] (πόλος) Achse, Drehpunkt. *Pol*: 1. Endpunkt einer Drehachse (Nord- und Südpol),

2. Ende eines Magneten, 3. (Techn) Endpunkt einer Elektrizitätsquelle (*Plus-* und *Minus-pol*); *polar*; *Polarität*: Gegensätzlichkeit; *Polarisation*: 1. Herausbildung von Gegensätzen, 2. (Phys) Erzeugung eines Gegenstroms bei der elektrischen Zersetzung einer Flüssigkeit, 3. Beschränkung der Lichtschwingungen auf eine Ebene; *Di-pol*: zwei zusammengehörige gleichstarke elektrische oder magnetische Pole verschiedenen Vorzeichens, auch: Antenne (mit zwei Enden)

polys (πολύς) °°viel; **plẹiōn** (πλείων) mehr; **plẹistos** (πλεῖστος) meiste. *Poly-gon*: Vieleck (↗ gōnịa); *Poly-graphie*: (Techn) alle Zweige der graphischen Industrie; *Poly-p*: (Vielfuß:) 1. (Bio) Nesseltier (mit vielen Fangarmen), auch: festsitzender Süßwasserpolyp, 2. (Med) jede an einem Stiel sitzende Geschwulst (↗ pūs); *Pleonasmus*: (Gram) Überfülle des Ausdrucks (‚ein kohlpechrabenschwarzer Mohr'); *pleonastisch*; *Plio-zän*: (Geo) letzter Abschnitt des Tertiärs mit mehr neuzeitlichen Lebewesen als im vorausgegangenen Miozän (mẹiōn weniger), aber weniger als im nachfolgenden *Pleisto-zän*: Eiszeit (↗ kainọs)

pōmum Obstbaumfrucht, (später nur:) Apfel. *Pommes frites* (frz, frictus geröstet): rohe, in Fett schwimmend gebackene (Erdapfel-:) Kartoffelstreifen; *Pomade* (frz, <pōmāta): Haarsalbe (bei deren Herstellung man früher auch Äpfel verwendete; #pomadig: bequem, träge

pōnere (Part: positus) setzen, stellen, legen; **positiō** Stellung, Lage. *Position*: Stellung, Lage; *Positur*: herausfordernde Haltung, auch: Körperstellung zur Verteidigung; *Posten*: 1. (aufgestellter) Wachsoldat, 2. (eingesetzter:) Geldbetrag auf einer Rechnung, 3. Teil eines Warenvorrats, 4. Arbeitsplatz, Amt; *postieren*: aufstellen; *Post*: (urspr: posita statio: Standort für aufgestellte Ersatzpferde im Reiseverkehr); *Postillion* (frz): Postkutscher; *Postament*: (Mittel zum Aufstellen:) Untersatz, Sockel (z. B. eines Denkmals); *positiv*: (festgesetzt:) 1. bejahend, der Erwartung bzw. Wirklichkeit entsprechend, daher auch: günstig, 2. (Math) größer als Null; *Positiv*: 1. (Gram) Grundstufe (im Gegensatz zur Steigerungsstufe), 2. (Photographie) Bild mit natürlichen Licht- und Schattenverhältnissen (Gegens: Negativ), 3. (Orgel-) Positiv: Standorgel, feststehende, ortsfeste kleine Orgel (Gegens: Orgel-Portativ); *Dia-positiv*: durchsichtiges photographisches Bild auf Glas oder Zelluloid; *Ap-position*: (Hinzusetzung, Beifügung:) einem Substantiv oder Pronomen im gleichen Kasus beigefügtes Substantiv; *Prä-position*: (vorangesetztes Wort:) Verhältniswort; °*Propst* (<prae-positus, das ‚o' vielleicht durch Einfluß der Präposition pro hervorgerufen): Vorgesetzter (Amtstitel eines vorgesetzten Geistlichen); *a-propos* (frz, <ad prō-positum zum vorgesetzten, d. h. augenblicklichen Gesprächsthema): übrigens ..., nebenbei gesagt ...; *de-ponieren*: (niederlegen:) in Verwahrung geben, auch: etwas lagern; *De-positen*: bei Banken hinterlegte Wertgegenstände jeder Art, dann auch: verzinslich angelegte Gelder; *De-pot* (frz, <dēpositum): (Niedergelegtes:) 1. Warenlager, 2. Aufbewahrungsstelle; *De-ponens*: (Verb, das seine aktiven Formen ablegt, aber aktive Bedeutung behält:) 'Passivformverb'; *kom-ponieren*: (zusammensetzen:) bes musikschöpferisch tätig sein; *Kom-ponist*; *Kom-position*: 1. musikalisches Werk, 2. schöpferische Zusammenordnung von Einzelteilen zu einem Kunstwerk; *Kom-positum*: zusammengesetztes Wort; *Kom-post-erde*: mit verwesenden Stoffen vermischte Erde; *Kom-pott*: (frz, <com-posita Zusammengesetztes:) eingemachtes Obst; *Kom-ponente*: (die Zusammensetzende:) Bestandteil, Teil einer mathematischen Größe, (Phys) mitwirkende Kraft; *dis-ponieren*: ('auseinanderlegen', um zu:)ordnen, gliedern; *Dis-position*: 1. Ordnung der Gedanken, Gliederung einer Schrift oder Rede, 2. (Med) Empfänglichkeit für eine Krankheit, 3. Bereitstellung, Verfügung; *dis-ponibel*: (einsetzbar:) verfügbar, vielseitig verwendbar; *Dis-ponibilität*; *in-disponiert*: (nicht in Ordnung:) unpäßlich, nicht voll einsatzfähig (bes bei Künstlern); *ex-ponieren*: (einer Gefahr) aussetzen; *ex-poniert*: 1. ausgesetzt, 2. herausgehoben *(in ex-ponierter Stellung)*; *Ex-ponent*: 1. herausgehobener Vertreter (z. B. einer Partei), 2. (Math) hochgestellte Zahl beim Potenzieren und Radizieren; *Ex-ponat* (von einem nach Analogie gebildeten Part. Perf. Pass. ex-pōnātum): Ausstellungsstück; *Ex-position*: (Auseinandersetzung:) der Teil des Dramas, der die Vorgeschichte der Handlung vermittelt und in Situationen und Personenkreis einführt, auch: Ausstellung; *Ex-posé* (frz): schriftliche

Darlegung, Denkschrift; *im-ponieren*: (auflegen:) Eindruck machen, Achtung abnötigen; *im-posant*: eindrucksvoll, großartig; *op-ponieren*: sich entgegenstellen, Widerstand leisten; *Op-position*: 1. Widerstand, 2. (Pol) in Parlamenten eine Minderheit, die sich den Auffassungen der Mehrheit entgegenstellt, 3. (Astr) Stand eines Planeten gegenüber der Sonne (wobei die Erde dazwischensteht; Gegens: Konjunktion), 4. Gegen(über)stellung (z. B. des Daumens gegenüber den übrigen Fingern der Hand, von Merkmalen); *trans-ponieren*: (hinübersetzen:) ein Musikstück in eine andere Tonart setzen; *Sup-positorium*: (Med) Zäpfchen, das (unten einzusetzen:) in den Mastdarm einzuführen ist

pōns (Gen: pontis) Brücke. *Ponton* (frz): Brükkenschiff (für den Bau schwimmender Brükken)

pontifex Priester. *Pontifex maximus*: 1. Oberpriester im alten Rom, 2. Titel des Papstes; *Pontifikat*: Amt(sdauer) eines Papstes oder Bischofs; *Pontifikal-amt*: von Papst, Bischof oder Abt zelebrierte Messe

pōpulus[1] °*Pappel*

populus[2] Volk; **populāris** zum Volk gehörig, beim Volk beliebt; **populārēs** *Popularen*, in Rom seit 2. Jh. v. u. Z. Angehörige der herrschenden Klasse, die sich zur Erreichung ihrer Ziele auf die Volksmassen zu stützen suchten (Gegens: Optimaten); **pūblicus** (<poplicus das Volk angehend, also:) öffentlich, staatlich; **rēs pūblica** (die Öffentlichkeit angehende Sache:) Gemeinwesen, Staat. °*Pöbel*: zuchtloser Haufen; °*an-pöbeln*: durch gemeine Reden belästigen; *populär*: volkstümlich; *Popularität*; *popularisieren*; *Population*: Gesamtheit der an einem Ort lebenden Organismen einer Art; *Publikum*: (Öffentlichkeit:) Zuhörerschaft bzw Zuschauer bei öffentlichen Veranstaltungen; *publik*: offenkundig, allgemein bekannt; *publizieren*: veröffentlichen; *Publikation*; *Publizist*: Schriftsteller, der bes Tagesfragen behandelt (ähnlich dem Journalisten); *Publizistik*: Tätigkeit des Publizisten; *Re-publik*: Staatsform, in der die Staatsmacht von gewählten Machtorganen bzw deren Beauftragten ausgeübt wird; *Republikaner*: Verfechter der republikanischen Staatsform, in verschiedenen bürgerlichen Ländern (z. B. den Vereinigten Staaten von Amerika) auch: Anhänger der Republikanischen Partei

pọros (πόρος) Durchgang, Zugang; **a-porịa** (ἀπορία) Auswegslosigkeit. *Pore*: 1. kleine Öffnung, 2. kleiner Hohlraum in festen Körpern, dazu: *porös*, 3. Ausführungsgang der Schweißdrüsen; *A-porie*: (Phil) Unmöglichkeit, eine (in sich widersprüchliche) Sache zu lösen; *Bos-porus*: (Rinderfurt:) Meerenge zwischen Schwarzem Meer und Marmarameer, so genannt, weil Io, eine Geliebte des Zeus, in eine Kuh verwandelt, diese durchschwommen haben soll (↗ būs)

porphyrā (πορφύρα) *Purpur-schnecke* und der von ihr erzeugte Farbstoff/*Purpur*; *Porphyr*: rötliches Gestein

porta Tor, °*Pforte*; **portus** Hafen (eigtl: Eingang); **porticus** Säulenhalle; **op-portūnus** (zugänglich:) günstig, vorteilhaft. *Portal*: großes Tor, Haupteingang; *Portier* (frz): Türhüter; °*Pförtner*: Türhüter, auch: (Med) ringförmiger Schließmuskel des Magenausgangs; *Porta Nigra*: 'Schwarzes Tor' (römisches Stadttor in Trier aus dem 3. Jh.); *Port* (engl), *Porto* (it, port), *Puerto* (span): Hafen (z. B.: *Porto* an der Dueromündung, wonach *Portugal* und der *Port-wein* benannt sind); *op-portun*: günstig, passend; *Op-portunismus*: (Pol) prinzipienlose Anpassung an die jeweilige Situation; *Op-portunist*; *op-portunistisch*; *op-portunistische Infektion*: (Med) dank besonderer, allgemein begünstigender Zustände des Organismus wirkende beliebige Infektion (ein normal disponierter Organismus würde eine solche als spezifische Infektion abwehren)

portāre tragen, bringen. *Porto* (it): Gebühr für die Beförderung von Postsendungen; *ap-portieren*: herbeibringen (der Hund *ap-portiert* Gegenstände); *im-portieren*: einführen; *Im-port*: Einfuhr, umg auch: eingeführte Ware (Gegens: *ex-portieren, Ex-port*); *trans-portieren*: (hinübertragen:) befördern; *Trans-port*; *Trans-porteur*: Transportarbeiter; *Trans-porter*: Transportfahrzeug; *de-portieren*: wegbringen, wegschleppen (Menschen in die Verbannung oder zur Zwangsarbeit); *De-portation*; *Re-porter* (engl): (jemand, der Berichte zurückbringt:) Berichterstatter (↗ Referent); *Re-portage* (frz): Berichterstattung, Tatsachenbericht; *Rap-port* (frz, <re-ap-portāre): (Zurückgebrachtes:) dienstlicher Bericht, dienstliche Meldung; °*Sport* (von mlat dis-portare auseinandertragen, nämlich die vorher auf eine Arbeit konzentrierten Gedanken, also: sich zerstreuen, sich erholen)

portiō (Gen: portiōnis) Teil (↗ °°pars). *Portion*: Anteil, zugemessene Speisemenge; *Proportion*: Verhältnis der Einzelteile zueinander; *pro-portional*: im gleichen Verhältnis zueinander stehend; *pro-portioniert*: im richtigen Verhältnis der Maße, wohlgestaltet; *Dis-pro-portion*: Mißverhältnis; *dis-pro-portioniert*: unverhältnismäßig, ungleich

postis °*Pfosten*

postulāre fordern; **postulātum** (Gefordertes:) Forderung, *Postulat*

postumus (°°posterus der nachfolgende, der spätere) 1. der letzte, 2. der nachgeborene (d. h. nach dem Tode des Vaters geborene). *postum* (nicht posthum!): nach dem Tode (z. B.: *postume Ehrung*; auch von Werken der Musik und Literatur, die erst nach dem Tode des Verfassers erscheinen)

pōtāre trinken, zechen; **pōtus** das Trinken, der Trank; **pōculum** Trinkgefäß. °*Pott* (frz): (Trink-)Gefäß, Topf; *Pott-asche*: (urspr in Töpfen hergestelltes) Kaliumkarbonat; *pokulieren*: (bechern:) zechen; #Pokal (gr, <baukalis, über it boccale)

potentia Macht, Kraft; **potestās** Amtsgewalt; **potēns** mächtig. *Potenz*: 1. innewohnende Kraft, Leistungs-, auch: Zeugungsfähigkeit, 2. (Math) Produkt aus mehreren gleichen Faktoren (in vereinfachter Schreibweise); *potenzieren*: mit sich selbst multiplizieren, in die Potenz erheben; *potentiell*: durch die innewohnende Kraft wirkungsfähig, auch: möglich; *Potential*: Leistungsfähigkeit (z. B.: *Wirtschafts-potential*); *im-potent*: schöpferisch nicht fähig, zeugungsunfähig; *Im-potenz*; *Potestat*: (it) Machthaber

praebēre darreichen, gewähren. °*Pfründe* (<praebenda das für den Lebensunterhalt zu Gewährende, später auch: (ohne Mühe genossene) Einkünfte (bes aus geistlichen Ämtern); *Proviant* (<praebenda, über it provi-ando, mit Anklang an via der Weg): Lebensmittel für Marsch und Reise, Mundvorrat

praegnāns trächtig, strotzend, gewichtig. *prägnant*: inhaltsvoll, kurz und treffend; *Prägnanz*: treffende Kürze (in der Ausdrucksweise); *im-prägnieren*: mit Chemikalien tränken bzw sättigen (z. B. zum Schutz gegen Wasser oder Fäulnis); *Im-prägnierung*

praemium Belohnung, Preis. *Prämie*: 1. Belohnung, Auszeichnung, 2. Extragewinn (z. B. beim Zahlenlotto), 3. Beitragszahlungen bei Versicherungen (als Preis für deren künftige Leistungen)

prae-stō (<prae- + situs gelegen) vorliegend, bereitstehend, rasch zur Stelle. *prest(issim)o* (it): (Mus) (sehr) schnell; *ap-pretieren* (frz, aus spätlat ap-praestāre): Webstoffe (zum Gebrauch bereitmachen:) zurichten, ausrichten (d. h. ihnen Glätte und Glanz verleihen); *Ap-pretur* (frz): Gewebeveredelung

prạttẹin (πράττειν) machen, tun; **prāgma** (πρᾶγμα) Tat, Tatsache; **prạxis** (πρᾶξις) Tat, Handlung. *Pragmatismus*: (Phil) subjektiv-idealistische Lehre, die nur das für wahr hält, was sich als zweckmäßig und nutzbringend bewährt; *Pragmatiker*; *pragmatisch*; *Praxis*: 1. Tätigkeit (bes von Arzt und Rechtsanwalt), 2. Erfahrung und ihre Anwendung (Gegens: Theorie), 3. Verfahrensweise; *praktisch*: zweckdienlich, geschickt; *praktikabel*: verwendbar; *Praktiker*: Mensch mit Erfahrung im Handeln; *Praktikus*: jemand, der sich zu helfen weiß; *praktizieren*: eine Sache betreiben; *Praktizismus*: Überbetonung der technisch-organisatorischen Arbeit unter Vernachlässigung der Theorie; *Praktikum*: zeitlich begrenzte Ausbildung zum Erwerb praktischer Erfahrung; *Praktikant*: Teilnehmer am Praktikum; *A-praxie*: (Untätigkeit:) (Med) Unfähigkeit, gezielte Bewegungen auszuführen

prātum Wiese. °*Prater*: (Wiesengelände:) Parkanlage in Wien; *Prado* (span): 1. Bezeichnung für öffentliche Parkanlagen in Spanien, 2. Gemäldegalerie in Madrid (nach dem angrenzenden Park benannt); *Prärie* (frz, <prātāria): Grassteppe

precēs die Bitten; **precārius** erbettelt. *prekär*: unsicher, mißlich (z. B.: *eine prekäre Lage*)

prehendere (Part: pr(eh)ēnsus) ergreifen, nehmen; **re-prehendere** ertappen, (zurückhalten und) Vorwürfe machen. *Prise* (frz, <prēnsa): 1. Beute, 2. mit zwei Fingern genommene Menge (z. B. Salz); °*preis-geben* (preis-<prēnsa): einem anderen etwas (als Beute) überlassen; *Im-presario* (it): (jemand, der etwas in die Hand nimmt:) Theater- und Konzertunternehmer (der die Geldgeschäfte führt); *Re-pressalien* (<re-prēnsālia Zurechtweisungen): Gegenmaßnahmen (unter Anwendung von Druckmitteln)

premere (Part: pressus) drücken, bedrängen. °*pressen*; °*Presse*: 1. Vorrichtung zum Aus- oder Zusammendrücken, 2. *Drucker-presse*, 3.

Gesamtheit der Zeitungen, die aus der Druk-kerpresse kommen; *es pressiert*: es drängt, ist eilig; *kom-primieren*: zusammendrücken, verdichten; *Kom-pressor*: Verdichter; *Kom-pression*; *Kom-presse*: (Med) fester (feuchter) Umschlag, Druckverband; *de-primieren*: seelisch niederdrücken; *De-pression*: 1. Bedrücktheit, Niedergeschlagenheit, 2. (Geo) unter Meeresspiegelhöhe liegendes Gebiet, 3. Tiefdruckgebiet, Schlechtwetterlage, 4. gedrückte Marktlage (im Kapitalismus); *ex-press*: (ausdrücklich, nachdrücklich:) besonders eilig; *Es-presso* (it): eilig bereiteter Kaffee, auch: Kaffeelokal; *Ex-pressionismus*: Kunstrichtung, die die inneren Empfindungen des Künstlers zum Ausdruck bringen will; *Impressionismus*: Kunstrichtung, die von außen kommende flüchtige Eindrücke darstellt; *Impressionen*: Eindrücke (z. B. einer Reise); das *Impressum*: (das Eingedruckte:) Vermerk in Druckerzeugnissen über Herstellungsbetrieb und Verlagslizenz; *Im-primatur*: ('es soll gedruckt werden':) Druckerlaubnis für ein fertiges Manuskript; °*Printe* (niederländisch, über frz em-preinte Abdruck, <im-primere): würziger (länglicher) Lebkuchen (der früher in eine Bildform eingepreßt wurde); *Printer-verfahren*: (engl)(dem Schrift-) Druck (ähnliches) Verfahren; *Sup-pression*: Unterdrükkung, Niederdrückung; *Sup-pressiva*: (Med) Medikamente, welche Krankheitserreger oder -zustände (Fieber) niederdrücken

presbyteros (πρεσβύτερος) der ältere (Mann). *Presbyter*: (urchristliche Amtsbezeichnung) Gemeindevorsteher; °*Priester*: (bes katholischer) Geistlicher

pretium Wert, °*Preis*; **pretiōsus** kostbar. *Pretiosen* = *Preziosen*: Kostbarkeiten, wertvolle Schmucksachen; °*preisen*: (als wertvoll bzw erhaben loben:) verherrlichen, rühmen; *Grand Prix* (frz): Großer Preis

prịẹin (πρίειν) sägen; **prịsma** (πρῖσμα) 1. Zersägtes, Sägespäne, 2. Dreikant, *Prisma*

prior der vordere, frühere; **prius** früher; **prīmus** der erste; **prīn-ceps** (<primus + capere) der Erste, der Führer (der die erste Stelle einnimmt); **prīn-cipātus** erste Stelle, Vorherrschaft. *Prior*: Vorgesetzter von Mönchen; *Priorität*: (das Frühersein, Früherkommen:) (zeitlicher) Vorrang, Vorrecht; *prima*: (umg) erstklassig; *Primas*: 1. sehr hoher kirchlicher Würdenträger, 2. erster Geiger einer Zigeunerkapelle; *Primat*: erste Stelle, Vorrang

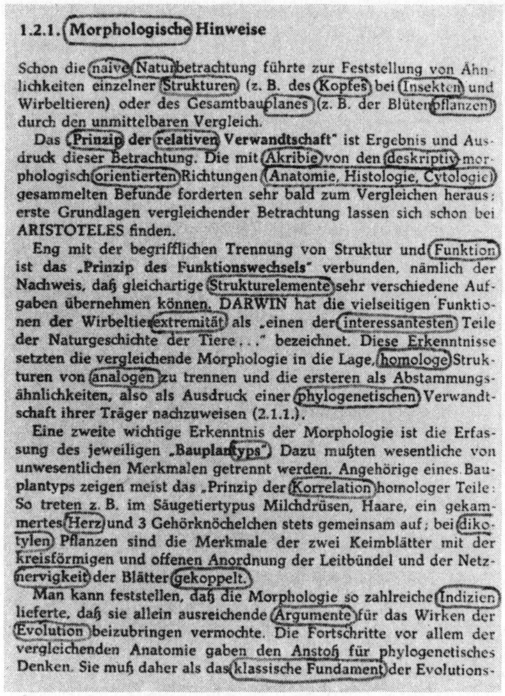

1.2.1. Morphologische Hinweise

Schon die naive Naturbetrachtung führte zur Feststellung von Ähnlichkeiten einzelner Strukturen (z. B. des Kopfes bei Insekten und Wirbeltieren) oder des Gesamtbauplanes (z. B. der Blütenpflanzen) durch den unmittelbaren Vergleich.

Das „**Prinzip der relativen Verwandtschaft**" ist Ergebnis und Ausdruck dieser Betrachtung. Die mit Akribie von den deskriptiv morphologisch orientierten Richtungen (Anatomie, Histologie, Cytologie) gesammelten Befunde forderten sehr bald zum Vergleichen heraus; erste Grundlagen vergleichender Betrachtung lassen sich schon bei ARISTOTELES finden.

Eng mit der begrifflichen Trennung von Struktur und Funktion ist das „**Prinzip des Funktionswechsels**" verbunden, nämlich der Nachweis, daß gleichartige Strukturelemente sehr verschiedene Aufgaben übernehmen können. DARWIN hat die vielseitigen Funktionen der Wirbeltierextremität als „einen der interessantesten Teile der Naturgeschichte der Tiere ..." bezeichnet. Diese Erkenntnisse setzten die vergleichende Morphologie in die Lage, homologe Strukturen von analogen zu trennen und die ersteren als Abstammungsähnlichkeiten, also als Ausdruck einer phylogenetischen Verwandtschaft ihrer Träger nachzuweisen (2.1.1.).

Eine zweite wichtige Erkenntnis der Morphologie ist die Erfassung des jeweiligen „**Bauplantyps**". Dazu mußten wesentliche von unwesentlichen Merkmalen getrennt werden. Angehörige eines Bauplantyps zeigen meist das „Prinzip der Korrelation homologer Teile: So treten z. B. im Säugetiertypus Milchdrüsen, Haare, ein gekammertes Herz und 3 Gehörknöchelchen stets gemeinsam auf; bei dikotylen Pflanzen sind die Merkmale der zwei Keimblätter mit der kreisförmigen und offenen Anordnung der Leitbündel und der Netznervigkeit der Blätter gekoppelt.

Man kann feststellen, daß die Morphologie so zahlreiche Indizien lieferte, daß sie allein ausreichende Argumente für das Wirken der Evolution beizubringen vermochte. Die Fortschritte vor allem der vergleichenden Anatomie gaben den Anstoß für phylogenetisches Denken. Sie muß daher als das klassische Fundament der Evolutions-

L. Kämpfe (Hrsg.) – Evolution und Stammesgeschichte der Organismen – 1985

(z. B. des Papstes); Erstgeburtsrecht; *Primaten*: Lebewesen der ersten (= obersten) Stufe (Affen, Menschen); *primär*: an erster Stelle oder am Anfang stehend (Gegens: sekundär); *Premiere* (frz): Erstaufführung; *Premier(minister)* (frz): Ministerpräsident; °*Primel* (<prīmula): erste kleine Frühlingsblume; *primitiv*: im anfänglichen Zustand befindlich, unentwickelt; *Primitivität; Prim-zahl*: 'Zahl ersten Grades' (d. h. die nicht Produkt aus anderen ganzen Zahlen ist); *Prime*: (Mus) erster Ton der Tonleiter; *Prima-ballerina*: erste Tänzerin, Solotänzerin eines Balletts; *Prin-zipat*: (Staatsleitung durch den prīn-ceps, der nicht bloß wie z. Z. der römischen Republik dem Range nach der Erste im Senat, sondern nun auch im ganzen Staat war): Bezeichnung für die Staatsform des römischen Reiches in der Zeit der ersten Kaiser; *Prin-zipal*: 1. Vorgesetzter als Lehrherr und Besitzer eines kaufmännischen Unternehmens, früher auch: Leiter einer wandernden Theatergruppe, 2. (Mus) (Hauptstimme:) ein Orgelregister; *Prin-zip*: (erster Anfang:) leitender Grundgedanke; *prin-zipiell*: grundsätzlich; *Prin-z*

(<prīn-ceps): Fürstensohn; *Prin-zeß* (frz princesse) = *Prin-zessin* (mit doppelter femininer Endung)

prīvāre absondern, berauben; **prīvātus** (von der Öffentlichkeit abgesondert:) die Einzelperson betreffend, *privat*; **prīvi-lēgium** (Sondergesetz:) Sonderrecht, *Privi-leg. Privat-mann*: Mann ohne öffentliches Amt; *privatim* (Adverb): nicht öffentlich, nicht amtlich; *privatissime* (Superlativ dazu): im engsten Kreise; *privatisieren*: als Privatmann leben; *re-privatisieren*: Betriebe aus Staatsbesitz wieder zum Privateigentum machen; *privi-legiert*: mit Sonderrechten ausgestattet

pro- (προ-) vor; **prọteros** (πρότερος) früherer; **prọ̄tos** (πρῶτος) erster. *Pro-ömium* (ọimē Sage, Gedicht): Vorrede, Einleitung; *Prognose*: (Vorhererkennen:) Vorhersage (z. B. des Krankheitsverlaufs); *Pro-stata*: (Med) 'Vorsteherdrüse'; *Pro-these*: (Vornangesetztes:) künstlich geschaffenes Glied (z. B. künstliches Gebiß); *Pro-thetik*: Lehre vom künstlichen Ersatz fehlender Körperteile; *Pro-thallium*: (Vorblüte:) (Bio) Vorkeim eines Farns, aus dem sich die geschlechtliche Generation, der Gametophyt, entwickelt; *Proterandrie*: (Bio) Reife der männlichen Blütenteile vor den weiblichen (Gegens: *Protero-gynie*); *Protein*: (der erste, wichtigste Stoff für das Leben:) Eiweißstoff; *Proto-typ*: Urbild, Muster; *Proto-zoen*: (Bio) Urtiere; *Proto-stomia*: (Bio) Mehrzeller, bei denen die Mundöffnung (an der ersten Stelle:) aus dem Urmund entstand, Gegens: Deutero-stomia, bei denen sie (an der zweiten Stelle:) am entgegengesetzten Ende des Darmkanals entstand, Neumundtiere; *Proton*: positiv geladener Wasserstoffkern (als 'erster' Baustein des Atoms)

probus tüchtig, rechtschaffen; **probāre** (auf seine Tüchtigkeit oder Güte hin untersuchen:) °*prüfen*, als recht erkennen, billigen; **probitās** Rechtschaffenheit, Billigkeit; **approbātiō** Zustimmung, Genehmigung. °*Prüfung*; °*erproben* = *probieren*: versuchen; °*Probe*: Versuch; *Proband*: *Prüfling*, Versuchsperson; *probat* (vom Part probātus): erprobt, brauchbar; *Ap-probation*: staatliche Zulassung (z. B. als Arzt)

prōlēs Nachkomme(nschaft); **prōlētārii** besitzlose Bürger. *Proletarier*: 1. im alten Rom Angehörige der ärmsten, oft kinderreichen Schicht der Bürger, 2. im Kapitalismus Angehörige der Klasse der ausgebeuteten Lohnarbeiter; *proletarisch*; *Prolet*: (geringschätzige) Bezeichnung für Proletarier

prō-pāgāre fortpflanzen (durch Stecklinge), auch: ausdehnen. *Pro-paganda*: (das, was zu verbreiten ist:) 1. Verbreitung einer Lehre bzw Weltanschauung, 2. (allgemein) Werbetätigkeit; *pro-pagieren*; °*pfropfen*: Edelreiser einsetzen (in Bäume); dazu wohl auch: °*Pfropfen*: Verschluß für Flüssigkeitsbehälter

proprius eigen. *proper* (umg, von frz propre eigen): sauber, ordentlich; *Ex-propriation*: (Pol) Enteignung

pros- (προσ-) hin(zu). *Pros-elyt*: (Hinzugekommener, urspr einer, der von einer Religion zur anderen übergeht:) Übergetretener; *Prosodie*: (Beigesang:) Lehre von der Melodik und Rhythmik der Sprache im Vers; *prosodisch*

prosper(us) glücklich, günstig. *Prosperität*: (günstige Zustände:) Wohlstand, wirtschaftliche Blüte

prōvincia Amtsbereich, amtlicher Auftrag. *Provinz*: 1. von den Römern erobertes und von einem römischen Statthalter verwaltetes Land außerhalb Italiens, 2. größerer Bezirk innerhalb eines Staates, 3. (abwertend) das Land im Gegensatz zur Großstadt; *Provence*: Teil Südfrankreichs (einst zur römischen prōvincia Gallia Narbōnēnsis gehörig)

proximus der nächste. *ap-proximativ*: annähernd

prūnum °*Pflaume*

pseudein (ψεύδειν) täuschen. *Pseudo-* falsch. In Z: *Pseud-onym*: Deckname (↗ ọnoma); *Pseudo-podien*: (Scheinfüßchen:) der Fortbewegung dienende Protoplasmafortsätze mancher Einzeller (↗ pūs)

psychę̄ (ψυχή) Seele. *Psyche*: das Seelische, die subjektive Seite der Wechselbeziehung zwischen Mensch und Umwelt; *psychisch*; *Psycho-logie*: Wissenschaft von den psychischen Prozessen; *Psychose*: Seelenstörung, krankhafter Geisteszustand; *psychotisch*; *Psych-iatrie*: Lehre von den Geisteskrankheiten und ihrer Behandlung; *Psych-iater; psych-iatrisch; Psycho-analyse*: (Seelenanalyse:) systematische Aufdeckung verborgener Zusammenhänge; *Psycho-pathie*: angeborene oder früh erworbene psychische Abartigkeit; *Psychopharmaka*: Mittel, die das psychische Verhalten beeinflussen

pterọn und **ptẹryx** (πτερόν, πτέρυξ) Flügel. *Ptero-saurier*: Flugechse; *Archäo-pteryx*: (Urvogel:) (Bio) Urform, aus der sich alle späteren Vögel entwickelt haben

pūbēs (Gen: pūberis) mannbar, erwachsen. *Pubertät*: Reifezeit (in der Jugendliche zu Erwachsenen werden)

puer Knabe, Junge, Kind; **puella** (<puerula) Mädchen. *pueril*: jungenhaft, kindisch; *Puẹrpera*: (die ein Kind zur Welt bringt:) (Med) Wöchnerin (↗ pạrere²); *Puer-pẹrium*: Kindbett

pulmō (Gen: pulmōnis) Lunge. *pulmonal*: (Bio, Med) zur Lunge gehörig; *Pulmonal-arterie*: Lungenschlagader; *Pul-motor* (Haplologie für Pulmo-motor): (Med) Gerät für künstliche Atmung

pulpa weiches Dickfleisch am Tierkörper. *Pulpa*: 1. weiche oder breiige Masse, 2. Füllgewebe in den Zähnen; *Pulpe*: ungezuckerter Fruchtbrei

pulpitum Brettergerüst, Tribüne, Bühne. °*Pult*

pulvis (Gen: pulveris) Staub. °*Pulver*; *Puder* (frz)

pūmex (Gen: pumicis) °*Bims-stein* (früher in Stiftform zum Schreiben auf der Schiefertafel verwendet, daher:) *bimsen* eifrig üben

pungere (Part: pūnctus) stechen; **pūnctum** (Gestochenes:) Stich. *Punkt*: (Stich des Schreibgriffels auf der Wachstafel:) Schrift-, Satzzeichen; *Zeit-punkt* (z. B.: *Punkt 6 Uhr*); *pünktlich*: auf den Zeitpunkt genau; *punktieren*: 1. Punkte machen, 2. (Med) durch Einstiche Flüssigkeiten (z. B. Wasser) aus dem Körper saugen; *Punktion*; *Punktat*: abgesaugte Flüssigkeit; *Inter-punktion*: Zeichensetzung (zwischen Sätzen oder Satzgliedern); *inter-pungieren* = *inter-punktieren*: Satzzeichen setzen; °*bunt* (urspr: mit verschiedenfarbigen Punkten oder Strichen verziert); °*Spund* (<ex-pūnctus): Ausstich, Loch im Faß; *Punze* (it): Stempel zum Einschlagen von Zeichen oder Verzierungen; *punz(ier)en*; *Pointe* (frz): Höhepunkt einer Erzählung bzw eines Witzes; *pointiert*: mit einer Pointe versehen, geistreich

pūpa °*Puppe* (als Spielzeug). *Puppe*: Entwicklungsstufe von Insekten; *Pupille*: *(Püppchen:)* Sehöffnung des Auges (in der ein winziges Spiegelbild zu sehen ist)

pūrus rein; **pūrgāre** rein machen, säubern. °*pur*: rein (z. B.: *pures Gold*, auch: *purer Unsinn*); *Purismus*: Streben nach Reinigung (z. B. der Muttersprache von unnötigen Fremdwörtern); *Puritaner*: Anhänger der kirchlichen Reformbewegungen des 16. und 17. Jh. in England, die die ‘reine’ Lehre wiederherstellen wollten; *purgieren*: (Med) reinigen, abführen; *Purgatorium*: (Reinigungsstätte:) das ‘Fegefeuer’ (in dem nach altchristlicher Anschauung die Seelen Verstorbener von kleineren Sünden gereinigt werden, ehe sie in den Himmel kommen, auch: ein Teil von Dantes ‘Göttlicher Komödie’)

pūs (Gen: podọs) (πούς, ποδός) °°*Fuß*. *Podium*: (Füßchen:) Fußgestell, Bühne; *Pilot* (<pēdōtēs, pēdọn Schiffsfuß = Steuerruder): Steuermann; *Pilot-anlage*: Versuchsanlage zur Erkundung und Erprobung technischer Verfahren vor der großtechnischen Realisierung; *Pod-agra*: Gicht der Großzehen; *Antipode*: (Gegenfüßler:) 1. auf dem entgegengesetzten Punkt der Erde lebender Mensch, 2. jemand, der den entgegengesetzten Standpunkt vertritt

pūstula Bläschen, °*Pustel*

putāre (be)schneiden, auch: (be)rechnen, glauben, meinen; **am-putāre** (ambi- = gr amphi- herum-) ringsum beschneiden, abschneiden. *am-putieren*: (Med) (Gliedmaßen) vom Körper abtrennen; *Am-putation; De-putat*: (abgeschnittener Teil des Gesamtertrages der Arbeit:) in Produkten statt in Geld gezahlter Lohn, Form des Naturallohns; *De-putation*: Abordnung (die als Teil einer Körperschaft mit besonderem Auftrag abgesandt wird); *De-putierter*: Abgeordneter; *Com-puter* (engl., Rechner:) elektronischer Rechenautomat zur Speicherung von Informationen und zur Datenverarbeitung; *Kon-tor* (frz, <com-putātōrium von com-putāre zusammenrechnen): Rechenstube, Geschäftszimmer; *Kontorist*: (im Kontor Tätiger:) kaufmännischer Gehilfe, Handlungsgehilfe; *Kon-to* (it): (das Zusammenrechnen ein- und ausgehender Zahlungen:) Buchführung über Ein- und Ausgänge von Geldern eines Kontoinhabers; *Dis-kont* (it): (Auseinanderrechnen:) Zinsvergütung bei noch nicht fälligen Zahlungen; *Dis-put(ation)*; (<dis-putāre auseinanderschneiden, bzw -rechnen, erörtern): wissenschaftliche Erörterung, Streitgespräch; *disputieren* (= dis-kutieren, ↗ quatere); *Re-putation*: (Berechnung, d. h. Einschätzung des

Wertes und Ansehens eines Menschen:) guter Ruf

puteus Brunnen, Quelle. °*Pfütze*

pyknọs πυκνός) dicht, fest. *Pykniker*: kurz und breit gebauter Mensch; *Pyknose*: (Bio) Verdichtung des Kernplasmas

pyle (πύλη) Tor. *Pylorus*: Pförtner (Magenausgang); *Mikro-pyle*: Eintrittsstelle im Ei für den Samen; *Pro-pyläen*: Prachttor mit hallenartigem Vorbau; *Pylon*: Torturm, Torstein

pyon (πύον) Eiter (°°faul). *Py-ämie*: (Med) Allgemeininfektion, bei der Bakterien und deren Gifte im Blut kreisen; *Em-pyem*: Eiteransammlung in Körperhöhlen

pȳr (πῦϱ) °°Feuer. *Pyro-technik*: Feuerwerkskunst; *Anti-pyretika*: fiebersenkende Mittel

pyxos (πύξος) **buxus** °*Buchs-baum.* °*Büchse* (<*pyxis*, urspr aus Buchsbaum verfertigt); *Box* (engl): 1. Büchse, 2. Stand, 3. Abteil im Stall; *Bussole* (frz): Winkelmeßgerät und elektr. Meßinstrument mit Magnetnadel über einer Kreiseinteilung, bes: Schiffskompaß

Q

quadrāre viereckig machen; **quadrātum** Viereck, *Quadrat*; **quadrus** viereckig; **quadrāgintā** vierzig. *quadrieren*: (Math) eine Zahl (durch Multiplikation mit sich selbst) ins Quadrat erheben; *Quadrat*: Viereck mit vier gleichen Seiten und vier rechten Winkeln, auch: die zweite Potenz einer (Zahlen-)Größe. In Z: *Quadrat-meter, -zahl, -wurzel; Quadratur*: Herstellung oder Anwendung eines Quadrats; *Quadrant*: (der vierte Teil:) 1. Viertel eines Kreises, 2. Viertelebene zwischen den Achsen des Koordinatensystems, 3. Instrument, um Sternhöhen und Entfernungen zu messen, Winkelmesser; *Quader*: 1. rechteckig behauener Stein, 2. (Math) Körper mit je zwei parallel gegenüberliegenden Rechtecken; *Kader* (frz): (rechteckiger Rahmen:) 1. (Rahmen-:) Stammannschaft einer militärischen Einheit zur Ausbildung der übrigen, bes. der neuen Soldaten, 2. planmäßig herangebildeter Stamm von (Nachwuchs-)Kräften, auch: der einzelne Angehörige dieses Nachwuchses; *Karo* (frz carreau) = *Karree* (frz, <quadrātum): Viereck; *kariert*: mit Vierecken gemustert; *Quadrille* (frz): alter Tanz von vier im Quadrat aufgestellten Paaren; *Es-kadron* (frz, <ex + quadrum): im Viereck angetretene Reiterschar, = *Schwadron (it)*; *Geschwader* (bei Schiffen und Flugzeugen); *Quarantäne* (frz): Absonderung Seuchenverdächtiger von der übrigen Bevölkerung zwecks (urspr vierzigtägiger) sanitärer Überwachung

quaerere (Part: quaesitus) suchen, fragen; **quaestor** *Quästor* (urspr Untersuchungsrichter, dann:) Schatzmeister, Verwalter der Staatskasse; **in-quīrere** nach etwas (gerichtlich) forschen; **in-quīsitiō** gerichtliche Untersuchung; **re-quīrere** (Vermißtes wieder)suchen; **con-quīrere** sich zu verschaffen suchen. *In-quisition*: Untersuchung (Aufspürung und grausame Verfolgung von Ketzern und Häretikern durch die katholische Kirche des Mittelalters), vom *In-quisitor* geleitet; *re-quirieren*: beschlagnahmen; *Re-quisition* = *Re-quirierung*; *Re-quisiten*: (aus einem Vorrat, z. B. dem Theaterfundus, ausgesuchte) Gerätschaften; *ex-quisit*: ausgesucht, erlesen; *Ak-quisition*: Hinzu-, Neuerwerbung; *Re-conquista* (span): Wiedereroberung (des von Arabern beherrschten Südens der iberischen Halbinsel, bis 1492); *Kon-quistadoren*: (span) Eroberer (bes die spanischen in Mittel- und Südamerika, 16. Jh.)

quālis wie beschaffen; **quālitās** Beschaffenheit, Eigenschaft; **quantus** wie groß; **quantitās** Größe, Menge, Anzahl. *Qualität*: 1. (bes gute) Beschaffenheit (z. B. einer Ware), 2. (Phil) innere Bestimmtheit einer Erscheinung, die sie von anderen abgrenzt; *qualitativ*: die Qualität betreffend; *quali-fizieren*: (gut beschaffen machen:) befähigen; *Quali-fikation*; *dis-quali-fizieren*: die Befähigung aberkennen, auch: vom Wettkampf ausschließen; *un-quali-fiziert*: (in keine Qualitätsgruppe eingeordnet:) unsachlich (z. B. Bemerkungen); *Quantum*: Menge; *Quantität*: 1. Menge, mengenmäßiger Umfang, 2. (Phil) äußere Bestimmtheit einer Erscheinung, nach Größe, Menge, Anzahl, Intensität usw., 3. Silbenmaß in der Verslehre (Länge und Kürze); *Quant*: (Phys) kleinstes Energieteilchen; *quantitativ*: die Masse betreffend, mengenmäßig; *quanti-fizieren* (nach 'quali-fizieren' gebildet): berechnen, in Geld- oder anderem meßbaren Wert ausdrücken; *quanti-fizierbar*

quatere (in Z: -cutere, z. B.: dis-cutere, Part: dis-cussus) schütteln, schlagen; **quassāre** erschüttern, zerschlagen. *dis-kutieren*: im Gespräch Gedankengänge (auseinanderschütteln:) zergliedern und erörtern; *Dis-kussion*: mündliche Erörterung, auch: Verhandlung; *in-dis-kutabel*: etwas, worüber sich nicht verhandeln läßt; *per-kutieren*: (durchklopfen:) (Med) (Brust und Rücken) durch Abklopfen untersuchen; *Per-kussion*: 1. (Med) Untersuchung durch Abklopfen, 2. Auslösung einer Explosion durch Schlag oder Stoß, 3. (Mus) Schlagzeug(musik); *kassieren*: (zerschlagen) 1. für nichtig erklären (z. B. Gerichtsurteile, Verträge), 2. Geld, ↗ capsa; *Kassation*

quattuor vier; **quārtus** der vierte. *Quattro-cento* (it): (wörtlich: vierhundert, kurz für 'mille quattrocento ...' Eintausendvierhundert ..., also:) das 15. Jh. (die Frührenaissance); *Quart(e)*: (Mus) vierter Ton der Tonleiter und Abstand von vier Tönen; *Quart-format*: vierter Teil eines Papierbogens; *Quartal*: Vierteljahr; *Quartett*: 1. Musikstück für vier Stimmen bzw Instrumente, auch: vier zusammen musizierende Solisten, 2. Kartenspiel (bei dem je vier Karten eine Gruppe bilden); *Quartär*: (Geo) (dem Tertiär folgendes) viertes Erdzeitalter (von der Eiszeit bis zur Gegenwart); *Quartier* (frz, Stadtviertel, dann:) Unterbringung, Unterkunft (urspr von Truppen in Stadtvierteln); °*ein-quartieren;* °*Kaserne* (frz, <quaternī je vier): (urspr: Häuschen für die vier Soldaten der Nachtwache, dann:) feste Unterkunft für Soldaten

querēla Klage; **queri** klagen, sich beklagen. *Querulant*: Nörgler, der immer klagt; *Querele*: Klage

quiētus ruhig; **(rē-)quiēs** (Gen: (re-)quiētis, Akk auch: re-quiem) Ruhe. *quitt*: in Ruhe gelassen; *miteinander quitt sein*: sich gegenseitig in Ruhe lassen, miteinander fertig sein; *quittieren*: etwas fertig machen, durch Unterschrift abschließen; *den Dienst quittieren*: von sich aus das Dienstverhältnis beenden; *Quittung*: 1. Beleg für abgeschlossenes Geldgeschäft, 2. (ironisch:) das erwartete negative Ergebnis ('Da hast du die Quittung!'); *Requiem*: Totenmesse (nach dem ersten Wort ihres Eingangsgesanges benannt: Requiem aeternam dōnā eīs, domine = Ewige Ruhe schenke ihnen, o Herr!)

quīnque °°fünf (↗ °°pęnte); **quīntus** der fünfte. *Quint(e)*: (Mus) fünfter Ton der Tonleiter und Abstand von fünf Tönen; *Quintett*: Musikstück für fünf Stimmen bzw Instrumente, auch: Gruppe von fünf Musikern; *Quent(chen)*: (Fünftel eines Lots, eines alten, kleinen Handelsgewichts:) Menge sehr kleinen Gewichts, ganz wenig

quot wie viele; **quotus** der wievielte; **quotiēns** wie oft. *Quote* (<quota pars der wievielte Teil): verhältnismäßiger Anteil; *Quotient* (das Adverb quotiēns wurde als Part Präs angesehen und daher wie z. B. patiēns behandelt, zu dem aus dem Akk patientem Patient wurde): (Zahl, die angibt, wie oft der Divisor im Dividend enthalten ist:) Divisionsergebnis, auch: mathematischer Ausdruck aus mindestens zwei Größen, die durch Bruchstrich zueinander in Beziehung gesetzt sind

R

rabiēs Tollwut, Raserei. *rabiat*: wütend; °*Rappel*: (umg) Anfall von Raserei, Verrücktheit *(einen Rappel haben)*

racēmus Traube, Beere. *Rosine* (frz): getrocknete Weinbeere; *razemos*: traubenförmig, seitlich verzweigt

rādere (Part: rāsus) schaben, kratzen; **rāstrum** 'Kratze', mehrzinkige Hacke. *radieren*: 1. in eine Metallplatte eine Zeichnung, *Radierung*, einritzen, 2. (Geschriebenes) mit dem Messer abschaben oder mit dem *Radier-gummi* vom Papier nehmen; *Rasur*: 1. Beseitigung der Barthaare (dazu: *rasieren*), 2. radierte Stelle; *rasant*: (beinahe den Boden berührend:) sehr flach (von einer Flugbahn), auch: sehr schnell (volksetym Einfluß von dt 'rasend'); *Ab-rasion*: (Geo) Abschleifung von Küstengestein durch die Brandung; *Kor-rasion*: Abschleifung von Gestein durch vom Wind getriebenen Sand; *Raster*: (Zerkratzung:) (beim Druck) Zerlegung von Bildern in Punktsysteme, die aus Lichtpunkten bestehende Fläche auf einem Bildschirm

radius Stab, Radspeiche, Strahl. *Radius*: 1. ('Speiche' des Kreises:) halber Durchmesser, 2. Speiche als Unterarmknochen; *radial* = *radiär*: strahlenförmig (vom Mittelpunkt her); *Radium*: (strahlender Stoff:) *radio-aktives* chemisches Element; *Radio*: (Ausstrahlung bzw Empfang elektromagnetischer Wellen:) Rundfunk(gerät); *Radio-logie*: 1. Strahlenlehre, 2. Klinik(abteilung) für Strahlenbehandlung; *Radiolarien*: (Bio) einzellige Strahlentierchen; *Radiant*: (Astr) Ausstrahlungspunkt, scheinbarer Ausgangspunkt eines Meteorstroms; *Radar*: Kurzwort für engl radio detection and ranging (= Auffindung und Entfernungsmessung durch Strahlung).

rādīx (Gen: radicis) Wurzel. °*Rettich;* °*Radieschen*: 'Würzelchen'; *radizieren*: (Math) die Wurzel ziehen; *Radikand*: Zahl, aus der die Wurzel zu ziehen ist; *radikal*: bis in die Wurzel, mit der Wurzel, gründlich (z. B. ausrotten; daraus scherzhaft: *ratzekahl*); *Radikalismus*: 1. entschiedene, auf grundsätzliche Umgestaltung des Bestehenden gerichtete Denk- und Handlungsweise, 2. politisch überspitztes Verhalten; *radikalisieren; Radikal* = *Radikal-gruppe*: (Chem) Wurzelgruppe oder Ausgangsgruppe, die bei Reaktionen als Ganzes in die neue Verbindung übergeht

rapere °°raffen, rauben; **rapidus** reißend, reißend schnell. *rapid(e)*: reißend, (blitz)schnell

rārus selten. *rar*: selten; *Rarität*

ratiō Berechnung, Verstand; **ratiōnālis** berechenbar, vernünftig; **ratus** berechnet, auch: gültig. *Ration*: (errechneter Anteil:) Verpflegungssatz; *rationieren*: (berechnen:) genau einteilen und planmäßig verteilen; *räsonieren* (frz, <raison Vernunft, <ratiōne): (nach Vernunftsgründen urteilen, dann auch:) 'vernünfteln', nörgeln, böswillig schimpfen; *zur Räson bringen*: zur Vernunft bringen; *rational*: vernunftgemäß, verständlich; *ir-rational*: dem Verstand nicht zugänglich, nicht berechenbar (z. B.: eine Zahl, die nicht als gemeiner Bruch darstellbar ist); *Rationalismus*: philosophische Richtung, welche die Vernunft als einzige Quelle der Erkenntnis gelten läßt (bes z. Z. der bürgerlichen Aufklärung im 18. Jh.); *Rationalist*: reiner Vernunftmensch, Vertreter des Rationalismus; *Ir-rationalismus*: Lehre, die rationales Denken für unfähig hält, die Welt zu erkennen; *rationell*: vernünftig, zweckmäßig, wirtschaftlich; *rationalisieren*: Arbeitsvorgänge zweckmäßiger und effektiver gestalten; *Rationalisierung*; *Rationalisator*; *Rate*: (errechneter) Teil einer Zahlung oder Lieferung

recēns frisch, neu. *rezente Lebewesen*: (Bio) in der Neuzeit (d. h. in der Gegenwart) lebende Pflanzen und Tiere

regere (Part: rēctus °°aus-richten, lenken; **rēctus** richtig, gerade; **rēx** (Gen: rēgis) (Lenker:) König; **rēgālis** königlich; **rēgīna** Königin; **rēgula** gerades Richtholz, Richtschnur, °Regel; **regiō** Richtung, Gegend; **cor-rigere** (zusammenrichten:) verbessern; **dī-rigere** ausrichten, lenken. *regieren*: lenken, leiten; *Regierung*: oberste staatliche Leitung; *Regent*: (der Lenkende:) regierender Monarch; *Rektor*: (Lenker:) Leiter einer Hochschule (früher auch einer allgemeinbildenden Schule); *Prorektor*: Stellvertreter des Rektors, Leiter eines *Pro-rektorats*, eines Teilbereiches der Hochschule; *Kon-rektor*: (früher:) stellvertretender Leiter einer allgemeinbildenden Schule; *Regiment*: 1. Leitung, 2. militärische Einheit; *Regie* (frz): (künstlerische) Leitung; *Regisseur*; *Regime* (frz): Regierungssystem (oft abwertend); *Rektum* (Med): (das geradegerichtete Darmendstück:) Mastdarm; *rektal*: durch den Mastdarm, den Mastdarm betreffend; *rekti-fizieren*: berichtigen; *Rekt-aszension*: (Astr) (das gerade Aufsteigen:) Winkel zwischen Frühlingspunkt und Stundenkreis eines Himmelskörpers; *Regalien*: königliche (später staatliche), mit Einkünften verbundene Rechte (z. B.: *Münz-regal* = Münzrecht); #Bücher-regal <ahd rīga: 'Reihe'; *Royalist* (frz): Anhänger des Königtums; *Inter-regnum* (rēgnum Königreich; Zwischenherrschaft): herrscherlose Zeit; *Regina* = *Regine*; °*Regel*: Lehrsatz, Grundsatz, Anweisung; *Regel-de-tri*: (Regel über drei:) Dreisatzrechnung; *regeln*: in Ordnung bringen; *regulieren*: 1. einen Flußlauf begradigen, 2. den regelmäßigen (regelrechten) Lauf eines Mechanismus herstellen; *regulär*: der Regel entsprechend, regelrecht (Gegens: *ir-regulär*); *Reglement* (frz): feste Regelung, auch: Dienstvorschrift; *reglementieren*: durch Vorschriften regeln, oft übertrieben genau; *Region*: Richtung, Gegend; *regional*: auf eine Gegend begrenzt bzw bezogen; *kor-rigieren*: berichtigen; *Kor-rektur*: 1. Berichtigung (z. B. der Druckfehler), 2. Durchsicht einer schriftlichen Schülerarbeit durch den Lehrer; *Kor-rektor*: Verlags- oder Druckereiangestellter, der Manuskripte für den Druck vorbereitet bzw Korrekturabzüge berichtigt, Korrektur liest; *korrekt*: richtig, ordnungsgemäß, auch: einwandfrei im Verhalten; *es-kortieren* (it, frz): ordnungsgemäß hinausführen, (durch eine *Es-korte*) sicheres Geleit geben; *di-rigieren*: 1. in eine bestimmte Richtung weisen, 2. (ein Orchester) leiten; *Di-rigent*; *Di-rektor*: Leiter;

Di-rektion; *Di-rektorium*: aus mehreren Personen bestehende Leitung; *Di-rektrice* (frz): leitende Angestellte (z. B. in Kaufhäusern); *Di-rektive*: Richtlinie; *di-rekt*: gerade ausgerichtet, geradezu, unmittelbar; *in-di-rekt*: nicht gerade, auf Umwegen, mittelbar; *(in-)di-rekte Rede*: (Gram) (un)abhängige Rede; *dressieren* (frz, <dī-rēctiāre immer wieder in eine bestimmte Richtung lenken): abrichten; *Dressur*; *a-dressieren* (frz, <ad-dī-rēctiāre zu einer bestimmten Stelle hinleiten): an jemand richten, mit Anschrift versehen; *A-dresse*: 1. Briefanschrift, 2. (Bitt- oder Glückwunsch-)-Schreiben; *A-dressat*: Empfänger

re-linquere (Part: re-lictus) zurücklassen, übriglassen; **re-liquiae** Überreste; **dē-linquere** (etwas von seiner Pflicht weglassen:) fehlen, sich vergehen; **dē-lictum** das Vergehen. *Re-likt*: (Zurückgelassenes:) Überbleibsel, Hinterlassenschaft; *Re-likten-flora* bzw *-fauna*: noch lebende Überbleibsel früher verbreiteter Pflanzen- bzw Tierarten; *Re-liquien*: Überreste (bes von Heiligen oder deren Gebrauchsgegenständen); *De-linquent*: Übeltäter, Gesetzesverletzer; *De-likt*: Vergehen, strafbare Handlung; *Corpus dē-lictī*: (Gegenstand des Vergehens:) Beweisstück einer strafbaren Handlung

rēmus Ruder. °*Riemen*

rēnēs Nieren. *Ad-ren-alin*: Hormon (bei den Nieren:) des Nebennierenmarkes

rēpere kriechen. *Reptil*: Kriechtier

re-perīre (Part: re-pertus) finden. *Re-pertorium*: (Fundstelle:) Sachverzeichnis, Nachschlagewerk; dasselbe Wort ist: *Re-pertoire* (frz): 1. Spielplanverzeichnis eines Theaters, 2. Gesamtheit der Darbietungen, die z. B. Orchester in vortragsreifer Bereitschaft haben

rēs Sache, Ding, Angelegenheit. *Rebus*: ('durch Dinge' ausgedrückt:) Bilderrätsel; *real*: sachlich, tatsächlich, wirklich; *Realität*; *ir-real*: unwirklich, der Wirklichkeit zuwiderlaufend; *Realien*: (Wirklichkeitsdinge:) praktische Dinge, (früher auch Bezeichnung für den) Inhalt mehr praktisch orientierter Unterrichtsfächer, daher auch früher: *(Ober-) Real-schule*: bürgerliche (höhere) Schule mit stärkerer Betonung dieser Fächer; *Realismus*: 1. Sachlichkeit, Wirklichkeitssinn, 2. eine künstlerische Methode, (Wirkliches:) die Wirklichkeit zu erkennen und zu gestalten, 3. (Phil) Lehre, nach der die 'Wirklichkeit' unabhängig vom Erkennenden existiert, 4. in der Scholastik: Lehre, die den Allgemeinbegriffen reale Existenz zubilligt (Gegens: Nominalismus); *Realist*; *realistisch*: wirklichkeitsnah, der Wirklichkeit entsprechend; *realisieren*: verwirklichen; *reell* (frz): auf dem Boden der Wirklichkeit stehend, nichts vortäuschend, daher auch: ehrlich; *Dr. rer. nat.* (= Doktor rērum nātūrālium): Doktor der Naturwissenschaften; *Dr. rer. pol.* (= Doktor rērum polīticārum): Doktor der Staatswissenschaften

re-spondēre (Part: re-spōnsus; spondēre feierlich versprechen) antworten. *Spondeus* (gr spondẹ̄ios der Trankopfer-(vers): Verträge wurden durch ein feierliches Trankopfer an die Götter bekräftigt): feierlicher Versfuß mit zwei langen Silben; *kor-re-spondieren*: (gegenseitig antworten:) 1. im Briefwechsel stehen, 2. übereinstimmen, einander entsprechen (z. B. korrespondierende Winkel); *Kor-re-spondierendes Mitglied* (KM, einer Akademie, wissenschaftlichen Gesellschaft o. ä.): auswärtiges (gleichsam nur über *Kor-re-spondenz*: Briefwechsel, verbundenes), auch: nicht voll wirksames Mitglied; *Kor-re-spondent*: Berichterstatter einer Zeitung (der mit ihr in ständigem Nachrichtenverkehr steht); °*Ehe-gespons*: Ehemann bzw -frau (eigtl: einander feierlich für die Ehe versprochen)

re-staurāre wiederherstelleṇ (↗ °°stāre). *restaurieren*: wieder instand setzen (bes Kunstwerke); *Re-staurator*; *Re-staurant* (frz): (Ort zur Wiederherstellung der Kräfte:) Erfrischungsraum, Gaststätte; *Re-staurateur* (frz): Gastwirt; *Re-stauration*: 1. Gaststätte, 2. Wiederherstellung

rēte Netz. *Retina*: (Bio, Med) Netzhaut des Auges; *retikulär*: netzartig; *Retikulum*: kleines Netz oder netzartiges Gebilde

rheịn (ῥεῖν) fließen; **rheụma** (Gen: rheụmatos) (ῥεῦμα, ῥεύματος) Fließen. *Rheuma(tismus)*: (Einfließen von Krankheitsstoffen:) entzündliche Erkrankung bes im Bewegungsapparat; *rheumatisch*; *Dia-rrhoe*: (Durchfluß:) (Med) Durchfall; *Gono-rrhoe*: (Samenfluß:) Tripper, Geschlechtskrankheit, nach dem auftretenden schleimigen Sekret benannt (↗ gẹnos); *Rheo-logie*: (Chem) Lehre vom Fließverhalten von Werkstoffen (Lacke, Öle u. ä.)

rhẹ̄tōr (ῥήτωρ) Redner. *Rhetorik*: Redekunst; *Rhetoriker*; *rhetorisch*; *rhetorische Frage*: (auf die keine Antwort erwartet wird: 'Wer wollte das bezweifeln?')

rhīs (Gen: rhīnọs) (ῥίς, ῥινός) Nase. *Rhinitis*: Nasenentzündung, Schnupfen; *Rhino-zeros* (kẹras Horn): Nashorn; aus Rhinozeros im Volksmund das Schimpfwort *Riesenroß*

rhịza (ῥίζα) Wurzel, Ursprung. *Rhizom*: (Bio) bewurzelter, unterirdischer Sproß; *Lakritze* (glykỵ-rrhiza Süßwurz): aus Süßwurz hergestellte schwarze, süße Masse; #Rizinusöl

rhọmbos (ῥόμβος) Umschwung, Kreisel, Doppelkegel. *Rhombus*: Parallelogramm mit vier gleichen Seiten (auf die Spitze gestellt, einem Kreisel ähnlich)

rhythmọs (ῥυθμός) geregelte Bewegung, Takt. *Rhythmus*: Gliederung von Rede, Musik und Bewegung in zeitliche Einheiten; *rhythmisch*; *Rhythmik*: 1. Lehre vom Rhythmus, 2. Kunst rhythmischer Gestaltung; *Anti-a-rhythmetika*: (Med) Mittel gegen Störungen der regelmäßigen Bewegung (z. B. des Herzmuskels)

rigāre Wasser hineinleiten, bewässern. *Ir-rigator*: (Bewässerer:) (Med) Gerät für Einläufe und Spülungen

rigor Starrheit. *rigoros*: starr, hart, streng; *Rigorosität*

rīpa Ufer. *Riviera*: Küstenland; *Revier*: Bezirk (urspr Fischerei- u. a. Rechte im Uferbereich)

rītus heiliger Brauch, religiöse Satzung, Sitte. *Riten*: feierliche Bräuche; *Ritual*: Gesamtheit der bei einer Feier üblichen Bräuche; *rituell*: religiösen Bräuchen entsprechend; *rite* (Adverb): nach üblichem Brauch, (bei akademischen Prüfungen:) mit 'Genügend' bestanden

rīvus Bach; **dē-rīvāre** ableiten. *Rivale*: (Bachnachbar, mit dem man um die Wassernutzung im Streit liegt:) Nebenbuhler, Gegner; *Rivalität*; *River* (eng), *Rio* (span, port): Fluß (z. B.: *Rio Grande* Großer Fluß); *De-rivat*: abgeleitete chemische Verbindung

rōbur Kernholz, Stärke, Kraft; **robustus** stark. *robust*: stämmig, kräftig

rōdere (Part: rōsus) nagen; **rōstrum** (Nagewerkzeug:) Schnabel, °°*Rüssel*; **rōstra** Schiffsschnäbel (die einem Schnabel ähnelnden Rammsporne antiker Kriegsschiffe, als Siegestrophäen an der danach *Rostra* genannten Rednertribüne in Rom angebracht); *E-rosion*: (Ausnagung:) (Geo) Abtragung an Gebirgen durch Wind und Wasser; *e-rosiv*: durch Abtragung entstanden; *Kor-rosion*: (Zernagung:) Zerstörung von Gesteinen bzw Metallen durch chemische Einwirkungen; *kor-rosiv*; *rostral*: (Bio) nach dem Schnabel, d. h. dem vorderen Teil des Körpers zu gelegen (Gegens: kaudal)

rogāre bitten, fragen; **inter-rogāre** fragen; **ar-rogāre** (für sich hinzuverlangen:) sich anmaßen. *Inter-rogativ-pronomen*: Fragefürwort; *ar-rogant*: anmaßend; *Ar-roganz*; *Prä-rogative*: (Recht, in einer Versammlung zuerst um seine Meinung befragt zu werden:) Vorrecht; *Sur-rogat*: (das anstelle von etwas anderem Verlangte:) Ersatz, Behelf

Rōmānus römisch, Römer. *romanische Sprachen*: die aus der lat Volkssprache hervorgegangenen, nämlich: Italienisch, Französisch, Spanisch, Portugiesisch, Rumänisch, dazu: Rätoromanisch (in den Alpen) und Provenzalisch (in Südfrankreich) u. a.; *romanischer* (Bau)stil = *Romanik*: Kunststil des frühen Mittelalters (10.–13. Jh.), der römische Formen (Rundbogen, Säule u. a.) zu verwenden schien; *Romanistik*: Wissenschaft 1. von den romanischen Sprachen und Literaturen, 2. vom römischen Recht; *Romanist*; *romanistisch*; *Roman*: (die zunächst in romanischer Volkssprache verfaßte) erzählende Dichtung; *Romancier* (frz): Romanschriftsteller; *Romanze* (span): erzählendes, volksliedartiges Gedicht (der Ballade ähnlich und im romanischen Spanien entstanden); *Romanzero*: (spanische) Romanzensammlung; *Romantik*: geistig-künstlerische Bewegung (vor 1800 bis um 1830), die u. a. versuchte, eine wie in den mittelalterlichen Ritterromanen abenteuerlich-phantastische, phantasievolle, stimmunghafte, poetische Kunst- und Gedankenwelt zu schaffen; *romantisch*: 1. im Geiste und Stil der Romantik, 2. gegenwartsfremd, verträumt, abenteuerlich, gefühlsbetont

rosa °*Rose. rosa*: hellrot; *Rosarium*: Rosengarten; *Rosette* (frz, 'Röschen'): rosenähnliche Verzierung; *Rosazeen*: (Bio) Rosengewächse; *#Ros-marin* (<rōs Tau + mare Meer): Meertau (immergrüner wohlriechender Strauch)

rota °°Rad; **rotula** Rädchen; **rotundus** °*rund*; **rotārī** sich im Kreise drehen. °*Rolle*: 1. in der Achse drehbare runde Scheibe oder Walze (z. B.: *Garn-rolle*), 2. Rolle des Schauspielers (sein Sprechtext war in der Antike auf Papyrusrollen geschrieben, daher: *eine Rolle spielen*); *Kontrolle* (frz, <contra + rotula; Gegenrolle:) Gegenliste zur Nachprüfung, dann allgemein: Überprüfung; *Rollo* (frz rouleau): rollbarer Fenstervorhang; *Roulade* (frz): Fleischrolle mit Füllung, auch: Gemüserolle

(Kohl-roulade); *Roulett(e)* (frz): (Rädchen:) (drehbare Scheibe beim Roulett) ein Glücksspiel; *Rotunde*: rundes Bauwerk; *Rondell* (frz): Rundbau, rundes Beet; *Rondo* (it): (Rundgesang:) Musikstück mit mehrmals wiederkehrendem Thema; *rotieren*: sich drehen; *Rotation*; *Rotor*: sich drehender Teil von Motoren, Turbinen und Generatoren

ruber °°rot. *Rubin*: roter Edelstein; *Rubin-glas*: rubinfarbenes Glas; *Rubidium*: chemisches Element mit roter Spektrallinie; *Rubrik*: (rotgemalte Überschrift in mittelalterlichen Handschriften, dann:) Spalte in einer Liste, Abschnitt in einem Buch; *rubrizieren*: in Rubriken einordnen; *Barba-rossa* (it): Rotbart (russus rot)

rudis roh, unentwickelt. *rüde* (frz): roh, brutal (#Rüde = männlicher Hund); *Rudiment*: Überbleibsel aus niedrigeren Entwicklungsstufen (z. B. Blinddarmfortsatz); *rudimentär*: zurückgeblieben und verkümmert; *E-rudition*: (Beseitigung der Unentwickeltheit:) Bildung

rumor Geräusch, Gerede. *Rumor*: Lärm, Unruhe; *rumoren*: lärmen, unruhig sein

rumpere (Part: ruptus) brechen; **cor-rumpere** verderben, bestechen. *Ruptur*: (Med) Zerreißung; °*Rotte* (<rupta, ergänze cohors: Bruchteil einer Kohorte): Menschenhaufen, Schar; *Rudel* (wohl Dim zu Rotte, z. B.: ein Rudel Rehe); *Route* (frz, <rupta, ergänze via: durch Wald oder sonst unwegsamen Boden gebrochener Weg): (vorgeschriebene) Weg- bzw Marschstrecke (#Rute = Gerte); *Routine* (frz): (Wegekenntnis:) Erfahrung, Übung; *routiniert*; *Bank-rott* (it, <banca rotta): Zahlungsunfähigkeit (den Zahlungsunfähigen wurde einst der Geldtisch, banca, zerbrochen); *E-ruption*: Ausbruch (z. B. eines Vulkans); *E-ruptiv-gestein*: von Vulkanausbrüchen stammendes Gestein; *kor-rumpieren*: moralisch verderben, bestechen; *kor-rupt*: (gänzlich zerbrochen:) moralisch verkommen, bestechlich; *Kor-ruption*; *ab-rupt*: abgebrochen, zusammenhanglos (z. B.: *abrupte Ausdrucksweise)*

S

saccus °*Sack*. *Sakko*: Jackett (urspr von sackähnlichem Schnitt)

sacer heilig; **sacrāre** und **cōn-secrāre** heiligen, einer Gottheit weihen; **sacrāmentum** Weihe, Diensteid. *sakral*: geweiht, kirchlich; *Sakralbau*: Bauwerk, das dem Gottesdienst dient (Gegens: Profanbau); *Sakristei*: (geheiligter Raum:) Raum für den Geistlichen und zur Aufbewahrung der gottesdienstlichen Geräte; *Sakrament*: heilige Handlung (daraus *Sapperment*); *Sakraments-häuschen*: (in gotischen Kirchen) kunstvolles, ins Mauerwerk eingelassenes Schränkchen zur Aufbewahrung der Hostien; *kon-sekrieren*: weihen, (einen römischen Kaiser nach seinem Tode) zum Gott erklären

saeculum Zeitalter, Jahrhundert. *Säkular-feier*: Jahrhundertfeier; *Säkularisation*: 1. Umwandlung eines ‘ewigen’ (kirchlichen) Besitztums (z. B. eines Bistums oder Klosters) in ein ‘zeitliches’ (staatliches oder fürstliches, z. B. in der Reformation; dazu: *säkularisieren*), 2. Prozeß der Verweltlichung (Abnahme des Interesses an Religion und Kirche)

saeta und **sēta** Borste, Haar. °*Seide*; #Seite, #Saite (beide germanischen Ursprungs)

sagitta Pfeil. *sagittal*: (in Richtung des abgeschossenen Pfeils:) (Med, Bio) von der Brust- zur Rückenseite (verlaufende Schnittebene)

sạkcharon (σάκχαρον) °*Zucker*

sāl °°Salz; **salīnae** Salzwiesen, Salzlager. *Salpeter*: (griech pẹtrā Fels, Stein; Salz-stein:) Salz der Salpetersäure, Nitrat; *Sal-miak* (<sāl Ammoniacum): (urspr beim Tempel des ägyptischen Gottes Ammon in der Oase Siwa gefundenes Salz:) Ammoniumchlorid; *Salat* (it salāta gesalzene Speise): mit Salz und anderen Zutaten bereitete und durchmischte Speise, daher übertr z. B. *Wort-Salat*: Durcheinander von Wörtern; *Sauce* (frz) = *Soße* (<salsa gesalzene Brühe): Tunke; *Salami* (it): stark gesalzene und gewürzte Dauerwurst; *Saline*: Salzwerk, Salzgewinnungsanlage

salīre springen; *saltus* Sprung; **in-sultāre** (losspringen gegen jemand:) jemand verhöhnen; *re-sultāre zurückspringen. Salto* (it): (Luft-)-Sprung; *Salto mortale* (it): (Todessprung:) artistische Luftrolle mit mehreren Körperdrehungen; *in-sultieren*: grob beleidigen; *In-sult*: 1. (grobe) Beleidigung, 2. (Med) Anfall (bes Schlaganfall); *re-sultieren*: (herausspringen:) sich als Folgerung ergeben; *Re-sultat*: Ergebnis; *Re-sultante*: (Math) aus mehreren Vektoren sich ergebender Gesamtvektor

salvus wohlbehalten; **salvēre** gesund sein; **salūs** (Gen: salūtis) Heil, Wohl, Rettung. *Salve* (<salve sei gegrüßt): gleichzeitiges Abfeuern mehrerer Schüsse (um zu grüßen); *Salut*: Schüsse zu Ehren der Begrüßung; *salutieren*: militärisch grüßen; *Salvator*: (in der katholischen Kirche) Retter, Heiland; davon: *San Salvador* (span): (heiliger Retter:) Hauptstadt der mittelamerikanischen Republik *El Salvador*; °*Salbei* (<salvia): Name einer Heilpflanze

sānctus heilig (↗ °°sacer); **sacro-sānctus** (durch religiöse Weihe) unverletzlich. *Sankt* (abgekürzt: *St.*, z. B. *St. Bernhard*: heiliger Bernhard; f: *San(c)ta*, abgekürzt: *S.* (it) und *Sta.* (span, port), z. B.: *Santa Lucia*, *Saint-Simon* (frz), *Saint Paul* (engl), *Sant-iago* (span), *San Francisco* (span), *Sao Paulo* (port) *Szent-* (ungar); *Campo santo* (it, geweihtes Feld:) Gottesacker, Friedhof; *sakro-sankt*: heilig und unverletzlich; *sanktionieren*: als (heilig:) unverbrüchlich bestätigen, auch: gutheißen; *Sanktionen*: (in feierlicher Form beschlossene) Sicherheits- oder Zwangsmaßnahmen

sạndalon (σάνδαλον) °*Sandale*; *Sandalette* (Dim)

sanguis (Gen: sanguinis) Blut. *sanguinisch*: leichtblütig, lebhaft; *Sanguiniker*: leicht erregbarer Mensch

sānus gesund; **sānāre** gesund machen, heilen. *sanieren*: heilen, auch: wieder in Ordnung bringen (z. B. die Finanzen); *Sanatorium*: Heilstätte; *sanitär*: der Gesundheit dienend; *Sanitäter*: Gesundheitshelfer, Krankenträger

sāpo (Gen: sapōnis, kelt oder germ) ein Haarfärbemittel (aus Talg, Ton, Buchenasche) °*Seife* (Waschmittel); #Seife (bergmännisch)

saprọs (σαπρός) faul; **sẹpẹin** (σήπειν) faulen. *Sapro-phyten*: von faulenden Stoffen lebende Pflanzen; *Sepsis*: (Blutfäulnis:) Blutvergiftung; *A-sepsis*: Verhütung der Wundinfektion durch Fernhalten der Keime; *Anti-sepsis*: Abtötung von Infektionserregern in einer Wunde; *Anti-septika*: Mittel gegen Wundinfektion

sarx (Gen: sarkọs) (σάρξ, σαρκός) Fleisch. *Sarkom*: (Med) bösartige Geschwulst; *Sarkasmus*: (zerfleischender:) beißender Spott; *sarkastisch*; *Sarko-phag*: (Fleischverzehrer:) Prunksarg (in der Antike aus einem besonderen Stein verfertigt, der eine schnelle Verwesung bewirkt haben soll; daraus:) °*Sarg*

satelles (Gen: satellitis) Leibwächter, Gefolgsmann. *Satellit*: 1. Begleiter, 2. Gestirn, das sich um ein anderes ständig bewegt (z. B. der Mond um die Erde, = Trabant), 3. in den Kosmos beförderter Flugkörper, ständiger Begleiter eines Himmelskörpers; *Satellitenstaat*: Staat, der von einem anderen völlig abhängig ist

satis genug; **satur** °°satt; **satis-facere** genugtun, Genugtuung leisten; **satira** (<satura Schüssel, die mit allerlei Früchten gefüllt war, dann auf eine Stegreifdichtung übertragen, die in ihrem ‘Allerlei’ bes menschliche Schwächen verspottete; dann überhaupt:) Spottgedicht, *Satire*. *saturiert*: gesättigt; *Satisfaktion*: (früher:) Genugtuung durch Ehrenerklärung oder Duell; *satirisch*: in Form der Satire, spöttisch; #Satyr

Sạtyros (Σάτυρος) *Satyr*, Gefährte des Dionysos (= Bacchus), lüstern, halb Mensch, halb Ziegenbock. *Satyr-spiel*: eine Art heiteres Drama, das sich an eine tragische Trilogie anschloß und in dem Satyrn den Chor bildeten; #Satire

scandere steigen; **a-scendere** hinaufsteigen; **scālae** Leiter, Treppe. *skandieren*: Verse genau nach dem Versmaß sprechen (d. h. so gleichmäßig, wie man eine Leiter Sprosse für Sprosse hinaufsteigt); *A-szendent*: (Verwandter in aufsteigender Linie:) Vorfahr; *A-szension*: 1. (Astr) das Aufsteigen eines Gestirns, 2. Himmelfahrt Christi; *A-szensions-strom*: (Geo) Meeresströmung aus der Tiefe, Auftriebwasser; *De-szendent*: (Verwandter in absteigender Linie:) Nachkomme; *De-szendenz*: Gesamtheit der Nachkommen, Abstammung; *De-szendenz-theorie*: Abstammungslehre; *De-szension*: (Astr) das Absteigen bzw Untergehen eines Gestirns; *tran-szendent(al)*: die menschlichen Sinne und Erfahrungen übersteigend, jenseitig (im Sinne des philosophischen Idealismus); *Skala*: 1. Tonskala, Tonleiter, 2. Maßeinteilung, 3. (allgemein:) Stufenfolge (z. B.: *Härte-skala*); *Skalar*: (Phys) nur durch ihren Zahlenwert bestimmte Größe (wie sich Leitersprossen nur durch ihre unterschiedliche Entfernung vom Anfang unterscheiden, wobei die Richtung der Leiter belanglos ist; Gegens: Vektor); *E-skalation*: (das stufenweise Emporsteigen:) stufenweise Steigerung; #Mailänder Scala

scātula (spätlat) Geldkasten. *Schatulle*: Geld- oder Schmuckkästchen; °*Schachtel*

schẹdios (σχέδιος) flüchtig. *Skizze* (it): erster Entwurf; *skizzieren*; *Sketch* (engl): anspruchsloses dramatisches Stück

schẹ̄ma (σχῆμα) Haltung, Gestalt, Figur. *Schema*: anschauliche Darstellung des Wesentlichen eines Sachverhalts, auch: Entwurf, Übersicht; *schematisch*: nach bloßer Vorschrift, d. h. rein mechanisch; *Schematismus*: gedankenlose Verfahrensweise

schịdē (σχίδη) Splitter; **schịsma** (σχίσμα) Spaltung. °*Scheit*: großes Holzstück; °*Zettel* (über lat schedula); *Schisma*: (Kirchen-)Spaltung; *Schizo-phrenie*: (Seelenspaltung:) (Med) fehlende Einheit von Denken und Wollen; *schizo-phren*; *-schisis*: -spalte, -spaltung (als Fehlbildung eines Organs, z. B. *Rhachi-schisis*: Spaltung der Wirbelsäule (rhachịs Rückgrat)

scholẹ̄ (σχολή) Muße (= Freisein von Berufsgeschäften); **schola** °*Schule* (urspr für Erwachsene; für Kinder: ludus = Spiel). °*Schüler*; *Scholar*: (Schüler:) ‘fahrender Schüler’ (= Student) des Mittelalters; *Scholastik* = *scholastische Philosophie*: die an mittelalterlichen Hochschulen gelehrte Philosophie; *Scholastiker*; *Scholien*: inhaltliche oder textkritische Erläuterungen bes zu antiken Texten

scindere (Part: scissus) (°°schịdē) spalten, zerreißen; **ab-scindere** abtrennen. °*Schindeln* (<scindula gespaltenes Holz): dünne, schmale Holzplatten zum Eindecken von Dächern; *Ab-szissen-achse*: (Math) Waagerechte im Koordinatensystem mit Abschnittseinteilung

sclavus (mlat <mgr Sklabọs:) kriegsgefangener Slawe: *Sklave*

scrībere (Part: scrīptus) °*schreiben*; **cōn-scrībere** (Namen auf einer Liste) zusammenschreiben, Soldaten ausheben; **prō-scrībere** (Namen öffentlich) anschreiben, ächten; **īnscrīptiō** Inschrift. °*Schrift*; *Skribent*: Schreiberling; *Skriptum*: (Geschriebenes:) schriftliche Ausarbeitung, Schriftstück; *kon-skribieren*: Truppen ausheben; *Kon-skription; pro-skribieren*: ächten; *Pro-skription*: Ächtung (wobei der Proskribierte für vogelfrei erklärt und sein Vermögen beschlagnahmt wurde); *sub-skribieren*: unterschreiben, ‘zeichnen’ (durch *Sub-skription* bestellt ein *Sub-skribent* z. B. neue Bücher im voraus); *tran-skribieren*: ụmschreiben (z. B. die Stimmen eines Musikstücks auf ein anderes Instrument, auch: griechische Wörter mit lateinischen Buchstaben, überhaupt: Informationen aus einem Aufzeichnungssystem in ein anderes); *Tran-skription* (= Trans-lation, ↗ lātus[1]); *Post-skriptum*: Nachtrag (am Schluß eines Briefes); *in-skribieren*: einschreiben, in eine Liste eintragen; *Corpus In-scriptionum Latinarum* (abgekürzt: CIL): Sammelwerk aller lateinischer Inschriften.

scrīnium Kapsel, Schachtel. °*Schrein*: Schrank (einst auch: Sarg); °*Schreiner*: (süddeutsch) Tischler

scrōfa Mutterschwein, Sau. °*Skrofeln* (<scrōfulae Schweinchen, dann: Halsdrüsen, Halsgeschwulst, die bes bei Schweinen häufig ist): Haut- und Lymphknotenerkrankung bei Kindern (= *Skrofulose*); °*Schraube* (<scrōfa, wegen der Ähnlichkeit des Gewindes mit dem Ringelschwanz des Schweines)

scrūpulus spitzes Steinchen. *Skrupel*: (hinderndes Steinchen:) Zweifel, Bedenken; *skrupulös*, aber: *skrupellos*: gewissenlos

sculpere und **scalpere** (Part: sculptus) schnitzen, meißeln. *Skulptur*: Bildhauerkunst, Bildhauerwerk; *Skalpell*: kleines Messer für ärztliche Operationen; #Skalp

scutella °*Schüssel*

sebastọs (σεβαστός) ehrwürdig. Namen: *Sebastian; Sewasto-pol*

secāre (Part: sectus) schneiden (°°Säge); **sīca** Dolch; **sīcula** kleiner Dolch. *sezieren*: zerschneiden (bes Leichen); *Sektion*: 1. das Aufschneiden einer Leiche, 2. Abteilung; *Re-sektion*: (Zurückschneiden:) (Med) teilweises Wegschneiden von Knochen oder Organen; *Vivi-sektion*: Zerschneiden lebender Tiere zu wissenschaftlicher Forschung; *Sektor*: (Zerschneider:) 1. Kreisausschnitt, 2. Abschnitt eines Gebietes bzw Verwaltungsbereiches; *Pro-sektor* (Vorschneider): Arzt, der eine Sektion (1) vornimmt; *Sekante*: (Math) Gerade, die eine Kurve schneidet; *Segment*: Flächen- oder Volumenteil, der durch die Sekante abgeschnitten wird; *In-sekt*: (Eingeschnittenes:) ‘Kerbtier’; °*Sichel*: halbmondförmiges Handmesser zum Mähen

sedēre °°sitzen; **sēdēs** (Wohn-)Sitz; sessiō Sitzung; **prae-sidium** Vorsitz, (das Davorsitzen zum) Schutz, Besatzung; **re-sidēre** verweilend sitzen bleiben; **pos-sidēre** besitzen; **sēdāre** zum Sitzen bringen, beruhigen. *Sedi-*

ment: (Geo) Bodensatz, Ablagerung; *sedimentär*: durch Ablagerung entstanden; *Session*: Sitzung(speriode); *Prä-ses*: Vorsitzender, Leiter (bes einer kirchlichen Körperschaft); *Präsident*: Vorsitzender, Leiter, auch: Staatsoberhaupt; *Prä-sidium*: vorsitzende Gruppe; *Prä-sidial-*: zum Präsidenten bzw Präsidium gehörig. In Z: *Prä-sidial-kanzlei; prä-sidieren*: den Vorsitz führen; *re-sidieren*: seinen Wohnsitz haben; *Re-sidenz*: Regierungssitz; *Possessiv-pronomen*: besitzanzeigendes Fürwort; *As-sessor*: (Beisitzer:) (früher:) allgemeiner Titel für den Anwärter auf den höheren Staatsdienst *(Gerichts-assessor); Dis-sident*: (der abseits Sitzende:) jemand, der sich aus einer Gemeinschaft gelöst hat; *Sub-sidien*: Hilfsgelder (urspr: militärische Reserven, die 'in Ruhe hinten sitzen' = in Bereitschaft sind); *Sedativum*: (Med) Beruhigungsmittel

Seirēn (Σειρήν) *Sirene*, Dämon (Vogel mit Frauenkopf), betörte durch Gesang Seeleute, die dann an Klippen umkamen. *Sirene*: Alarmvorrichtung

seismos (σεισμός) (Erd-)Erschütterung. *Seismo-graph*: Gerät zur Aufzeichnung von Erschütterungen bei Erdbeben

sēma (σῆμα) Zeichen. *Semiotik*: allgemeine Lehre von den Zeichen, bes den sprachlichen; *Semasio-logie = Semantik*: (Gram) Lehre von der Bedeutung der Zeichen; *semantisch*

sēmi- halb. In Z: *Semi-de-ponens*: (Verb, das die Hälfte seiner aktiven Formen ablegt, aber die aktive Bedeutung behält:) 'Halbpassivformverb'; *Semi-kolon* (gr ↗ kōlon, also: halber Teil einer Periode, dann: Satzzeichen nach diesem Teil): Strichpunkt; *Semi-finale*: (Halbfinale:) (Sport) Vorschlußrunde zur Ermittlung der Endkampfteilnehmer; *semi-polare Bindung* (Chem). (↗ hēmisys)

senex alter Mann, Greis; **senātus** (Rat der Alten:) Senat; **senior** der ältere; **senilis** greisenhaft. *Senat*: 1. erste gesetzgebende Kammer (z. B. in den USA), 2. akademischer Senat an Universitäten (aus Rektor, Dekanen und mehreren Professoren bestehend), 3. Richterkollegium höherer Gerichte; *Sene-schall* (schall <german schalk Knecht, Diener): (Altknecht:) Oberhofmeister im Frankenreich; *Senior*: der Ältere, auch: der Älteste als Vorsitzender oder Sprecher einer Versammlung; *Meier senior*: der ältere Meier (Gegens: junior); *Seigneur* (frz, <seniōrem): der ältere, ehrwürdige, vornehme Herr; (durch Verkürzung:) *Sire* (Anrede an den französischen König); *Sir* (engl): Herr; *Mon-sieur* (frz, <meum seniōrem): (mein) Herr; *senil*: greisenhaft

sententia Meinung; **sentire** empfinden, fühlen, meinen; **sēnsus** Empfindung, Sinn; **sēnsibilis** fühlbar, fühlend *Sentenz*: Meinungsäußerung, Ausspruch; *sentimental* (frz): gefühlvoll, auch: rührselig; *Sentimentalität*; *Res-sentiment* (frz): (das zurückbleibende ungute Gefühl:) oft unbewußt gehegter Groll, gefühlsmäßiges Vorurteil; *Non-sens*: Unsinn; *Sensation*: (etwas, was stark auf die Sinne wirkt:) aufregende bzw aufsehenerregende Begebenheit oder Darbietung; *sensationell*; *sensibel*: reizempfindlich, auch: überempfindlich, empfindsam; *Sensibilität*; *sensible Nerven*: Empfindungsnerven (leiten von außen kommende Reize zum Gehirn und Rückenmark; Gegens: motorische Nerven); *Sensibilisator*: Stoff, der Sensibilität gegen bestimmte Reize anregt; *Sensor*: (Techn) Meßfühler (als *Biosensoren* werden z. B. Mikroorganismen und Enzyme genutzt); *sensorisch*: die Sinne(snerven) betreffend; *sensibilisieren*: empfindlich machen; *Sensualismus*: Lehre, daß Vorstellungen nur durch Sinneseindrücke bedingt sind; *Kon-sens(us)*: (Zusammenfühlen:) Einwilligung, Zustimmung (Gegens: *Dis-sens*)

septem °°sieben; **septimus** der °°siebente; **septuāgintā** siebzig. *September*: der siebente Monat der älteren römischen Jahreseinteilung; *Septime*: (Mus) der siebente Ton der Tonleiter und Abstand von sieben Tönen; die *Septuaginta*: die z. Z. des Hellenismus in Alexandria angeblich durch siebzig jüdische Gelehrte geschaffene griechische Übersetzung des Alten Testaments

sequī (Part: secūtus) folgen; **secundus** der folgende, zweite, auch: günstig; **secta** (philosophische) Lehre, Schule (der jemand folgt, d. h. sich anschließt); **cōn-sequī** einholen, erreichen. *Sequenz*: (Aufeinanderfolge:) (Mus) 1. die Wiederholung einer Tonfolge auf einer anderen Tonstufe, 2. frühmittelalterlicher, frei variierender Gesang, dem später auch Text unterlegt wurde, 3. Folge von gleichartigen Elementen (Bild-, Spielkarten-Sequenz); *Suite* (frz): 1. Gefolge, 2. Folge von Tänzen, von Räumen; *Sequester*: (der Mitfolgende, Mittelsmann:) behördlich vorläufig eingesetzter Verwalter umstrittener Vermögenswerte; *Sequestration*: Verwaltung durch einen

Sequester; *Sekunde*: 1. (die folgende, zweite Unterteilung:) der 60. Teil einer Zeit- oder Winkelminute, 2. (Mus) zweiter Ton der Tonleiter und Abstand von zwei Tönen; *sekundär*: an zweiter Stelle auftretend, zweitrangig (Gegens: primär); *sekundieren*: (als zweiter dabeisein:) jemandem zur Seite stehen, helfen; *Sekundant*: Helfer (bes früher beim Duell); *Sekte*: 1. (im Altertum:) Anhängerschaft eines Philosophen und seiner Lehre, 2. religiöse Gruppe, die sich von einer größeren Glaubensgemeinschaft gelöst hat; *Kon-sequenz*: Folgerung, Folgerichtigkeit; *kon-sequent*: folgerichtig, zielbewußt (Gegens: *in-kon-sequent*); *Kon-sekutiv-satz*: (Gram) Adverbialsatz der Folge; *Exequatur* (<ex-sequātur er vollziehe, ergänze: seine Amtsgeschäfte): staatliche Erlaubnis für den Konsul eines anderen Staates zur Ausübung seines Amtes; *Exekutive*: ausführende Staatsgewalt, die vollzieht, was die Legislative beschlossen hat; *Exekution*: (Ausführung:) Vollstreckung eines Urteils, Hinrichtung; *exekutieren*

serere[1] (Part: satus) °°säen, pflanzen; **sēmen** °°Samen. *Seminar*: (Pflanzschule:) 1. Bildungsanstalt für angehende Lehrer bzw Geistliche, 2. Lehreinrichtung in Form einer Arbeitsgemeinschaft (z. B. an Hochschulen, auch: *Eltern-seminar*); *Seminarist*: Seminarschüler; *seminaristisch*: in Form eines Seminars; *Saison* (frz, <satiōnem Säen, Saatzeit): 1. Jahreszeit, 2. Hauptbetriebszeit, 3. Theaterspielzeit; *Saturnus*: altrömischer Gott der Saaten, nach ihm benannt der Planet *Saturn*

serere[2] (Part: sertus) zusammenreihen; **seriēs** Reihe; **dis-sertāre** auseinanderreihen, mit Worten auseinandersetzen, erörtern; **dē-serere** die Reihe verlassen, im Stich lassen. *Serie*: Reihe; *In-serat*: (er soll einfügen, nämlich der Setzer:) Zeitungsanzeige; *in-serieren*: in die Zeitung setzen lassen; *Dis-sertation*: wissenschaftliche Abhandlung zur Erlangung der Doktorwürde; *de-sertieren*: seine Kameraden im Stich lassen, fahnenflüchtig werden; *De-serteur*; *De-serti-fikation* (dēserta, ergänze loca: verlassene Gegend): Bildung von Wüsten

sērius ernst. *seriös* (frz): ernst, würdevoll

sermō (Gen: sermōnis) Gespräch, Redeweise. der *Sermon*: Rede, 'Strafpredigt', auch: langweilige Rede

serpere kriechen; **serpēns** (Gen: serpentis) (die Kriechende:) Schlange. *Serpentine*: sich schlängelnder Weg; *Serpentin*: Mineral, das oft schlangenhautähnlich gefärbt ist. (↗ °°herpein)

serum Molke, wäßriger Teil der geronnenen Milch. *Serum*: 1. Blutwasser, 2. aus Tierblutwasser gewonnener Impfstoff; *serös*: blutwasserartig

sērus spät. *Serenade*: Abendmusik, Ständchen; *Soiree* (frz, <sērāta): künstlerische Abendveranstaltung (Gegens: Matinee)

servāre behüten, beobachten, bewahren, retten; **ob-servāre** be(ob)achten; **servīre** dienen; **servus** Diener, Sklave; **servīlis** sklavisch. *konservieren*: vor Verfall bzw Verderben bewahren; *Kon-servator*: (Bewahrer:) Pfleger von Kulturdenkmälern; *Kon-servatorium*: (urspr. Kinderbewahranstalt, die sich z. T. durch die Ausbildung der Kinder zu Musikern und Chorsängern finanzierte, heute:) Fachschule für Musik; *kon-servativ*: bewahrend, auch: am Alten bzw Veralteten hängend (und daher den Fortschritt hemmend); *Kon-servatismus*: Geisteshaltung, die die Erhaltung des Alten erstrebt; *Kon-serven*: haltbar gemachte (in Dosen oder Gläsern aufbewahrte) Lebensmittel; *re-servieren*: zurückbehalten; *sich reserviert verhalten*: sich zurückhaltend benehmen; *Re-servat(ion)*: 1. vorbehaltenes Recht, Sonderrecht, 2. für besondere Zwecke vorbehaltenes Gebiet, auch: Schutzgebiet; *Re-servoir* (frz, <re-servātōrium Aufbewahrungsstelle): Sammelbecken für Wasser, auch: Vorrat; *Re-serve*: Zurückhaltung, auch: zur späteren Verwendung Zurückbehaltenes; *Reservist*: ausgebildeter Soldat (der für den Ernstfall 'aufbewahrt' bleibt); *Ob-servatorium*: Beobachtungsstation (z. B. für Gestirne); *Observator*: (Beobachter:) wissenschaftlicher Mitarbeiter eines Observatoriums; *servieren*: bei Tisch bedienen, Speisen auftragen; *Serviette* (frz): (bei Tisch dienendes kleines Tuch:) Mundtuch; *Sergeant* (frz, <servientem Dienender): Unteroffiziersdienstgrad; *Dessert* (frz, <dē-servīre den Rest der Hauptmahlzeit abtragen): Nachtisch; *servil*: knechtisch gesinnt, unterwürfig; *Servilität* = *Servilismus*: Kriecherei; das *Service* (frz): (zur Bedienung bei Tisch gebrauchtes) Tafelgeschirr; der *Service* (engl): Kundendienst

sex °°sechs; **sextus** der sechste. *Sexte*: (Mus) der sechste Ton der Tonleiter und Abstand von sechs Tönen; *Sextant* (sextāns der sechste

Teil): Winkelmeßgerät (das nur ein Sechstel des Kreises verwendet und auf See durch Messung von Gestirnhöhen zur Orts- und Zeitbestimmung dient); *Siesta* (it, <sexta, ergänze: hōra: sechste Stunde, vom Sonnenaufgang an gerechnet): Mittagsruhe

sexus Geschlecht. *sexual* = *sexuell*: geschlechtlich; *Sexualität*

siccus trocken. *Sekt*: (urspr: aus (halb)trockenen Weinbeeren hergestellter Wein, dann:) Schaumwein

sịdēros (σίδηρος) Eisen. *Siderose*: (Med) Ablagerung von Eisen in Körpergeweben

sīdus (Gen: sīderis) Stern. *siderisch*: auf die Sterne bezogen

signum Zeichen; **sigillum** kleines Bildnis, °*Siegel*; **in-sīgnis** ausgezeichnet; **sīgnāre** (be)zeichnen. *Signum*: Namenszeichen (anstelle der vollen Unterschrift); °*Segen*: Gebetswunsch (mit dem Zeichen des Kreuzes); *Signal*: Zeichen zur Verständigung; *signalisieren; signi-fikant* (sīgni-ficāre ein Zeichen machen): statistisch bedeutsam, wesentlich; °*Siegel*: 1. geschnittenes Zeichen oder Bild im Siegelring bzw Stempel, 2. dessen Abdruck, oft zur urkundlichen Beglaubigung (daher: *be-siegeln*); *Sigel*: Abkürzungszeichen, Kürzel (in der Kurzschrift); *Terra sigillata*: antikes Geschirr aus roter Tonerde, das mit Reliefbildchen, sigilla, verziert ist; *In-signien*: Abzeichen der Macht und Würde eines Amtes oder Standes; *signieren*: 1. mit einem Zeichen versehen, 2. unterzeichnen; *Signatur*: Zeichen, Aufschrift, Unterschrift; *Signatar*: Unterzeichner eines Vertrages; *de-signieren*: bezeichnen, für ein Amt bestimmen; *De-sign* (engl): Entwurf (für ein Industrieprodukt) *Des-sin* (frz): Zeichnung, Muster; *Des-sinateur* (frz): Musterzeichner; *re-signieren*: (durch Beseitigung des Siegels) ungültig machen, auch: verzichten, sich mit den Verhältnissen abfinden; *Re-signation*: Verzichtstimmung

silex (Gen: silicis) Kiesel. *Silikat*: (Chem) Salz der Kieselsäure; *Silikose*: (Med) Kiesellunge (durch Ablagerung von Kieselstaub)

silva Wald. *Silvester*: (der im Wald Lebende:) Name eines Papstes, nach dem der letzte Tag des Jahres benannt ist; Namen: *Silvia; Transsilvanische Alpen*: jenseits der westrumänischen Wälder gelegenes Gebirge

simila feines Weizenmehl. °*Semmel*

similis ähnlich; **as-similāre** ähnlich machen; **simulāre** heucheln. *Simili-stein*: nachgemachter, künstlicher Edelstein; *as-similieren*: angleichen; *As-similation*: 1. sprachliche Angleichung von Lauten (z. B.: as-similāre aus ad-similāre), 2. (Bio) Umwandlung körperfremder Stoffe in körpereigene; *As-similat*: Endprodukt der pflanzlichen Stoffangleichung; *Dis-similation*: 1. Unähnlichmachung von Lauten (z. B.: merī-diēs aus medī-diēs), 2. (Bio) Abbau von körpereigenen Stoffen; *simulieren*: sich verstellen, vortäuschen (z. B. eine Krankheit); *Simulant; Simulator:* (Nachahmer:) Apparatur zur Nachahmung *(Simulation)* einer Situation

simplex einfach, schlicht. *Simplex*: einfaches Verb (Gegens: Kompositum); *simpel*: einfach, einfältig; *Simplicissimus*: 'der sehr Einfältige' (Titelheld eines Romans von Grimmelshausen); *fach-simpeln*: (einfältig) nur von seinem eigenen Fach reden; *simpli-fizieren*: (<simplex + facere einfach machen:) in wissenschaftlich nicht vertretbarer Weise vereinfachen und verflachen; *Simpli-fikation*

simul zugleich, zusammen. *Simultan-*: Zugleich- (z. B. *Simultan-bild*: mehrere Stadien einer Handlung auf einem Bilde, *Simultanbühne*: mehrere Spielflächen einer Bühne zugleich bespielbar, *Simultan-kirche*: von mehreren Konfessionen gemeinsam genutzt, *Simultan-schule*: Unterrichtung mehrerer Altersklassen in einem Unterrichtsraum zugleich); *Ensemble* (frz, <in simul): als Gemeinschaft wirkende Gruppe (von Musikern, Schauspielern)

singulī die einzelnen, je einer; **singulāris** einzeln. *Singular*: Einzahl; *singulär*: vereinzelt auftretend; *Singularität*: Einzelerscheinung; *Singulare-tantum*: (nur Singular:) nur im Singular vorkommendes Substantiv (z. B.: Frieden; Gegens: Plurale-tantum)

sinus Ausbuchtung, auch der Toga (in Brusthöhe), die dem Römer die Tasche ersetzte, Busen, Meerbusen, Winkel. *Sinus*: Winkelfunktion (deren Kurve 'gebuchtet' ist); *Ko-sinus*: (Mitsinus:) Sinus des Komplementwinkels; *in-sinuieren*: (in den Busen stecken:) einflüstern

sistere sich stellen; **cōn-sistere** sich hinstellen; **ex-(s)istere** hervorkommen, entstehen; **re-sistere** sich dagegenstellen, Widerstand leisten; **sub-sistere** (sich darunterstellen:) standhalten. *sistieren*: 1. (jemanden stellen:) verhaften, 2. ein Verfahren einstellen; *as-si-*

stieren: helfend zur Seite stehen (z. B. bei einer Operation); *As-sistent*: wissenschaftlich ausgebildeter Mitarbeiter; *As-sistenz*: Mitarbeit; *Kon-sistenz*: (Zusammenstehen:) Zusammenhalt, Dichtigkeit, Festigkeit eines Stoffes; *kon-sistent*: dicht, auch: beständig; *Kon-sistorium*: (Ort des Zusammentretens:) Versammlung leitender Kirchenmänner, auch: kirchliche Oberbehörde; *ex-istieren*: bestehen, vorhanden sein, *Ex-istenz; Ex-istentialismus*: bürgerliche philosophische Lehre im 20. Jh., die vom subjektiv empfundenen 'Dasein' des Menschen ausgeht; *Ex-istenz-minimum*: niedrigstes Einkommen, das zum (Bestehen:) Leben gerade noch ausreicht; *Ko-existenz*: Zusammen-, Nebeneinanderbestehen; *re-sistent*: widerstandsfähig; *Re-sistenz; Ré-sistance* (frz): französische Widerstandsbewegung im zweiten Weltkrieg gegen den deutschen Faschismus; *Therm-istor* (engl, verkürzt aus thermo-resistor): temperaturabhängiger Widerstand; *Tran-sistor* (engl): Gerät, das einen hindurchgehenden Strom verstärkt (d. h. ihm keinen Widerstand, re-sistance, leistet, sondern ihn 'hindurchläßt'); *Sub-sistenz-mittel*: Einkommen, das die Grundlage der wirtschaftlichen Existenz eines Menschen bildet

situs hingelegt, gelegen; **situs** Lage. *Situation* (frz): (Sach-)Lage; *gut-situiert*: in guter wirtschaftlicher Lage lebend; *Situs*: (Bio, Med) Lage der Eingeweide im Körper

skạndalos (σκάνδαλος) und **skạndalon** (σκάνδαλον) das losschnellende Stellholz der Falle, an das ein Tier stößt, dann: Anstoß, Ärgernis, in dieser Bedeutung auch **scandalum.** *Skandal* (frz): Ärgernis erregendes Vorkommnis, Aufsehen; *skandalös*

skeletọs (σκελετός) ausgetrocknet; **skeletọn** (σκελετόν) Mumie. *Skelett*: Knochengerüst, Gerippe

skẹ̄nē (σκήνη) Zelt, Hütte, Schaubühne. °*Szene* (frz): Bühne, Schauplatz, Auftritt; *szenisch*: bühnenmäßig, die Aufführung betreffend; *Szenarium*: Bühnenbuch mit Angabe aller erforderlichen Anweisungen; *Szenerie*: 1. Bühnendekoration, 2. Landschaft; *in-szenieren*: auf die Bühne bringen

skẹ̄ptron (σκῆπτρον) Stab. °*Zepter*: Stab als Sinnbild von Macht und Würde

sklẹ̄rọs (σκληρός) hart. *Sklera*: (Bio) Lederhaut des Auges; *Sklerose* = *Sklerosis*: (Med) Verhärtung eines Organ(teil)s; *sklerotisch;*

Das Ständebuch – Holzschnitt von J. Ammann, Verse von H. Sachs – 1960

Skler-enchym: (Bio) pflanzliches Festigungsgewebe (↗ chẹin)

skoliọs (σκολιός) schief. *Skoliose*: (Med) Schiefwuchs der Wirbelsäule

skopẹin (σκοπεῖν) beobachten, trachten nach; **skẹptesthạị** (σκέπτεσθαι) umherschauen, °°spähen (↗ °°spectāre). *Skepsis*: (Betrachtung:) eine von Bedenken und Zweifeln begleitete Betrachtungsweise; *skeptisch*; *Skeptiker*, auch: Vertreter des *Skeptizismus*: philosophische Richtung, die die Möglichkeit objektiver Wahrheitsfindung bezweifelt, auch: grundsätzlich alles bezweifelnde Haltung; *Demo-skopie*: (Volksbetrachtung:) Verfahren, die Volksmeinung zu ermitteln; °*Bischof* (<epị-skopos Aufseher): kirchlicher Würdenträger; *Epi-skopat*: das einem Bischof zukommende Oberaufsichtsamt, auch: Gesamtheit der Bischöfe; *Epi-dia-skop*: (Auf- und Durchsicht:) Bildwerfer für undurchsichtige und durchsichtige Bilder, in *einem*

Gerät vereinigtes *Epi-skop* und *Dia-skop*); *Stetho-skop* (stēthos Brust): (Med) Hörrohr, bes zum Abhorchen von Herz und Lunge; auch mit lat Wörtern zusammengesetzt: *Rekto-skop*: Gerät zur Betrachtung des Mastdarms

sobrius nüchtern, mäßig, besonnen. °*sauber*

soccus niedriger, leichter Schuh. °*Sockel*: Fußgestell, Unterbau; °*Socke*: kurzer Strumpf

socius Gefährte, (Bundes-)Genosse (↗ °°sequī); **societās** Gesellschaft, Bündnis; **sociāre** gesellen, vereinigen; **dis-sociāre** vereinzeln, entzweien, trennen. *Sozius*: 1. Geschäftsteilhaber, 2. Mitfahrer auf dem Motorrad; *sozial*: gesellschaftlich, der Gesellschaft dienend; *sozialisieren*: zum Eigentum der Gesellschaft machen, vergesellschaften; *Sozialismus*; *Sozialist*; *sozialistisch*; *Sozio-logie*: Lehre von der Gesellschaft; *Sozietät*: Genossenschaft, Gesellschaft; *as-soziieren*: verbinden, vereinigen; *As-soziation*; *dis-soziieren*: trennen, auflösen, (Chem) aufspalten, in Ionen zerfallen; *Dis-soziation*

sōl Sonne; **sōlāris** zur Sonne gehörig, auf die Sonne bezogen. *Sol-stitium*: (Astr) scheinbarer Stillstand der Sonne auf ihrem Jahreslauf, Sonnenwende (↗ stāre) am *Sol-stitialpunkt*; *Sol-lux-lampe*: (Sonnenlichtlampe:) (Med) ultrarotes Licht ausstrahlende Lampe zur Heilbehandlung durch Wärme; *In-solation*: einwirkende Sonnenstrahlung, (Med) Hitzschlag; *solar*: zur Sonne gehörig, Sonnen-; *Solarium*: Sonnenuhr, Sonnenbad; °*Söller* (<sōlārium): flaches Dach, Terrasse zum Sonnen, balkon- oder erkerartiger Anbau

solidus dicht, fest. *solide*: fest, gediegen, zuverlässig; *Solidität*; *Sold* (solidus nummus gediegene Goldmünze): regelmäßig gezahlte Löhnung; *Söldner*: gegen Sold zum Dienst angeworbener Krieger, Landsknecht; *Soldat*: (zunächst Söldner, dann:) im Heer des eigenen Volkes dienender Mann, der Löhnung erhält; *Saldo* (it): (fester, klarer) Abschluß des Kontos; *solidarisch*: eine feste Gemeinschaft bildend; *Solidarität*: Gefühl der Zusammengehörigkeit, bes der Arbeiter, auch: gegenseitige Hilfe; *kon-solidieren*: festigen, sichern; *Kon-sole* (frz): feste Stütze an der Wand zum Tragen von Balken oder Figuren, auch: kleines Wandbrett für Vasen usw.

sollemnis (auch sollennis, zu annus Jahr?) alle Jahre gefeiert, festlich. *solenn*: festlich, feierlich

sōlus allein. *Solo*: Musikstück, das einer allein, als *Solist*, vorträgt; *Solo-spiel*: Kartenspiel, das einer allein gegen zwei bzw mehrere Mitspieler spielt

solvere (Part: solūtus) lösen, auch: (Schulden ablösen:) zahlen. *Solvens*: auflösendes Mittel (*Mixtura solvens*: hustenlösende Mischung); *solubel*: löslich; *in-solvent*: (die Schulden nicht ablösend:) zahlungsunfähig; *In-solvenz*; *ab-solvieren*: (sich mit Erfolg von der Schule oder einem Lehrgang lösen:) erfolgreich beenden; *Ab-solvent*; *ab-solut*: von jeder Einschränkung (Bedingung, Beziehung) losgelöst, uneingeschränkt, unbedingt; *Ab-solution*: (Loslösung:) Lossprechung von Sünden; *Ab-solutismus*: uneingeschränkte Herrschaft des Monarchen; *re-solut*: (von Bedenken gelöst:) entschlossen; *Re-solution*: Entschließung (die sich bei Abschluß einer Versammlung als Lösung ergibt)

sō̜ma (Gen: sō̜matos) (σῶμα, σώματος) Körper. *somatisch*: (Med) körperlich; *Somatolyse*: (Bio) Wirkung der Schutzfärbung, die den Körper (z. B. des Hechtes in senkrecht stehende Pflanzenstiele 'auflöst':) unsichtbar macht; *Chromo-somen*: (Bio) stark färbbare Zellkernstrukturen, die während der Zellteilung entstehen, eingeteilt in *Auto-somen*, bei beiden Geschlechtern in Form und Größe gleich, und *Hetero-chromo-somen*, die sich von den übrigen unterscheiden; *Tri-somie*: (Bio, Med) Verdreifachung des Chromosomensatzes in einer sonst diploiden Zelle; *Ribo-some*: (Bio) Ribonukleinsäure enthaltende (Körperchen:) Zellstrukturen

sonāre tönen, schallen. *Sonate* (it): (klangvolles) instrumentales Musikstück; *Sonett* (it): (klangvolles) Gedicht aus vierzehn kunstvoll gereimten Zeilen; *sonor*: klangvoll, volltönend; *uni-sono* (it): (Mus) einstimmig; *Konsonant*: Mitlaut (Gegens: Vokal); *Kon-sonanz*: 1. (Gram) Mitlautfolge, 2. (Mus) harmonischer Zusammenklang der Töne; *Dis-sonanz*: (Auseinanderstreben der Töne:) Mißklang; *Re-sonanz*: 1. (Mus) Mitklingen (z. B. des Resonanzbodens), 2. Widerhall (den z. B. ein Aufruf findet)

sopho̜s (σοφός) klug, gescheit; **sophịā** (σοφία) Klugheit, Weisheit. *Sophistik*: philosophische Richtung im alten Griechenland, deren Anhänger, *Sophisten*, als Lehrer der Weisheit auftraten, urspr progressiv, später, wegen Beweisführung mit Scheinwahrheiten, auch =

Sophisterei: Kunst spitzfindiger Beweisführung; Vorname: *Sophie*, dazu russ Kurzform: *Sonja*

sorbēre schlürfen, verschlucken. *Sorption*: Aufnahme eines Gases oder gelösten Stoffes; *absorbieren*: aufsaugen, aufzehren; *Ab-sorption*; gleiche Bedeutung: *re-sorbieren, Re-sorption*; *ad-sorbieren*: (Chem) ansaugen, anlagern; *Adsorption* (von Fremdatomen oder -molekülen an der Oberfläche eines anderen Stoffes)

sors (Gen: sortis) Los, Schicksal, (erloster) Anteil; **cōn-sors** gleichen Anteil habend, Teilhaber; **sortīrī** (durch Los) erhalten. *Sorte*: Art; *sortieren*: nach Arten ordnen; *Sortiment*: nach Sorten geordnetes Warenlager; *Kon-sorten*: (abwertend) Mittäter, Spießgesellen; *Kon-sortium*: (Teilnehmergruppe:) zeitweilige Vereinigung (bes kapitalistischer Banken an großen Finanzgeschäften); *Res-sort* (frz): Aufgabenteil, Geschäfts- Verantwortungsbereich

asp̣aragos (ἀσπάραγος) °*Spargel*

spargere (Part: sparsus) ausstreuen; **dis-pergere** zerstreuen. *dis-pergieren*: zerstreuen, fein verteilen; *dis-pers*: fein verteilt; *Dis-persion*: feine Verteilung, auch: Zerlegung des Lichts

spasmọs und **spạsma** (σπασμός, σπάσμα) Krampf. *Spasmus*: (Med) Verkrampfung, *spastisch*: krampfartig; *Spasmo-lytika*: Mittel zur Lösung von Krämpfen

spạthē (σπάθη) breites Schwert, °°Spaten. *Spatel* und *Spachtel* (lat spathula): kleines spatenähnliches Gerät; *Spalier* (it) (<spalliera Rükkenlehne:) 1. Lattengerüst (für Gehölze), 2. Doppelreihe von Menschen (als Ehrenbezeigung)

spatium Raum; **spatiārī** herum*spazieren*, °*spazierengehen* (it)

spectāre anschauen; **spectāculum** Schauspiel; **speculum** (Schaubild:) Abbild, °*Spiegel*; **speculārī** spähen, sich umsehen nach ...; **speciēs** Aussehen, Anschein; **-spicere** (Part: -spectus) °°spähen, blicken; **au-spicium** Vogelschau, Vorzeichen. °*Spektakel*: Lärm (der Zuschauer eines ungewöhnlichen Schauspiels); *spekulieren*: 1. nach einträglichen Geschäften Umschau halten (dazu: *Spekulant*), 2. sich in Gedanken verspinnen; *Spekulation*: 1. gewagtes Geschäft zur Gewinnerzielung aus Preisschwankungen, 2. gewagter Gedankengang, der die menschliche Erfahrung übersteigt; *spekulativ; Spezies*: (Bio) besondere Art bzw Gattung; *spezial* = *speziell*: besonders (geartet); *Spezialität; sich spezialisieren*: sich für ein besonderes Gebiet befähigen; *Spezialist*; *spezi-fisch* (<speciēs + facere): die Eigenart ausmachend; *spezi-fizieren*: die besonderen Einzelheiten anführen; *Spektrum*: (Schaubild:) (Phys) Farbenfolge, die durch das Zerlegen des Lichts entsteht; *spektral*; *A-spekt*: Anblick, Gesichtspunkt, auch: (Gram) *(un)vollendeter Aspekt* des Verbs; *Kon-spekt*: (Zusammenschau:) Überblick, schriftliche Ausarbeitung (z. B. zu einem Referat); *de-spektierlich*: herabblickend, verächtlich; *in-spizieren*: besichtigen, auch: beaufsichtigen; *In-spizient*: der für den Ablauf von Theateraufführungen Verantwortliche; *In-spektor* = *In-spekteur* (frz): Aufsichtführender; *Pro-spekt*: (Vorausschau:) 1. Werbeschrift, Preisliste, 2. gemalter Bühnenhintergrund; *Pro-spektion*: (Geo) Erkundung von (Erz-)Lagerstätten, durch *Pro-spektoren*; *Per-spektive*: (Hindurchsehen:) 1. Raumsicht, 2. voraussehende Planung; *Re-spekt*: Rücksicht, Hochachtung; *re-spektieren*; *re-spektierlich*; *re-spektabel*: beachtenswert; *re-spektive*: (unter Berücksichtigung der verschiedenartigen Umstände:) beziehungsweise

spe̯ira (σπεῖρα) **spīra** Windung. *Spiro-chäten* (cha̯itē Haar): (Bio) spiral- bzw haarförmig gewundene Mikroorganismen; *Spirillen*: schraubenförmige Mikroorganismen. – *Spirale*: Kurve mit immer weiteren Windungen um einen festen Punkt oder eine Achse

spe̯ire̯in (σπείρειν) säen (°°sprühen, °°Spreu); **spẹrma** (Gen: spẹrmatos) (σπέρμα, σπέρματος) Same; **spọros** (σπόρος) Saat; **sporạs** (Gen: sporạdos) (σποράς, σποράδος) verstreut. *Sperma*: (Bio) reife Samenzellen; *Spermium*; Samenfaden; *Poly-spermie*: Eindringen mehrerer Spermien in das Ei; *Sporen*: ungeschlechtliche Fortpflanzungszellen (#Sporen = Stachel am Absatz des Reiterstiefels); *Sporaden*: im Ägäischen Meer verstreute Inseln; *sporadisch*: verstreut, selten; *Spor-angium* (ange̯ion Gefäß): (Bio) Sporenbehälter; *Sporo-phylle*: sporentragende Blätter (bei Farnen); *Sporo-phyt*: (Sporenpflanze:) ungeschlechtliche Generation bei Farnen, Gegens: Gametophyt; *Dia-spora*: (in der Zerstreuung) unter Andersgläubigen wohnende Gläubige.

spelunca <**spẹ̄laion** (σπήλαιον) Höhle. *Spelunke*: finsterer und schmutziger Raum, üble, verrufene Kneipe; *Speläo-logie*: Höhlenkunde, -forschung

spērāre hoffen; **dē-spērāre** von der Hoffnung ablassen, verzweifeln; **spēs** Hoffnung. *Esperanto*: (der Hoffende:) aus den gebräuchlichen Kultursprachen, bes den romanischen, künstlich geschaffene Welthilfssprache; *desperat*: verzweifelt; *De-sperado* (span): (aus Verzweiflung) zu allem fähiger Verbrecher.

sphạira (σφαῖρα) Ball, Kugel. *Sphäre*: Bereich (urspr wohl der Sterne: 'in höheren Sphären schweben'); *sphärisch*: auf die Kugel bezogen; *Hemi-sphäre*: Halbkugel; *Atmo-sphäre* (atmịs Dunst): 1. Lufthülle der Erde, 2. (früher:) Einheit des Luftdrucks, 3. die als Umwelt wirkende, von Dingen oder Personen ausgehende Stimmung

spīca Ähre; **spīcārium** Kornkammer, °*Speicher*

spīna Dorn, Stachel. *Spina*: (Bio, Med) Wirbelsäule (nach den Wirbeldornen benannt); *spinal*: auf Wirbelsäule bzw Rückenmark bezogen (z. B.: *spinale Kinderlähmung*); *Spinett* (it): kastenförmiges Tasteninstrument, dessen Saiten mit spitzen Federkielen angerissen wurden; #Spinat, #Spin (engl)

spīrāre hauchen, atmen; **spīritus** Hauch, Atem, Geist; **cōn-spīrāre** (zusammen atmen:) im Guten oder Bösen einmütig sein. *Spiritus*: ('verhauchende' Flüssigkeit:) Weingeist (spīritus vīnī), davon auch: *Sprit*; *Spirituosen*: (Spiritus enthaltende:) geistige Getränke; *Spiritismus*: Glaube an Geistererscheinungen; *Spiritist*; *spiritistisch*; *Spiritual* (engl): geistliches Lied; *Spiritualismus*: (Phil) Ansicht, daß das Materielle nur die Erscheinungsweise des Geistigen sei; *Spiritus rector*: (leitender Geist:) (umg) führender Kopf; *Esprit* (frz): scharfsinniger, witziger Geist; *A-spirata*: behauchter Laut (h, ch, ph, th); *A-spirant*: Bewerber, Anwärter (der seinen Geist, sein Streben auf etwas richtet); *A-spirantur*: Einrichtung zur Ausbildung künftiger Hochschullehrer; *kon-spirieren*: sich verschwören; *Kon-spiration*; *kon-spirativ*; *in-spirieren*: einatmen, auch: einen Gedanken eingeben, geistig anregen; *In-spiration*: Einatmung (Gegens: *Ex-spiration*), auch: (religiöse) Erleuchtung, geistige Anregung; *Re-spiration*: (Bio, Med) Atmung; *Re-spirator*: maskenartiges Atmungsgerät (bes zur Einatmung von Heilmitteln); *tran-spirieren*: durch die Haut atmen, schwitzen; *Tran-spiration*

splēn (σπλήν) Milz. *Spleno-megalie*: (Med) Milzvergrößerung: *Spleen* (engl): Laune (die Milz galt als Organ der Stimmungen, vgl. ihm ist eine Laus über die Leber gelaufen)

spọndylos (σπόνδυλος) Wirbel(bein). *Spondylose*: die Wirbel deformierendes Leiden

spontāneus (spätlat) freiwillig, von sich aus. *spontan*: aus eigenem Antrieb, ohne Mitwirkung anderer Faktoren; *Spontaneität*: Eintreten eines Vorgangs bzw eines Handelns ganz aus eigenem Antrieb, ganz von selbst

stạdion (στάδιον) (↗ °°stare °°stehen; Feststehendes:) Längenmaß, das (dennoch!) zwischen 177 und 192 m schwankte. In Olympia war die Rennbahn ein stadion lang, daher *Stadion*: Platz für Sportwettkämpfe; dasselbe Wort ist *Stadium*: Entwicklungsstufe

stalagmọs (σταλαγμός) das Tröpfeln. *Stalaktit*: (das Tröpfelnde:) Tropfstein, der von der Höhlendecke herabwächst; *Stalagmit*: (das Getröpfelte:) Tropfstein, der vom Höhlenboden aufwärts wächst

stannum Zinn. *Stanniol*: Blattzinn, Zinn-, auch: Aluminiumfolie.

stāre °°stehen (↗ °°sistere, ↗ °°statuere); **status** Stand, Zustand; **statūra** Gestalt, *Statur*; **statiō** Standort; **stāgnum** Tümpel; **statīvus** stehend; **stabilis** standfest; **stabilīre** befestigen; **cōn-stāre** feststehen, auch: (zu stehen kommen:) °*kosten*; **cōn-stāns** standhaft. °*Staat*: 1. (Organisationszustand der Machtverhältnisse:) Machtinstrument der jeweils herrschenden Klasse(n), 2. Aufwand, Prunk an Kleidung, Gefolge (dazu: *Staat machen, Hof-staat*); *Etat* (frz): (Stand der Einnahmen und Ausgaben:) Haushaltsplan, Staatshaushalt; *Statist*: (jemand, der nur dabeisteht:) stumme Person (auf der Bühne); *Statistik*: zahlenmäßige Feststellung des Standes z. B. der Wirtschaft; *Station*: 1. Haltestelle, 2. Standort einer wissenschaftlichen oder technischen Einrichtung, 3. Abteilung im Krankenhaus; *stationär*: an einen festen Ort gebunden; *stationieren*: (zeitweilig) an einem bestimmten Ort aufstellen bzw unterbringen; *stagnieren*: stillstehen; *Stagnation; Stativ*: Ständer, Gestell; *Stabilität*: Beständigkeit, Festigkeit; *stabil; stabilisieren; sich etablieren* (frz): sich festsetzen, sich niederlassen; *Etablissement* (frz): Niederlassung; *Etage* (frz, <staticum): (Standort, Stufe, auf der man im Hause wohnt:) Stockwerk; *Etagere* (frz): leichtes Gestell mit 'Stockwerken'; *kon-stant*: beständig; *Kon-stante*: Größe von gleichblei-

bendem Wert; *Kon-stanz*: Beständigkeit (Vorname: *Kon-stanze*); *kon-statieren*: feststellen; Städtenamen: *Kon-stanz* (gegründet durch Kaiser *Kon-stantius*); *Kon-stantino-pel* (gr pọlis Stadt): Stadt des *Kon-stantin*, des Sohnes des Konstantius; *Con-stantine* in Algerien; *Di-stanz*: (Auseinanderstehen:) Abstand, Entfernung; *di-stanzieren*: hinter sich lassen, überbieten (z. B. im Wettkampf); *sich di-stanzieren*: öffentlich abrücken von ...; *Re-st* (<re-stat es bleibt übrig); ähnlich gebildet ist ↗ *Kontra-st; Ar-re-stant*: (der zum Bleiben Genötigte:) Häftling; *ar-re-stieren* (frz, <ar-re-stāre) festnehmen, auch: = *ar-re-tieren*: (Techn) feststellen; *Ar-re-tier-hebel*; *Ar-re-st*: Haft; *In-stanz*: (für eine Angelegenheit eingesetzte) zuständige Amtsstelle; *Sub-stanz*: (Standhalten:) Bestand, Grundstock, *sub-stantiell*: stofflich, wesentlich; *Sub-stantiv*: Dingwort, Hauptwort; *ob-stinat*: (gegen Widerstände feststehend:) hartnäckig; *prä-de-stiniert*: vorherbestimmt, für etwas von vornherein besonders geeignet; *Prä-de-stination*: (Religion) Vorherbestimmung.

statuere (Part: statūtus) aufstellen, festsetzen; **statua** Standbild, *Statue*; **cōn-stituere** aufstellen, beschließen; **īn-stituere** einrichten, unterrichten. *ein Exempel statuieren*: ein (abschreckendes) Beispiel aufstellen; *Statut*: Satzung; *Statuette*: kleines Standbild; *Kon-stitution*: 1. Körperverfassung, 2. Staatsverfassung; *kon-stitutionell; sich kon-stituieren*: nach der Wahl erstmalig zusammentreten; *kon-stituierende Versammlung*: verfassunggebende Versammlung; *In-stitut(ion)*: Einrichtung; *Pro-stitution*: Preisgabe zum Geschlechtsverkehr gegen Bezahlung; *pro-stituieren; sub-stituieren*: als Ersatz einsetzen; *Sub-stitution* (Chem, Math)

stẹar (στέαρ) festes Fett, Talg. *Stearin*: festes Gemisch zweier Fettsäuren; *Sterin*: zu den Lipoiden gehörende chemische Verbindung

stēlla °°Stern. *Kon-stellation*: Stellung von Himmelskörpern zueinander, auch: Zusammentreffen von Umständen; *inter-stellar*: zwischen den Sternen befindlich *#In-stallation, In-stallateur, in-stallieren* (<mlat in-stallare: feierlich in ein Amt einweisen (seit 19. Jh. Techn), <ahd stal: Stelle, ↗ °°stare)

stẹllẹin (στέλλειν) ausrüsten, fertigmachen, schicken, senden; **epi-stolẹ̄** (ἐπιστολή) **epistula** Brief, °*Epistel*; **apo-stẹllẹin** (ἀποστέλλειν) wegschicken. *Stola*: (urspr: langes Frauengewand, Kleidung) schalartiges Tuch zum Umlegen; *Sy-stole*: (Med) Zusammenziehung, bes des Herzmuskels (Gegens: *Diastole*); *Peri-staltik*: (Ringsherumbewegung:) wurmförmig fortschreitende Bewegung (z. B. von Magen und Darm zum Transport des Speisebreis); *Apo-stel*: Abgesandter, bevollmächtigter Bote, auch (ironisch): Prediger, z. B. *Gesundheits-apostel*; *apo-stolisch*: von den Aposteln herrührend bzw auf sie bezüglich, daher: päpstlich (die Päpste gelten als die Nachfolger des Apostels Petrus auf dem römischen Bischofsstuhl)

stenọs (στενός) eng. *Stenose*: (Med) Verengung; *Steno-kardie*: (Herzbeklemmung:) Angina pectoris; *Steno-graphie*: Kurzschrift; *Steno-gramm; steno-graphisch; Steno-graph*

stẹphanos (στέφανος) Kranz, Krone. Vornamen: *Stephan(ie)*

stereọs (στερεός) °°starr, einen 'festen' Raum einnehmend, räumlich. *Stereo-metrie*: (Körpermessung:) (Math) Lehre von den dreidimensionalen Gebilden; *Stereo-phonie*: raumgetreue Tonwiedergabe; *Stereo-skop*: Gerät, das räumliche Bildeindrücke vermittelt; *Dia-stereo-merie*: (unterschiedliche räumliche Teile:) (Chem) Substanzen von unterschiedlicher räumlicher Struktur; *stereo-typ*: starr nach dem Vorbild wiederholt (z. B. *stereotype Antwort)*

sterilis unfruchtbar. *steril*: unfruchtbar, keimfrei; *Sterilität; sterilisieren*: unfruchtbar bzw keimfrei machen (so daß kein Leben bzw Ansteckungsherd entstehen kann); *Sterilisation*

sternere (Part: strātus) ausbreiten, bedecken. °*Straße* (<via strāta): mit Steinen (bedeckter:) gepflasterter Weg (dazu: *Straß-burg* als Endpunkt einer großen Römerstraße); *Stratus-wolke*: (Geo) (ausgebreitete:) Schichtwolke; *Strato-sphäre*: die zweite, mittlere, Schicht der Erdatmosphäre; *Sub-strat*: (das Daruntergebreitete:) Grundlage; *Estrade* (frz, <strāta ausgebreitete Fläche): erhöhter Platz (z. B. für Musiker); #kon-sterniert: betroffen (<cōn-sternāre scheu machen)

stịchos (στίχος) Reihe, Linie, Vers. *Sticho-metrie*: Zeilenzählung (zur Preisveranschlagung in der Antike); *Sticho-mythie*: (im antiken Drama) Rede und Gegenrede mit (Sprecher-:) Personenwechsel nach jedem Vers

stịgma (στίγμα) °°Stich. *Stigma*: 1. Atemöffnung bei Gliederfüßlern, 2. Wundmal; *A-stigmatismus*: (Punktlosigkeit:) nichtpunktförmige Wiedergabe an Bildecken bei Linsenfehlern

stilla Tropfen. *de-stillieren*: abtröpfeln lassen (durch Abkühlung nach vorausgegangener Verdampfung); *De-stillation*: (Chem) Reinigung von Flüssigkeiten durch Verdampfung und Wiederverflüssigung im Kühlbehälter; *De-stillat*: Destillationsprodukt; *in-stillieren*: einträpfeln

-stinguere (Part: -stinctus) °°stechen; **stilus** Stichel, Schreibgriffel; **stimulus** Stachel; **stimulāre** anspornen; **dis-stinguere** abtrennen, unterscheiden; **ex-(s)tinguere** auslöschen, (ver)tilgen; **īn-stinguere** anstacheln. *Stil*: (charakteristische) Schreib-, Ausdrucks- oder Lebensweise; *stilisieren*: in eine bestimmte Ausdrucksform bringen; *Stilistik*: Lehre vom sprachlichen Ausdruck; *Stilett* (it, frz): kurzer Dolch; *stimulieren*: anstacheln, anregen; *Stimulans*: (Bio, Med) Reiz-, Anregungsmittel; *di-stinguiert*: ausgezeichnet, vornehm; *Extinktion*: (Auslöschung:) 1. (Phys) 'Verschlukken' von Lichtwellen, 2. (Astr) Schwächung der Sonnenstrahlung bzw 'Verschlucken' des Sternenlichts beim Eindringen in die Erdatmosphäre; *In-stinkt*: Naturtrieb; *in-stinktiv*: dem Trieb folgend, triebmäßig; #Stiel

stirps Wurzelstock. *ex-stirpieren*: mit der Wurzel (d. h. völlig) beseitigen; *Ex-stirpation*

stoą̄ (στοά) Säulenhalle, bes die 'bunte' (pọikịlē) in Athen, wo der Philosoph Zenon lehrte. *Stoiker*: Anhänger des *Stoizismus*, einer Lehre, die u. a. durch Selbstbeherrschung innere Festigkeit erstrebt; *stoisch*: seelenruhig

stọma (Gen: stọmatos) (στόμα, στόματος) Mund. *Stomato-logie*: Lehre von den Organen der Mundhöhle und ihren Erkrankungen; *Stomatitis*: Entzündung der Mundschleimhaut; *Ana-stomose*: (Med) netzförmige Vereinigung von Blut- oder Lymphgefäßen, so daß der Ausfall eines Gefäßes ausgeglichen wird

strangalų̄n (στραγγαλοῦν) erwürgen. *Strangulation*: 1. Erhängen, Erdrosseln, Erwürgen, 2. (Med) Darmverschlingung

stratọs (στρατός) Heer. *Strat-egie*: Planung und Durchführung großer (urspr militärischer) Operationen; *Strat-ege; strat-egisch*

strẹphẹin (στρέφειν) drehen; **strophę̄** (στροφή) Wendung des Chores auf der Bühne und der dazugehörige Gesang. *Strophe*: aus mehreren Zeilen bestehende Einheit eines Gedichtes oder Liedes; *strophisch*: 1. in Strophen eingeteilt, 2. (Mus) alle Strophen auf dieselbe Melodie zu singen; *Apo-stroph*: (Abwendung:) Zeichen für das Weglassen eines Vokals ('); *Apo-strophe*: (in der antiken Redekunst: vom Richter abgewandte, d. h. nicht an ihn gerichtete) nachdrückliche Anrede (z. B.: 'Hört, ihr Götter!'); *apo-strophieren; Kata-strophe*: (Wendung nach unten:) plötzlicher Wandel zum Schlechten, Unglück; *kata-strophal; Strepto-kokken* (streptọs gedrehte Schmuckkette): (Med) in Ketten angeordnete Kokken; °*Strippe* (umg): Band, Schnur

stringere[1] (Part: strictus) festschnüren (°°Strang, °°Strick, °°stricken). *strikt*: streng, genau, entschieden (z. B.: *strikt dagegen sein); stringent*: (bündig:) beweiskräftig *Di-strikt*: (auseinandergezogener, ausgedehnter:) Verwaltungsbezirk

stringere[2] (Part: strictus) (ab)streifen (°°Strich, °°streichen). °*Striegel* (strigilis Schabeisen): Gerät zum *Striegeln*

struere (Part: strūctus) schichten, bauen; **strūctūra** Schichtung, Bauart; **cōn-struere** erbauen; **dē-struere** niederreißen; **īn-struere** errichten, unterrichten; **in-strūmentum** Gerät, Werkzeug; ↗ indu-stria. *Struktur*: Bauart, Gefüge; *strukturell*: dem inneren Gefüge, dem Aufbau nach; *Kon-struktion*: 1. Aufbau, Bauart (z. B. von Maschinen), 2. (Gram) Aufbau eines Satzes oder einer Wortgruppe, 3. (Math) geometrische Figur, die aus den gegebenen Teilen angefertigt wird bzw ist; *Kon-strukteur* (frz): Techniker (der eine Maschine *kon-struiert*); *kon-struktiv*: aufbauend; *Re-kon-struktion*: Wiederherstellung, Erneuerung (z. B. von Produktionsanlagen nach dem neuesten Stand der Technik); *De-struktion*: Niederreißen, Zerstörung; *de-struktiv; in-struieren*: belehren, anleiten; *In-struktion; In-strukteur; in-struktiv*: lehrreich; *In-strument*: Werkzeug; *In-strumentarium*: Instrumentensatz für eine bestimmte Tätigkeit; *Instrumental(is)*: (Gram) Kasus des Mittels oder Werkzeugs; *Ob-struktion*: (Dagegenbauen:) Widerstand (z. B. gegen eine geplante Beschlußfassung im Parlament); *Sub-struktion*: Unterbau, Fundament

strūthọs (στρουθός) und **strūthịōn** (στρουθίων) **strūthiō** der Vogel *Strauß*

studium Beschäftigung, Eifer: **studiōsus** beschäftigt, eifrig; **studēre** sich beschäftigen, sich bemühen. *Studium*: systematische geistige Arbeit, bes Lerntätigkeit; *Studio* (it): *(Studier-stube:)* 1. Arbeitsraum eines Künstlers, 2. Raum für Film- oder Funkaufnahmen; *Studie*: vorläufiger Entwurf, künstlerischer bzw wissenschaftlicher Versuch; *Etüde* (frz): musikalische Studie bzw Übung; *Studiosus* (heute meist scherzhaft, umg auch: *Studiker*); *stud.* (Abkürzung für studiōsus mit Angabe der Fachrichtung, z. B.: *stud. med.* = Student der Medizin); *studieren*: sich eifrig mit einer Wissenschaft oder Schrift beschäftigen, auch: *Student sein*

stupēre betäubt, starr, verblüfft sein; **stupidus** verblüfft, dumm. *stupend*: erstaunlich; *stupide*: begriffsstutzig, dumm; *Stupidität*

sub- unter (↗ °°hypo-). In Z: *sub-febrile Temperatur*

sublīmis hochschwebend. *sublim*: erhaben, fein; *sublimieren*: 1. verfeinern, läutern, 2. (Chem) vom festen in den gasförmigen Zustand übergehen und umgekehrt; *Sublimat*: 1. Ergebnis des *Sublimations-prozesses*, 2. Quecksilber-2-Chlorid, sublimierendes giftiges Desinfektionsmittel

sūcus und **succus** Saft. *Sukkulente*: Pflanze mit saftreichen und fleischigen Blättern; *Sukkulenz*: Saftfülle

sūdor °°Schweiß. *Ex-sudat*: (Ausgeschwitztes:) 1. (Bio) Drüsenabsonderung von Insekten, 2. (Med) Ausschwitzungsprodukt bei Entzündungen.

suere nähen; **sūtor** °*Schuster* (<Schuh + sūtor)

sulfur °°Schwefel. *Sulfat, Sulfit, Sulfide*: Salze verschiedener Säuren des Schwefels; *Solfatara* (it): (Geo) Schwefeldämpfe ausstoßende Erdspalte in vulkanischer Gegend

sūmere nehmen; **sūmptus** (Nehmen:) Aufwand, Kosten; **cōn-sūmere** verbrauchen; *re-sūmere* wieder an sich nehmen, wiederbekommen. *sumptuös*: verschwenderisch, kostspielig; *kon-sumieren*: verbrauchen; *Kon-sument* (auch Bio); *Kon-sum(tion)*: Verbrauch; *Kon-sum* (kurz für: *Konsum-genossenschaft*): Genossenschaft von Verbrauchern; *Konsumption*: (Med) starke Abmagerung; *re-sümieren* (frz): kurz wiederholen, zusammenfassen; *Re-sümee*

summus oberster, höchster; **summa** Gesamtheit, *Summe* (eigtl: oberste Zahl; die Römer schrieben das Ergebnis oben hin). *summieren*: die Summe errechnen; *sich summieren*: zu einem beachtlichen Betrag anwachsen; *Summand*: (Math) hinzuzuzählende Zahl; *summarisch*: kurz zusammengefaßt

superāre überragen, übertreffen, überwinden; **suprā** oberhalb; **superior** oberer, überlegen, **suprēmus** oberster. *Super-nova*: (Astr) plötzlich aufflammender Stern von außerordentlicher Leuchtkraft; *Super-porte* = *Supra-porte*: Flächenverzierung über Türen; *super-*: äußerst, übertrieben. In Z: *super-fein, super-klug; Sopran* (it): oberste Stimme; *Supremat*: oberste Stellung, Oberherrschaft; *souverän* (frz): überlegen, unumschränkt herrschend; der *Souverän*: Landesherr; *Souveränität*: staatliche Selbständigkeit

surgere (<sub-regere sich von unten her aufrichten:) sich erheben. *In-surgent*: (der sich Erhebende:) Aufrührer; *In-surrektion*: Aufstand

sȳlān (συλᾶν) berauben; **a̩-sȳlos** (ἄσυλος) unberaubt, sicher. *Asyl*: (Ort, von dem man nicht gewaltsam weggeholt wird:) Zufluchtsort, Obdach

syn- (auch: sym-, syl-, sy-) (συν-, συμ-, συλ-, συ-) zusammen mit. In Z: *syn-chron*: gleichzeitig; *sym-metrisch*: (beiderseits einer *Sym-metrie-achse* stehen gleiche Bilder:) spiegelungsgleich, ebenmäßig; *Sy-stem*: (Zusammengestelltes:) Gesamtheit miteinander in Beziehung stehender Elemente; *sy-stematisch*: folgerichtig angeordnet; *sy-stematisieren; Syn-dikus* (syn-dikos der zusammen mit dem Betroffenen eine Rechtssache vertritt, Advokat): Rechtsberater eines kapitalistischen Unternehmens; *Syn-dikat*: 1. kapitalistische Verkaufsorganisation, 2. Bezeichnung der (Arbeitervereinigung:) Gewerkschaften in einigen Ländern; *Syn-ergismus*: gleichzeitiges Wirken verschiedenartiger bzw -gerichteter Faktoren; *Syn-ergetik*: Theorie des *Synergismus,* auch: der Selbstorganisation materieller Systeme

T

taberna Bude. *Taberne* = *Taverne* (it): Schankwirtschaft, Weinschenke; *Tabernakel* (Dim:) Sakramentshäuschen in katholischen Kirchen, Altarschrein zur Aufbewahrung der geweihten Hostien

tabula Brett. °*Tafel*: gedeckter Tisch, Schreibtafel; *Täfelung*: Wand- und Deckenverkleidung mit Holzplatten; *Tablett* (frz): (Täfelchen:) Servierbrett; *Tablette* (frz): flachrund gepreßtes Arzneimittel; *Tabelle* (Dim): Wertetafel (z. B. Verzeichnis von Zahlenwerten)

tachys (ταχύς) schnell; **tạchos** (τάχος) Schnelligkeit. *Tacho-meter*: Geschwindigkeitsmesser; *Tachy-graphie*: Schnellschrift (des Altertums), Kurzschrift

tạlanton (τάλαντον) *Talent* (urspr: Waage), höchste griechische Masse- und Gewichtseinheit (in Attika 26,2 kg), zugleich Maß großer Schätze an Edelmetall. *Talent*: (Schatz an) Begabung (die einem von Natur aus zugewogen ist); *talentiert*: begabt

tālea abgeschnittenes Stück, **tāliāre** (spätlat) schneiden. °*Teller* (urspr: Brett zum Schneiden des Fleisches); *Taille* (frz): Einschnitt in der Gürtellinie; *De-tail* (frz): (Abgeschnittenes:) Einzelstück, Einzelteil; *de-tailliert*: bis ins einzelne

tālus Knöchel. *Talar*: bis an die Fußknöchel reichendes Amtsgewand; #Taler

tangere (Part: tāctus) berühren; **tāctus** Berührung, auch: Gefühl (Gefühl(ssinn); **in-tāctus** unberührt, *in-takt*; **in-teger** unversehrt, ganz; **in-tegrāre** wiederherstellen; **con-tingere** berühren, auch: zuteil werden, gelingen; **con-tāctus** und **con-tāgium** Berührung; **con-tāmināre** (<con-tāg-mināre durch Berührung verunreinigen:) verderben. *tangieren*: berühren; *Tangente*: (Math) Gerade, die eine Kurve in einem Punkt berührt; *Tangens*: Winkelfunktion, Abschnitt auf der Haupttangente des Einheitskreises, auch: Verhältnis der Gegenkathete zur Ankathete; ihre Umkehrung ist der *Ko-tangens; Takt*: 1. (Mus) (Berührung, d. h. Klopfen, mit dem Taktstock:) gleichmäßiges Zeitmaß eines Musikstückes, 2. (Techn) gleichmäßige Arbeitsweise (z. B. des Motors), auch: gleichmäßiger Arbeitsgang am Fließband (an der *Takt-straße*), 3. Gefühl für maßvolles Verhalten, Feingefühl, dazu: *taktvoll, taktlos; taktieren*: 1. (Mus) den Takt angeben; 2. ↗ tattein; *In-tegrität*: Unversehrtheit, Lauterkeit des Charakters; *in-teger; in-tegrieren*: 1. zu einem Ganzen machen, 2. (Math) das *In-tegral* berechnen; *in-tegrierender Bestandteil*: etwas, das notwendig zum Ganzen gehört; *In-tegration; In-tegral*: (Math) Summe von unendlich vielen unendlich kleinen Summanden; *Kon-tingent*: (der jemanden berührende, d. h. ihn betreffende) Anteil (z. B. an zu liefernder Ware); *kon-tingentieren*: den Anteil festsetzen; *Kon-takt*: Berührung, Verbindung; *kon-tagiös*: (Med) ansteckend; *kon-taminieren*: (Gram) sprachliche Wendungen falsch verbinden (z. B.: 'meines Erachtens nach')

tantus so groß; **tantum** soviel. *Tantieme* (frz): (der soundsovielte Teil:) Gewinnanteil; °*Tand* (wohl <tantum nur soviel, d. h. so klein, so nichtig): wertloses Zeug; °*tändeln*: Wertloses tun, sich verspielt betragen

tạpēs (Gen: tạpētos) (τάπης, τάπητος) Decke. *Tapete*: bedruckte oder bemalte Wandbekleidung, meist aus Papier; *tapezieren*: mit Tapete bekleben; *Tapezierer; Tapet*: Tischdecke (bes in Sitzungsräumen, daher:) *aufs Tapet bringen*: (auf der Sitzung) zur Sprache bringen; °*Teppich*: gewebte oder geknüpfte Fußboden- oder Wandbedeckung

tạphos (τάφος) Grab. *Epi-taph*: (das auf dem Grab Befindliche:) Grabstein, Grabinschrift; *Keno-taph* (kenọs leer): leeres Grab (als Ehrenmal für einen verschollenen Toten)

taṛattẹin (ταράττειν) durcheinanderrühren, verwirren. *A-taraxie*: (Unverwirrbarkeit:) Unerschütterlichkeit, Seelenruhe (galt als höchstes Ziel mehrerer altgriechischer Philosophenschulen); *A-taraktika*: (der Seelenruhe dienende Mittel:) Beruhigungsmittel

taṛdus langsam. *re-tardieren*: verlangsamen; *(ri-) tardando* (it): (Mus) langsamer werdend; *Retard-variante*: (Med) Heilmittelvariante mit verzögertem Wirkungseintritt

tạttẹin (τάττειν) ordnen, stellen, festsetzen; **tạxis** (τάξις) Ordnung, Abteilung. *Taktik* (frz): (die Aufstellung von Streitkräften zum Kampf:) Lehre von der Führung kleiner (urspr militärischer) Operationen, zweckmäßiges Vorgehen; *taktisch; Taktiker; taktieren* (↗ auch tangere); *Hypo-taxe*: (Gram) Unterordnung, z. B. eines Nebensatzes unter einen Hauptsatz (= Sub-ordination); *Para-taxe*: Beiordnung, z. B. zweier Hauptsätze, die durch 'und' verbunden werden (= Ko-ordination); *Syn-tax*: (Zusammenstellung:) (Gram) Lehre von der Verbindung von Wörtern zu Wortgruppen und Sätzen; *Syn-tagma*: aus einem bestimmenden (z. B. 'mein') und einem bestimmten (z. B. 'Vater') Teil zusammengesetzte Wortgruppe; *Taxon*: (Bio) Bezeichnung für eine (Aufstellung:) systematische Einheit beliebiger Art; *Taxie*: (Bio)

Bewegung frei beweglicher Lebewesen in Abhängigkeit von der Reizrichtung, z. B. *Geotaxis*: durch die Schwerkraft bedingte Bewegung; *Epi-taxie*: (Aufbringen:) 1. Aufeinanderwachsen von Kristallen unterschiedlicher Stoffe, 2. Beschichtung mikroelektronischer Bauelemente

taxāre wiederholt oder stark berühren (↗ °°tangere), auch: abschätzen. *tax(ier)en*: abschätzen; *Taxator*: Wertabschätzer; *Taxe*: 1. Abschätzung, 2. (geschätzter) zu zahlender Geldbetrag; *Taxa-meter-droschke*, (heute nur noch:) *Taxe* = *Taxi*: Mietauto mit selbsttätiger 'Abschätzung' des Fahrpreises; °*Tasche* (wohl von it tasca Tasche, <taxāre; urspr: geschätzter Tageslohn, den man 'im Säckel' heimtrug, dann: Geldbeutel); °*tasten* (<taxitāre): immer wieder berühren; °*Taste* (z. B. am Klavier); *Tastatur*: Tastenreihe. #Taxus: Eibe

tẹchnē (τέχνη) Kunst, Handwerk, **technị̄tēs** (τεχνίτης) Handwerker, Künstler. *Technik*: 1. Gesamtheit der (maschinellen) Hilfsmittel zur Umgestaltung und Nutzung der Natur, 2. Gesamtheit der dabei verwendeten Maschinen und Geräte, 3. Herstellungsverfahren (z. B.: *Mal-technik*); *technisch*: zur Technik gehörig; *Technikum*: 1. technische Fachschule, 2. technische Versuchsanstalt (dem Labor nach- und der industriellen Produktion vorgeordnet, aber mit Lehrcharakter); *Techno-logie*: 1. Wissenschaft von der Gewinnung und Verarbeitung (z. B. von Rohstoffen), 2. Ausarbeitung und Zusammenfassung der hierfür notwendigen Arbeitsgänge; *Techno-loge*: Fachmann auf dem Gebiet der Technologie; *poly-technisch*: viele Bereiche der Technik umfassend; *poly-technische Bildung*: Besitz von Wissen und Fertigkeiten in grundlegenden Produktionszweigen

tegere (Part: tēctus) °°(be)decken, schützen; **tēctum** °°Dach; **tēgula** (Dach-)°*Ziegel* (dazu auch: °*Tiegel*); **toga** (Decke:) großes (segmentförmiges) Wolltuch, das der Römer über dem Hemd, ↗ tunica, trug, die *Toga;* **prō-tegere** (vorn) bedecken, schützen. *pro-tegieren* (frz): schützen, fördern; *Pro-tektor* (auch = Schutzschicht = Lauffläche von Reifen); *Pro-tektion*; *Pro-tektorat*: 'Schutzherrschaft'; *De-tektiv*: jemand, der Verbrechen aufdeckt; *De-tektor*: Apparat, der etwas (z. B. Strahlung, Wellen, Funktionsstörungen u. ä.) entdeckt bzw anzeigt

tẹinei̯n (τείνειν) °°dehnen, spannen, auch: sich erstrecken; **tọnos** (τόνος) Tau, Spannung (der Saiten und der menschlichen Stimme), °*Ton* (#Ton = erdiger Stoff). *Ton-kunst*; *vertonen*; *Tonika*: (Mus) Grundton einer Tonart und der darauf aufgebaute Dreiklang; *Dia-tonik*: 1. das europäische Dur- und Mollsystem, 2. Tonfolge in Ganz- und Halbtonschritten; *tonal*: auf die Tonika eines Musikstückes bezogen; *a-tonal* (ohne Tonart:) alle zwölf Töne gleichwertig und ohne Bezug auf einen Grundton verwendend; *poly-tonal*: in verschiedenen Stimmen mehrere Tonarten zugleich verwendend, *Tri-tonus*: Intervall von drei Ganztonschritten (z. B.: f-h); *A-tonon*: (Gram) tonloses Wort (z. B.: gr ἐν); *Tonus*: (Bio) der ständige Spannungszustand der Muskeln; *Tonikum*: die Spannkraft erhöhendes Kräftigungsmittel; *A-tonie*: (Spannungslosigkeit:) (Med) Schlaffheit; *Peri-toneum*: (Herumgespanntes:) das die Eingeweide umschließende Bauchfell; *Peri-tonitis*: Bauchfellentzündung; *Tetanie* (tẹtanos Anspannung): Krankheitsbild mit Krampfanfällen; *Tetanus*: Wundstarrkrampf; *Tenesmus*: schmerzhafter Drang, Harn- oder Stuhlzwang; *Hypo-tenuse*: die dem rechten Winkel gegenüberliegende Seite eines rechwinkligen Dreiecks (die sich unter diesem Winkel hinzieht)

tẹktōn (τέκτων) Baumeister, Handwerker. *Tektonik*: Lehre 1. vom Aufbau und den Bewegungen der Erdkruste, 2. vom Aufbau eines Kunstwerkes; *tektonisch*

tẹ̄le (τῆλε) fern. *Tele-gramm*: 'Fernschreiben'; *Tele-graph*: Fernschreiber; *tele-graphisch*; *Tele-phon* = *Tele-fon*: Fernsprecher; *Tele-fonat*; *Tele-skop*: (Fernseher:) Fernrohr, auch in Z: (Techn) *Tele-skop-federung* (mit sich ineinander schiebenden Rohren, wie bei alten Fernrohren); *Tele-pathie*: Willensbeeinflussung durch 'Gedankenübertragung'

tellūs (Gen: tellūris) Erde (bes als Himmelskörper). *tellurisch*: die Erde betreffend; *Tellurium*: Modell des Erdumlaufs um die Sonne.

tẹlos (τέλος) Ende, Ziel (nicht urv), Abgabe. °*Zoll* (<telōnẹion Zollhaus); °*Zöllner;* **teleutẹ̄** (τελευτή) Ende; **telẹi̯n** (τελεῖν) beenden, (der Gottheit) weihen, Zoll zahlen. *Talisman* (<tẹlesma geweihter Gegenstand, über arab, span und frz): glückbringender Gegenstand; *Teleo-logie*: idealistische Annahme, daß sich

die Natur und die Gesellschaft auf ein bestimmtes, im anfänglichen Wesen angelegtes Ziel hin entwickelt; *En-tel-echie*: (Phil) die von Aristoteles im Innern von Stoffen und Organismen angenommene (in sich das Ziel habende:) zielstrebige Kraft, die ihre Entwicklung lenkt

tęmnein (τέμνειν) schneiden, zerteilen; **tomę** (τομή) Schnitt. *A-tom*: (Unteilbares:) durch chemische Prozesse nicht weiter zerlegbares Teilchen eines Elements; *a-tomar*: 1. aus Einzelatomen bestehend, 2. zur Größenordnung der Atome gehörig, 3. durch Atomkernzerfall Kernenergie und radioaktive Strahlen freisetzend; *Ana-tomie*: (Aufschneiden des menschlichen Körpers:) 1. Lehre vom inneren Aufbau der Lebewesen (den man beim Sezieren studiert), 2. Einrichtung, in der Anatomie gelehrt wird; *Pneumon-ek-tomie*: (Ausschneidung der Lunge:) Entfernung eines ganzen Lungenflügels; *Dia-tomeen*: einzellige Algen mit (durchschnittenem:) zweiteiligem Kieselpanzer; *En-tomo-logie*: Wissenschaft von den (eingeschnittenen:) ↗ Insekten; *Epi-tome*: (Beschneidung:) Kurzfassung eines Buches; *Tomo-graphie*: Abbildung oder Darstellung eines Körpers in unterschiedlichen, parallelen Schnittebenen

temperāre richtig abmessen, mäßigen (°°templum, °°tempus). *temperieren*: auf das richtige Maß bringen (z. B. Wärme, Feuchtigkeit), (Mus) die Oktave in 12 Halbtöne gleichen Abstands einteilen, d. h. eine *temperierte Stimmung* herstellen); *Temperatur*: Wärme- bzw Kältegrad, (Mus) ausgeglichene Stimmung; *Temperament*: (die nach dem Verhältnis der Grundstimmungen verschiedene) Gemütsart, bes die lebhafte; *temperamentvoll*: sehr lebhaft; *Tempera*: Vermischung von Farben mit (meist) öligen und wäßrigen Bestandteilen; *Temperenzler*: Anhänger der Mäßigung (im Alkoholgenuß)

templum abgemessener Bezirk, geweihter Platz, Heiligtum, °*Tempel* (°°temperāre); **contemplārī** etwas in seinen Gesichtskreis ziehen, betrachten. *Kon-templation*: (urspr: Betrachtung eines abgegrenzten Himmelsraumes durch die Auguren zwecks Beobachtung des Vogelflugs, heute:) das Sichversenken in eine Gedankenwelt

temptāre und **tentāre** betasten, versuchen. *Tentakel*: (Taster:) (Bio) Fühler (als Träger von Sinnesorganen bei Insekten und insektenfressenden Pflanzen); *At-tentat* (<at-tentāre antasten, angreifen): (Angriff:) Mordanschlag; *At-tentäter* (als ob in Attentat 'Tat' steckte!)

tempus (Gen: temporis) (abgemessener Teil der) Zeit (°°temperāre). *Tempus*: (Gram) Zeit (z. B.: Präsens) (Pl. Tempora); *Temporal-satz*: Adverbialsatz der Zeit; *temporär*: zeitweilig; *kon-temporär*: gleichzeitig, zeitgenössisch; *Tempo* (it): Zeitmaß, Geschwindigkeitsgrad (Pl. Tempi); *ex-temporieren*: aus dem Augenblick heraus, *ex tempore*, daher: unvorbereitet, aus dem Stegreif (z. B. reden)

tendere (Part: tentus und tēnsus) spannen, ausstrecken, hinlenken auf etwas; **in-tendere** anspannen, den Geist (die Sinne, das Streben) richten auf; **o(b)s-tendere** und **o(b)s-tentāre** entgegenstrecken, zeigen; **prae-tendere** vor sich hinhalten, zur Schau tragen; **tēnsiō** (spätlat) Spannung. *tendieren*: sein Streben auf etwas richten, zu etwas neigen; *Tendenz*: Hinstreben, Absicht, Neigung zu etwas, Entwicklungsrichtung; *tendenziös*: mit einer bestimmten Absicht verbunden; *Tender* (engl <at-tendere bedienen: Hilfsdienste leistendes Begleitfahrzeug): 1. der mit der Lokomotive gekoppelte Kohle- und Wasserwagen, 2. Begleitschiff mit Kohle, Wasser und Verpflegung; *Tension*: (Phys, Chem) Spannung von Gasen und Dämpfen, Druck; *Intendant*: Theater-, Rundfunk- oder Fernsehfunkleiter (der seine Aufmerksamkeit auf alles richtet); *Super-in-tendent*: evangelischer Geistlicher, der die Oberaufsicht über einen Kirchenbezirk ausübt; *In-tention*: (Anspannung des Geistes:) Absicht; *En-tente* (frz, <s'entendre sich verständigen): Verständigung, Einvernehmen (so die *En-tente cordiale* = 'herzliches Einvernehmen' mehrerer imperialistischer Staaten gegen das imperialistische Deutschland vor 1914, ↗ cor); *In-tensität*: Anspannung, Gründlichkeit, Stärke; *in-tensiv*; *ex-tensiv*: ausgedehnt; *os-tentativ*: (mit Nachdruck gezeigt:) deutlich erkennbar, auch: herausfordernd; *Prä-tendent*: jemand, der seine Absicht zu erkennen gibt, einen Anspruch erhebt (z. B. auf den Thron als *Thron-prä-tendent*); *prä-tentiös*: anspruchsvoll, anmaßend; *Tenside*: Substanzen, die Ober- bzw Grenzflächenspannungen von Körpern beeinflussen (z. B.: Waschmittel)

tenēre (↗ °°teinein) (fest)halten; **con-tinuus** zusammenhängend, ununterbrochen; **abs-ti-**

nēre sich fernhalten, sich enthalten; **per-tinēre** sich erstrecken, beziehen auf ... *Tenor*: (Gesamthaltung:) Sinn, Inhalt einer Rede; *Tenor* (it): (urspr: Hauptstimme, die die Melodie hält:) höchste Männerstimme; *tenuto* (it): (Mus) (den Ton) (aus)gehalten; *ri-tenuto* (it): (Mus) zurückgehalten, verlangsamt; *Leutnant* (frz lieu-tenant, <locum tenēns die Stelle einnehmend, auch in Z: *Oberst-leutnant, General-leutnant*): Stellvertreter (des nächsthöheren Offiziers); *Kon-tinent* (con-tinēns terra zusammenhängendes Land): Festland, Erdteil; *kon-tinental*: nur auf dem Festland oder im Binnenland vorkommend (*Kon-tinental-klima*); *kon-tinuierlich*: zusammenhängend, fortdauernd; *Kon-tinuität*; *Con-tinuo*: (it, Mus) Basso con-tinuo oder Generalbaß (die harmonisch bestimmende Grundstimme bzw die den Generalbaß ausführenden Musiker oder Instrumente); *Con-tainer* (engl): Transportbehälter (der viel enthält); *Abs-tinenzler*: jemand, der sich fernhält, sich enthält (bes. des Alkohols); *Abs-tinenz*: Enthaltsamkeit; *im-per-tinent*: (sich nicht auf die Sache beziehend:) unsachlich, ungehörig

terminus Grenzstein, Grenze. *Term* (gr tęrma Ende, Grenze, Ziel): Rechengröße, definiertes Glied einer Formel; *Termin*: begrenzter Zeitpunkt; *Terminal* (engl): Endpunkt (1. einer Flugreise:) Abfertigungshalle auf Flugplätzen, (2. einer Computerbearbeitung:) Ausgabe- (auch: Eingabe-)Gerät; *Terminus technicus*: in seiner Bedeutung genau begrenzter Fachausdruck; *Termino-logie*: Gesamtheit der Fachausdrücke eines Gebietes; *de-terminieren*: abgrenzen, näher bestimmen; *De-termination*: 1. Bestimmung der Artzugehörigkeit (z. B. bei Pflanzen), 2. Festlegung der allgemeinen Entwicklungsrichtung eines Organismus in der befruchteten Eizelle; *De-terminismus*: (Phil) (Lehre vom ursächlichen Bestimmtsein allen Geschehens:) Lehre vom allgemeinen ursächlichen Zusammenhang und von der allgemeinen wechselseitigen Bedingtheit aller Erscheinungen auf der Grundlage objektiv real wirkender Gesetze

terra Erde, Land; **terrēnus** und **terreus** aus Erde, irden; **territōrium** das zu einer Stadt gehörige Gebiet. *Terrarium*: Erde enthaltender Kasten für Kriechtiere; *Terrier* (engl): Hundeart (urspr Jagdhund: Stöberhund); *Terrasse* (frz): stufenförmige Erderhebung oder Erdaufschüttung; *Par-terre* (frz): (zu ebener Erde:) 1. Erdgeschoß eines Hauses, 2. unterer Theatersitzraum; *Terrine* (frz): (irdene:) Tonschüssel; *Terrain* (frz): Gelände; *Territorium*: Gebiet; *territorial*: zu einem (Hoheits-)-Gebiet gehörig; *ex-territorial*: außerhalb des Staatsgebietes (d. h. der betreffenden staatlichen Gewalt) stehend (z. B.: Gebäude von Botschaften); *terrestrisch*: 1. auf dem Festland entstanden, das Festland betreffend, 2. die Erde (als Himmelskörper) betreffend

terrēre jemanden erschrecken; **terror** Schrekken. *terrorisieren*: in Schrecken halten; *Terroristen*: Leute, die (z. B. durch Attentate) politische Ziele zu erreichen suchen

tertius dritter. *Terz*: (Mus) dritter Ton der Tonleiter und Abstand von drei Tönen; *Terzett*: Musikstück für drei Singstimmen, auch: Gruppe der drei Ausführenden; *Tertial*: Jahresdrittel; *Tertiär*: (Geo) drittes Erdzeitalter (nach Erdaltertum und -mittelalter), Braunkohlenzeit

testa irdenes Geschirr aller Art, Schale, Scherbe. *Testa*: (Bio) Panzer der Schildkröte; *Testa-zeen*: (Bio) Schaltiere; *Test* (<testum Probiertiegel): Probe, Prüfung; *Tete* (frz Kopf): an der Tete sein (volksetym zu tuten, umg rum-tetern:) den Ton angeben; *tête-à-tête*: (Kopf an Kopf) vertrauliches Beisammensein oder Gespräch; *Dätz* (umg): Kopf

tēstis (<tertius + stāre: als dritter dabeistehen:) Zeuge; **tēstāmentum** vor Zeugen bekundeter letzter Wille; **tēstārī** Zeuge sein, bezeugen; **at-tēstārī** bezeugen, bestätigen. *Testament*: 1. rechtsgültig verfügter letzter Wille, 2. (in der Bibel) Bund Gottes mit den Menschen und das schriftliche Zeugnis darüber (*Altes* bzw *Neues Testament*); *testieren*: bezeugen, bescheinigen; *Testat*: Bescheinigung (über Teilnahme an Lehrveranstaltungen an Hochschulen); *At-test*: (ärztliches) Zeugnis; *At-testation*: Zeugnis, Zuerkennung der Lehrbefähigung; *Pro-test*: (öffentliche) Bezeugung einer Gegenmeinung, Einspruch; *pro-testieren*; *Pro-testanten*: (die auf dem Reichstag zu Speyer 1529 gegen den Mehrheitsbeschluß Einspruch erhoben, heute:) Angehörige der evangelischen Religionsgemeinschaften

tęttares (τέτταϱες) °°vier. *Tetra-*: vier. In Z: (Chem) Verbindung mit vier Atomen oder Atomgruppen; *Tra-pez* (tra-peza 'Vierfuß' = Tisch): 1. (Math) Viereck mit zwei parallelen Seiten, 2. Schwebereck (↗ pūs)

texere (Part: textus) weben; **textilis** gewebt. *Text*: Gefüge von Sätzen, Wortlaut; *Kon-text*: (Mittext:) Text, der die im Blickpunkt stehende Textstelle umgibt; *Textilien*: Webwaren; *Toilette* (frz, <texla Gewebe): (urspr Deckchen auf dem Wasch- und Putztisch, dann dieser selbst, dann:) Fest- oder Gesellschaftskleidung, auch: Wasch- und Ankleideraum, Abortanlage; *sub-til* (subtilis untergewebt): fein, sorgsam, auch: schwierig, spitzfindig; *Sub-tilität*

thạllos (θάλλος) grüner Zweig. *Thallus*: Vegetationskörper niederer Pflanzen; *Thallo-phyten*: niedere Pflanzen mit Thallus als Vegetationskörper

theạ̄sthai (θεᾶσθαι) (an)sehen; **theātẹ̄s** (θεατής) Zuschauer; **thẹātron** (θέατρον) Zuschauerraum, *Theater;* **theōrịā** (θεωρία) Anschauen, Betrachtung, Lehre; **theọ̄rēma** (θεώρημα) (durch Betrachtung gefundener) Lehrsatz. *Theater*: Gebäude für szenische Aufführungen, dann die Aufführung selbst; *theatralisch*: schauspielerhaft, auch: unnatürlich; *Theorie*: 1. Lehre, die einen Sachverhalt erklärt und/oder auf die Veränderung von Mensch und Umwelt abzielt, 2. bloße Erkenntnis ohne Anwendung (Gegens: Praxis); *Theoretiker*: Wissenschaftler, der sich mehr (auch: zu sehr) mit der *theoretischen* Seite seines Faches befaßt; *Theorem*: in einen Satz gefaßte Erkenntnis, einzelner Lehrsatz

theọs (θεός) Gott; **theạ̄** (θεά) Göttin. *Theo-kratie*: (Gottesherrschaft:) Staatsform, in der die Priester die Herrschaft ausüben, auch: Herrschaft der Kirche über den Staat; *Theo-logie*: die Lehre von Gott (vom Glauben und von der Kirche); *A-theismus*: Verneinung der Existenz oder der Erkennbarkeit eines persönlichen Gottes; *A-theist; Theismus*: Glaube an einen persönlichen, überweltlichen Gott; *Theo-dizee* (dịkaios gerecht): (Rechtfertigung Gottes:) Versuch, den Nachweis zu erbringen, daß das Übel in der Welt (Leid, Unglück, Tod) die gläubige Überzeugung von der Existenz eines guten und gerechten Gottes nicht aufhebe; *Apo-theose*: (Vergötterung:) Erhebung eines Menschen zur Gottheit; *En-thusiasmus*: (göttliche) Begeisterung; *En-thusiast*: Begeisterter, Schwärmer; *en-thusiastisch*; Vornamen: *Theo-dor* und *Doro-thea* ('Geschenk Gottes'); *Thea; Theo-phil ('Gottlieb'), verkürzt zu: Theo.* #Theodolit (arab): Winkelmeßgerät

therapẹuẹin (θεραπεύειν) pflegen. *Therapie*: (Med) Gesamtheit der Behandlungsmaßnahmen; *therapeutisch; Therapeut*: Behandelnder; *Arbeits-therapie*: Behandlung von Kranken durch angemessene Arbeit; *Biblio-therapie* (↗ biblion)

thermọs (θερμός) °°warm. *Thermos-flasche*: Flasche mit luftleerer Wandung (die warmen Inhalt warm hält); *Thermo-dynamik*: Lehre von der Umwandlung von Wärme in mechanische Energie und umgekehrt; *Thermo-elektrizität*: Strom, der aus Wärme entsteht; *Thermo-graph*: Gerät zur Aufzeichnung der Temperatur; *Thermo-meter*: Temperaturmeßgerät; *Thermo-stat*: Gerät, das die Einhaltung einer bestimmten Temperatur bewirkt (↗ histạnai); *Thermo-pylen*: (Tor an warmen Quellen:) Engpaß in Mittelgriechenland, an dem 480 v. u. Z. der berühmte Kampf gegen die Perser stattfand (heute durch Anschwemmungen des Meeres ca. 4 km breit); *Therme*: warme Quelle, auch: Warmwasserspeicher; *Thermen*: öffentliche Badeanlagen im Altertum; *thermisch*: auf die Temperatur bezüglich; *endo-therme Reaktion*: (Chem) Vorgang, bei dem Wärme ('nach innen') aufgenommen wird (Gegens: *exo-therme Reaktion*)

thēsaụrọs (θησαυρός) Schatz. *Thesaurus*: (Wissensschatz:) Sammelwerk, umfassendes Wörterbuch; *Tresor*: (feuer- und einbruchsicherer) Geldschrank (in den man seine Schätze tun kann); *Tresen* (Schanktisch)

thọ̄rax (Gen: thọ̄rakos) (θῶραξ, θώρακος) Brust- und Rumpfpanzer, Brust. *Thorax*: (Med) Brust(korb); *thorakal*: den Thorax betreffend, am Thorax gelegen

thrịambos (θρίαμβος) Tanz im Dreischritt, Festzug zu Ehren des Dionysos, °**triumphus** °*Triumph-zug*, Einzug der Sieger; **triumphāre** als Sieger einziehen. *Triumph*: Sieg(esjubel); *triumphieren;* °*Trumpf*: 1. (siegende:) stechende Spielkarte, 2. Mittel bzw Umstand, mit dem man über einen anderen siegen könnte; °*über-trumpfen*: übertreffen; °*auftrumpfen*: sich als Sieger gebärden

thrix (Gen: trichọs) (θρίξ, τριχός) Haar. *Trichine*: (Med) Haarwurm (Schmarotzer)

thrọmbos (θρόμβος) geronnene Blutmasse. *Thrombus*: (Med) Blutpfropfen, führt, in der Blutbahn steckengeblieben, zur *Thrombose*: Behinderung oder Unterbrechung der Strömung in einer Blutbahn; *Thrombo-zyten*: Blutplättchen

thrǫnos (θρόνος) Sessel, *Thron*. *Thron*: Sessel eines Herrschers, Sinnbild der Herrscherwürde; *In-thronisation*: feierliche Thronerhebung oder Amtseinsetzung; °*ent-thronen*

thyrā (θύρα) °°Tür; **thyreǫs** (θυρεός) großer Stein (als 'Tür' vor den Eingang gelegt), großer türförmiger Schild. *Thyreo-idea* (ergänze lat glandula Drüse): (Med) Schilddrüse (die sich wie ein Schild um den obersten Teil der Luftröhre legt); *Thyreo-statikum*: Mittel, das die Tätigkeit der Schilddrüse hemmt

thyrsos (θύρσος) Stab des Dionysos. *Torso* (it, über lat thyrsus Strunk): Statue ohne Kopf und Glieder, Bruchstück.

tingere (Part: tinctus) benetzen, färben. *Tinktur*: Lösung von Stoffen in Alkohol (z. B.: *Jod-tinktur*); °*Tinte* (aqua tincta gefärbtes Wasser); *Teint* (frz): Gesichtsfarbe

tītān (τιτάν) Angehöriger eines sagenhaften Riesengeschlechts. *Titan*: 1. Riese, 2. chemisches Element

tithęnai τιθέναι) setzen, stellen, legen; **thękē** (θήκη) Ort oder Behälter zur Aufbewahrung; **thęsis** (θέσις) Aufstellen, aufgestellter Satz. *Theke*: (Kasten:) Ladentisch, Schanktisch; *Budike* (#Bude) = *Butike* (frz Boutique, <apo-thękē): Warenmagazin, Kneipe; *Hypothek*: ('Unterpfand', das man dem Gläubiger in die Hand gab:) Pfandverschreibung auf ein Grundstück; *These* (frz): aufgestellter, noch unbewiesener Lehrsatz; *Anti-these*: Gegenbehauptung, auch: (Gram) Gegenüberstellung (z. B.: dick und dünn); *anti-thetisch; Hypo-these*: (der weiteren Forschung zugrunde gelegt:) (noch) unbewiesene Annahme; *hypo-thetisch*: bloß angenommen; *Thema*: (zur Behandlung, Diskussion usw. Vorgelegtes:) 1. zu behandelnder Gegenstand, Stoff einer Arbeit, 2. (Mus) Hauptgedanke einer Komposition, bei Variationen: die zu verändernde ursprüngliche Melodie; *thematisch*; *Par-en-these*: (zusätzliche Einfügung:) (Gram) Einschub; *Syn-these*: (Zusammenstellung:) Vereinigung von Teilen zu einem Ganzen; *syn-thetisch*, auch: aus verschiedenen einfachen Bestandteilen *syn-thetisiert*, künstlich hergestellt, z. B. *synthetische* Fasern = *Syn-these*-fasern = Chemiefasern; *Epi-theton*: (Beigelegtes:) (Gram) Beifügung, Attribut, schmückendes Beiwort (Epi-theton ornans)

titrān (τιτρᾶν) bohren, durchlöchern. *A-tresie*: (Med) Fehlen einer normalen Körperöffnung (z. B. des Afters); *Trema*: 1. (Med) Bezeichnung für eine (erbliche) Lücke zwischen den oberen mittleren Schneidezähnen, 2. (Gram) 'Loch', das in einen Diphthong 'gebohrt' ist und so seine beiden Bestandteile trennt, Zeichen ¨ (z. B.: naïv)

Mythische Vorstellungen von einem Goldenen Zeitalter, in dem alle Menschen friedlich und gleichberechtigt miteinander leben, waren die ursprünglich bedeutsamste Quelle sozialutopischen Denkens der Griechen und Römer. Als mythischer Reflex realer urgesellschaftlicher Zustände wurden sie unter dem Eindruck tiefer sozialer Widersprüche im antiken Gemeinwesen zum Träger der Hoffnung der unterdrückten Klassen und Schichten auf eine gerechtere gesellschaftliche Ordnung. Auch in der Idealisierung von »Naturvölkern« und im Bild des »edlen Barbaren« fanden solche Erwartungen ihren Ausdruck.
Seit dem 5. Jahrhundert v. u. Z. verbanden sie sich mit naturrechtlichen Konzeptionen einer ursprünglichen Gleichheit aller Menschen zu den ersten philosophisch fundierten Utopien, die auf Gleichheit des Eigentums oder Gütergemeinschaft abzielten. Im 4. Jahrhundert v. u. Z. entstanden das Platonische Ideal einer hierarchisch strukturierten Gesellschaft und Aristoteles' Idealisierung der Polis.
Im Hellenismus und in römischer Zeit verbanden sich vor allem religiöse Vorstellungen mit der Gesellschaftsutopie und wurden auf diese Weise zur ideologischen Grundlage sozialer Bewegungen. Neben den Vorstellungen von Gesellschaft und Staat sind für uns auch Züge im Menschenbild der antiken Utopie bedeutsam: Ideale der Selbstverwirklichung des Menschen durch Erziehung und Bildung, Arbeit und Muße, Liebe und Ehe. Bedeutenden Einfluß hatten solche Elemente antiken Gesellschaftsdenkens auf die Sozialutopie der Neuzeit: von Thomas Morus und Thomas Campanella bis hin zu den kritischen Utopisten des 19. Jahrhunderts.

R. Günther/R. Müller – Sozialutopien der Antike – 1987 – Schutzumschlag, Rückseite

titulus Auf- und Inschrift. °*Titel*: 1. Aufschrift eines Buches, 2. Amts- oder Ehrenbezeichnung; *titulieren*: mit dem Titel anreden; *Titre* (frz) = *Titer*: 1. (aufgeschriebener:) angegebener Qualitätsgrad = Gehalt (z. B. einer Münze) an Edelmetall, 2. (Chem) Gehalt an gelöstem Stoff bei der Maßanalyse, *Titration*

tǫkos (τόκος) Gebären, Nachkommenschaft. *Arrheno-tokie*: (Bio) Entstehung nur männlicher Nachkommen bei der Fortpflanzung (↗ ąrsēn); *Thely-tokie*: Entstehung nur weiblicher Nachkommen (thęlys weiblich)

tolerāre °°dulden, ertragen. *tolerieren*: dulden; *(in-)tolerant*: (un)duldsam; *Toleranz*: 1. Duldsamkeit, 2. (Techn) zulässige Abweichung vom vorgeschriebenen Maß, 3. (Med) Widerstandsfähigkeit gegenüber Giften

tonāre °°donnern, krachen. *de-tonieren*: loskrachen, explodieren; *De-tonation*

topos (τόπος) Ort. *Topo-graphie*: Ortsbeschreibung; *en-topisch*: (am Ort:) einheimisch; *U-topien* (ū = nicht): (Nirgendland:) Traumland (nach dem Roman Utopia von Th. Morus); *U-topie*: unrealisierbare Idee, Hirngespinst; *topisch*: (Med) örtlich wirkend

torneuein (τορνεύειν) drehen; **tornos** (τόρνος) Zirkel, Kreis. *Turnus* (lat): Reihenfolge, Wechsel (bei dem es 'reihum' geht); *Turnier*: urspr ritterlicher, heute:) sportlicher Wettkampf im Turnus der Teilnehmer; *Tornado* (span): Wirbelsturm; °*turnen*; *Tour* (frz): Rundfahrt, Ausflug

torpēre starr sein, gelähmt sein. *Torpedo*: 1. (Bio) Zitterrochen (der unter Wasser durch elektrische Schläge andere Lebewesen lähmt), 2. Unterwassergeschoß mit Antrieb; *torpedieren*: 1. mit einem Torpedo in die Luft sprengen, 2. einen vernichtenden Schlag versetzen

torquēre (Part: tortus) drehen, winden. *Torte*: Feingebäck in Form einer runden Scheibe; *Tortur*: Folter (bei der u. a. Daumenschrauben angewendet werden); *Re-torte*: Gefäß mit (zurückgedrehtem:) gebogenem Hals; *Torsion*: Drehung, Verdrehung; °*torkeln* (<torculāre die Weinpresse drehen, keltern)

tōtus ganz. *total*: gänzlich; *Totalität*: Ganzheit, Gesamtheit; *totalitär*: alles beherrschend; *Totalisator*: Einrichtung zum Zusammenfassen des gesamten Wettbetriebes bei Sportkämpfen, abgekürzt: *Toto*

toxon (τόξον) Bogen, Pfeil, auch: Pfeilgift. *toxisch*: (Med) giftig; *Toxizität*; *Toxin*: (von Krankheitserregern abgeschiedener) Giftstoff; *Anti-toxin*: im Blut enthaltener Antikörper gegen Bakterien; *zyto-toxisch*: zellschädigend; *In-toxikation*: Vergiftung; *Toxiko-logie*: Lehre von der Wirkung und Gewinnung der Gifte; *Toxino-logie*: Lehre von der Wirkung der Toxine

tracheia (τραχεῖα) (die rauhe, ergänze: artēria, die nach antiker Vorstellung Luft enthielt) Luftröhre. *Trachea*: (Med) Luftröhre; *Trachee*: 1. (Bio) Atemröhre niederer Tiere, 2. (Bio) wasserleitendes Gefäß von Pflanzen

tractāre hin- und herziehen, behandeln (Verbum intēnsīvum zu trahere). *traktieren*: behandeln, auch: bewirten; *mal-trätieren* (frz, <male tractāre): schlecht behandeln; *Traktat*: Abhandlung; °*trachten*: (seine Gedanken hin- und herbewegen:) nach etwas streben

trahere (Part: tractus) ziehen, schleppen; **tractus** Zug; **sub-trahere** entziehen. *Traktor*: Zugmaschine; *Traktorist*; *Train* (frz, <trahimen): Zug, Wagenkolonne; *trainieren*: (ziehen, erziehen:) (sich) planmäßig zu hohen Leistungen heranbilden; *Training* (engl); *Trakt*: Zug (z. B.: *Häuser-trakt, Verdauungs-trakt*); *Attraktion*: 1. Anziehung, 2. (anziehende) Schaunummer artistischer Art; *at-traktiv*: anziehend; *abs-trahieren*: (das Wesentliche einer Sache vom Unwesentlichen abziehen, d. h. befreien:) durch Verallgemeinerung zum Begriff erheben (Gegens: konkretisieren); *abs-trakt*: (vom Gegenständlichen losgelöst:) unanschaulich; *Abs-traktum*: (Gram) begriffliches Substantiv (z. B.: Wahrheit); *Abs-traktion*: gedankliche Verallgemeinerung; *kon-trahieren*: zusammenziehen; *Kontraktion*; *Kon-trakt*: (die eingegangene geschäftliche Verbindung:) Vertrag (zwischen zwei *Kon-trahenten*: Vertragspartner, auch: Gegner, z. B. in einer Diskussion; *ex-trahieren*: Zähne, aber auch: aus Büchern bzw pflanzlichen oder tierischen Stoffen herausziehen, einen Auszug, *Ex-trakt*, machen, auch: auslaugen; *Ex-traktion*: (auch: Zähne herausziehen); *ex-traktiv*: (fähig, herauszuziehen:) herausziehend; *ex-traktive Industrie*: Produktionszweige, die Rohstoffe 'herausziehen' (z. B. Bergbau); *sub-trahieren*: (Math) abziehen; *Sub-trahend*: die abzuziehende Zahl; *Sub-traktion*: Abziehen einer Zahl; *porträtieren* (frz, <prō-trahere hervorziehen): einen Menschen bildlich darstellen; *Por-trät*; °*treideln* (<tragula Schleppnetz) ein Boot vom Ufer aus schleppen

trauma (Gen: traumatos) (τραῦμα, τραύματος) Verletzung. *Trauma*: (Med) Wunde, Verletzung; *traumatisch*: durch Trauma entstanden; *psychisches Trauma*: seelische Schädigung

trechein (τρέχειν) laufen; **trochos** (τρόχος) und **dromos** (δρόμος) Lauf. *Trochäus*: aus einer langen und einer kurzen Silbe bestehender (als schnell empfundender) Versfuß; *Dromedar*: (Lauftier:) einhöckriges Kamel; daraus: *Trampel-tier*, auch: sich unbeholfen bewegender Mensch, verkürzt zu *Trampel*; *Pro-drom*: (Med) Vorläufer (einer Krankheit); *Syn-drom*: (Zusammenlaufendes:) zusammengehörige Gruppe von Krankheitserscheinungen, von Symptomen

treis (τρεῖς) °°**trēs** °°drei (↗ °°tertius). *Trias*:

(Dreiheit:) dreistufige Formation des Erdmittelalters; *Triade* (<Gen triạdos): Methode der Dreischrittigkeit (z. B. Position-Negation-Negation der Negation); *Trio* (it): 1. Musikstück für drei Instrumente und die Gruppe der Ausführenden, 2. ruhigerer Mittelteil von Marsch oder Menuett; *Triole*: Einheit von drei Noten mit dem Taktwert von zweien derselben Art; *Trillion*: eine Million Billionen; *Trinität*: Dreieinigkeit (Gott Vater, Sohn und Heiliger Geist); danach ist die Insel *Trinidad* (vor der südamerikanischen Küste) benannt; *Trium-virat*: Bündnis dreier Männer, bes das zwischen Cäsar, Crassus und Pọmpeius 60 v. u. Z. und das zwischen Octavianus, Antonius und Lepidus 43 v. u. Z.; *tri-vial* (<trēs + via: auf allen drei Wegen, d. h. Kreuzungen, belebten Straßen anzutreffen:) ganz gewöhnlich, alltäglich; *Tri-vial-namen*: (gewöhnliche:) handelsübliche Bezeichnungen für Chemikalien; *Tri-vialität*: Alltäglichkeit, abgedroschene Redensart.

tremere zittern. *tremolieren*: (Mus) mit der Stimme ‘zittern’; *Tremolo* (it): ‘Zittern’ mit der Singstimme bzw dem Streich- oder Zupfinstrument

trẹpein (τρέπειν) wenden; **trọpaion** (τρόπαιον) Siegeszeichen (für die Umwendung der Feinde zur Flucht); **trọpos** (τρόπος) Wendung. *Tropen*: heiße Zone zwischen den ‘Wendekreisen’, *Tropus* (pl *Tropen*) (gewendete:) übertragene Ausdrucksweise (z. B.: ‘Bauch’ für ‘Rundung einer Flasche’); *tropisch; Sub-tropen*: Gebiet zwischen Tropen und gemäßigter Zone; *Tropo-sphäre*: unterste Schicht der Atmosphäre, in der die Wetterveränderungen stattfinden; *Tropismen*: (Bio) Wachstumsbewegungen von Pflanzen: *Photo-tropismus* (hin zum Licht), *Geo-tropismus* (Wurzel hin zum Schwerkraftreiz = positiver Geotropismus, Sproß weg davon = negativer Geotropismus), *Hydro-tropismus* (durch Feuchtigkeitsunterschiede bedingt); *A-tropin* (von Ạ-tropos, der ‘unabwendbaren’ der drei schicksalbestimmenden Moiren, die den Lebensfaden abschnitt): Gift der Tollkirsche; *Ek-tropium*: (Med) Umstülpung (z. B. des Augenlides, Gegens: *En-tropium*; *En-tropie* (Hin-wendung): Bezeichnung für den irreversiblen Übergang der Wärmeenergie von höherem zu niederem Temperaturniveau (Clausius, 1865), daher erweitert zur Bezeichnung für die Neigung eines Systems, dem wahrscheinlichsten, d. h. am wenigsten geordneten/organisierten Zustand zuzustreben, auch: (Informationstheorie): Maß für die Ordnung und Strukturiertheit der Elemente einer Information; *En-antio-tropie*: (Chem) wechselseitige Verwandlung einer Kristallmodifikation in eine andere (Gegens: *Mono-tropie*: Veränderung in nur einer Richtung); *Hydro-tropie*: (Wendung zum Wasser:) (Chem) Fähigkeit, eigentlich unlösliche Stoffe in Wasser löslich zu machen; *iso-trop*: (gleichgewendet:) (Phys) mit den gleichen Eigenschaften nach allen Richtungen des Raumes (Gegens: *an-iso-trop*); *–tropika* (Med, Bio): Mittel, die sich an bestimmte Organe und deren Leistungsfähigkeit wenden, d. h. diese stimulieren (z. B. *Ergo-tropika* Futtermittelzusätze für die Steigerung der Biomasse bei Tieren); *Trophäe*: Siegeszeichen

trẹphein (τρέφειν) ernähren; **trophẹ̄** (τροφή) Ernährung. *A-trophie*: (mangelnde Ernährung:) (Med) Abmagerung, Organschwund; *Dys-trophie*: Ernährungsstörung; *Eu-trophie*: guter Ernährungszustand; *Eu-trophierung*: (Bio) (gute:) übermäßige Nahrungszufuhr; *Tropho-blast*: (Bio) Außenwand der Keimblase (die an der Ernährung des Keimes beteiligt ist); *hetero-troph*: sich von (körperfremden:) organischen Stoffen ernährend (Gegens: *auto-troph* ↗ autọs)

tribus Bezirk, Gau (urspr Bezeichnung für je einen der drei alten römischen ‘Stämme’, ↗ °°trēs); **tribūnus** (urspr: Vorsteher einer Tribus, dann:) *Volks-tribun*; **tribūnal** erhöhter Platz (zunächst für den Tribunen, dann auch für andere Beamte, z. B. Richter); **tribuere** (dritteln:) teilen, zuteilen; **tribūtum** Abgabe, Steuer, Tribut. *Tribunal*: Gericht(shof); *Tribüne*: erhöhter Platz für Redner oder Zuhörer (#Bühne); *Tribut*: Zwangsabgabe; *Kon-tribution*: Kriegssteuer, Kriegsentschädigung, die dem Sieger zu zahlen ist; *At-tribut*: (Zugeteiltes:) 1. (einem Substantiv) hinzugefügter Satzgliedteil, ‘Beifügung’, 2. (hinzugefügtes) Merkmal, sinnbildliches Zeichen (z. B. Adler und Blitz bei Jupiter); *Dis-tributiv-zahlen*: Verteilungszahlen (je einer, je zwei usw.); *Tribalismus*: das Hängen an Lebens- und Denkweise der Stammesorganisation der Gesellschaft; #Tribologie (trịbein reiben): (Techn) Theorie der Reibungsvorgänge

tristis trübe, traurig. *trist*: trübe (z. B. das Wetter), traurig (z. B. die Stimmung)
tuba lange, gerade Trompete; **tubus** Röhre. *Tuba*: 1. röhrenförmiges Körperorgan (z. B.: Ohrtrompete), 2. tiefes Blechblasinstrument mit oval gewundenem Rohr; *Tube*: röhrenähnliches Behältnis (z. B. für Zahnpasta); *Tubus*: (Fern-)Rohr
tūber Höcker, Beule; **tūberculum** Höckerchen, kleine Beule. *Tuberkel*: Knötchen bei *Tuberkulose*, die vom *Tuberkel-bazillus* hervorgerufen wird; *Pro-tuberanzen*: (Astr) aus dem Sonnenkörper hervortretende Schwellungen (glühende Gaswolken)
tumēre anschwellen, unruhig sein; **tumor** Schwellung, Geschwulst, *Tumor;* **tumultus** Unruhe, Getön, Lärm, °*Tumult*; °°*Daumen*
tundere (Part: tūsus) stoßen. *Kon-tusion*: (Med) Quetschung
tunica Untergewand unter der Toga, Hemd. °*tünchen*: (mit einem 'Hemd', mit einer Umhüllung versehen:) mit Kalkfarbe überstreichen; °*Tünche*: 1. Kalkanstrich, 2. trügerische Hülle (die den wahren Charakter verhüllt); *Tunika*: (Bio) Gewebehülle, Gewebehaut; *Tunikaten*: (Bio) Manteltiere (mit festem 'Zellulosehemd')
turbāre verwirren; **turbō** (Gen: turbinis) Wirbel, Drehung, Kreisel. *Turbine*: Kraftmaschine zur Umwandlung von Energie in drehende Bewegung; *Turbo-*. In Z: *Turbo-prop-flugzeug*: Flugzeug mit Propeller-Turbinentriebwerken; *Turbo-ventilator*: Kreisellüfter; *turbulent*: wirbelnd, stürmisch; *Turbulenz*; °*Trubel* (frz, <turbula): großes Getümmel
turgēre geschwollen sein, strotzen. *Turgor*: (Bio, Med) Spannung, Innendruck in Zellen und Geweben
turris °*Turm*. °*auftürmen*
tūtus sicher, geschützt; **tūtārī** schützen; **tuērī** (ins Auge fassen:) schützen; **in-tuērī** anschauen. *In-tuition*: (innere Anschauung:) gefühlsmäßiges bzw instinktives Erfassen, Eingebung; *in-tuitiv*: innerlich geschaut, gefühlsmäßig erfaßt
typhos (τύφος) Rauch, Qualm, Stumpfsinn. *Typhus*: infektiöse Erkrankung des Verdauungskanals mit (Benebelung:) Trübung des Bewußtseins
typos (τύπος) Schlag, Gepräge, Gestalt, Modell. *Typ(us)*: 1. Urbild, 2. (genormte) Bauart; *typisch*: bezeichnend, ausgeprägt, üblich; *Type*: 1. gegossener Druckbuchstabe, 2. komische Figur; *typisieren*: technisch normen; *Typo-graphie*: Buchdruckerkunst; *Typo-logie*: Lehre von den Grundformen und ihrer Einteilung; *Typo-skript*: mit der Maschine geschriebenes Schriftstück; *Phäno-typ*: Erscheinungsbild eines Organismus, Gesamtheit aller Merkmale
tyrannos (τύραννος) unumschränkter Herrscher, *Tyrann;* **tyrannis** (τυραννίς) Alleinherrschaft. *Tyrann*: (grausamer) Herrscher; *Tyrannei*: Willkürherrschaft; *tyrannisieren*: unterdrücken

U

ultrā jenseits; **ultimus** der letzte. *ultra-violett*: jenseits des violetten Endes des Lichtspektrums befindlich; *ultra-rot* (= infra-rot); *Ultimo* (it): der Letzte des Monats (an dem Zahlungen fällig werden); *Ultimatum*: (Pol) letzte, mit Drohungen verbundene Aufforderung; *Pän-ultima* (paene fast): die vorletzte (Silbe)
umbra Schatten. *Umbra*: (astr) der dunkle Kern von Sonnenflecken; *Pen-umbra* (paene fast, beinahe): die weniger dunkle Umgebung des Kernes von Sonnenflecken; *Umbral-glas*: (Schattenglas:) (Optik) Schutzglas gegen zu starke Lichtstrahlung
unda Welle. *Undulation*: Wellenbewegung, (Geo) Verfaltung der Erdoberfläche auf kleinem Raum; *Undine*: (Wellenmädchen:) Wassernixe (romantische Oper von Lortzing); *ondulieren* (frz): die Haare künstlich wellen; *sondieren* (frz, <sub-undāre unter Wasser tauchen): loten, untersuchen (auch: Wunden), auch: vorfühlen (in einem *Sondierungsgespräch*); *Sonde*: Gerät zu Untersuchungen in schwer zugänglichen Bereichen; *Red-undanz*: (Zurückwogen:) der Teil einer Nachricht, der keine Information enthält und daher (zurückgenommen:) weggelassen werden könnte
ūnus einer, einzig; **ūni-versus** (↗ vertere, in eins zusammengefaßt:) ganz, sämtlich; **unīre** vereinigen. *uni-lateral*: einseitig; *uni-polar*: einpolig (Gegens: bi-polar: zweipolig <lat bis + gr polos); *ūni-form*: einheitlich, gleichförmig; *Uni-form*: einheitliche Dienstkleidung; *uni-formieren*; *Unikum*: (in seiner Art Einziges:) (umg) äußerst wunderlicher

Mensch; *Unikat*: Einzelstück, nur einmal vorkommend; *Unze* (<uncia ein Zwölftel): 1. römische Masse- und Maßeinheit (27,3 g bzw 24,5 mm), 2. heute Masseangabe bei Sportgeräten; *Unziale*: (eine uncia hoch:) frühmittelalterliche Schriftart; *uniert*: vereinigt; *Union*: Vereinigung, Zusammenschluß; *Unität*: Einheit, Zusammengehörigkeit, Gemeinschaft (z. B. Böhmische Brüder-Unität, übersetzt aus tschechisch: jednota)

ūranọs (οὐρανός) Himmel, Himmelsgott; danach benannt der Planet *Uranus* sowie *Uran*: radioaktives Schwermetall; *Urania*: Muse der Sternkunde

urbs größere Stadt; **urbānus** städtisch. *urban*: (wie ein Städter:) gebildet und gesittet (Vorname: *Urban*); *Urbanität*; *Urbanisierung*: Städtebildung, auch: Verstädterung der Bevölkerung bzw Anwachsen der Stadtbevölkerung

ūrẹin (οὐρεῖν) harnen; **ụron** (οὖρον) *Urin*. *Urethra*: (Med) Harnröhre (↗ rhẹin); *Uro-logie*: Lehre von den Erkrankungen der Harnorgane; *Ur-ämie*: Harnvergiftung; *Uro-bilin*: Gallenfarbstoff im Harn (lat bilis Galle); *Diuretika*: harntreibende Mittel; *En-uresis*: Bettnässen

ūrere (Part: ūstus) (ver)brennen. *Büste*: Brustbild (<amb-ūrere rings anbrennen, Part: amb-ūstus; daraus verkürzt und mit falscher Silbentrennung: bustum Leichenbrandstätte, Grabmal, dann: dort aufgestelltes Brustbild des Toten, urspr etruskische Sitte)

urna Krug, Topf, *Urne*: 1. Krug, 2. Gefäß zur Aufbewahrung der Asche verbrannter Leichen, 3. Behältnis für die Stimmzettel bei Wahlen

ursus Bär. Vornamen: *Urs*, *Ursula*

ūs (Gen: ōtọs) (οὖς, ὠτός) °°Ohr (↗°°auris). *Oto-logie*: Ohrenheilkunde; *Oto-lith*: Ohrstein, dafür heute Stato-lith; *Oto-skop*: Gerät zur Betrachtung des Trommelfells; *Ot-algie*: Ohrenschmerz; *Otitis*: Ohrenentzündung; *Par-otis*: (beim Ohr:) Ohrspeicheldrüse

ūsus Gebrauch, Erfahrung, Nutzen; **ūti** benutzen, gebrauchen; **ūtilis** brauchbar, nützlich; **ūsu-rpāre** (<ūsū rapere durch den Gebrauch an sich reißen:) widerrechtlich an sich reißen. *es ist Usus*: es ist Brauch, üblich; *Utensilien*: (zum Gebrauch nützliche Gegenstände:) Arbeitsmittel; *Utilitarist*: (jemand, der nur an den Nutzen denkt:) Vertreter des ausschließlichen Nützlichkeitsstandpunktes; *usu-rpieren*: widerrechtlich an sich reißen; *Usu-rpator*: (jemand, der die Herrschaft an sich reißt:) Thronräuber (↗ rapere)

V

vacāre leer sein, frei sein; **vacuus** leer. *vakant*: frei, unbesetzt (von Amtsstellen); *Vakanz*: freie Stelle (pl *Vakanzen*, auch: Schulferien); *Vakuum*: leerer Raum; *Vakuole*: (Bio) Hohlraum in Tier- und Pflanzenzellen; *e-vakuieren*: (ausleeren:) 1. (Phys) einen Raum luftleer (gasleer) machen (dazu: *E-vakuation*), 2. ein Gebiet räumen (dazu: *E-vakuierung*)

vacca Kuh. *Vakzine*: Pockenimpfstoff (urspr von Kühen gewonnen, heute): allgemein für Impfstoff

vagāri umherstreifen. *Vaganten*: die umherstreifenden, nicht an Ort, Amt, Einkommen fest gebundenen Scholaren des Mittelalters, nicht selten auch unterer akademischer Grade; *Vagabund*: Landstreicher; *vagabundierende Ströme*: elektrische Ströme, die an Erdungspunkten das Leitungsnetz verlassen und unkontrolliert durch den Erdboden fließen; *Extra-vaganz*: Überspanntheit, Verstiegenheit; *extra-vagant*; *vage* (vagus unstet): ungewiß, unklar, verschwommen (z. B. Hoffnungen, Erklärungen); *Vagus (= Nervus vagus)*: (Bio) Hauptnerv des (überall anzutreffenden:) weitverbreiteten parasympathischen Systems, der vom verlängerten Mark in zahlreichen Fasern zu Brust- und Baucheingeweiden führt

vāgīna Hülle, Hülse; (Schwert)scheide. *Vanille* (span, <vāgīnula kleine Hülse): Tropenpflanze in Amerika mit aromatischen Schoten

valēre gesund sein, stark sein, gelten; **con-valēscere** gesund werden, stark werden; **validus** stark; **in-validus** schwach. *äqui-valent*: gleichwertig, entsprechend; *Äqui-valent*: Gleichwertiges, Gegenwert; *Äqui-valenz*: Gleichwertigkeit; *Ko-valenz*: (gemeinsames 'Starksein' = Bestehen:) (Phys, Chem) Bindung zwischen zwei Atomen durch gemeinsame Elektronenpaare; *Valenz*: Wertigkeit (Chem die Anzahl der chemischen Bindungsmöglichkeiten eines Elements, Gram die Anzahl der syntaktischen Bindungsmöglichkeiten eines Wortes); *Valenz-zahl*: (Phys, Chem) Zahl der elektrischen Ladungen eines Ions; *Valuta*: (Stärke, Gültigkeit:) 1. Wert einer Geldwährung im internationalen Zahlungsverkehr, 2. internationales Zahlungsmittel; °*Baldrian* (<valēriāna, ‘Gesundheitskraut’); *Valet sagen* (<valēte bleibt gesund!): Lebewohl sagen; *Re-kon-valeszent*: der Wiedergenesende; *Re-kon-valeszenz*: Genesung; *In-valide*: arbeitsunfähiger Mensch; *In-validität*

vallum °*Wall*; **vallus** Schanzpfahl. *Inter-vall*: (zwischen den Schanzpfählen:) Zwischenraum, Zwischenzeit, auch: (Mus) Abstand zweier Töne

vannus flacher Korb (zum Reinigen durch Schwingen), Getreideschwinge. °*Wanne*

vapor Dampf. *Vaporisation*: Verdampfung, Bestimmung des Alkoholgehalts in Flüssigkeiten; *vaporisieren*; *e-vaporieren*: verdampfen

varius bunt, verschiedenartig; **varietās** Mannigfaltigkeit, Abwechslung; **variāre** (mit etwas) abwechseln; **variātiō** Abwechslung, Veränderung. *Varietät*: abweichende Erscheinung, Abart; *Varieté* (frz): Schaustellung mit buntem Wechsel von Musik, Tanz und Artistik; *variieren*: verschiedenartig gestalten, abwandeln; *Variante*: Abart, Spielart; *variabel*: veränderlich; *Variable*: veränderliche Größe (Gegens: *In-variante* = Konstante); *Variation*: 1. (Mus) Abwandlung des Themas bzw der Melodie, 2. (Bio) Abweichung von der Erbform

vās Gefäß. *Vase*: Gefäß (urspr für die verschiedensten Zwecke, heute:) für Blumen; *vasomotorische Nerven*: (Bio, Med) Nerven, die die Körpergefäße bewegen, d. h. erweitern und verengen

vegetus belebt, lebendig; **vegetāre** beleben. *vegetieren*: kümmerlich dahinleben (wie eine Pflanze, ohne höhere Bedürfnisse); *vegetativ*: (zum Leben gehörig:) Stoffwechsel, Wachstum und Fortpflanzung betreffend (z. B.: *vegetatives Nervensystem*); *vegetativer Pol*: (Bio) der untere Teil dotterreicher Eier mit den Nährstoffen (Gegens: animaler Pol); *Vegetation*: Pflanzenleben, auch: Pflanzenwelt; *Vegetabilien*: Pflanzenstoffe, pflanzliche Nahrungsmittel; *vegetarische Nahrung*: Pflanzenkost; *Vegetarier*: jemand, der nur pflanzliche Nahrung zu sich nimmt

vehere (Part: vectus) befördern, fahren (etwas); **vehemēns** losfahrend, heftig; **vehiculum** Fahrzeug; **vehī** sich befördern lassen, (selber) fahren; **in-vehī** auf jemand losfahren, gegen jemand losziehen. *Vektor*: 1. Rechengröße, die durch eine gerichtete Strecke (Pfeil) darstellbar ist (z. B. in der Physik die Geschwindigkeit, die in eine bestimmte Richtung ‘zieht’, Gegens: Skalar), 2. (Bio) Überträger (z. B. von Fremdgenen); *Veterinär*: Tierarzt (<veterīna (Zug- oder Last-)Vieh, volksetym bereits antik mit vehere verbunden); °*Pferd* (<mlat para-veredus Bei-pferd, zu para und kelt verēdus Wagen); *Vehemenz*: Heftigkeit, Ungestüm; *Vehikel*: Fahrzeug (nur noch abwertend), auch: die Einnahme eines Medikaments erleichternde Zutat (z. B.: Zuckerkruste); *In-vektive*: Schmährede oder -schrift

velle °°wollen; **voluntās** Wille; **voluntārius** freiwillig. *Volontär* (frz): (Freiwilliger:) Lehrling, der im Interesse seiner Ausbildung ohne Lehrvertrag ohne oder für geringen Lohn arbeitet; *volontieren*: als Volontär arbeiten; *Voluntarismus*: (Willenslehre:) philosophische Richtung, die einen von körperlicher Verfassung und Umweltbedingungen unabhängigen Willen für die einzige und entscheidende Triebkraft des Erkennens und Handelns hält

vellere (Part: vulsus) rupfen, reißen. *Kon-vulsion*: (Hin- und Herreißen:) (Med) Zuckung, Krampf; *kon-vulsivisch*: von Zuckungen begleitet

vēlum Segel, Tuch. *Velum*: (Bio) Gaumensegel (der weiche, hintere Teil des Gaumens); *Velar-laut*: Gaumensegellaut (z. B. g und k vor o und u); *Voile* (frz): schleierartiges Gewebe

vēna Ader. *Vene*: Ader, in der das Blut zum Herzen zurückfließt; *venös*: zu den Venen gehörig; *intra-venös*: innerhalb einer Vene oder in sie hinein; #venenös: giftig (venēnum Gift)

venīre kommen; **ē-venīre** herauskommen, sich ereignen, in Erfüllung gehen; **in-venīre** auf etwas stoßen, finden; **prae-venīre** zuvorkommen; **prō-venīre** hervorkommen; **sub-venīre** zu Hilfe kommen. *Ad-vent*: (erwartete Ankunft, nämlich Christi:) Vorweihnachtszeit; *Ad-ventisten*: Mitglieder einer Glaubensgemeinschaft, die mit der baldigen Wiederkehr Christi rechnet; *A-venue* (frz, <ad-venīre): (breite Straße, auf der der Verkehr von außen ankommt:) (meist mit Baumreihen geschmückte) Prachtstraße; °*Abenteuer* (<adventūra was auf jd zukommen wird:) tollkühnes Unternehmen, aufregendes Erlebnis mit

ungewissem Ausgang (urspr: ritterliches Wagnis); *Kon-vent*: Zusammenkunft, (kirchliche) Versammlung, auch: französische Nationalversammlung von 1792–1795; *Kon-vention*: Übereinkommen, Vertrag zwischen mehreren Staaten; *Kon-ventional-strafe*: Strafe wegen Bruchs einer wirtschaftlichen Abmachung; *kon-ventionell*: dem allgemeinen Übereinkommen bzw Herkommen entsprechend, auch: förmlich, steif (im Benehmen); *Kon-ventikel* (<con-venticulum, Dim): kleine Vereinigung, Sondergrüppchen; *e-ventuell*: (wenn es sich ergibt:) gegebenenfalls, unter Umständen; *E-ventualität*: möglicherweise eintretender Fall; *In-vention*: (Erfindung:) künstlerischer Einfall (z. B. in Form eines Klavierstückes); *In-ventur*: Bestandsaufnahme (von dem, was sich noch vorfindet); *In-ventar*: Bestand der zu einer Einrichtung gehörenden Gegenstände; *in-ventarisieren*: in das Bestandsverzeichnis aufnehmen; *inter-venieren*: dazwischentreten, einschreiten, Einspruch erheben, auch: sich widerrechtlich einmischen; *Inter-vention*: Einspruch, auch: widerrechtliche (oft kriegerische) Einmischung; *Inter-venten*: die Einspruch Erhebenden, Eindringlinge; *prä-ventiv*: zuvorkommend, vorbeugend (z. B.: *Präventiv-krieg*, um dem geplanten Angriff eines Gegners zuvorzukommen); *Prä-vention*: bewußtes, allgemeines Vorbeugen gegen Gefährdungen (z. B.: gesunde Lebensweise gegen Krankheitsanfälligkeit überhaupt, wogegen Prophylaxe gegen spezielle Gefährdungen gerichtet ist); *Pro-venienz*: Herkunft (von Waren); *Par-venu* (frz): (jemand, der oben 'angelangt ist':) Emporkömmling; *Sub-vention*: (Zuhilfekommen:) Geldzuschuß, finanzielle Stützung aus staatlichen Mitteln

venter Bauch, Magen. *ventral*: (Bio, Med) zum Bauch gehörig, bauchseitig (Gegens: dorsal); *Ventriculus*: Hohlraum, Magen; *Ventrikel*: Kammer des Herzens oder Gehirns

ventus °°Wind. *ventilieren*: (Wind erzeugen:) lüften, (bildlich: einen Gedanken durchlüften, d. h. hin- und herbewegen:) eine Frage sorgfältig erwägen; *Ventilation*: Lüftung, auch: Bewegung von Gasen; *Ventilator*: Ent- bzw Belüfter, auch: Gerät zum Bewegen von Gasen; *Ventil*: Einrichtung, um etwas aus- bzw eintreten zu lassen (durch ein *Auslaß-* bzw *Einlaßventil*)

venus (Gen. veneris) Liebreiz, Liebe. *Venus*: 1. Göttin der Liebe und Schönheit, 2. der (damit in Verbindung gebrachte) Planet Venus; *venerische Krankheiten*: (Med) Geschlechtskrankheiten

H. P. Wetzstein – Fremdwörter

verbum °°Wort. *Verb*: (Gram) Tätigkeitswort, Zeitwort (Bedeutungsverengung!); *Adverb(ium)*: (zum Verb gehörig:) Umstandswort; *ad-verbial*: im Sinne einer Umstandsbestimmung; *verbal*: 1. (Gram) zum Verb gehörig, 2. mündlich; *Verbal-injurie*: (Unrecht durch ein Wort:) beleidigendes Schimpfwort (↗ iūs); *Verbal-note*: Schriftstück im diplomatischen Verkehr (also nicht mündlich!); *Verbalismus*: Überbewertung des Wortes gegenüber der Sache, lebensfremdes Wortwissen

verērī fürchten, sich scheuen, verehren. *Re-verend*: (der zu Ehrende:) Ehrwürden (Anrede an evangelische Geistliche in angelsächsischen Ländern); *Re-verenz*: Ehrfurcht, Ehrenbezeigung

vergere sich neigen. *kon-vergieren*: sich einander zuneigen, sich nähern, im Ziel übereinstimmen, (Math) einem endlichen Grenzwert zustreben; *kon-vergierend* = *kon-vergent*; *Kon-vergenz*: 1. (Med) Einstellung der Blicklinien beider Augen auf e i n Objekt, 2. (Math) Vorhandensein einer endlichen Summe (z. B. bei Reihen); *Kon-vergenz-theorie*: bürgerliche Theorie von der angeblichen Angleichung von Kapitalismus und Sozialismus; *di-vergieren*: auseinandergehen, abweichen, anderer Meinung sein; *di-vergierend* = *di-vergent*; *Di-vergenz*: 1. Abweichung, Meinungsverschiedenheit, 2. (Med) Auseinanderlaufen der Blicklinien beider Augen, 3. (Bio) auseinanderstrebende Entwicklung

vertere (Part: versus) wenden, drehen; **ad-versus** (entgegengewendet:) widrig, ungünstig; **ad-versārius** gegnerisch; **versārī** (sich an einem Ort hin- und herwenden:) sich aufhalten; **vertex** (Gen: verticis) (was sich dreht bzw gedreht wird:) Wirbel, auch: Wirbel des Hauptes, Scheitel, auch: Himmelspol; **convertere** hinwenden, umwenden, umwandeln; **in-vertere** umwenden, umkehren; **sub-vertere** von unten nach oben kehren, umstürzen. *versiert*: gewandt, bewandert; *Version*: sprachliche, stilistische Wendung bzw. Fassung; *Universum*: (das einheitlich Ausgerichtete:) Weltall; *uni-versal* = *uni-versell*: auf das Ganze gerichtet, allgemein; *Uni-versalien*: die Allgemeinbegriffe, das Allgemeine (im Gegensatz und Verhältnis zum Konkreten, Sinnlichen); *Uni-versität*: (Gesamtheit, nämlich der Lehrenden und Lernenden:) Hochschule für wissenschaftliche Forschung und Lehre; *ad-versativ*: einen Gegensatz bezeichnend (z. B.: *ad-versative Konjunktionen*: 'aber' u. a.); *vertikal*: (scheitelrecht:) senkrecht (Gegens: horizontal); *Vertebraten* (vertebra Wirbel der Wirbelsäule): (Bio) Wirbeltiere; *A-version*: (Abwendung:) Abneigung; *kon-vertieren*: umwandeln, auch: sein Glaubensbekenntnis wechseln, zu einer anderen Kirche übertreten; *Kon-vertit*: jemand, der konvertiert; *Kon-verter*: Umwandler; *kon-vertierbar*: umwandelbar, (in eine fremde Währung) wechselbar; *Kon-versation*: Unterhaltung mit anderen (mit denen zusammen man sich an einem Ort aufhält); *Kon-versations-lexikon*: (Wörterbuch für Unterhaltungen:) Nachschlagewerk für alle Wissensgebiete; *di-vers*: (voneinander abweichend:) verschieden; *Di-version*: (Pol) Versuch, zu stören und zu spalten; *Di-vertimento* (it di-vertire zerstreuen, unterhalten): (Mus) mehrstimmiges mehrsätziges Instrumentalstück zur Unterhaltung; *In-version*: 1. (Gram) Umkehrung der Wortfolge (z. B.: 'kommt e r?' gegenüber 'e r kommt'), 2. (Geo) Umkehrung der gewöhnlichen Temperaturverhältnisse (in der Atmosphäre), 3. (Chem) Umwandlung von Rohrzucker in den *In-vert-zucker* (der die Ebene polarisierten Lichts in eine andere Richtung dreht) durch das Ferment *In-vertase*; *in-verse Funktionen*: (Math) Umkehrfunktionen; *Intro-version*: (Wendung nach innen:) vorherrschendes Interesse am (eigenen) Innenleben; *per-vers*: verkehrt, widernatürlich; *Per-versität*; *sub-versiv*: (Pol) umstürzlerisch, zerstörerisch; *Sub-version*: auf Umsturz zielende Feindarbeit; *Re-vers*: 1. rückwärtige Seite einer Münze (Gegens: *A-vers* <ad-versum), 2. Jacken- bzw Mantelaufschlag (der durch 'Umwendung' des Stoffes entstanden ist), 3. Verpflichtungsschein (als Rückantwort auf eine Forderung); *re-versibel*: umkehrbar (von Vorgängen, die in beiden Richtungen verlaufen können (Gegens: *ir-reversibel*); *trans-versal*: querlaufend; *Trans-versale*: Gerade, die ein Drei- oder Vieleck durchschneidet; *Trans-versal-wellen*: (Phys) Wellen, die (quer:) senkrecht zur Ausbreitungsrichtung schwingen; *Kontro-verse*: Streit(gespräch) (bei dem man sich gegeneinander wendet); *Prosa* (<prō-versa, dann prōrsa, prōsa, ergänze ōrātiō: vorwärts gewandte, geradeaus gehende Redeweise): (an Betonungsmaß bzw Reim) nicht gebundene Sprache (Gegens: Poesie); *Vers* (versus Furche, Reihe): Zeile eines Gedichts (an deren Ende man umkehrt)

vērus °°wahr. *veri-fizieren* (<vērus + facere: wahr machen:) als wahr erweisen, bestätigen; *Verismus*: Kunstrichtung, die alles wahrheitsgemäß, d. h. der Wirklichkeit entsprechend wiederzugeben strebt; *Verist*: Vertreter des Verismus

vesper Abend. *Vesper(mahlzeit)*: Mahl, das gegen Abend eingenommen wird; °*vespern*

vestibulum Vorplatz, Vorhalle. *Vestibül* (frz): Vorflur, Eingangshalle; *Vestibulum*: (Bio, Med) Vorraum vor Hohlräumen (z. B. der Nase); *Vestibular-apparat*: Gleichgewichtsorgan (im Vestibulum des Ohres)

vestis und **vestītus** Kleidung; **vestīre** kleiden. °*Weste*; *In-vestitur*: (Einkleidung, nämlich in die Amtskleidung:) Amtseinführung (im Mittelalter mit Übertragung materieller Einkünfte verbunden, daher:) *In-vestition*: (Ök) Kapitalanlage, Aufwendungen zur Erhaltung und Erweiterung von Produktionsanlagen; (Geld) *in-vestieren*: Geld in eine Unternehmung hineinstecken; *tra-vestieren* (frz, <trāns- + vestīre: umkleiden): eine Dichtung ernsten Inhalts in eine lächerliche Form umkleiden, zur *Tra-vestie* machen; *Trans-ves(ti)tismus*: (Med) Neigung, die Kleidung des anderen Geschlechts anzulegen

vetāre verbieten. *ein Veto* ('ich verbiete') *einlegen*: Einspruch erheben; *Veto-recht*: (Pol) Einspruchsrecht (d. h. das Recht, durch Einspruch das Zustandekommen eines Beschlusses zu verhindern)

vetus alt; **veterānus** altgedient. *Veteran*: Altgedienter (Soldat); °*Vettel*: häßliches, garstiges, altes Weib

vexāre quälen, auch: necken. *Vexier-bild*: Bild mit einer versteckt gezeichneten Figur (mit deren Auffindung man sich abmüht und geneckt wird)

via Weg, Straße; **Via Appia** Straße von Rom nach Kampanien und weiter nach Süden, um 300 v. u. Z. als erste große Fernstraße auf Veranlassung des Zensors Appius Claudius angelegt. *Kon-voi* (frz, <con- + via: das, was mit auf dem Wege ist): Fahrzeugverband

vibrāre schwingen, zittern, *vibrieren. Vibration*

vice (Ablativ, ohne Nominativ) im °°Wechsel, anstelle; **vicārius** (den Platz einnehmend:) stellvertretend. *Vize-präsident*: Stellvertreter eines Präsidenten; *Vikar*: Stellvertreter (bes eines Pfarrers)

vidēre (Part: vīsus) sehen; **vīsiō** Anblick, Erscheinung, geistige Vorstellung; **vīsere** ins Auge fassen, aufsuchen; **visitāre** besuchen; **prō-vidēre** vor(her)sehen, vorsorgen; **ē-vidēns** augenscheinlich. *Visum*: (gesehen:) Sichtvermerk (bes auf Reisepässen); *vis-à-vis* (frz, von Angesicht zu Angesicht): gegenüber; *Visage* (frz): Gesicht (im Deutschen abwertend); *visuell*: mit dem Gesichtssinn erfassend, auf dem Sehen beruhend (z. B.: *visuelles Gedächtnis*); *Vision*: Erscheinung (die man zu sehen meint); *visionär*: im Geiste geschaut, traumhaft; *Tele-vision*: Fernsehen; *visieren*: zielen, aufs Korn nehmen; *Visier*: 1. Sehgitter am Ritterhelm, 2. Zielvorrichtung an Schußwaffen; *visitieren*: besichtigen, besuchen, untersuchen; *Visitation*; *Visite*: Besuch; *Pro-vision*: die vorgesehene, anteilige Vergütung für eine Leistung (z. B. an einen Handelsvertreter für Vermittlung eines Geschäftsabschlusses); *Pro-visorium*: (wo das Ende abzusehen ist:) vorläufiger Zustand; *pro-visorisch* geschaffene Einrichtung; *im-pro-visieren*: (unvorhergesehen:) aus dem Stegreif etwas tun, vortragen; *Im-pro-visation*: Handlung, Tätigkeit ohne Vorbereitung, auch: aus dem Stegreif geschaffenes Musikstück; *e-vident*: klar ersichtlich, augenscheinlich; *E-videnz*; *a-visieren* (frz, < ad vīsum): zur Kenntnis bringen, ankündigen; *re-vidieren*: (wieder ansehen:) überprüfen, dann: rückgängig machen; *Re-vision; Re-visionismus*: Richtung in der Arbeiterbewegung, die den Marxismus revidieren will und die sozialistische Revolution ablehnt; *Re-visionist*; *re-visionistisch*; *Re-visor*: Prüfer; *Re-vue* (frz): 1. musikalisches Bühnenwerk (bei dem es viel zu sehen gibt), 2. Zeitschrift, die eine Umschau über vieles bringt; *Video-*: Fernsehbild-. In Z: *Videorecorder*; *Bel-vedere* (it) und *Belle-vue* (frz): 'schöne Aussicht' (Benennung für Prunkbauten in schöner Lage); *Inter-view* (engl, das Einander-Sehen, dann: Besuch, um jemand zu befragen): Befragung durch einen Pressevertreter

vigilāre wachen, wach, munter sein; **vigilia** das Wachen, die Nachtwache. *vigilant*: wachsam, umsichtig

vīlla Landgut mit Wohnhaus. *Villa*: Landhaus, auch: Einzelwohnhaus; °*Weiler* (<villāris zum Landgut gehörig): kleine Häusergruppe auf dem Lande

vincere (be)siegen; **victor** Sieger; **victōria** Sieg. Vornamen: *Viktor(ia), Vinzenz* ('der Siegende')

vindicāre Anspruch erheben, rächen, befreien, schützen. *Re-vanche* (frz): Rache, Vergeltung; *sich re-vanchieren*: Vergeltung üben, auch: sich durch Gegenleistung erkenntlich zeigen; *Re-vanchismus*: nationalistische Rachepolitik

vīnum °*Wein*. °*Winzer* (<vīnitor): Weinbauer; *Vignette* (frz, Dim von vīnea Weinranke): (Buch)-Verzierung

viola °*Veilchen. violett*: veilchenblau; (da die Form des Geigenkörpers der Veilchenblüte ähnelt:) *Viola* (it) = Bratsche (Armgeige, <viola da braccio, ↗ brachịōn); *Violine* (= kleine Viola): Geige; der *Violone* (= große Viola): Baßgeige; das *Violon-cello* (= Cello)

vir Mann; **virtūs** Mannhaftigkeit, Tapferkeit, Tugend. *virtuos*: (technisch) meisterhaft; *Virtuosität*; *Virtuose*: (tüchtiger) Meister in seiner Kunst; *virtuell*: der Fähigkeit nach möglich, aber nicht wirksam, daher auch: schlummernd

virgo (Gen: virginis) Jungfrau. *Virginia*: 1. Bundesstaat der USA (nach der unvermählten englischen Königin Elisabeth I.), 2. Tabaksorte (die urspr aus diesem Land kam), 3. weiblicher Vorname

viridis grün. *Kap Verde*: Grünes Kap (in Westafrika); °*Wirsing* (<viridia grünes Gartenkraut): Kohl mit leicht gekräuselten Blättern

vīrus (Gen: vīrī, n!) Schleim, Giftsaft. das *Virus* (pl: *Viren*): kleinster Krankheitserreger; *virulent*: giftig, ansteckend; *Virulenz*; *Virose*: durch Viren bewirkte Krankheit; *virös*: viruskrank

viscum Mistel, auch: aus Mistelbeeren hergestellter Vogelleim. *viskos* = *viskös*: leimähnlich, zähflüssig; *Viskosität*; *Viskose*: zähflüssiger Grundstoff zur Kunstseidengewinnung

vitrum Glas. *Vitrine*: Glasschrank, -kasten; *Vitriol*: glasklares Sulfat von Schwermetallen; *in vitrō*: (Bio, Med) im (Reagenz-)Glas (= extra-korporal, Gegens: in vīvō: im lebenden Organismus)

vīvere leben; **vīta** Leben; **vītālis** zum Leben gehörig, lebensfähig, belebend; **vīvus** lebend; **vīctus** Lebensweise und -unterhalt; **con-vīva** Tischgenosse, Gast. *Bon-vivant* (frz, jemand, der gern gut lebt): Lebemann; *Vitamin*: (Bio) lebensnotwendiger Wirkstoff; *vital*: lebenskräftig, -wichtig; *Vitalität*: Lebenskraft; *Vitalismus*: idealistische Lehre von der sog vīs vītālis, einer nichtmateriellen Lebenskraft in allem, was lebt; *Vivi-sektion* ↗ secāre; °*Weiher* (<vīvārium Gehege für lebende Tiere): Fischteich; *vivace* (it): (Mus) lebhaft; *Viktualien*: Lebensmittel; *Kon-vikt*: (Zusammenleben:) kirchliches Heim für Schüler oder Studenten; °°*quick*; °°*keck*

vocāre rufen, nennen; **vōx** Stimme, Ruf, Wort; **vocābulum** Benennung, Bezeichnung, Name; **vocālis** tönend, klangreich. *Vokation*: Berufung (in ein Amt); *Vokativ*: (Gram) Kasus der Anrede; °*Vogt* (<vocātus der Gerufene, Ernannte): Verwalter (z. B. eines Landstriches); *Vogt-land*: das einst von *Reichs-vögten* verwaltete Land an der oberen Saale und Elster; *Vokabel*: einzelnes Wort (bes im Fremdsprachenunterricht); *Vokabular*: 1. Wortschatz überhaupt, 2. Vokabelverzeichnis; *Vokal*: (klangvoller) Selbstlaut (Gegens: Konsonant); *Vokal-musik*: Musik für die menschliche Stimme (Gegens: Instrumentalmusik); *Ad-vokat*: (der als Helfer Herbeigerufene:) Rechtsanwalt; *pro-vozieren*: herausfordern, auch: zu unbedachten Handlungen reizen; *Pro-vokation*; *pro-vokatorisch*; *Pro-vokateur*

volvere (Part: volūtus) wälzen, drehen, rollen; **volūmen** (Gen: volūminis) Schriftrolle, Buch, auch: Krümmung, Windung. *Volute*: gerollte Verzierung (bes am Kapitell der ionischen Säule); *Kon-volut*: (Zusammengerolltes:) Bündel (von Schriftstücken), auch: Sammelband; *in-volvieren*: (einwickeln:) in sich einschließen, mitenthalten; *Re-volver*: 1. Schußwaffe mit drehbarer Trommel, 2. Dreheinrichtung (z. B.: *Re-volver-drehbank*, in die mehrere Werkzeuge in einem drehbaren Halter eingespannt sind); *Re-volution*: 1. Umlauf der Planeten um die Sonne, 2. Umwälzung, bes (Pol) Ablösung einer Gesellschaftsformation durch eine andere; *re-volutionär; Re-volutionär; re-volutionieren*: einen gewaltigen Antrieb zu entscheidenden Veränderungen (im Sinne des Fortschritts) geben; *Re-volte* (frz): Aufruhr, Meuterei; *re-voltieren; E-volution*: (Aus-, Entwickeln:) allmähliche (quantitative) Entwicklung (die unter entsprechenden Voraussetzungen zu qualitativen Veränderungen führt); *e-volutionär*: auf dem Wege einer allmählichen Entwicklung; *Volumen*: 1. umfangreiches Buch, 'dicker Wälzer', 2. Rauminhalt; *voluminös*: umfänglich

vorāre verschlingen. *Herbi-voren*: Pflanzenfresser

vōtum Gelübde, Wunsch; **vovēre** (Part: vōtus) geloben, weihen, auch: wünschen; **dē-vovēre** weihen, hingeben. *Votum*: (was erwünscht ist:) Meinungsäußerung (bes bei Abstimmungen, daher: *sein Votum abgeben*); *Votivgabe*: Gabe auf Grund eines Gelübdes, Weihgabe, Stiftung; *de-vot*: ergeben, unterwürfig; *De-votion*

Vulcānus Gott des Feuers und der Schmiedekunst. *Vulkan*: feuerspeiender Berg; *Vulkanismus*: Bezeichnung für alle *vulkanischen* Vorgänge, bei denen gasförmige, feuerflüssige oder auch feste Stoffe an die Erdoberfläche gelangen; *vulkanisieren*: Kautschuk mit Schwefel erhitzen

vulgus Volksmenge, Pöbel; **vulgāris** allgemein, gewöhnlich. *vulgär*: gewöhnlich (abwertend); *Vulgär-latein*: Volkslatein (aus dem sich die romanischen Sprachen entwickelt haben); *Vulgär-materialismus*: philosophische Strömung im 19. Jh., die einen grob vereinfachten Materialismus vertrat ('der Mensch ist, was er ißt'); *Vulgarismus*: (gewöhnliche:) ungepflegte sprachliche Ausdrucksweise, auch: volkstümlicher Ausdruck; *vulgarisieren*: (allgemein bekanntmachen:) eine wissenschaftliche Erkenntnis oberflächlich darstellen (um sie angeblich dadurch verständlicher zu machen; Gegens: popularisieren = im guten Sinne volkstümlich machen); *Vulgata*: (die 'allgemein bekannte und verbreitete' und für maßgeblich erklärte) lateinische Bibelübersetzung des Kirchenlehrers Hieronymus (um 400)

X

xērọs (ξηρός) trocken. *Xero-gel*: Trockengel; *Xero-phyten*: Trockenheit liebende Pflanzen; *Xero-graphie* und *Xero-kopie*: Druck- und Vervielfältigungsverfahren, bei denen ohne flüssige Farben gearbeitet wird; *Elixier*: (<xẹ̄rion trockenes Heilmittel, Puder, über arab in der Bedeutung 'Stein der Weisen' und lat elixīrium wunderbarer Heiltrank) Heiltrank

xylon (ξύλον) Holz. *Xylo-phon*: Musikinstrument aus (Holz-)Stäben, die mit einem Klöppel angeschlagen werden

Z

zẹ̄los (ζῆλος) Eifer(sucht). *Zelot*: (Glaubens-) Eiferer (bes Anhänger einer extremistischen, für die Erhaltung des Judentums eintretenden Partei z. Z. der römischen Herrschaft); *Jalousie* (frz): Fensterladen aus Brettchen (die Eifersüchtige anbringen)

zẹphyros (ζέφυρος) Westwind. *Zephir*: lauer Wind (aus Westen)

zọ̄nē (ζώνη) Gürtel. *Zone*: 1. gürtelförmiger Gebietsstreifen (z. B.: *heiße Zone* um den Äquator), 2. Entfernungsstufe (bei Post- und Bahntarifen), 3. überhaupt: Bereich; *zonal*: in bestimmten Gebieten vorkommend; *a-zonal*: keine Zonen bildend; *Bi-zone*: Doppelzone, 1947 durch Vereinigung der englischen und amerikanischen Besatzungszonen entstanden, daraus durch Anschluß der französischen Zone (1948) die *Tri-zone*: Dreierzone

zọ̄on (ζῷον) Lebewesen, Tier. *Zoo-logie*: Tierkunde; *Eo-zoikum*: (Morgenröte der Lebewesen:) Erdzeitalter, in dem Lebewesen erstmalig nachgewiesen sind (↗ ēọ̄s); *Zoo-zönose*: die Tiere (als Konsumenten) in der Lebensgemeinschaft (*Bio-zönose*) gegenüber der *Phyto-zönose*: Pflanzen als Produzenten (↗ koịnọs); *Zo-diakus*: Tierkreis (Sternbilder, durch die sich die scheinbare Sonnenbahn hinzieht)

zygọn (ζυγόν) **iugum** °°Joch; **iungere** (Part: iūnctus) unter ein Joch bringen, verbinden; **con-iungere** verbinden; **con-iūnx** Ehefrau. *Zygoma*: (Med) Jochbein; *Zygote*: (Bio) aus der Verschmelzung zweier Gameten entstandene Neuzelle. – *Kon-junktion*: (Verbindung:) 1. (Astr) Stellung eines Planeten, der, von der Erde aus gesehen, in Richtung der Sonne steht (d. h. in gleicher Richtung mit der Sonne 'verbunden' erscheint, Gegens: Opposition), 2. (Gram) Bindewort (z. B. und, obgleich), 3. (logische) Verknüpfung von Aussagen, Gegens: *Dis-junktion*: Trennung, Nicht-Verknüpfung ('oder'); *Kon-junktionalsatz*: durch unterordnende Konjunktion eingeleiteter Nebensatz; *Kon-junktiv*: Modus (= Aussageweise) des Verbs, der z. B. Möglichkeit oder Begehren bezeichnet, in Nebensätzen oft nur eine gedankliche Verbindung ('Bindemodus') mit dem Hauptsatz herstellt; *Kon-junktur*: (Verbindung, d. h. Zusammentreffen aller für die Wirtschaft wichtigen Umstände:) 1. (Ök) Periode des wirtschaftlichen Aufschwungs im Kapitalismus, 2. (Astro) Verbindung, d. h. Zusammentreffen von Sternpositionen, die astrologisch interpretiert werden; *Kon-junktiva*: Bindehaut des Auges; *Kon-junktivitis*: Bindehautentzündung; *Kon-jugation*: Verbindung des Verbalstammes mit Modus- und Tempuszeichen sowie Personalendung; *Ad-junkt*: (Hinzugefügter:) Amtshelfer; *Junktim* (iūnctim vereint): Verkoppelung mehrerer Gesetzesentwürfe (so daß bei der Abstimmung entweder alle angenommen oder alle abgelehnt werden); *Junta* (span, <iūncta): Vereinigung, Versammlung, Regierungsausschuß, auch: reaktionäre Militärregierung; *Quadriga* (= quadri-iugae, <quattuor + iugum): Viergespann (oft als Siegesdenkmal auf Triumphbögen, z. B. dem Brandenburger Tor)

zymē (ζύμη) Sauerteig. *En-zym*: (Bio) chemische Umsetzungen regulierender Eiweißstoff (↗ fermentum)

Redewendungen und Sprüche

ab ovo	von Anfang an (etwas darstellen)
ad absurdum führen	als widersinnig erweisen
ad acta legen	zu den Akten legen, als erledigt betrachten
ad infinitum	bis ins Unendliche, unaufhörlich
ad rem	zur Sache, zum Thema
Alea iacta est.	Der Würfel ist gefallen.
anno domini (A. D.)	im Jahre des Herrn
a posteriori	nachher, nachträglich, aus der Erfahrung stammend
a priori	von vornherein, rein vernunftmäßig
Audiatur et altera pars!	Man soll (vor Gericht) auch die andere Seite hören!
Ave, Caesar, morituri te salutant.	Heil Dir, Kaiser, die Todgeweihten grüßen Dich! (Zuruf der Gladiatoren an den Kaiser Claudius)
Bis dat, qui cito dat.	Doppelt gibt, wer schnell gibt.
bona fide	in gutem Glauben
Brachys ho bịos, hē de tẹchnē makrạ. (Βραχὺς ὁ βίος, ἡ δὲ τέχνη μακρά.)	Kurz ist das Leben, aber die Kunst ist lang.
Carpe diem!	Nütze den Tag!
Cave canem!	Vorsicht, bissiger Hund!
Ceterum censeo Carthaginem esse delendam.	Im übrigen meine ich, daß Karthago zerstört werden muß. (Ausspruch, der Cato zugeschrieben wird)
circulus vitiosus	fehlerhafter (Gedanken-)Kreis (aus dem es kein Herauskommen gibt)
Citius, altius, fortius!	Schneller, höher, (stärker:) weiter! (Leitspruch bei den Olympischen Spielen)
condicio sine qua non	eine unerläßliche Bedingung
confer (cf.)!	vergleiche!
coram publico	vor der Öffentlichkeit
Cui bono?	Wem zum Nutzen?
cum grano salis	mit einem Körnchen Salz
cum laude	mit Lob, gut
cum tempore (c.t.)	mit Zeitzugabe
de facto	der Tat nach, tatsächlich
de iure	vom Rechtsstandpunkt aus, von Rechts wegen
De mortuis nil nisi bene.	Rede über die Toten nur Gutes!
De nihilo nihil.	Aus nichts wird nichts.

deus ex machina	ein unerwarteter Helfer
Divide et impera!	Teile und herrsche!
Docendo discimus.	Durch Lehren lernt man auch.
Do, ut des.	Ich gebe, damit du gibst. (urspr Grundsatz der Römer im Verkehr mit ihren Göttern)
eo ipso	eben dadurch, selbstverständlich
Errare humanum est.	Irren ist menschlich.
Ex oriente lux.	Aus dem Osten (kommt) das Licht.
exempli causa	des Beispiels halber, um ein Beispiel zu geben
expressis verbis	(mit) ausdrücklich(en) (Worten)
Festina lente!	Eile mit Weile!
Fortes fortuna adiuvat.	Den Tapferen hilft das Glück.
Gaudeamus igitur!	Laßt uns also fröhlich sein! (Anfang eines alten Studentenliedes)
Gnọ̄thi seautọn! (Γνῶθι σεαυτόν.)	Erkenne dich selbst!
Gụtta cavạt lapidẹm.	Steter Tropfen höhlt den Stein.
Ha mē katẹthū, mē lạmbane. (Ἃ μὴ κατέθου, μὴ λάμβανε.)	Was du nicht hingelegt hast, nimm nicht weg! (alter Rechtsgrundsatz)
Ho chrẹ̄sim' ẹi̯dōs, ū̯ch ho pọll' ẹi̯dọ̄s sophọs. (Ὁ χρήσιμ' εἰδώς, οὐχ ὁ πόλλ' εἰδώς σοφός.)	Wer Nützliches weiß, nicht wer viel weiß, ist weise.
Hon họi̯ theọi̯ philụ̄sin, apọthnēskẹi̯ neọs. (Ὃν οἱ θεοὶ φιλοῦσιν, ἀποθνήσκει νέος.)	Wen die Götter lieben, der stirbt jung.
Hōs mẹga to mịkron ẹstin ẹn kại̯rọ̄ dothẹn. (Ὡς μέγα τὸ μικρὸν ἐστιν ἐν καιρῷ δοθέν.)	Wie groß ist das Kleine, das zur rechten Zeit gegeben wird.
Hybrịs kakọn megịston ạnthrōpọi̯s ephȳ. (Ὕβρις κακὸν μέγιστον ἀνθρώποις ἔφυ.)	Übermut ist das größte Übel für die Menschen.
id est (i.e.)	das heißt, das bedeutet
in medias res	(ohne Vorrede) zum Kern der Sache (kommen)
in memoriam	zur Erinnerung
in persona	in eigener Person, persönlich
in puncto	in dem Punkt, in bezug auf
in spe	zukünftig
in summa	insgesamt
In vino veritas.	Im Wein ist Wahrheit.
Kakọi̯s homịlōn kạu̯tos ẹkbēsẹ̄ kakọs. (Κακοῖς ὁμιλῶν καὐτὸς ἐκβήσῃ κακός.)	Durch Umgang mit Schlechten wirst du auch selbst schlecht.
Krọi̯sos Halyn diabạ̄s megalẹ̄n katalȳsetại̯ ạrchēn. (Κροῖσος Ἅλυν διαβὰς μεγάλην καταλύσεται ἀρχήν.)	Wenn Krösus den Halys überschreitet, wird er ein großes Reich zerstören. (Orakelspruch an Krösus)
lapsus linguae	'falscher Zungenschlag'
magna cum laude	mit großem Lob, sehr gut
mala fide	wider besseres Wissen
Manus manum lavat.	Eine Hand wäscht die andere.
modus vivendi	Möglichkeit, mit- bzw. nebeneinander zu leben
(jemanden) mores lehren	(jemandem) Anstand beibringen
Mors certa, hora incerta.	Der Tod ist gewiß, seine Stunde ungewiß.
mutatis mutandis (m.m.)	nach Anpassung an die neuen Umstände

Nihil fit sine causa.	Nichts geschieht ohne Ursache.
nolens volens	wohl oder übel
Noli me tangere!	Rühr' mich nicht an!
Noli turbare circulos meos!	Störe mir meine Kreise nicht!
Nomen est omen.	Im Namen liegt eine Vorbedeutung.
N.N. (nomen nescio)	den Namen weiß ich nicht (oder will ich nicht nennen)
Non liquet.	Die Sache ist nicht klar.
non multa, sed multum	nicht vielerlei, sondern viel (in einer Sache)
non plus ultra	das Unübertreffliche
Non scholae, sed vitae discimus.	Nicht für die Schule, sondern für das Leben lernen wir.
Nosce te ipsum!	Erkenne dich selbst!
Nota bene! (Notabene, NB!)	Merke gut!
numerus clausus	beschränkte Zahl
O tempora, o mores!	Was für Zeiten, was für Sitten!
Omnia mea mecum porto.	Alle meine Habe trage ich bei mir.
Ọrandụm est, ut sịt mens sạna in cọrpore sạno.	Man soll (die Götter) bitten, daß ein gesunder Geist in einem gesunden Körper sei.
panem et circenses	Brot und Spiele
Pạnta rhẹi. (Πάντα ῥεῖ.)	Alles ist in Fluß.
pars pro toto	ein Teil für das Ganze
per aspera ad astra	auf rauhen Pfaden zu den Sternen, durch Kampf zum Sieg
per pedes	zu Fuß
perpetuum mobile	(ohne Energiezufuhr) sich ständig bewegende Maschine
persona (non) grata	eine (un)erwünschte Person
Plūtụ̄ d'apọrryẹntos ẹkpodọ̄n philọi. (Πλούτου δ' ἀπορρυέντος ἐκποδὼν φίλοι.)	Wenn der Reichtum entschwunden ist, sind die Freunde weg.
praemissis praemittendis (P.P.)	unter Vorausschickung des Vorauszuschikkenden
primus inter pares	Erster unter Gleichgestellten
pro domo reden	für seinen eigenen Vorteil reden
pro forma	der Form wegen, zum Schein
Prosit!	Wohl bekomm's! (es möge nützen!)
Punctum!	Schluß! (es gibt nichts weiter zu verhandeln)
Quod erat demonstrandum. (q.e.d.)	Was zu beweisen war.
Quod licet Iovi, non licet bovi.	Was Jupiter erlaubt ist, darf das Rindvieh noch lange nicht.
Quot homines, tot sententiae.	So viele Menschen, so viele Meinungen.
Repetitio est mater studiorum.	Wiederholung ist die Mutter der Wissenschaften.
Requiescat in pace! (RIP)	Er (sie) ruhe in Frieden!
Semper aliquid haeret.	Es bleibt immer etwas hängen. (von einer Verleumdung)
semper idem	immer derselbe, stets unverändert
senatus populusque Romanus (SPQR)	Senat und Volk von Rom
Si tacuisses, philosophus mansisses.	Wenn du geschwiegen hättest, warest du ein Philosoph geblieben, hättest du dich nicht bloßgestellt.

sine ira et studio	ohne Groll und Gunst, d. h. unvoreingenommen
sine tempore (s. t.)	ohne Zeitzugabe, pünktlich
Speude bradẹōs. (Σπεῦδε βραδέως.)	Eile mit Weile!
stante pede	stehenden Fußes, sofort
status quo	der derzeitige Zustand
status quo ante	der frühere Zustand
summa cum laude	mit höchstem Lob, ausgezeichnet
summa summarum	alles in allem
Summum ius summa iniuria.	Höchstes Recht (kann) höchstes Unrecht (sein).
tabula rasa	unbeschriebenes Blatt
tabula rasa machen	reinen Tisch machen
Tempora mutantur, et nos mutamur in illis.	Die Zeiten ändern sich und wir uns mit ihnen.
terra incognita	unbekanntes Land, Neuland
tertium comparationis	das dritte beim Vergleich
Ūk ẹstin ụ̄dẹis, họstis ụ̄ch hautọ̄ philọs. (Οὐκ ἔστιν οὐδείς, ὅστις οὐχ αὑτῷ φίλος.)	Es gibt niemanden, der sich nicht selbst Freund ist.
Ultima latet.	Die letzte Stunde ist uns verborgen.
ultima ratio	das letzte Mittel
urbi et orbi	der Stadt (Rom) und dem Erdkreis (den Segen erteilen)
Ut desịnt virẹs, tamen ẹst laudạnda voluntas	Wenn auch die Kräfte fehlen, so ist dennoch der Wille zu loben.
Ūtọi synẹchthẹin, ạlla symphilẹin ephȳn. (οὔτοι συνέχθειν, ἀλλὰ συμφιλεῖν ἔφυν.)	Nicht mitzuhassen, mitzulieben bin ich da. (Antigone)
Vae victis!	Wehe dem Besiegten!
Veni, vidi, vici.	Ich kam, ich sah, ich siegte.
Vita brevis, ars longa.	Das Leben ist kurz, die Kunst (Wissenschaft) ist lang.
Vivat, crescat, floreat!	Er soll leben, wachsen und gedeihen!
Vox populi vox dei.	Volkes Stimme ist Gottes Stimme. (einst dem 'göttlichen Recht der Könige' entgegengestellter Grundsatz)

Alphabetisches Verzeichnis der behandelten Lehn- und Fremdwörter sowie ausgewählter griechischer und lateinischer Wortelemente

A

Amphimixis ↗ meignynai
Amphitheater ↗ amphi-
Ampholyt,
amphoter ↗ amphi-
Amplitude ↗ amplus
Ampulle ↗ ampulla
Amputation,
amputieren ↗ putare
Amulett ↗ moles
amusisch ↗ musa
(*amyl-* Stärke)
Anabaptisten ↗ baptizein
anabatisch ↗ ana-
Anabolika ↗ ballein
Anachoret ↗ chora
Anachronismus,
anachronistisch ↗ chronos
anaerob,
Anaerobiose ↗ aer
Anagramm ↗ graphein
Anakoluth ↗ akoluthein
(anal- After-)
Analekten ↗ legein
Analg(es)ie,
Analgetika ↗ algos
analog,
Analogie ↗ legein
Analphabet ↗ alpha
Analyse,
analytisch ↗ lyein
Anämie ↗ haima
Anamnese,
anamnestisch ↗ mneme
Anapäst ↗ ana-
Anapher ↗ pherein
Anaphylaxie ↗ phylax
Anarchie,
anarchisch,
Anarchismus,
Anarchist ↗ arche
Anastasius ↗ ana-
Anästhesie,
Anästhesiologie,
Anästhesist,
Anästhetika ↗ aisthesis
Anastomose ↗ stoma
Anatomie ↗ temnein
Andrea(s),
Androgen,
Andrözeum ↗ aner
Anekdote,
Anekdoton ↗ didonai
Anemone ↗ anemos
Angel ↗ ankylos
Angel'pose ↗ pauein
Angel(ik)a,
#Angelsachsen ↗ angelos
(*angio-* Behälter, Gefäß)
Angina ↗ angere
Angina pectoris ↗ pectus
(angu(i)- Schlange)
(angul- Winkel, Ecke)
animaler Pol,
animalisch,
Animalismus,
Animationsfilm,
Animator,
animieren,
Animismus,
Animosität ↗ animus
Anion ↗ ienai
Anisogameten,
Anisogamie ↗ gamos
anisomorph ↗ morphe
Anisophyllie ↗ phyllon
anisotrop ↗ trepein
Anker,
Ankon ↗ ankylos
ankurbeln ↗ curvus
Ankylose ↗ ankylos
Annalen,
Annalist ↗ annus
annektieren,
Annex,
Annexion ↗ nectere
Annihilation ↗ nihil
Annonce,
annoncieren ↗ nuntiare
Annuitäten ↗ annus
annullieren ↗ nullus
Anode ↗ ienai
anomal,
Anomalie ↗ homalos
anonym ↗ onoma
anpöbeln ↗ populus²
Antagonismus,
Antagonist,
antagonistisch ↗ agein
Antarktis ↗ arktos
antediluvianisch ↗ luere
Antenne ↗ antenna
(anter- vorn)
antezedent,
antezedieren ↗ cedere
(*anthem-* Blume, blühen)
(*anther-* Blüte)
Anthologie,
Anthozoen ↗ anthos
Anthrazit ↗ anthrax
anthropogen,
Anthropogenese,
Anthropoiden,
Anthropologie,
anthropomorph ↗ anthropos
Antialkoholiker ↗ anti-
Antiarhythmetika ↗ rhythmos
Antibiotika ↗ bios
antichambrieren ↗ kamara
Antidiabetika ↗ dia-
Antiepileptika ↗ lambanein
Antigen ↗ genos
Antihistaminika ↗ histanai
Antihypertonika ↗ hyperantik,
Antike,
Antikensammlung ↗ antiquus
antiklinal ↗ klinein
Antikörper,
#Antilope ↗ anti-
Antimetabolite ↗ ballein
Antineuralgika ↗ neuron
Antinomie,
Antinomismus ↗ nemein
Antipathie ↗ pathos
Antipode ↗ pus
Antipyretika ↗ pyr
Antiqua,
Antiquariat,
antiquarisch,
antiquiert,
Antiquitäten ↗ antiquus
Antisepsis,
Antiseptika ↗ sapros
Antisomatogen ↗ genos
Antithese,
antithetisch ↗ tithenai
Antitoxin ↗ toxon
antizipieren ↗ capere
(*antr-* Höhle)
(anul- Ring)
Äon ↗ aion
Aorist ↗ horizein
Aorta ↗ airein
Aosta ↗ augere
Apathie,
apathisch ↗ pathos
Aperitif ↗ aperire

(apex Spitze)
Aphärese ↗ hairein
Aphasie ↗ phanai
Aphel ↗ helios
Aphorismus ↗ horizein
(apic-, apik- Spitze)
Aplasie ↗ plattein
apodiktisch ↗ deiknynai
Apogäum ↗ ge
Apokalypse,
Apokalyptik ↗ kalyptein
Apokope ↗ koptein
Apokryphen ↗ kryptein
Apologet,
apologetisch,
Apologie ↗ legein
apoplektisch,
Apoplexie ↗ plettein
Aporie ↗ poros
Apostel,
apostolisch ↗ stellein
Apostroph,
Apostrophe,
apostrophieren ↗ strephein
Apotheke ↗ apo-
Apotheose ↗ theos
Apparat,
Apparatur ↗ parare
Appartement ↗ pars
Appassionata,
appassionato ↗ pati
Appell,
Appellation,
appellieren ↗ appellare
Appendix,
Appendizitis ↗ pendere[1]
Apperzeption ↗ capere
Appetit ↗ petere
applaudieren,
Applaus ↗ plaudere
Applikation,
applizieren ↗ plicare
apportieren ↗ portare
Apposition ↗ ponere
appretieren,
Appretur ↗ praesto
Approbation ↗ probus
approximativ ↗ proximus
Apraxie ↗ prattein
apropos ↗ ponere
Apside,
Apsis ↗ haptesthai
Aquädukt ↗ ducere
Aquamarin,
Aquarell,
Aquarium,
aquatisch,
Aquavit ↗ aqua
Äquationsteilung,
Äquator ↗ aequare
Äquilibrist ↗ libra
Äquinoktialstürme,
Äquinoktien ↗ nox
äquivalent,
Äquivalent,
Äquivalenz ↗ valere
Ar ↗ area
Ära ↗ aes
(*arachn-*, arane- Spinne)
Arboretum ↗ arbor
(arc- Kasten)
Archaik,
Archaikum,
archaisch,
archäisch,
Archaismus,
Archäologie ↗ arche
Archäopteryx ↗ pteron
Archäozoikum,
Archäozyt ↗ arche
Arche ↗ arcere
Archetyp(os),
Archimandrit,
Architekt,
Architektonik,
Architektur,
Archipel,
Architrav,
Archiv,
Archivar ↗ arche
Areal ↗ area
Arena ↗ arena
Argentinien ↗ argentum
Argon ↗ ergon
Argument,
argumentieren ↗ argentum
(*argyr-* Silber-, strahlend)
(arid- trocken)
Arie ↗ aer
Aristokrat,
Aristokratie,
aristokratisch ↗ aristos
Arithmetik,
arithmetisch ↗ arithmos
Arkaden ↗ arcus
Arktik,
Arktis,
arktisch ↗ arktos
Arkus ↗ arcus
Armada,
Armatur ↗ arma
Armbrust ↗ arcus
Armee ↗ arma
Arrest,
Arrestant,
arre(s)tieren,
Arretierhebel ↗ stare
Arrhenotokie ↗ tokos
arrogant,
Arroganz ↗ rogare
Arsis ↗ airein
Artefakt ↗ ars
Arterie ↗ airein
Arthritis,
Arthropoden,
Arthrose ↗ arthron
Articulata,
Artikel,
Artikulation,
artikulieren ↗ artus
Artillerie,
Artist,
Artistenfakultät ↗ ars
Arzt ↗ arche
(*asc-* Sack, Schlauch)
Asepsis ↗ sapros
Askese,
Asket,
asketisch ↗ askesis
asozial ↗ a-
Aspekt ↗ spectare
(asper- rauh)
#Asphalt,
Asphyxie ↗ a-
(*aspid-* Schild)
Aspirant,
Aspirantur,
Aspirata ↗ spirare
Assessor ↗ sedere
Assimilat,
Assimilation,
assimilieren ↗ similis
Assistent,
Assistenz,
assistieren ↗ sistere
Assoziation,
assoziieren ↗ socius
Aster ↗ astron
Asteroid ↗ idea

B

C

(↗ auch unter K und Z!)

D

Demonstration,
Demonstrativpronomen,
demonstrieren ↗ monstrare
Demontage,
demontieren ↗ mons
demoralisieren ↗ mos
Demoskopie ↗ skopein
denaturieren,
Denaturierung ↗ natus
dendritisch,
Dendrochronologie,
Dendrogramm ↗ dendron
(dens- dicht)
Dental,
Dentist ↗ dens
Denunziant,
Denunziation,
denunzieren ↗ nuntiare
Departement ↗ pars
Dependenz ↗ pendere[1]
Depesche ↗ impedire
Deplasmolyse ↗ plattein
Deponens,
deponieren ↗ ponere
Deportation,
deportieren ↗ portare
Depositen,
Depot ↗ ponere
Depression,
deprimieren ↗ premere
Deputat,
Deputation,
Deputierter ↗ putare
Derivat ↗ rivus
Dermatologie ↗ derma
Dermatomykose ↗ mykes
Deserteur,
desertieren,
Desertifikation ↗ serere[2]
Design,
designieren ↗ signum
desinfizieren ↗ facere
(*desm-* Band)
despektierlich ↗ spectare
Desperado,
desperat ↗ sperare
Despot,
Despotie,
despotisch,
Despotismus ↗ despotes
Dessert ↗ servare
Dessin,
Dessinateur ↗ signum
Destillat,
Destillation,
destillieren ↗ stilla
Destruktion,
destruktiv ↗ struere
Deszendent,
Deszendenz,
Deszension ↗ scandere
Detail,
detailliert ↗ talea
Detektiv,
Detektor ↗ tegere
Determination,
determinieren,
Determinismus ↗ terminus
Detonation,
detonieren ↗ tonare
Deuterium,
Deuteron ↗ deuteros
Deuterostomia ↗ pro-
Devise,
Devisen ↗ dividere
devot,
Devotion ↗ votum
(*dexi-,* dext- rechts)
Dextrin,
Dextropur,
Dextrose ↗ dexter
Dezember,
Dezennium ↗ decem
dezent ↗ decorare
Dezernat,
Dezernent ↗ cernere
Dezimal-,
Dezimeter,
dezimieren ↗ decem
Diabetes,
Diabetiker ↗ dia-
diabolisch,
Diabolus ↗ ballein
diachronisch ↗ chronos
Diadem ↗ dein
Diadochen ↗ dechesthai
Diagenese ↗ genos
Diagnose,
Diagnostik,
diagnostisch ↗ gnosis
Diagonale ↗ dia-
Diagramm ↗ graphein
Diakon,
Diakonie,
Diakonisse ↗ diakonos
diakritisch ↗ krinein
Dialekt,
Dialektik,
dialektisch,
Dialog ↗ legein
Dialyse ↗ lyein
diamagnetisch ↗ magnes
Diamant ↗ adamas
Diameter,
diametral ↗ metron
Diaphragma ↗ phragmos
Diapositiv ↗ ponere
Diärese ↗ hairein
Diarium ↗ dies
Diarrhoe ↗ rhein
Diaskop ↗ skopein
Diaspora ↗ speirein
Diastase,
Diastema ↗ histanai
Diastereomerie ↗ stereos
Diastole ↗ stellein
Diät ↗ diaita
Diäten ↗ dies
Diätetik ↗ diaita
Diatomeen ↗ temnein
Diatonik ↗ teinein
Dichotomie ↗ dicha
Dichroismus ↗ dis
#dicht,
dichten,
Dichter ↗ dicere
Didaktik ↗ didaskein
Didymus ↗ dis
Dielektrikum ↗ elektron
Diffamie,
diffamieren ↗ fabula
Differential-,
Differenz,
differenzieren,
differieren ↗ ferre
diffundieren,
diffus,
Diffusion ↗ fundere
Digest(en),
Digestion,
Digestivum ↗ gerere
Digitalis,
Digitalrechner ↗ digitus
Diktaphon ↗ phone
Diktat,
Diktator,
diktatorisch,
Diktatur,
diktieren,

Diktion ↗ dicere
(*dikty-* Netz)
Dilatation ↗ latus[2]
dilatorisch ↗ latus[1]
Dilemma ↗ lambanein
Dilettant,
Dilettantismus ↗ delectare
diluvial,
Diluvium ↗ luere
Dimension ↗ metiri
diminuendo,
Diminutivform ↗ minor
(*din-* Wirbel, Schwindel)
Dinar ↗ decem
Diode ↗ hodos
Diopter,
Dioptrie ↗ opsis
Diorama ↗ dia-
Diözese,
diözisch ↗ oikos
Diphtherie ↗ diphthera
Diphthong ↗ phthongos
diploid,
Diplom,
Diplomand,
Diplomat,
Diplomatie,
Diplomatik,
diplomatisch,
Diplophase ↗ dis
Dipol ↗ polos[2]
Dipylon ↗ dis
direkt,
Direktion,
Direktive,
Direktor,
Direktorium,
Direktrice,
Dirigent,
dirigieren ↗ regere
Disharmonie ↗ harmonia
Diskant ↗ cantare
Diskette ↗ diskos
Diskont ↗ putare
Diskordanz ↗ cor
Diskothek ↗ diskos
diskreditieren ↗ -dere
Diskrepanz ↗ crepare
diskret,
Diskretion,
diskriminieren ↗ cernere
Diskurs ↗ currere
Diskus ↗ diskos
Diskussion,
diskutieren ↗ quatere
Dispens,
Dispensaire,
dispensieren ↗ pendere[2]
dispergieren,
dispers,
Dispersion ↗ spargere
disponibel,
Disponibilität,
disponieren,
Disposition ↗ ponere
Disproportion,
disproportioniert ↗ portio
Disput,
Disputation,
disputieren ↗ putare
disqualifizieren ↗ qualis
Dissens ↗ sentire
Dissertation ↗ serere[2]
Dissident ↗ sedere
Dissimilation ↗ similis
Dissonanz ↗ sonare
Dissoziation,
dissoziieren ↗ socius
Distanz,
distanzieren ↗ stare
Distichon ↗ dis
distinguiert ↗ -stinguere
Distributivzahlen ↗ tribus
Distrikt ↗ stringere[1]
Disziplin,
disziplinarisch,
diszipliniert ↗ capere
dito ↗ dicere
Diuretika ↗ urein
Diva ↗ divus
divergent,
Divergenz,
divergieren ↗ vergere
divers,
Diversion,
Divertimento ↗ vertere
Dividend,
Dividende,
dividieren ↗ dividere
Divination,
divinatorisch ↗ divus
Division,
Divisor ↗ dividere
Divus Augustus ↗ divus
Dodekaeder ↗ hedra
Dodekanes ↗ nesos
Dodekaphonie ↗ dodeka
Doge ↗ ducere
Dogma,
Dogmatik,
Dogmatiker,
Dogmatismus ↗ dokein
Doktor,
Doktorand,
Doktrin,
doktrinär,
Dokument,
Dokumentarfilm,
Dokumentation,
dokumentieren ↗ docere
dolce ↗ dulcis
Dolichozephalus ↗ kephale
Dom,
Domäne,
Domestik,
Domestikation,
dominant,
Dominante,
Dominat,
dominieren,
Dominion,
Domizil,
Dompfaff ↗ domus
Dompteur ↗ domare
Don ↗ domus
Donatar,
Donation,
Donator ↗ donum
Donna ↗ domus
Doppel,
doppelt ↗ duo
Dora,
Doris,
Dorothea ↗ didonai
dorsal ↗ dorsum
Dose,
dosieren,
Dosis ↗ didonai
Dotation,
dotieren ↗ dare
Double ↗ duo
Doyen ↗ decem
Doxographie,
Doxologie ↗ dokein
Dozent,
dozieren ↗ docere
Dr. rer. nat.,
Dr. rer. pol. ↗ res

Drachen,
Dragoner ↗ drakon
drakonisch ↗ Drakon
Drama,
Dramatik,
dramatisch,
dramatisieren,
Dramaturg,
Dramaturgie,
Drastik,
drastisch ↗ drama
(*drepan-* Sichel)
Drehmoment ↗ movere
Dreschflegel ↗ flagellum
dressieren,
Dressur ↗ regere
Dromedar ↗ trechein
(*dros(o)-* der Tau)
Druckerpresse
↗ premere
Dual(is),
Dualismus,
Dublee,
Dublette,
Duell,
Duett ↗ duo
Dukaten,
Duktilität ↗ ducere
Duo ↗ duo
Duodenum,
duodezimal ↗ decem
Duplikat,
Duplizität ↗ duo
Dur,
Duraluminium,
durativ,
Duroplast ↗ durus
Dusche ↗ ducere
Dutzend ↗ decem
dyn,
Dynamik,
dynamisch,
Dynamit,
Dynamo,
Dynast,
Dynastie ↗ dynamis
(*-dyse* Untertauchen)
Dysenterie,
Dysfunktion ↗ dys-
Dysmenorrhoe ↗ men
Dyspepsie ↗ pepsis
Dysplasie ↗ plattein
Dystrophie ↗ trephein

E

echauffiert ↗ calor
(*echin-* Igel)
Echo,
Echolalie,
Echophrasie ↗ echo
Ecuador ↗ aequare
Edaphon ↗ edaphos
edieren ↗ dare
Edikt ↗ dicere
Edition ↗ dare
Effekt,
Effekten,
effektiv,
Effektivität ↗ facere
egal ↗ aequare
Egoismus,
Egoist,
egozentrisch ↗ ego
Ehegespons ↗ respondere
ehern ↗ aes
eichen ↗ aequare
Eimer ↗ pherein
einquartieren ↗ quattuor
Eklampsie ↗ lampein
Eklektiker,
eklektisch,
Eklektizismus ↗ legein
Eklipse,
Ekliptik ↗ leipein
Ekloge ↗ legein
Ekstase ↗ histanai
(*-ektasie* Erweiterung, ↗ teinein)
Ektoderm ↗ ektos
(*-ektomie* Ausschneidung, ↗ temnein)
Ektoplasma ↗ ektos
Ektropium ↗ trepein
Ekzem ↗ ex-
Elaborat ↗ laborare
Elan ↗ lancea
Elastin,
elastisch ↗ elastos
Eldorado ↗ aurum
Elefant ↗ elephas
elegant ↗ legere[1]
Elegie,
elegisch ↗ elegos
elektrifizieren,
Elektriker,
elektrisch,
elektrisieren,
Elektrizität ↗ elektron
Elektrode ↗ ienai ↗ elektron
Elektrodynamik,
Elektroenzephalogramm,
Elektrokardiogramm,
Elektrolyse,
Elektrolyt,
Elektron,
Elektronenmikroskop,
Elektronenstrahlung,
elektronisch,
Elektrophorese ↗ elektron
Elektrostatik ↗ histanai
Element,
elementar,
Elementargewalt,
Elementarladung,
Elementarteilchen ↗ elementum
Elevation,
Elevator,
Eleve ↗ levare
Elfenbein ↗ elephas
#Elfenreigen ↗ Alpes
Elimination,
eliminieren ↗ limen
Elision ↗ laedere
Elite ↗ legere[1]
Elixier ↗ xeros
Ellipse ↗ leipein, ↗ ballein
Eloge ↗ elegos
Elongation ↗ longus
Eloquenz ↗ loqui
El Salvador ↗ salvus
Emanation,
emanieren ↗ manare
Emanzipation,
emanzipieren ↗ manus
Emblem,
Embolie,
Embolus ↗ ballein
Embryo,
embryonal ↗ embryon
emeritieren,
Emeritus ↗ merere
Emigrant,
Emigration,
emigrieren ↗ migrare
eminent,

Eminenz ↗ eminere
Emissär,
Emission,
Emissionsnebel,
Emissionsspektrum ↗ mittere
Emotion,
emotional,
emotionell ↗ movere
Emphase,
emphatisch ↗ phainesthai
Empire ↗ imperare
Empirie,
Empiriker,
Empiriokritizismus,
empirisch,
Empirismus ↗ peira
Empyem ↗ pyon
emulgieren,
Emulsion ↗ mulgere
Enantiotropie ↗ trepein
endemisch ↗ demos
Endemiten
Endobionten ↗ bios
Endogamie ↗ gamos
endogen ↗ genos
Endokarditis ↗ kardia
Endokarp ↗ karpos
endokrin ↗ krinein
Endoplasma,
Endothel ↗ endon
endotherm ↗ thermos
Energie,
energisch ↗ ergon
en face ↗ facies
Engel,
#England ↗ angelos
en gros ↗ grossus
Enkaustik ↗ kauma
Enklave ↗ clavis
Enklise
Enklitikon ↗ klinein
(-enn- ↗ annus)
enorm ↗ norma
Ensemble ↗ simul
Entelechie ↗ telos
Entente ↗ tendere
Enteritis ↗ entera
entern ↗ internus
Enteroptose ↗ entera
Enthusiasmus,
Enthusiast,
enthusiastisch ↗ theos
entlarven ↗ larva
entnervt ↗ nervus
Entoderm ↗ endon
Entomologie ↗ temnein
entopisch ↗ topos
Entoplasma ↗ endon
Entree ↗ internus
Entropie,
Entropium ↗ trepein
entthronen ↗ thronos
Enuresis ↗ urein
Enzephalitis ↗ kephale
Enzyklika,
Enzyklopädie,
enzyklopädisch,
Enzyklopädist ↗ kyklos
Enzym ↗ zyme
Eosin ↗ eos
Eozän ↗ eos
Eozoikum ↗ zoon
Ephorus ↗ horan
Epibionten ↗ bios
Epibolie ↗ ballein
Epidemie,
epidemisch ↗ demos
Epidermis,
Epidermophyt ↗ derma
Epidiaskop ↗ skopein
Epigastrium ↗ gaster
Epigenese,
epigenetisch ↗ genos
Epiglottis ↗ glotta
Epigone ↗ genos
Epigramm,
Epigraph,
Epigraphik ↗ graphein
Epikureer ↗ Epikuros
Epilepsie,
epileptisch ↗ lambanein
Epilog ↗ legein
Epiphanie ↗ phainesthai
Epiphora ↗ pherein
Epiphyten ↗ physis
episch ↗ epos
Episkop,
Episkopat ↗ skopein
Episode ↗ hodos
Epistel ↗ stellein
Epitaph ↗ taphos
Epitaxie ↗ tattein
Epithel ↗ epi-
Epitheton ↗ tithenai
Epitome ↗ temnein
Epizentrum ↗ kentron
Epoche ↗ echein
Epopoe,
Epos ↗ epos
(equ- Pferd)
Eremit ↗ eremos
erg,
Ergometer,
Ergonomie ↗ ergon
Ergotropika ↗ trepein
Erika ↗ ereike
Erker ↗ arcus
Ermitage ↗ eremos
Erosion,
erosiv ↗ rodere
Erotik,
erotisch,
Erotomanie ↗ eros
erpicht ↗ pissa
erproben ↗ probare
erratisch ↗ errare
erstklassig ↗ classis
Erudition ↗ rudis
Eruption,
Eruptivgestein ↗ rumpere
Erysipel,
Erythem,
Erythräa,
Erythrozyten ↗ erythros
Erzbischof,
Erzschelm ↗ arche
Eschatologie ↗ eschatos
Esel ↗ asinus
Eskadron ↗ quadrare
Eskalation ↗ scandere
Eskorte,
eskortieren ↗ regere
#esoterisch ↗ ex-
Esperanto ↗ sperare
Espresso ↗ premere
Esprit ↗ spirare
essentiell,
Essenz ↗ esse
Essig ↗ acer
Estrade ↗ sternere
Estrich ↗ ostrakon
etablieren,
Etablissement,
Etage,
Etagere,
Etat ↗ stare
Ethik,
ethisch ↗ ethos

F

Flor,
Flora,
florieren,
Florilegium,
Floskel ↗ florere
Flöte ↗ flare
Fluide,
Fluidität,
Fluidum,
Fluktuation,
fluktuieren,
Fluor,
Fluoreszenz,
fluoreszieren ↗ fluvius
Föderalismus,
Föderation,
Föderativstaat ↗ foedus
(foet- Gestank)
fokal,
Fokalinfektion,
Fokus ↗ focus
Foliant,
Folie,
Folio ↗ folium
Follikel ↗ follis
Folter ↗ polos[1]
Fond ↗ fundus
Fondant ↗ fundere
Fonds ↗ fundus
Fontäne,
Fontanelle ↗ fons
Foramen ↗ forare
forcieren ↗ fortis
forensisch ↗ forum
Forke ↗ furca
Form,
formal,
Formalitäten,
Format,
Formation,
Formel,
formell,
formen,
formieren,
förmlich,
Formosa,
Formular,
formulieren ↗ forma
forsch,
Fort,
forte,
Fortifikation,
fortissimo ↗ fortis
Forum ↗ forum
Fossilien ↗ fodere
Foyer ↗ focus
Fragment,
fragmentarisch,
fraktal,
Fraktal
Fraktion,
fraktionierte Destillation,
Fraktographie,
Fraktur ↗ frangere
fraternisieren ↗ frater
Fremdenlegion ↗ legere[1]
(fren- Binde, Band)
frenetisch ↗ phren
frequentativ,
Frequenz ↗ frequens
frigide,
Frigidität ↗ frigidus
Friktion ↗ fricare
Front,
frontal ↗ frons
Frottee,
frottieren ↗ fricare
Frucht,
frugal,
Fruktose ↗ frumentum
Frustration,
frustrieren ↗ frustra
Fuge ↗ fuga
Fundament,
fundamental,
fundamentieren,
fundieren,
Fundus ↗ fundus
(fung- Pilz)
fungieren,
Funktion,
Funktionär,
funktionell,
funktionieren ↗ fungi
Furien,
furioso,
Furore machen ↗ furia
Füsilier,
füsilieren ↗ focus
Fusion ↗ fundere
Fußnote ↗ nota
Futur,
Futurismus,
Futurologie ↗ futurus

G

(*gae-* Erde)
Galaktik,
Galaktose,
Galaxie,
Galaxis ↗ gala
Gallerte ↗ gelu
Gameten ↗ gamos
Garten ↗ hortus
Gas ↗ chaos
Gastritis ↗ gaster
Gastrolith ↗ lithos
Gastronomie,
Gastrozöl,
Gastrula,
Gastrulation ↗ gaster
Gaudi ↗ gaudere
(ge- Erde)
Gebäudekomplex ↗ plectere
gebenedeit ↗ bonus
Gebirgsmassiv ↗ maza
gefeit ↗ fatum
Gelatine,
Gelee ↗ gelu
Gemination,
Geminiden ↗ gemini
Gemme ↗ gemma
(*-gen* 1. ... erzeugend,
2. hervorgegangen aus ...,
3. bewirkt von ...)
Gen ↗ genos
Gendarm ↗ genus
Genealogie ↗ genos
General,
Generalissimus,
Generalität,
Generation,
generativ,
Generator,
generell ↗ genus
Genese,
Genesis,
Genetik,
genetisch ↗ genos
genial,
Genie,
Genitalien,
Genitiv,
Genius,
Genre,

H

Hämatom,
Hämoglobin,
Hämolymphe,
Hämolyse,
Hämorrhoiden ↗ haimạ
Handgranate ↗ granum
Hapaxlegomenon,
Haploidie,
Haplologie ↗ hapax
haptisch ↗ haptesthai
Häresie,
Häretiker ↗ hairein
Harmonie,
Harmonika,
Harmonium ↗ harmonia
Hausmeier ↗ maior
Haustorien ↗ haurire
(*hedy*- angenehm, süß)
Hegemonie ↗ hegemon
Hektar ↗ area
Hektik,
hektisch ↗ hexis
Hektograph,
Hekto- ↗ hekaton
#Helene ↗ Hellen
Helikopter ↗ helix
heliozentrisch,
Helium ↗ helios
Hellenismus,
#Hellespont ↗ Hellen
Helophyten,
#Heloten ↗ helos
Hemikranie,
Hemiparese,
Hemiplegie ↗ hemisys
Hemisphäre ↗ sphaira
Hemizellulose ↗ hemisys
Heparin,
Hepatitis,
hepatogen ↗ hepar
(*hept*[*a*]- sieben)
Herbarium ↗ herba
Herbivoren ↗ vorare
Herbizid ↗ caedere
hereditär ↗ heres
Hermaphrodit
Herme,
Hermeneutik,
hermeneutisch ↗ Hermes
Hernia ↗ ernos
heroisch,
heroisieren,
Heros ↗ heros

Herpes,
Herpetologie ↗ herpein
Hesperiden,
Hesperien ↗ hespera
Hetäre ↗ hetairos
Heterochromosomen
↗ soma
heterodox ↗ orthos
heterogen,
Heterogonie,
Heterosexualität,
heterosexuell,
Heterosis ↗ heteros
heterotroph ↗ trephein
Heureka,
Heuristik ↗ heuriskein
Hexadaktylie ↗ hex
Hexaeder ↗ hedra
Hexameter ↗ hex
Hiatus ↗ hiare
Hierarchie ↗ arche
hieratisch,
Hierodule,
Hieroglyphen ↗ hieros
Hippodrom
Hippopotamus ↗ hippos
Histamin,
Histologie,
Histolyse ↗ histanai
Histörchen,
Historie,
Historiker,
Historiograph,
historisch ↗ historia
Hofstaat ↗ stare
Holocaust ↗ kauma
Holographie,
Holozän ↗ holos
Homiletik,
Homilie ↗ homilia
Hominiden,
Hominisation,
Homo erectus ↗ habilis
↗ sapiens ↗ homo
homogen,
homogenisieren ↗ homos
homoiotherm ↗ homoios
homolog ↗ homos
Homonyme ↗ onoma
Homöopathie,
Homöostase ↗ homoios
Homophonie,
homosexuell,

Homozygotie ↗ homos
Homunkulus ↗ homo
Honneurs,
Honorar,
Honoratioren,
honorieren ↗ honor
Horen ↗ hora
Horizont,
horizontal ↗ horizein
Hormon ↗ horman
Horn ↗ cornu
Horoskop ↗ hora
horrend,
Horror ↗ horrere
(hort- Garten)
Hospital,
Hospitant,
hospitieren,
Hospiz ↗ hospitium
Hostie ↗ hostia
Hotel ↗ hospitium
Humanismus,
Humanist,
humanistisch,
humanitär,
Humanität ↗ homo
humid ↗ humor
Huminsäure ↗ humus
Humor,
Humoralpathologie,
Humoreske,
Humorist,
humoristisch ↗ humor
Humus ↗ humus
Hyazinthe ↗ hyakinthos
Hybride,
hybridisch ↗ hybrida
Hybris ↗ hybris
Hydra,
Hydrant,
Hydrargyrum,
Hydrat,
Hydratation,
Hydraulik,
hydraulisch,
Hydrid,
Hydrogenium,
Hydrographie,
Hydrokultur,
Hydrolase,
Hydrologie,
Hydrolyse,
Hydrometer,

I

intermittierend ↗ mittere
intern,
Interna,
Internat ↗ internus
international,
Internationale,
Internationalismus ↗ natus
internieren,
Internierungslager,
Internist ↗ internus
Internodium ↗ nodus
Interpellation,
interpellieren ↗ appellare
Interpolation,
interpolieren ↗ polire
Interpret,
Interpretation,
interpretieren ↗ interpres
interpungieren,
interpunktieren,
Interpunktion ↗ pungere
Interregnum ↗ regere
Interrogativpronomen ↗ rogare
Interruption ↗ inter
interstellar ↗ stella
Intervall ↗ vallum
intervenieren,
Interventen,
Intervention ↗ venire
Interview,
Intervision ↗ videre
Interzession ↗ cedere
Intestinum ↗ internus
Inthronisation ↗ thronos
intim,
Intimsphäre ↗ internus
intolerant ↗ tolerare
Intoxikation ↗ toxon
intransigent ↗ agere
intransitiv ↗ ire
intravenös ↗ vena
Intrigant,
Intrige,
intrigieren ↗ intricare
Introduktion ↗ ducere
Introversion ↗ vertere
Intuition,
intuitiv ↗ tutus
intus ↗ internus
Invalide,
Invalidität ↗ valere
Invariante ↗ varius
Invasion ↗ invadere
Invektive ↗ vehere
Inventar,
inventarisieren,
Invention,
Inventur ↗ venire
inverse Funktionen,
Inversion,
Invertase,
Invertzucker ↗ vertere
investieren,
Investition,
Investitur ↗ vestis
in vitro ↗ vitrum
involvieren ↗ volvere
Inzest ↗ castus
Inzision ↗ caedere
Ion,
Ionosphäre ↗ ienai
Iridotomie,
Iris ↗ iris
Ironie ↗ eiron
irrational,
Irrationalismus ↗ ratio
irreal ↗ res
irregulär ↗ regere
irrelevant ↗ levare
irreparabel ↗ parare
irreversibel ↗ vertere
Irrigator ↗ rigare
Ischämie ↗ ischein
Ischialgie,
Ischias ↗ ischion
Ischurie ↗ ischein
isobar,
Isobar,
Isobaren,
isochor ↗ isos
Isogameten ↗ gamos
Isohydrie ↗ hydor
Isohypse ↗ isos
Isokephalie ↗ kephale
Isolation,
Isolator,
isolieren ↗ insula
Isomere ↗ isos
isomorph ↗ morphe
isotherm,
Isothermen,
Isotonie,
Isotop ↗ isos
isotrop ↗ trepein
Istanbul ↗ polis
Isthmus ↗ isthmos
Iteration,
iterativ ↗ iterum
(*-itis* -entzündung)

J

Jalousie ↗ zelos
Januar ↗ Ianus
#Jod ↗ ienai
Jongleur,
jonglieren ↗ iocus
Jörg ↗ ge
Jota ↗ iota
Journal,
Journalist ↗ dies
jovial ↗ Iuppiter
(jug-, junct- Verbindung)
junior,
Junioren ↗ iuvenis
Junktim,
Junta ↗ zygon
Jupiterlampe ↗ Juppiter
Jura ↗ ius
Jürgen ↗ ge
Jurisdiktion,
Jurisprudenz,
Jurist,
Jury,
justieren,
Justitiar,
Justiz ↗ ius
juvenil ↗ iuvenis
Juwel,
Juwelier,
Jux ↗ iocus

K

(↗ auch unter C und Z!)

Kabel ↗ capere
Kabine,
Kabinett,
Kabinettstück ↗ capanna
Kabriolett ↗ caper
Kachel ↗ kakkabos
Kachexie ↗ hexis
Kadaver,
Kadenz ↗ cadere

Kader ↗ quadrare
Käfig ↗ cavus
Kaiser ↗ Caesar
Kakophonie,
Kakosmie,
Kakostomie ↗ kakos
Kaktus ↗ kaktos
#Kalamität ↗ kalamos
Kaleidoskop ↗ kalos
Kalender ↗ Calendae
Kalfaktor ↗ calor
Kalignost ↗ gnosis
Kalk,
Kalkulation,
kalkulieren ↗ calx[1]
Kalligraphie ↗ kalos
Kalmus ↗ kalamos
Kalorie,
Kalorimeter ↗ calor
Kalypso ↗ kalyptein
Kalzit,
Kalzium ↗ calx[1]
Kamarilla ↗ kamara
Kambium ↗ cambiare
Kamel ↗ kamelos
Kamera,
Kamerad ↗ kamara
Kamille ↗ melon
Kamin ↗ kaminos
Kammer,
Kämmerei,
Kämmerer,
Kammermusik ↗ kamara
Kampagne,
Kampanien,
Kampanile,
Kampanula,
Kämpe,
Kampf,
kämpfen,
Kämpfer,
kampieren ↗ campus
Kanaille ↗ canis
Kanal,
Kanalisation,
kanalisieren ↗ kanna
Kandelaber,
Kandidat,
Kandidatur,
kandidieren ↗ candidus
Kanikularvakanzen ↗ canis
Kaninchen ↗ cuniculus
Kanister,
Kannelüren,
Kanon,
Kanonade,
Kanone,
Kanonier,
kanonisch ↗ kanna
Känozoikum ↗ kainos
Kantate,
#Kantine,
#Kanton,
Kantor,
Kantorei ↗ cantare
Kanüle ↗ kanna
Kanzel,
Kanzlei,
Kanzler,
Kanzlist ↗ cancelli
Kanzone ↗ cantare
Kap ↗ caput
Kapazität ↗ capere
Kapelle ↗ capa
#kapern,
kapieren ↗ capere
Kapillar-,
Kapillarität,
Kapital,
Kapital-,
Kapitalismus,
Kapitalist,
Kapitän,
Kapitel,
Kapitell,
Kapitol,
Kapitularien,
Kapitulation,
kapitulieren ↗ caput
Kaplan ↗ capa
Kapland ↗ caput
Kappe ↗ capa
Kapriole,
kapriziös ↗ caper
Kapsel ↗ capsa
Kapstadt ↗ caput
Kapuze,
Kapuziner ↗ capa
Kap Verde ↗ viridis
Karamel ↗ kalamos
Karbid,
Karbon,
Karbonat,
Karbunkel ↗ carbo
kardial ↗ kardia
Kardinal,
Kardinalpunkt,
Kardinalzahlen ↗ cardo
Karenzzeit ↗ carere
Karfunkel ↗ carbo
kariert ↗ quadrare
Karies ↗ caries
Karikatur,
karikieren ↗ carrus
kariös ↗ caries
karitativ ↗ carus
Karneol ↗ caro
Karneval ↗ carrus
Karnivoren ↗ caro
Karo ↗ quadrare
Karosse,
Karosserie ↗ carrus
Karotte ↗ karoton
Karpophor ↗ karpos
Karre ↗ carrus
Karreé ↗ quadrare
Karriere,
Karrierist ↗ carrus
Karte,
Kartei,
Kartell,
Karton,
Kartothek ↗ chartes
Karyogramm ↗ karyon
Karzer ↗ carcer
Karzinom,
Karzinose ↗ karkinos
Käse,
Kasein ↗ caseus
Kaserne ↗ quattuor
Kasino ↗ casa
Kaskade ↗ cadere
Kassation ↗ quatere
Kasse,
Kasserolle,
Kassette,
Kassettendecke,
kassieren (Geld) ↗ capsa
kassieren (Urteile) ↗ quatere
Kassierer ↗ capsa
Kastagnetten,
Kastanie ↗ castanea
Kaste,
kasteien ↗ castus
Kastell,
Kastellan ↗ castra
Kastengeist ↗ castus
Kastilien ↗ castra

konfiszieren ↗ fiscus
Konfitüre ↗ facere
Konflikt ↗ confligere
Konföderation ↗ foedus
konform,
Konformismus,
Konformität ↗ forma
Konfrontation,
konfrontieren ↗ frons
konfus,
Konfusion ↗ fundere
kongenial ↗ genus
Konglomerat ↗ glomus
Kongregation ↗ grex
Kongreß ↗ gradus
kongruent,
Kongruenz ↗ congruere
Koniferen,
konisch ↗ konos
Konjugation,
Konjunktion,
Konjunktionalsatz,
Konjunktiv,
Konjunktiva,
Konjunktivitis,
Konjunktur ↗ zygon
konkav ↗ cavus
Konklave ↗ clavis
Konkordanz,
Konkordat ↗ cor
Konkrement,
konkret,
konkretisieren ↗ crescere
Konkurrent,
Konkurrenz,
konkurrieren,
Konkurs ↗ currere
Konnex,
Konnexion ↗ nectere
Konquistadoren ↗ quaerere
Konrektor ↗ regere
konsekrieren ↗ sacer
Konsekutivsatz ↗ sequi
Konsens(us) ↗ sententia
konsequent,
Konsequenz ↗ sequi
konservativ,
Konservatismus,
Konservator,
Konservatorium,
Konserve,
konservieren ↗ servare
Konsilium ↗ consilium
konsistent,
Konsistenz,
Konsistorium ↗ sistere
konskribieren,
Konskription ↗ scribere
Konsole,
konsolidieren ↗ solidus
Konsonant,
Konsonanz ↗ sonare
Konsorten,
Konsortium ↗ sors
Konspekt ↗ spectare
Konspiration,
konspirativ,
konspirieren ↗ spirare
konstant,
Konstante,
Konstantin,
Konstantinopel,
Konstantius,
Konstanz,
Konstanze,
konstatieren ↗ stare
Konstellation ↗ stella
#konsterniert ↗ sternere
konstituieren,
Konstitution,
konstitutionell ↗ statuere
konstruieren,
Konstrukteur,
Konstruktion,
konstruktiv ↗ struere
Konsul,
Konsulat,
Konsulent,
Konsultation,
konsultativ,
konsultieren ↗ consilium
Konsum,
Konsument,
konsumieren,
Konsum(p)tion ↗ sumere
kontagiös,
Kontakt,
kontaminieren ↗ tangere
Kontemplation ↗ templum
kontemporär ↗ tempus
Konterbande ↗ contra
Konterfei ↗ facere
kontern,
Konterrevolution ↗ contra
Kontext ↗ texere
Kontinent,
kontinental ↗ tenere
Kontingent,
kontingentieren ↗ tangere
kontinuierlich,
Kontinuität ↗ tenere
Konto ↗ putare
Kontokorrent ↗ currere
Kontor,
Kontorist ↗ putare
Kontrabaß,
kontra geben ↗ contra
Kontrahent,
kontrahieren,
Kontrakt,
Kontraktion ↗ trahere
Kontrapunkt,
konträr,
Kontrast ↗ contra
Kontrazeption ↗ capere
Kontribution ↗ tribus
Kontrolle ↗ rota
Kontroverse ↗ vertere
Kontusion ↗ tundere
Konus ↗ conus
Konvent,
Konventikel,
Konvention,
Konventionalstrafe,
konventionell ↗ venire
konvergent,
Konvergenz,
konvergieren ↗ vergere
Konversation,
Konversion,
Konverter,
konvertierbar,
konvertieren,
Konvertit ↗ vertere
konvex ↗ convexus
Konvikt ↗ vivere
Konvoi ↗ via
Konvolut ↗ volvere
Konvulsion,
konvulsivisch ↗ vellere
konzedieren ↗ cedere
konzentrieren,
konzentriert,
konzentrisch ↗ kentron
Konzept,
Konzeption ↗ capere
Konzern,
Konzert ↗ cernere
Konzession,

Kult,
Kultivator,
kultivieren,
Kultur,
Kultus ↗ colere
Kumpan,
Kumpanei,
Kumpel ↗ panis
Kümmel ↗ kyminon
Kumulation,
Kumuluswolke ↗ cumulus
Kupfer ↗ Kypros
Kuppel ↗ cupa
kuppeln,
Kuppler,
Kupplung ↗ copula
Kur,
#Kurfürst ↗ curare
Kurant ↗ currere
Kuratel,
Kurator,
Kuratorium ↗ curare
Kurbel ↗ curvus
#Kür ↗ curare
Kürbis ↗ cucurbita
Kurie ↗ curia
Kurier ↗ currere
kurieren,
kurios,
Kuriosität,
Kuriosum ↗ curare
Kurrende,
Kurrentschrift,
Kurs,
Kursbuch,
kursieren,
Kursivschrift,
kursorisch,
Kursus,
Kurswagen ↗ currere
Kurve ↗ curvus
kurz,
kürzen ↗ curtus
Küste ↗ costa
Küster,
Kustodie,
Kustos ↗ custos
Kutikula,
Kutin ↗ cutis
Kybernetik ↗ kybernetes
Kyem ↗ kyein
Kykladen ↗ kyklos
Kyniker ↗ kyon
Kypris ↗ Kypros
Kyrie,
Kyrill,
kyrillisch ↗ kyrios
(*kyst-* Blase, Zyste)

L

Labiallaut,
Labiaten ↗ labium
labil,
Labilität ↗ labi
Labor,
Laborant,
Laboratorium,
laborieren,
Labour Party ↗ laborare
(labr- Lippe)
Labyrinth ↗ labyrinthos
(lacun- Vertiefung, Höhle)
lädieren ↗ laedere
Lagune ↗ lacus
Laie,
laienhaft ↗ laos
lakonisch ↗ Lakon
Lakritze ↗ rhiza
Laktation,
Laktose ↗ lac
Lamelle ↗ lamina
lamentieren,
Lamento ↗ lamentari
Lametta ↗ lamina
Lampe ↗ lampein
(lana Wolle)
Lancaster ↗ castra
lancieren,
Lanze,
Lanzettbogenfenster,
Lanzette ↗ lancea
lapidar,
Lapidarschrift,
Lapilli,
Lapislazuli ↗ lapis
Lapsus ↗ labi
Lärche ↗ larix
larghetto, largo ↗ largus
Lärm ↗ arma
Larve ↗ larva
Laryngal,
Laryngoskop ↗ larynx
latent,
Latenz ↗ latere
lateral ↗ latus[3]
Laterne ↗ lampein
Latex ↗ latax
Latifundium,
latitudinal ↗ latus[2]
Latrine ↗ lavare
Lattich ↗ lac
Laudatio ↗ laus
Laune ↗ lux
Lava,
Lavendel ↗ lavare
Lawine ↗ labi
lax,
Laxans,
Laxativ ↗ laxus
legal,
legalisieren ↗ lex
Legasthenie ↗ legein
Legat,
Legation ↗ lex
legendär,
Legende ↗ legere[1]
legieren,
Legierung ↗ ligare
Legion ↗ legere[1]
Legislative,
Legislaturperiode,
legitim,
Legitimation,
legitimieren ↗ lex
Lehrplan ↗ planus
Leichtathletik ↗ athlos
Leier,
Leierkasten ↗ lyra
Lektion,
Lektor,
Lektorat,
Lektüre ↗ legere[1]
(*lemm-* Hülse)
Lemma ↗ lambanein
lento ↗ lentus
Leo,
Leopard ↗ leon
(*lepid-* Schuppe, Schale)
Lepra ↗ lepra
Leptomeninx ↗ meninx
leptosom ↗ leptos
lesen ↗ legein
letal ↗ letum
Lethargie,
lethargisch ↗ lethe
Lettern ↗ littera

M

Makrokosmos,
Makromolekül,
makroskopisch,
Makrostruktur ↗ makros
Makulatur ↗ macula
Malaria ↗ aer
Malheur ↗ avis
maligne,
maliziös ↗ malus
malträtieren ↗ tractare
Mammalier ↗ mamma
Mamsell ↗ domus
Mänade ↗ mania
managen,
Manager ↗ manus
Manchester ↗ castra
Mandant,
Mandat ↗ manus
(mandibul- Unterkiefer)
Manege ↗ manus
Manie ↗ mania
Manier,
manieriert,
manierlich,
Manifest,
manifestieren,
Maniküre,
Manipulation,
manipulieren ↗ manus
manisch,
manisch-depressives Irresein ↗ mania
Manko ↗ mancus
Manometer ↗ metron
Manöver,
manövrieren,
Manschette ↗ manus
Mantel,
Manteltarif ↗ mantellum
Manual,
manuell ↗ manus
Manufaktur ↗ facere
Manuskript ↗ manus
Mappe ↗ mappa
Marathonlauf ↗ Marathon
Marga,
Margarete,
Margarine,
Margerite ↗ margarites
Marginalien ↗ margo
Marinade,
Marine,
marinieren ↗ mare
#Mark,
#Marke ↗ marcus
Marketender,
Markt ↗ merx
Markus ↗ Mars
Marmarameer ↗ marmaros
Marmelade ↗ melon
Marmor,
marmorieren ↗ marmaros
Marokko ↗ Maurus
Mars ↗ Mars
Marsch,
marschieren ↗ marcus
Marsfeld ↗ Mars
martern ↗ martys
martialisch,
Martin ↗ Mars
Märtyrer ↗ martys
März ↗ Mars
Maschine,
maschinell,
Maschinerie,
Maschinist ↗ mechane
maskulin,
Maskulinum ↗ mas
Massage,
Masse,
massieren,
massiv,
Gebirgsmassiv ↗ maza
(*mast-* Brustwarze)
Matador ↗ mactare
Mater ↗ meter
Material,
Materialismus,
Materialist,
materialistisch,
Materialität,
Materie,
materiell ↗ materia
Mathematik,
mathematisieren ↗ manthanein
Matineé ↗ matutinus
Mätresse ↗ magnus
Matriarchat,
Matrikel,
Matrix,
Matrize,
Matrone ↗ meter
Matur(a),
Maturität ↗ maturus
Matze ↗ maza
Mauer ↗ munire
Maulbeere ↗ morum
Maure ↗ Maurus
Maurer ↗ munire
Mauretanien,
Mauritius ↗ Maurus
mausern,
Mauserung,
mausig ↗ mutare
Mausoleum ↗ Mausoleion
Max ↗ maximus
(maxill- Kiefer)
maximal,
Maxime,
Maximilian,
Maximum ↗ maximus
Mäzen ↗ Maecenas
Mechanik,
mechanisch ↗ mechane
Medaille,
Medaillon ↗ metallon
Medianlinie ↗ medius
Medikament,
medikamentös ↗ mederi
Meditation,
meditieren ↗ meditari
mediterran,
Medium ↗ medius
Medizin ↗ mederi
Medulla spinalis ↗ medulla
Meduse ↗ Medusa
Megakolon,
Megaphon,
Megatonne ↗ megas
Meier,
Meierei ↗ maior
Meile,
Meiler ↗ mille
Meiose ↗ meion
Meister ↗ magnus
Melancholie,
Melancholiker,
melancholisch,
Melanchthon ↗ melas
Melange ↗ miscere
Melanie,
Melanin,
Melanismus,
Melanosis,
Melasse ↗ melas
meliert ↗ miscere
Melioration ↗ melior
Melisse,

Mitose ↗ mitos
Mixer,
Mixtur ↗ miscere
Mnemonik,
Mnemotechnik ↗ mneme
Mob,
Möbel,
mobil,
Mobiliar,
mobilisieren,
möblieren ↗ movere
Modalität,
Modalsatz,
Mode,
Model,
Modell,
modellieren,
modeln,
moderato,
Moderator,
modern,
Modifikation,
modifizieren,
modisch,
Modul,
Modulation,
modulieren,
Modus ↗ modus
Mohr ↗ Maurus
Mol,
molar ↗ moles
Molar ↗ mola
Mole,
Molekül,
molekular,
molestieren ↗ moles
Moll ↗ mollis
Molle ↗ mulgere
mollig,
Mollusken ↗ mollis
molto ↗ multus
Moment,
momentan ↗ movere
Monarchie ↗ arche
Mönch ↗ monos
mondän ↗ mundus
Monem ↗ monos
Moneten,
monieren,
Monitor ↗ monere
Mono- ↗ monos
monochromatisch ↗ chroma
Monogamie ↗ gamos
Monogramm,
Monographie,
Monokarbonsäure ↗ monos
Monokel ↗ oculus
monoklonal ↗ klon
Monolith ↗ lithos
Monolog ↗ monos
Monomer ↗ meros
Monophthong ↗ phthongos
Monophylie ↗ phyle
Monopol ↗ polein
Monotheismus,
monoton,
Monotonie ↗ monos
Monotropie ↗ trepein
monözisch ↗ oikos
Monsieur,
Monsignore ↗ senex
Monster-,
Monstranz,
monströs,
Monstrum ↗ monstrare
Mont,
Montage,
Montanindustrie,
Monte ↗ mons
Montenegro ↗ niger
Monteur,
montieren ↗ mons
Monument,
monumental ↗ monere
Moped ↗ movere
Moral,
moralisch,
moralisieren ↗ mos
Moratorium ↗ mora
(morb- Krankheit)
Moritat ↗ mori
Moritz ↗ Maurus
Morphem,
#Morpheus,
#Morphin,
#Morphium,
Morphogenese,
Morphologie ↗ morphe
(mors- beißen)
Mörser ↗ mortarium
Mortalität ↗ mori
Mörtel ↗ mortarium
Morula ↗ morum
Mosaik ↗ musa
Moskito ↗ musca
Most,
Mostrich ↗ mustum
Motel ↗ hospitium
Motette ↗ muttire
Motiv,
Motivation,
motivieren,
Motor,
motorisch ↗ movere
Motto ↗ muttire
Mount ↗ mons
Muff(e),
Muffelofen,
#Muffelwild ↗ muffula
Mühle ↗ mola
Mulde ↗ mulgere
Müller ↗ mola
multilateral ↗ latus[3]
Multiplikand,
Multiplikator,
multiplizieren ↗ plicare
München ↗ monos
Munifizenz ↗ munus
Munition ↗ munire
Münster ↗ monos
Münze ↗ monere
Münzregal ↗ regere
Müon ↗ my
(mur- 1. Maus, 2. Mauer)
Murmel ↗ marmaros
Murmeltier,
Muschel ↗ mys
Muse,
Museum,
Musica sacra,
Musica viva,
Musical,
Musik,
musikalisch,
Musikant,
Musiker,
musisch ↗ musa
Muskel ↗ mys
Muskete,
Musketier ↗ musca
Muskulatur,
muskulös ↗ mys
Muster,
mustergültig,
musterhaft,
mustern ↗ monstrare
Mutation,
mutieren ↗ mutare
(*my*- 1. Maus, 2. Muskel)

N

Nova,
Novelle,
Novellist ↗ novus
November ↗ novem
Novität,
Novize,
Novum ↗ novus
Noxe ↗ nocere
(nub- Wolke)
nüchtern ↗ nox
(nud- nackt)
Nugat,
Nuklein,
Nukleoid,
Nukleole,
Nukleon,
Nukleus,
Nuklid ↗ nux
Null ↗ nullus
Numerale,
numerieren,
numerisch,
Numero ↗ numerus
Numismatik ↗ nemein
Nummer ↗ numerus
Nuntius ↗ nuntiare
Nyktophobie,
Nykturie ↗ nyx

O

Obduktion,
obduzieren ↗ ducere
Obelisk ↗ obelos
Oberstleutnant ↗ tenere
Objekt,
objektiv,
Objektiv,
Objektivismus,
Objektivist,
Objektivität ↗ iacere
Oblate ↗ latus[1]
obligat,
Obligation,
obligatorisch ↗ ligare
oblique Kasus ↗ obliquus
#Obliteration,
obliterieren ↗ littera
Obolus ↗ obelos
Observator,
Observatorium ↗ servare
obskur,
Obskurantismus ↗ obscurus
obstinat ↗ stare
Obstruktion ↗ struere
Ode ↗ ode
Ödem,
ödematös,
Ödipus ↗ oidan
Odontologie ↗ odus
(odor- riechen)
(*-odynie* Schmerz)
(*oec-* Haus)
(oen- Wein
offensiv,
Offensive ↗ defendere
offerieren,
Offerte ↗ ferre
offiziell,
Offizier ↗ opus
Offiziersmesse ↗ mittere
Offizin,
offizinal,
offizinell,
offiziös ↗ opus
(*-oid* ähnlich, ↗ idea)
Okklusion ↗ claudere
Okkultismus ↗ occultus
Okkupation,
okkupieren ↗ capere
Ökologie,
Ökonom,
Ökonomie ↗ oikos
Oktaeder ↗ hedra
Oktave,
Oktavformat,
Oktober ↗ octo
Oktogon ↗ okto
oktroyieren ↗ augere
Okular ↗ oculus
Ökumene ↗ oikos
Okzident ↗ cadere
okzipital ↗ caput
Öl ↗ elaion
Oligarch,
Oligarchie,
oligarchisch,
Oligolezithal,
oligotroph ↗ oligos
Olive,
olivfarben ↗ elaion
Olympia,
Olympiade,
Olympionike,
Olympische Spiele ↗ Olympos
(*-om* krankhafte Bildung, Geschwulst)
Omega ↗ megas
Omen ↗ omen
Omikron ↗ mikros
ominös ↗ omen
Omnibus,
Omnivoren ↗ omnis
ondulieren ↗ unda
Onkel ↗ avus
onkogen,
Onkologie ↗ onkos
Onomasiologie,
Onomastikon,
Onomatopoese ↗ onoma
Ontogenese,
ontogenetisch,
Ontogenie,
Ontologie,
ontologisch ↗ on
(*onych-* Nagel, Klaue)
Oogamie,
Oozyte ↗ oon
(*op-* Sehen)
Oper,
operabel,
Operation,
operativ,
Operette,
operieren,
Opfer,
opfern ↗ opus
(*ophi-* Schlange)
Ophthalmologie ↗ ophthalmos
Opium ↗ opion
opponieren ↗ ponere
opportun,
Opportunismus,
Opportunist,
opportunistisch ↗ porta
(*ops-* Sehen)
Optativ,
optieren ↗ optare
Optik,
Optiker ↗ opsis
optimal,
Optimaten,
optimieren,
Optimierung,
Optimismus,

P

Philosophie ↗ philos
Phlegmatiker,
Phlegmone ↗ phlegma
(phob- Furcht, ↗ phobos)
Phon,
Phonem,
Phonetik,
Phonograph ↗ phone
(phor- tragen, ↗ pherein)
Phosphat,
Phosphor,
Phosphoreszenz,
Phot,
Photoablation,
Photoapparat,
Photobakterien,
Photodisruption,
photogen,
Photographie,
photographisch,
Photometrie,
Photon,
Photosphäre,
Photosynthese ↗ phos
Phototropismus ↗ trepein
Phrase,
phrasenhaft,
Phraseologie,
Phraseur ↗ phrazein
phrenetisch ↗ phren
(*phyll-* Blatt)
Phylogenese,
Phylogenie ↗ phyle
(*phys-* Blasen)
(*-physe* Gewachsenes, ↗ physis)
Physik,
physikalisch,
Physiognomie,
Physiologie,
Physionomie,
Phytologie ↗ physis
Phytozönose ↗ zoon
Pianino,
pian(issim)o,
Pianist,
Piano,
Pianoforte ↗ planus
(pict- malen, bunt)
Piedestal ↗ pes
Pietà,
Pietät,
Pietismus,
Pietist,
pietistisch ↗ pius
Piezochemie,
piezoelektrisch ↗ piezein
Pigment ↗ pingere
(*pikr-* bitter)
Pilaster ↗ pila[1]
Pilger ↗ ager
Pille ↗ pila[2]
Pilot,
Pilotanlage ↗ pus
Pilz ↗ boletus
Pinakothek ↗ pinax
Pinie ↗ pinus
Pinsel ↗ penicillus
pinx. ↗ pingere
Pionier ↗ pes
Pipette ↗ pipa
Pirat,
Piraterie ↗ peira
Piste,
Pistill,
#Pistole,
Piston ↗ pinsere
Pithekanthropus ↗ anthropos
pittoresk ↗ pingere
più ↗ plus
placieren ↗ platys
plädieren,
Plädoyer ↗ placere
Plage,
plagen ↗ plettein
Plagiat,
Plagiator ↗ plagiarius
Plan ↗ planus
Planet,
Planetarium ↗ planes
Planetoid ↗ idea
planieren,
Planimetrie ↗ planus
Planke ↗ phalanx
plankonvex ↗ planus
Plankton ↗ planes
Plantage ↗ planta
(*-plasie* Bildung, ↗ plattein)
Plasma ↗ plattein
Plasmolemma ↗ lepein
Plasmolyse,
Plaste,
Plastik,
Plastikbeutel,
plastisch ↗ plattein
Platane,
Plateau,
Platitüde,
platt,
Platt(deutsch),
Plätteisen,
plätten,
Platz ↗ platys
Plätzchen ↗ plakus
plausibel ↗ plaudere
Plazenta ↗ plakus
Plazet ↗ placere
plazieren ↗ platys
Plebejer,
plebejisch,
Plebiszit,
Plebs ↗ plere
(*-plegie* Lähmung, ↗ plettein)
Pleistozän ↗ polys
Plektron ↗ plettein
Plenarsitzung,
Plenum ↗ plere
Pleomorphismus ↗ morphe
Pleonasmus,
pleonastisch ↗ polys
Pleura,
Pleuritis,
Pleurodynie ↗ pleuron
(*-plexie* Schlag, ↗ plettein)
Pliozän ↗ polys
Plombe,
plombieren ↗ plumbum
Plumeau ↗ pluma
Plural,
Pluraletantum,
Plus ↗ plus
Plüsch ↗ pilus
Pluspol ↗ polos[2]
Plusquamperfekt ↗ facere
Pluto,
Plutokrat,
Plutokratie,
Plutonismus,
Plutonium ↗ Plutos
Pneumatik,
pneumatisch,
Pneumatozele ↗ pneuma
Pneumonektomie ↗ temnein
Pneumonie,
Pneumothorax ↗ pneumon
Pöbel ↗ populus

poco ↗ pauci
(*pod-* Fuß, ↗ pus)
Podagra,
Podium ↗ pus
(*-pöe* Herstellung, ↗ poiein)
Poem,
Poesie,
Poet,
poetisch ↗ poiein
(*poikil-* bunt)
Pointe,
pointiert ↗ pungere
#Pokal,
pokulieren ↗ potare
-pol ↗ 1. polis
2. polein
Pol,
polar,
Polarisation,
Polarität ↗ polos²
Polemik,
polemisch,
polemisieren ↗ polemos
(*poli-* 1. Stadt,
2. grau)
Police ↗ deiknynai
Polier ↗ ballein
Polierer,
polieren ↗ polire
Poliklinik ↗ klinein
Polioenzephalitis,
Poliomyelitis ↗ polios
Politik,
Politiker,
politisch ↗ polis
Politur ↗ polire
Polizei ↗ polis
Pollen ↗ pollen
Polyandrie ↗ gamos
Polydaktylie ↗ daktylos
Polyeder ↗ hedra
Polygamie ↗ gamos
polyglott ↗ glotta
Polygon,
Polygraphie ↗ polys
Polyhistor ↗ historia
polykarp ↗ karpos
polymer,
Polymere,
Polymerie ↗ meros
Polymorphismus ↗ morphe
Polynesien ↗ nesos
Polyp ↗ polys
Polyphagie ↗ phagein
Polyphonie ↗ phone
Polyphylie ↗ phyle
Polyploidie ↗ dis
Polyspermie ↗ speirein
Polysyndeton ↗ dein
polytechnisch ↗ techne
Polytheismus ↗ monos
polytonal ↗ teinein
Pomade,
#pomadig,
Pommes frites ↗ pomum
Pomp,
pompös ↗ pempein
Pond ↗ pendere²
(pont- 1. Brücke,
2. *Meer*)
Pontifex,
Pontifikalamt,
Pontifikat ↗ pontifex
Ponton ↗ pons
Pope ↗ pappas
populär,
Popularen,
popularisieren,
Popularität,
Population ↗ populus
Pore ↗ poros
Pornographie ↗ pornos
porös ↗ poros
Porphyr ↗ porphyra
Port,
Portal,
Porta Nigra ↗ porta
Portefeuille ↗ folium
Portemonnaie ↗ monere
Portier ↗ porta
Portion ↗ portio
Porto (bei der Post) ↗ portare
Porto (in Städtenamen) ↗ porta
Porträt,
porträtieren ↗ trahere
Portugal,
Portwein ↗ porta
Porzellan ↗ porcus
Posaune ↗ bucina
Pose,
Poseur,
posieren ↗ pauein
Position,
positiv,
Positiv,
Positur ↗ ponere
Possessivpronomen ↗ sedere
Post,
Postament,
Posten ↗ ponere
postgradual ↗ gradus
postieren,
Postillon ↗ ponere
postnatal ↗ natus
postnumerando ↗ numerus
Postskriptum ↗ scribere
Postulat ↗ postulare
postum ↗ postumus
Potential,
potentiell,
Potenz,
potenzieren,
Potestat ↗ potentia
Potometer ↗ pinein
Pott,
Pottasche ↗ potare
Präambel ↗ ambulare
Prädestination,
prädestiniert ↗ stare
Prädikat ↗ indicare
Prädikatsnomen ↗ nominare
Prado ↗ pratum
praecox ↗ coquere
Präfekt ↗ facere
Präfix ↗ figere
Präformation ↗ forma
Pragmatiker,
pragmatisch,
Pragmatismus ↗ prattein
prägnant,
Prägnanz ↗ praegnans
praktikabel,
Praktikant,
Praktiker,
Praktikum,
Praktikus,
praktisch,
praktizieren,
Praktizismus ↗ prattein
Prälat ↗ latus¹
Präliminar-,
Präliminarien ↗ limen
Präludium ↗ ludus
Prämie ↗ praemium
pränatal ↗ natus

pränumerando ↗ numerus
Präparat,
Präparation,
präparieren ↗ parare
präponderieren ↗ pendere²
Präposition ↗ ponere
Prärie ↗ pratum
Prärogative ↗ rogare
Präsens,
präsent,
präsentieren,
Präsentierteller,
Präsenz ↗ esse
Präses,
Präsident,
Präsidial-,
präsidieren,
Präsidium ↗ sedere
Prätendent,
prätentiös ↗ tendere
Prater ↗ pratum
Präteritum ↗ ire
Prävention,
präventiv,
Präventivkrieg ↗ venire
Praxis ↗ prattein
Präzedenzfall,
Präzession ↗ cedere
Präzipitat ↗ caput
präzis,
präzisieren,
Präzision ↗ caedere
(pre- = prae-)
predigen,
Prediger,
Predigt ↗ indicare
Preis,
preisen ↗ pretium
preisgeben ↗ prehendere
prekär ↗ preces
Prélude ↗ ludus
Premier(minister),
Premiere ↗ prior
Presbyter ↗ presbyteros
Presse,
pressen,
es pressiert ↗ premere
prest(issim)o ↗ praesto
Pretiosen,
Preziosen ↗ pretium
Priester ↗ presbyteros
prima,
Primaballerina ↗ prior
Primadonna ↗ domus
primär,
Primas,
Primat,
Primaten,
Prime,
Primel,
primitiv,
Primitivität,
Primzahl ↗ prior
Printe,
Printerverfahren ↗ premere
Prinz,
Prinzeß,
Prinzessin,
Prinzip,
Prinzipal,
Prinzipat,
prinzipiell,
Prior,
Priorität ↗ prior
Prise ↗ prehendere
Prisma ↗ priein
privat,
privatim,
privatisieren,
privatissime,
Privatmann,
Privileg,
privilegiert ↗ privare
Prix ↗ pretium
Proband,
probat,
Probe,
probieren ↗ probus
Problem,
problematisch ↗ ballein
Prodrom ↗ trechein
Produkt,
Produktion,
produktiv,
Produzent,
produzieren ↗ ducere
profan,
profanieren ↗ fanum
Profession,
Professor,
Profi ↗ fatum
Profil,
Profilsohle ↗ filum
Profit,
profitieren ↗ facere
profund,
Profundalzone ↗ fundus
Prognose ↗ pro-
Programm,
programmatisch ↗ graphein
Progression,
progressiv ↗ gradus
Projekt,
Projektant,
projektieren,
Projektil,
Projektion,
Projektor,
projizieren ↗ iacere
Proklamation,
proklamieren ↗ clamare
Prokura,
Prokurator,
Prokurist ↗ curare
Prolegomena ↗ legein
Prolepsis ↗ lambanein
Prolet,
Proletarier,
proletarisch ↗ proles
Prolog ↗ legein
prolongieren ↗ longus
Promenade,
promenieren ↗ minare
Promille ↗ mille
prominent,
Prominenz ↗ eminere
Promotion,
Promotor,
promovieren ↗ movere
prompt ↗ emere
Pronomen ↗ nominare
Proömium ↗ pro-
Propädeutik ↗ pais
Propaganda,
propagieren ↗ propagare
Propeller ↗ pellere
proper ↗ proprius
Prophet ↗ phanai
prophylaktisch,
Prophylaxe ↗ phylax
Proportion,
proportional,
proportioniert ↗ portio
(propri- eigen, eigentümlich)
Propst ↗ ponere
Propyläen ↗ pyle
Prorektor,
Prorektorat ↗ regere

Prosa ↗ vertere
Prosektor ↗ secare
Proselyt ↗ pros-
prosit ↗ esse
proskribieren,
Proskription ↗ scribere
Proskynese ↗ kynein
Prosodie,
prosodisch ↗ pros-
(*prosop-* Gesicht, Person)
Prospekt,
Prospektion,
Prospektor ↗ spectare
Prosperität ↗ prosperus
prost ↗ esse
Prostata ↗ pro-
prostituieren,
Prostitution ↗ statuere
Protagonist ↗ agon
protegieren ↗ tegere
Protein ↗ pro-
Protektion,
Protektor,
Protektorat ↗ tegere
Proterandrie,
Proterogynie ↗ pro-
Protest,
Protestant,
protestieren ↗ testis
Prothallium,
Prothese,
Prothetik ↗ pro-
Protokoll,
Protokollant,
protokollarisch,
protokollieren ↗ kollan
Proton ↗ pro-
Protoplasma ↗ plattein
Protostomia,
Prototyp,
Protozoen ↗ pro-
Provence ↗ provincia
Provenienz ↗ venire
Proviant ↗ praebere
Provinz ↗ provincia
Provision,
provisorisch,
Provisorium ↗ videre
Provokateur,
Provokation,
provokatorisch,
provozieren ↗ vocare
Prozedur ↗ cedere
Prozent,
prozentual ↗ centum
Prozeß,
Prozession ↗ cedere
prüfen,
Prüfling,
Prüfung ↗ probus
Psalmodie ↗ ode
Pseudo-,
Pseudonym,
Pseudopodien ↗ pseudein
Psyche,
Psychiater,
Psychiatrie,
psychiatrisch,
psychisch,
Psychoanalyse,
Psychologie,
Psychopathie,
Psychopharmaka,
Psychose,
psychotisch ↗ psyche
Pterosaurier ↗ pteron
(*pteryg-* Flügel)
(*-ptose* Fall, ↗ piptein)
Pubertät ↗ pubes
publik,
Publikation,
Publikum,
publizieren,
Publizist,
Publizistik ↗ populus²
Puder ↗ pulvis
pueril,
Puerpera,
Puerperium ↗ puer
Puerto ↗ porta
Pulle ↗ ampulla
pulmonal,
Pulmonalarterie,
Pulmotor ↗ pulmo
Pulpa,
Pulpe ↗ pulpa
Puls,
Pulsar,
pulsieren ↗ pellere
Pult ↗ pulpitum
Pulver ↗ pulvis
Pumpe ↗ bombein
Pumpernickel ↗ laos
Punkt,
Punktat,
punktieren,
Punktion,
pünktlich,
Punze,
punz(ier)en ↗ pungere
Pupille,
Puppe ↗ pupa
(pur- 1. rein,
2. *Eiter*)
pur,
Purgatorium,
purgieren,
Purismus,
Puritaner ↗ purus
Purpur,
Purpurschnecke ↗ porphyra
Pustel ↗ pustula
Pyämie ↗ pyon
(*pygmae-* Zwerg)
Pykniker,
Pyknose ↗ pyknos
Pylon,
Pylorus ↗ pyle
Pyrotechnik ↗ pyr

Q

Quader,
Quadrant,
Quadrat,
Quadratur,
quadrieren ↗ quadrare
Quadriga ↗ zygon
Quadrille ↗ quadrare
Quadrivium ↗ ars
Qualifikation,
qualifizieren,
Qualität,
qualitativ,
Quant,
quantifizierbar,
quantifizieren,
Quantität,
quantitativ,
Quantum ↗ qualis
Quarantäne ↗ quadrare
Quartal,
Quartär,
Quart(e),
Quartett,
Quartformat,
Quartier ↗ quattuor

Quästor ↗ quaerere
Quattrocento ↗ quattuor
Quent(chen) ↗ quinque
Querele ↗ querela
Querulant,
quick ↗ vivere
Quint(e) ↗ quinque
Quintessenz ↗ esse
Quintett ↗ quinque
quitt,
quittieren,
Quittung ↗ quietus
Quodlibet ↗ libet
Quote,
Quotient ↗ quot

R

Rabatt ↗ battuere
rabiat ↗ rabies
Radar,
radial,
Radiant,
radiär ↗ radius
radieren,
Radiergummi,
Radierung ↗ radere
Radieschen,
radikal,
Radikal,
Radikalgruppe,
radikalisieren,
Radikalismus,
Radikand ↗ radix
Radio,
radioaktiv,
Radiolarien,
Radium,
Radius ↗ radius
radizieren ↗ radix
Raffinade,
Raffinerie,
Raffinesse,
raffinieren,
raffiniert ↗ finis
Ragout ↗ gustus
rapid(e) ↗ rapere
Rappel ↗ rabies
Rapport ↗ portare
rar,
Rarität ↗ rarus
rasant,
rasieren ↗ radere
Räson,
räsonieren ↗ ratio
Raster,
Rasur ↗ radere
Rate ↗ ratio
Ratifikation,
ratifizieren ↗ facere
Ration,
rational,
Rationalisator,
rationalisieren,
Rationalismus,
Rationalist,
rationell,
rationieren ↗ ratio
ratzekahl ↗ radix
razemos ↗ racemus
Reagens,
Reagenzglas,
Reagenzien
reagieren,
Reaktion,
reaktionär,
Reaktionär,
reaktivieren,
Reaktor ↗ agere
real,
Realien,
realisieren,
Realismus,
Realist,
realistisch,
Realität,
Realschule ↗ res
Rebell,
rebellieren,
Rebellion ↗ bellum
Rebus ↗ res
Recherchen,
recherchieren ↗ circa
Rechtskonsulent ↗ consilium
Recorder ↗ cor
Redakteur,
Redaktion,
Redaktor,
redigieren ↗ agere
Reduktion ↗ ducere
Redundanz ↗ unda
Reduplikation ↗ duo
Reduzenten,
reduzieren ↗ ducere
reell ↗ res
Referat,
Referendum,
Referent,
Referenzen,
Referenzgröße,
referieren ↗ ferre
reflektieren,
Reflektor,
Reflex,
Reflexion,
Reflexivpronomen ↗ flectere
Reform,
Reformation,
Reformator,
Reformismus,
Reformist,
reformistisch ↗ forma
Refrain,
Refraktion,
Refraktor ↗ frangere
Regal,
Regalien,
Regel,
regeln ↗ regere
Regeneration ↗ genus
Regent,
Regie,
regieren,
Regierung,
Regime,
Regiment,
Regina,
Regine,
Region,
regional,
Regisseur ↗ regere
Register,
Registratur,
registrieren ↗ gerere
Reglement,
reglementieren ↗ regere
Regreß,
Regression ↗ gradus
regulär,
regulieren ↗ regere
Rehabilitation,
rehabilitieren ↗ habere
Reichenhall ↗ hals
Reifenprofil ↗ filum
rekapitulieren ↗ caput

Reklamation,
Reklame,
reklamieren ↗ clamare
rekognoszieren ↗ noscere
Reconquista ↗ quaerere
Rekonstruktion ↗ struere
Rekonvaleszent,
Rekonvaleszenz ↗ valere
Rekord,
Rekorder ↗ cor
Rekrut,
rekrutieren ↗ crescere
rektal,
Rektaszension,
rektifizieren,
Rektor ↗ regere
Rektoskop ↗ skopein
Rektum ↗ regere
Rekultivierung ↗ colere
Rekursion,
rekursiv ↗ currere
Relation,
relativ,
Relativität ↗ latus[1]
Relegation,
relegieren ↗ lex
relevant,
Relevanz,
Relief ↗ levare
Religion,
religiös ↗ legere[2]
Relikt(en),
Reliktenfauna,
Reliktenflora,
Reliquien ↗ relinquere
remanent ↗ manere
Remilitarisierung ↗ miles
Reminiszenzen ↗ memoria
Remuneration ↗ munus
(ren- Niere)
Renaissance,
Renate,
Renaturierung ↗ natus
Renegat ↗ negare
renitent,
Renitenz ↗ niti
Renommee,
renommieren,
renommiert,
Renommist ↗ nominare
renovieren ↗ novus
rentabel,
Rente,
Rentner ↗ dare
reparabel,
Reparation,
Reparatur,
reparieren ↗ parare
repatriieren ↗ pater
Repertoire,
Repertorium ↗ reperire
repetieren,
Repetition,
Repetitor ↗ petere
Replik,
Replikation ↗ plicare
Reportage,
Reporter ↗ portare
Repräsentant,
repräsentativ,
repräsentieren ↗ esse
Repressalien ↗ prehendere
reprivatisieren ↗ privare
Reproduktion,
reproduzieren ↗ ducere
Reptil ↗ repere
Republik,
Republikaner ↗ populus[2]
Reputation ↗ putare
Requiem ↗ quietus
requirieren,
Requirierung,
Requisiten,
Requisition ↗ quaerere
Resektion ↗ secare
Reservat(ion),
Reserve,
reservieren,
reserviert,
Reservist,
Reservoir ↗ servare
Residenz,
residieren ↗ sedere
Resignation,
resignieren ↗ signum
Résistance,
resistent,
Resistenz ↗ sistere
resolut,
Resolution ↗ solvere
Resonanz ↗ sonare
resorbieren,
Resorption ↗ sorbere
Respekt,
respektabel,
respektieren,
respektierlich,
respektive ↗ spectare
Respiration,
Respirator ↗ spirare
Ressentiment ↗ sentire
Ressort ↗ sors
Rest ↗ stare
Restaurant,
Restaurateur,
Restauration,
Restaurator,
restaurieren ↗ restaurare
Resultante,
Resultat,
resultieren ↗ salire
Resümee,
resümieren ↗ sumere
retardieren,
Retardvariante ↗ tardus
retikulär,
Retikulum,
Retina ↗ rete
Retorte ↗ torquere
Rettich ↗ radix
Revanche,
sich revanchieren,
Revanchismus ↗ vindicare
Reverend,
Reverenz ↗ vereri
Revers,
reversibel ↗ vertere
revidieren ↗ videre
Revier ↗ ripa
Revision,
Revisionismus,
Revisionist,
revisionistisch,
Revisor ↗ videre
Revolte,
revoltieren,
Revolution,
revolutionär,
Revolutionär,
Revolver ↗ volvere
Revue ↗ videre
rezensieren,
Rezension ↗ censere
rezent ↗ recens
Rezept,
Rezeption,

S

Saprobionten ↗ bios
Saprophyten ↗ sapros
Saragossa ↗ augere
Sarg,
Sarkasmus,
sarkastisch,
Sarkom,
Sarkophag ↗ sarx
Satellit,
Satellitenstaat ↗ satelles
Satire,
satirisch,
Satisfaktion,
saturiert ↗ satis
Saturn ↗ serere[1]
Satyr,
Satyrspiel ↗ Satyros
sauber ↗ sobrius
Sauce ↗ sal
(sax- Stein)
Saxophon ↗ phone
#Scala ↗ scandere
Schachtel ↗ scatula
Schalmei ↗ kalamos
Schanze ↗ cadere
Scharnier ↗ cardo
Schatulle ↗ scatula
Scheit ↗ schide
Schema,
schematisch,
Schematismus ↗ schema
scheuern ↗ curare
Schindel,
schinden ↗ scindere
-schisis,
Schisma,
schizophren,
Shizophrenie ↗ schide
Schleuse ↗ claudere
Schofför ↗ calor
Scholar,
Scholastik,
Scholastiker,
scholastisch,
Scholien ↗ schole
Schose ↗ causa
Schraube ↗ scrofa
schreiben ↗ scribere
Schrein,
Schreiner ↗ scrinium
Schrift ↗ scribere
Schubkarre ↗ carrus
Schule,
Schüler ↗ schole
Schüssel ↗ scutella
Schuster ↗ suere
Schwadron ↗ quadrare
Schwerathletik ↗ athlos
(se- getrennt von)
Sebastian ↗ sebastos
Sedativum,
Sediment,
sedimentär ↗ sedere
Segen ↗ signum
Segment ↗ secare
Seide ↗ saeta
Seife ↗ sapo
Seigneur ↗ senex
Seismograph ↗ seismos
#Seite ↗ saeta
Sekante ↗ secare
Sekret,
Sekretär,
Sekretion ↗ cernere
Sekt ↗ siccus
Sekte,
Sektierer,
Sektierertum ↗ sequi
Sektion,
Sektor ↗ secare
Sekundant,
sekundär,
Sekunde,
sekundieren ↗ sequi
Sekuritglas ↗ curare
Selektion ↗ legere[1]
Semantik,
semantisch,
Semasiologie ↗ sema
Semester ↗ mensis
Semideponens,
Semifinale,
Semikolon ↗ semi
Seminar,
Seminarist,
seminaristisch ↗ serere[1]
Semiotik ↗ sema
semipermeabel ↗ meare
semipolare Bindung ↗ semi
Semmel ↗ simila
(semper- immer)
Senat,
Seneschall,
senil,
Senior ↗ senex
Sensation,
sensationell,
sensibel,
Sensibilisator,
sensibilisieren,
Sensibilität,
sensible Nerven,
sensitiv,
Sensor,
sensorisch,
Sensualismus,
Sentenz,
sentimental,
Sentimentalität ↗ sententia
separat,
Separatismus,
Separatist,
separatistisch,
Separativus ↗ parare
Sepsis ↗ sapros
(sept- Scheidewand)
septem artes liberales ↗ ars
September,
Septime,
Septuaginta ↗ septem
Sequenz,
Sequester,
Sequestration ↗ sequi
Serenade ↗ serus
Sergeant ↗ servare
Serie ↗ serere[2]
seriös ↗ serius
Sermon ↗ sermo
(sero- 1. spät,
2. Blutwasser)
serös ↗ serum
Serpentin,
Serpentine ↗ serpere
Serum ↗ serum
Service,
servieren,
Serviette,
servil,
Servilismus,
Servilität ↗ servare
Session ↗ sedere
Sewastopol ↗ sebastos
Sextant,
Sexte ↗ sex
sexual,
Sexualität,
sexuell ↗ sexus
Sezession ↗ cedere
sezieren ↗ secare

spektral,
Spektrum,
Spekulant,
Spekulation,
spekulativ,
spekulieren ↗ spectare
Speläologie,
Spelunke ↗ spelunca
spendabel,
Spende,
spenden,
spendieren ↗ pendere[2]
Sperma,
Spermium ↗ speirein
Spesen ↗ pendere[2]
spezial,
spezialisieren,
Spezialist,
Spezialität,
speziell,
Spezies,
spezifisch,
spezifizieren ↗ spectare
Sphäre,
sphärisch ↗ sphaira
Spiegel ↗ spectare
Spina,
spinal,
#Spinat,
Spinett ↗ spina
Spind ↗ pendere[2]
Spion ↗ spectare
Spirale,
Spirillen ↗ speira
Spiritismus,
Spritist,
spiritistisch,
Spiritual,
Spiritualismus,
Spirituosen,
Spiritus,
Spiritus rector ↗ spiritus
Spirochäten ↗ speira
Spital,
Spittel(markt) ↗ hospitium
Spleen,
Splenomegalie ↗ splen
Spondeus ↗ respondere
Spondylose ↗ spondylos
(*spong(i)-* Schwamm)
spontan,
Spontaneität ↗ sponte
Sporaden,
sporadisch,
Sporangium,
Sporen,
Sporophylle,
Sporophyt ↗ speirein
Sport ↗ portare
Sprit ↗ spirare
Spund ↗ pungere
Staat,
stabil,
stabilisieren,
Stabilität ↗ stare
(*stachy-* Ähre)
Stadion,
Stadium ↗ stadion
Stadtplan ↗ planus
Stagnation,
stagnieren ↗ stare
Stalagmit,
Stalaktit ↗ stalagmos
Stanniol ↗ stannum
(*staphyl-* Beere)
Statik ↗ histanai
Station,
stationär,
stationieren ↗ stare
statisch ↗ histanai
Statist,
Statistik,
Stativ ↗ stare
Statolith,
Statozyste ↗ histanai
Statue,
Statuette,
statuieren ↗ statuere
Statur ↗ stare
Statut ↗ statuere
Stearin ↗ stear
(*stemm(at)-* Kranz, Krone)
Stenogramm,
Stenograph,
Stenographie,
stenographisch,
Stenokardie,
Stenose ↗ stenos
Stephan,
Stephanie ↗ stephanos
Stereometrie,
Stereophonie,
Stereoskop,
stereotyp ↗ stereos
steril,
Sterilisation,
Sterilität ↗ sterilis
Sterin ↗ stear
Stethoskop ↗ skopein
Stichometrie,
Stichomythie ↗ stichos
#Stiel ↗ -stinguere
Stigma ↗ stigma
Stil,
Stilett,
stilisieren,
Stilistik,
Stimulans,
stimulieren ↗ -stinguere
Stipendium ↗ pendere[2]
Stoffel ↗ chriein
Stoiker,
stoisch,
Stoizismus ↗ stoa
Stola ↗ stellein
Stomatitis,
Stomatologie ↗ stoma
(strab- schielen)
Strangulation ↗ strangalun
Straßburg,
Straße ↗ sternere
(strat- Schicht)
Stratege,
Strategie,
strategisch ↗ stratos
Stratosphäre,
Stratuswolke ↗ sternere
(#) Strauß ↗ struthos
Streptokokken ↗ strephein
Striegel,
striegeln ↗ stringere[2]
strikt,
stringent ↗ stringere[1]
Strippe ↗ strephein
(*strob-* Wirbel)
Strolch ↗ astron
Strophe,
strophisch ↗ strephein
Struktur,
strukturell ↗ struere
Student,
Studie,
studieren,
Studierstube,
Studiker,
Studio,
Studiosus,
stud. med.,
Studium ↗ studium

T

#Taler ↗ talus
Talisman ↗ telos
Tand,
tändeln ↗ tantus
Tangens,
Tangente,
tangieren ↗ tangere
Tantieme ↗ tantus
Tapet,
Tapete,
tapezieren,
Tapezierer ↗ tapes
tardando ↗ tardus
Tarnkappe ↗ capa
Tasche,
Tastatur,
Taste ↗ taxare
Tautologie ↗ autos
Taverne ↗ taberna
Taxator,
Taxe,
taxen,
Taxi ↗ taxare
Taxie ↗ tattein
taxieren ↗ taxare
Taxon ↗ tattein
Taxonomie ↗ nemein
Technik,
Technikum,
technisch,
Technologe,
Technologie ↗ techne
(tect- bedeckt)
Tedeum ↗ deus
(teg- bedecken)
Teint ↗ tingere
Tektonik,
tektonisch ↗ tekton
(tel- Gewebe)
Telefon,
Telegramm,
Telegraph,
telegraphisch ↗ tele
Teleologie ↗ telos
Telepathie,
Telephon,
Telephonat,
Teleskop,
Teleskopfederung,
Television ↗ tele
Teller ↗ talea
tellurisch,
Tellurium ↗ tellus

(*tel(o)-* Ende, Ziel)
Tempel ↗ templum
Tempera,
Temperament,
temperamentvoll,
Temperatur,
Temperenzler,
temperieren ↗ temperare
Tempo,
Temporalsatz,
temporär,
Tempus ↗ tempus
Tendenz,
tendenziös,
Tender,
tendieren ↗ tendere
Tenesmus ↗ teinein
Tenor ↗ tenere
Tenside,
Tension ↗ tendere
tenuto ↗ tenere
Teppich ↗ tapes
(terg- 1. Rücken,
2. (ab)wischen, reinigen)
Term,
Termin,
Terminal,
Terminologie,
Terminus ↗ terminus
Terrain ↗ terra
Terrakotta ↗ coquere
Terrarium ↗ terra
Terra sigillata ↗ signum
Terrasse
terrestrisch,
Terrier,
Terrine,
territorial,
Territorium ↗ terra
terrorisieren,
Terrorist ↗ terrere
Tertial,
Tertiär,
Terz,
Terzett ↗ tertius
Test,
Testa ↗ testa
Testament,
Testat ↗ testis
Testazeen ↗ testa
testieren ↗ testis
Tetanie,
Tetanus ↗ teinein

Tete,
tête-à-tête ↗ testa
Tetra- ↗ tettares
Tetraeder ↗ hedra
Teufel ↗ ballein
Text,
Textilien ↗ texere
(*thalass-* Meer)
Thallophyten,
Thallus ↗ thallos
Thea ↗ theos
Theater,
theatralisch ↗ theasthai
Theismus ↗ theos
Theke ↗ tithenai
Thelytokie ↗ tokos
Thema,
thematisch ↗ tithenai
Theo,
Theodizee,
#Theodolit,
Theodor,
Theokratie,
Theologie,
Theophil ↗ theos
Theorem,
Theoretiker,
theoretisch,
Theorie ↗ theasthai
Therapeut,
therapeutisch,
Therapie ↗ therapeuein
Therme,
Thermen,
thermisch ↗ thermos
Thermistor ↗ sistere
Thermodynamik,
Thermoelektrizität,
Thermograph,
Thermometer,
Thermopylen,
Thermosflasche,
Thermostat ↗ thermos
Thesaurus ↗ thesauros
These ↗ tithenai
thorakal,
Thorax ↗ thorax
Thrombose,
Thrombozyten,
Thrombus ↗ thrombos
Thron ↗ thronos
Thyreoidea,
Thyreostatikum ↗ thyra

U

V

W

X

Z
(↗ auch unter C und K!)

Zänogenese ↗ kainos
Zar ↗ Caesar
Zäsur ↗ caedere
Zeder ↗ kedros
Zeitpunkt ↗ pungere
zelebrieren,
Zelebrität ↗ celeber
Zelle,
Zellophan ↗ cella
Zellorganellen ↗ organon
Zellplasma ↗ plattein
Zellstoff,
Zelluloid,
Zellulose ↗ cella
Zelot ↗ zelos
Zement ↗ caedere
zensieren,
Zensor,
Zensur,
Zensus ↗ censere
Zentenarfeier,
Zentesimal-,
Zentifolie,
Zentimeter,
Zentner ↗ centum
zentral,
Zentrale,
zentralisieren,
Zentralismus,
Zentralkomitee,
Zentralnervensystem,
zentrieren ↗ kentron
zentrifugal,
Zentrifuge ↗ fuga
zentripetal,
Zentromer,
Zentrum ↗ kentron
Zephalisation ↗ kephale
Zephir ↗ zephyros
Zepter ↗ skeptron
Zerealien ↗ Ceres
Zerebralisation,
Zerebrum ↗ cerebrum
Zeremonie,
zeremoniell,
Zeremoniell ↗ caerimonia
Zettel ↗ schide
-zid ↗ caedere
Ziegel ↗ tegere
Zimbel ↗ kymbala
Zins,
Zinsen ↗ censere
zirka,
Zirkel,
Zirkular,
Zirkulation,
zirkulieren ↗ circa
Zirkumflex ↗ flectere
Zirkumpolarstern,
Zirkus ↗ circa
Zirruswolke ↗ cirrus
ziselieren ↗ secare
Zisterne ↗ kiste
Zitadelle ↗ civis
Zitat ↗ citare
Zither ↗ kithara
zitieren ↗ citare
Zitrone ↗ kedros
zivil,
Zivilehe,
Zivilgesetzbuch,
Zivilisation,
Zivilist,
Zivilprozeß,
Zivilrecht ↗ civis
Zodiakus ↗ zoon
Zölenterata,
#Zölibat ↗ koilos
Zoll,
Zöllner ↗ telos
(*zön-* gemeinsam)
zonal,
Zone ↗ zone
Zoologie,
Zoozönose ↗ zoon
Zuber ↗ pherein
Zucker ↗ sakcharon
zuschanzen ↗ cadere
Zwiebel ↗ cepula
Zyankali,
Zyanose,
zyanotisch,
Zyanwasserstoff ↗ kyanos
Zygoma,
Zygote ↗ zygon
zyklisch,
Zyklon(e),
Zyklopen,
zyklopisch,
Zyklotron,
Zyklus ↗ kyklos
Zylinder,
zylindrisch ↗ kylindros
(*zym-* Gärstoff)
Zyniker,
zynisch ↗ kyon
Zypern,
#Zypresse ↗ Kypros
Zyste,
Zystitis,
Zystoskop ↗ kyein
Zytochrome ↗ chroma
Zytolyse,
Zytoplasma ↗ kyein
zytotoxisch ↗ toxon

Benutzte Nachschlagewerke und weiterführende Literatur

Benselers Griechisch-deutsches Wörterbuch, Leipzig ^{17}1981

J. B. Hofmann, Etymologisches Wörterbuch des Griechischen, München 1971

Wörterbuch Lateinisch-Deutsch, bearb. unter Leitung von G. Löwe, Leipzig ^{3}1987

A. Walde/J. B. Hofmann, Lateinisches etymologisches Wörterbuch, 3 Bde., Heidelberg 1938–1956

Großes Fremdwörterbuch, Leipzig ^{3}1980

Der Große Duden, 18. Neubearbeitung 1985, Leipzig 1985

G. Wahrig, Deutsches Wörterbuch, 1980

E. Wasserzieher, Kleines etymologisches Wörterbuch der deutschen Sprache, Leipzig ^{3}1975

F. Kluge/W. Mitzka, Etymologisches Wörterbuch der deutschen Sprache, Berlin (W) ^{20}1967

Der Große Duden, Bd. 7: Etymologie, Herkunftswörterbuch der deutschen Sprache, Mannheim 1963

Etymologisches Wörterbuch des Deutschen, Autorenkollektiv unter Leitung von W. Pfeifer, 3 Bde., Berlin 1989

F. Seiler, Die Entwicklung der deutschen Kultur im Spiegel des deutschen Lehnworts, Halle, 1. Teil ^{4}1925, 2. Teil ^{3}1921, 3. Teil ^{2}1924, 4. Teil ^{2}1925

F. Dornseiff, Die griechischen Wörter im Deutschen, Berlin 1950

R. Telling, Französisch im deutschen Wortschatz, Berlin 1987

Kleine Enzyklopädie Deutsche Sprache, Leipzig 1983

J. Schildt, Abriß der Geschichte der deutschen Sprache, Berlin 1976

W. Fleischer, Wortbildung der deutschen Gegenwartssprache, Leipzig ^{5}1983

Chr. Agricola/E. Agricola, Wörter und Gegenwörter, Leipzig 1977

Geflügelte Worte, Autorenkollektiv unter Leitung von K. Böttcher, Leipzig ^{2}1987

H. Koblischke, Großes Abkürzungsbuch, Leipzig 1983

Meyers Universallexikon in 4 Bänden, Leipzig 1978–1981

Lexikon der Antike, Autorenkollektiv unter Leitung von J. Irmscher, Leipzig ^{9}1987

W. Rust, Lateinisch-griechische Fachwörter des Buch- und Schriftwesens, Wiesbaden ^{2}1977

Lexikon der Kunst, 5 Bde., Autorenkoll. unter Leitung v. H. P. Feist, Leipzig 1968–1979, Neubearb. 1987ff.

Wörterbuch der Literaturwissenschaft, Autorenkollektiv unter Leitung von C. Träger, Leipzig 1986

Musiklexikon, 2 Bde., Autorenkollektiv unter Leitung von H. Seeger, Leipzig 1966

G. Klaus/M. Buhr, Philosophisches Wörterbuch, 2 Bde., Leipzig ^{12}1976

R. Lieberwirth, Latein im Recht, Berlin 1986

Lexikon sprachwissenschaftlicher Termini, Autorenkollektiv unter Leitung von R. Conrad, Leipzig 1985

S. Krahl/J. Kurz, Kleines Wörterbuch der Stilkunde, Leipzig 1970

Theologisches Fach- und Fremdwörterbuch, Autorenkollektiv unter Leitung von R. Mau, Berlin ^{3}1985

F. C. Werner, Wortelemente lat.-griech. Fachausdrücke in den biologischen Wissenschaften, Halle ^{3}1968

Wörterbuch der Medizin, 2 Bde., Autorenkollektiv unter Leitung von H. David, Berlin ^{12}1984

I. Becher/A. Lindner/P. Schulze, Lateinisch-griechischer Wortschatz in der Medizin, Berlin 1986

R. Schubert/G. Wagner, Pflanzennamen und botanische Fachwörter, Leipzig-Radebeul ^{8}1984

E. Hentschel/G. Wagner, Zoologisches Wörterbuch, Jena 1984

Brockhaus ABC Naturwissenschaft und Technik, 2 Bde, Leipzig ^{13}1980

Deutsche Fachsprache der Technik, Autorenkollektiv unter Leitung von W. Reinhardt, Leipzig ^{3}1988

Das deutsche Fachwort der Technik, Autorenkollektiv unter Leitung von W. Reinhardt, Leipzig 1984

Verzeichnis der Abkürzungen

1. Allgemeine Abkürzungen

Abk	Abkürzung
bes	besonders
Bez	Bezeichnung
bzw	beziehungsweise
Dim	Verkleinerungsform
eigtl	eigentlich
f	feminin(um)
Fw	Fremdwort
Gegens	Gegensatz, -wort
Gen	Genitiv
Lw	°Lehnwort
m	maskulin(um)
n	neutrum
Nom	Nominativ
od	oder
Part	Partizip
pl	Plural
sg	Singular
sog	sogenannt
u. a.	unter anderem
umg	umgangssprachlich
urspr	ursprünglich
urv	urverwandt
vgl	vergleiche
volksetym	volksetymologisch
Z	Zusammensetzung(en)

↗	siehe
<	von
>	geworden zu/ergibt
°A	Lehnwort
° °A	urverwandt
#	nicht zugehörig
(..)	variable Wortteile

2. Sachgebiete

Astr	Astronomie
Bio	Biologie
Chem	Chemie
Geo	Geographie, -logie
Gram	Grammatik
Math	Mathematik
Med	Medizin
Mus	Musik
Ök	Ökonomie
Phil	Philosophie
Phys	Physik
Pol	Politik
Techn	Technik
Theol	Theologie

3. Sprachbezeichnungen

ägypt	ägyptisch
ahd	althochdeutsch
arab	arabisch
aram	aramäisch
dt	deutsch
engl	englisch
frz	französisch
german	germanisch
gr	griechisch
it	italienisch
lat	lateinisch
mhd	mittelhochdeutsch
mlat	mittellateinisch
nhd	neuhochdeutsch
port	portugiesisch
sem	semitisch
span	spanisch
vulglat	vulgärlateinisch

Französisch im deutschen Wortschatz

Lehn- und Fremdwörter aus acht Jahrhunderten

von Rudolf Telling

Einführung und wissenschaftliche Betreuung: Dr. Bernhard Henschel

120 S., 43 Abb., Ganzgewebe
Bestellangaben: 709 2985/521804 Franzoesisch im Dt
ISBN 3-06-521804-6

Wußten Sie schon, daß die Wörter falsch, fehlen, platt, tasten, Samt, Rosine, Preis aus dem Französischen ins Deutsche übernommen wurden – und das sogar schon im 13. und 14. Jahrhundert? Interessiert es Sie, daß das Wort Massaker aus dem arabischen maslakh (= Schlachthaus) über das französische massacre zu uns gekommen ist?
Das Buch enthält in einem ersten Teil in alphabetischer Zusammenstellung etwa 2000 Lehn- und Fremdwörter, die seit dem Mittelalter aus dem französischen bzw. über das Französische ins Deutsche gekommen sind. Die Stichwörter sind in der Regel mit Bedeutungsangaben versehen und mit ihrem französischen Ausgangswort aufgeführt. In einem zweiten Teil folgt eine Zusammenstellung der Lehn- und Fremdwörter nach Sachgruppen und innerhalb dieser nach chronologischen Gesichtspunkten. Illustrationen und Faksimiles aus verschiedenen Veröffentlichungen, von der Lutherbibel bis zu aktuellen Zeitungsartikeln, belegen das Vorkommen solcher Lehn- und Fremdwörter.

Bestellungen sind an den Buchhandel zu richten.

Volk und Wissen Verlag GmbH, Berlin